普通高等教育"十三五"规划教材
21世纪公共管理学规划教材·公共事业管理系列
- 吉林省高等学校精品课程教材
- 吉林省社会科学优秀成果奖(2008年)
- 吉林省普通高等学校优秀教材奖
- 吉林省长白山优秀图书奖

城市社区建设与管理

（第二版）

郭学贤 著

图书在版编目(CIP)数据

城市社区建设与管理/郭学贤著. —2版. —北京:北京大学出版社,2018.7
(21世纪公共管理学规划教材·公共事业管理系列)
ISBN 978-7-301-29380-5

Ⅰ. ①城… Ⅱ. ①郭… Ⅲ. ①社区建设—中国—高等学校—教材 ②社区管理—中国—高等学校—教材 Ⅳ. ①D669.3

中国版本图书馆CIP数据核字(2018)第035624号

书　　　名	城市社区建设与管理(第二版) CHENGSHI SHEQU JIANSHE YU GUANLI
著作责任者	郭学贤　著
责 任 编 辑	巩佳佳
标 准 书 号	ISBN 978-7-301-29380-5
出 版 发 行	北京大学出版社
地　　　址	北京市海淀区成府路205号　100871
网　　　址	http://www.pup.cn　新浪微博:@北京大学出版社
电 子 邮 箱	编辑部 zyjy@pup.cn　总编室 zpup@pup.cn
电　　　话	邮购部 010-62752015　发行部 010-62750672　编辑部 010-62754934
印 刷 者	河北滦县鑫华书刊印刷厂
经 销 者	新华书店
	787毫米×1092毫米　16开本　17印张　386千字 2010年8月第1版 2018年7月第2版　2023年10月第4次印刷
定　　　价	43.00元

未经许可,不得以任何方式复制或抄袭本书之部分或全部内容。
版权所有,侵权必究
举报电话: 010-62752024　电子邮箱: fd@pup.cn
图书如有印装质量问题,请与出版部联系,电话: 010-62756370

第二版序

  社会作为人类生活的共同体,在历史演进中分化为各类区域生活群体,从基本类型上划分为城市社区与农村社区。随着中国"单位制"的解体,民生需求的满足已由单位制管理转为社会化管理,满足民众需求的职能已交由社区来解决。由此,中国社区的功能被放大,责任被强化,内容被丰富。在中国社会建设过程中,城市社区的自组织性、民主性、整合性功能正在不断增强,社区治理的能力在不断提升,社区的实际作用也得到了发挥。

  长期以来,在"单位制"社会管理体制下,我们对社区建设缺乏自觉意识、主动意识,也缺乏实践经验的积累。中国在探索中实践,在实践中前行,使社区建设在较短的时间内得到了长足的发展。当前,随着社会转型和改革的持续深入,城市基层社会治理面临着一系列新的难题。社会需要提供更高质量的公共服务,需要有更高水平的利益整合和矛盾协调能力,需要有功能更为健全的服务民生的社区组织,需要动员广大民众参与社区建设。尽管国家通过自身的行政体系不断扶持社区组织,但是,面对时代的发展,面对不断增长的民生需求,目前社区的自治能力、服务能力仍不能满足基层社会的需求。

  城市社区治理的症结何在?从宏观上看,这与改革以来中国社会治理模式的整体转型有关。改革以前,中国的社会治理主要以单位制为中心,个人对单位的依赖性很强,单位(包括社区)拥有极强的社会管理和矛盾协调能力。改革以后,随着单位制的逐步解体,职业共同体和生活共同体相分离,社区成为真正意义上的生活共同体。在城市社区,区域治理的对象是有固定边界的地域,而管理的对象却是流动的,提供的服务是多元的,面临的问题也是复杂的。在这种情况下,如何破解社区治理的资源困境、自组织能力困境、服务能力困境、公众参与困境等问题,是学术工作者和社区管理者共同面对的理论与实践问题。

  在人们继续深入思考社区建设问题之际,郭学贤教授撰写的《城市社区建设与管理》第二版面世了。再次拜读该书,我欣喜地发现,该书对第一版进行了重要的修改和补充。不仅在语言的阐释上更为严谨,论述更加深刻,资料更加翔实,同时,还增加了"社区社会工作方法"一章，使全书在内容上更全面、更系统、更完善，读后受益匪浅。

实际生活中，开展社区治理工作存在诸多的困难：一是社区缺乏资金、项目、场地等物质性资源；二是缺乏社区治理和服务的组织者、工作者、志愿者等主体性资源。在困难条件下如何开展社区工作，人们存在许多困惑。生活需要智慧，实践需要指导，要推进社区治理工作，更好地满足社区居民渴望生活福祉的意愿，需要社区工作方面的实际指导，需要社区工作方法的智慧启迪。

社区工作方法的总结需要大量的实践经验，需要在经验的基础上择取智慧，这种源于生活而又高于生活的方法，对于我们有效地开展社区工作有着最现实的意义。作为东北师范大学人文学院城市管理系的主任，郭学贤教授多年来率领她的团队，脚踏实地，勤奋工作，将该校城市管理专业办成了国家第一类特色专业建设点，成为吉林省省级特色专业。这是一种专业建设标志，也是对郭学贤教授十余年艰辛努力的认同。在建设城市管理专业的过程中，郭学贤教授开始关注城市基层社会——社区，研究社区建设与管理问题。为了获取第一手资料，她亲自率领"社区志愿服务团"深入社区义务支教，慰问老人等，并运用个案工作方法、小组工作方法、社区工作方法开展服务工作。社区志愿服务，使郭学贤教授对社区有了更真实的了解，对有效开展社区工作和加强城市基层社会管理有了新的认识。这种勇于担当、开拓创新、不断进取的精神和实践过程，为本书的再版奠定了更扎实的实践基础，使本书再版后在内容上更接"地气"，更具有真实感、现实感，也更全面和充实。

光阴似箭，中国改革的历史变迁令人感慨，社区发展的成就令人欣慰。然而，中国的社区建设还仅仅是一个初级阶段，城市社区如何培育其自治能力？社区组织如何挖掘整合资源，提高自组织性？社区如何动员组织广大社区成员参与社区建设？如何建立有效的政社合作机制？中国的社区建设究竟采用何种模式？……诸多的问题有待于我们深入思考。《城市社区建设与管理》一书的再版，以其更深入的思考、更丰实的内容、更严谨的论证呈现给世人，对于创新基层社会管理以及建设和谐社区具有重要的理论价值和实际价值。

生活形成了社区，将每一个社会成员置于社区环境之中，社区建设与民生需求相关，与社区成员的幸福感相关，与国家治理相关。历史赋予理论工作者崇高的学术使命，要求我们基于时代又要超越时代探讨中国的社区建设问题。勇于探索、敢于担当、积极实践、创新模式是我们应具备的品格。郭学贤教授多年来立足基层社会、潜心研究社区的奋斗精神令人钦佩。我相信，在中国还有许多学者在思考社区建设问题，在辛勤地耕耘着，他们的学术智慧必将在社区建设的伟大实践中变为现实的辉煌。

东北师范大学政法学院教授、博士生导师
东北师范大学社会学研究所所长
吉林省老年福祉研究会会长
赵继伦
2018年6月

第一版序

20世纪晚期以来,伴随着人类文明走向全球化的进程和社会的快速发展推进,自第二次世界大战之后勃兴的社会发展研究出现了新的研究热潮。与第二次世界大战之后"发展主义"主导下的社会发展研究不同,此次研究浪潮是在"新发展主义"背景之下展开的。与发展主义关注"物"的发展不同,新发展主义开始追问如下一些问题:"发展是什么?究竟为谁或为什么要发展?什么在发展?经济增长是否就等于改善人们的福利、提高人们的生活质量?经济增长过程中,不同的社群所付出的代价又是什么?对弱势群体的影响又如何?除了现代化和工业化以外,有没有另类的发展轨道,能更直接改善人们的生活?"①由此,经济—社会均衡发展和社会基础秩序建设,成为社会发展模式研究的新主题。

正是在上述背景下,社区发展和建设成为近年来学界研究的热门话题。学术界在积极翻译国外社区理论和实践研究代表性著作的同时,也出版了一批基于本土经验的社区研究著述,掀起了中华人民共和国成立以来首次社区研究的热潮。郭学贤教授的《城市社区建设与管理》一书便是当时出版的社区论著中较有特色的一部。我是2004年秋拜读到《城市社区建设与管理》(初版)一书的。当时,郭教授在关注社区、研究社区的同时,还担任东北师范大学人文学院公共事业管理系的系主任,并创办了城市管理专业。在社区建设发轫之初,社区发展面临诸多严重困难的情况下,郭教授率领学生挺进社区,为长春市社区发展增添了一股新生的力量,为城市社区发展和社区研究做出了突出的贡献。同时,经过数载的努力,郭教授所在的公共事业管理系城市管理专业2007年被评为国家第一类特色专业建设学科点。在这一意义上,这本《城市社区建设与管理》应是郭教授多年来城市社区研究和实践的结晶。

2005年,我在撰写《单位社会的终结——东北老工业基地社区建设模式研究》一书时,曾关注过郭教授及东北师大人文学院毕业生在社区的实践工作活动,自感受益匪浅,

---

① 许宝强、汪晖:《发展的幻象》,中央编译出版社2001年版,第1页。

并将他(她)们的社区工作实践作为案例写入书中。时隔五载,当年社区发展所面临的诸多"硬件困境"业已得到很大程度上的解决。而郭教授也与时俱进,根据学界社区研究的最新发展和自己的研究实践,推出修订版的《城市社区建设与管理》。郭教授这种老骥伏枥、锲而不舍的为学精神实在令人感佩,著作中的很多观点亦启人深思。

众所周知,自滕尼斯提出"社区"概念以来,社区便成为社会科学体系中最为关键的核心概念。值得注意的是,学术界在运用社区概念展开社会分析的过程中,不断地为其增添新的含义,以至于到 1955 年时,有的西方学者即发现已有 94 种社区定义问世。但关于社区的权威理解无外乎以下两个思路:其一认为"社区是居住在相对紧凑和接近的区域的许多家庭和个人的聚合体,这种聚合体带有公共生活的特征,它表现为风俗、习惯、传统和讲话的模式。根据上述定义,人、地理空间中的位置、社会性的相互影响和公共关系成为理解社区的四个重要组成部分"。其二是将地域性社区和功能性社区区分开来,将社区视为"由那些有共同兴趣、爱好或职业的人群组成,如福利、农业、教育和宗教信仰"①。可见,社区不是一个简单的物理空间概念,而是具有频繁互动关系和高度认同感的"共同体"。

无论是发达国家,还是发展中国家,其社区建设的模式都是多元的,不存在一个"放之四海而皆准"的社区建设模式。从理论上看,迄今为止的社区建设发展,主要有两个路径:其一是"自下而上",即民间自治力量在社区建设过程中表现出相当的主动性和自觉性;其二是"自上而下"的路径,即以政府为代表的行政力量在社区建设过程中扮演重要的角色。在一般的情况下,社区专家反对简单的自上而下的社会改造工程,他们担心简单的外力作用会阻碍民间自主力量的发展。社区建设采取何种路径主要应该取决于不同民族国家和地区具体的历史背景和现实条件,而不能简单地从理论和价值出发。经过十余年的探索,中国的社区建设已经形成诸如"上海模式""沈阳模式""江汉模式"等一些独具特色的模式。

从总体上看,该书是一部充满责任和智慧且功底扎实的作品,值得向社会各界推荐。

最后,我想用英国社会学家齐格蒙特·鲍曼在《共同体》一书中对共同体一段颇为动情的描述来结束我的序文:

> 首先,共同体是一个"温馨"的地方,一个温暖而又舒适的场所。它就好像是一个家,在它的下面,可以遮风避雨;它又像是一个壁炉,在严寒的日子里,靠近它,可以暖和我们的手。可是,在外面,在街上,却四处潜伏着种种危险;……我们每时每刻都处于警惕和紧张之中。可是在"家"的里面,在这个共同体中,我们可以放松起来——因为我们是安全的,在那里,即使是在黑暗的角落里,也不会有任何危险。……其次,在共同体中,我们能够互相依靠对方。如果我们跌倒了,其他人

---

① 乌莎·乔治:《社区:变化的概念和策略》,载陈启能等:《中国和加拿大的社区发展》,民族出版社 2002 年版,第 190 页。

会帮助我们重新站立起来。……如果我们犯了错误,我们可以坦白、解释和道歉,若有必要的话,还可以忏悔。……谁不希望生活在一个我们可以信任他人的所言所行我们又可以依赖的友善的、心地善良的人群之中呢?……①

虽然我们置身其中的社区距离真正意义上的"共同体"尚存在一定距离,但透过这段文字,我们似乎对世纪交替之际世界范围内重提社区发展的背景有更为深刻的理解。我们坚信,关注社区、投身于社区研究和发展的所有人都是善良的,因为我们希望通过努力,为人类争回一片属于自己的家园。

吉林大学哲学社会学院院长、博士生导师
教育部长江学者特聘教授
中国社会学会副会长
田毅鹏
2010 年 3 月

---

① 齐格蒙特·鲍曼:《共同体》,欧阳景根译,江苏人民出版社 2003 年版,第 2—4 页。

原　序

　　社区发展承载着社区建设的使命,是一个自下而上的自主秩序的生成过程,主要体现了如下一些基本特征:社区的内生性,强调社区主要依托自身力量实现自主性发展;社区的自组织性,强调社区通过自我管理的自治组织解决自身的事务;社区的民主性,强调社区公共事务要靠基层民主协商加以解决;社区的权力性,强调社区现代公民权利意识的觉醒;社区的人本性,强调社区要贯彻"以人为本"的发展理念;社区的丰富性,强调社区建设的综合性与居民发展的全面性;社区的整合性,强调社区作为生活共同体的认同与团结功能。社区发展与建设的这些特征明显地具有不同于区域发展与行政管理的特性和要求。

　　我国在政府主导下积极进行的社区建设,是一个包括政治、经济、文化和社会要素在内的系统工程。然而,社区建设的实质和核心是社区自主性的发展,是通过强化社区内在要素、促进社区居民参与、增强社区自身活力、实现社区自我发展的自组织过程。在国际社会,社区发展是个主导性概念,旨在谋求政府与社会关系的合理调整,强调在政府的指导和扶持下社会的内在发展。发达国家和地区通过社区发展,重建被现代化冲击的社会关系,解决现代化、城市化进程中产生的新的社会矛盾与问题,改善居民的社会福利,提高其生活质量。联合国在1955年提出《经由社区发展获得社会进步》的报告,在国际范围内倡导社区运动,其目的在于将社会发展的目标落实到社区,通过社区居民的参与、基层民主的启动、自主精神的培养来满足地域社会中基层民众的发展需要,增进其社会福利,促成其内在的可持续发展的能力。由此可见,当前社区建设的灵魂在于社区的内源性自主发展。

　　社区内源性自主发展的内涵主要体现在如下几个方面:一是广泛倡导社区参与。通过社区参与,培育和增强社区共同体意识,提高社区居民的认同感和凝聚力,在社区内部形成互相依存的自组织关系,使社区发展成为重新建构新型社会关系的纽带,使社会性自主因素真正渗透并生长于基层社会之中,以替代传统社会和计划经济条件下所实现的政治性整合。这是我国社区建设的重点与难点,也是社区自主发展能否真正确立的标志,其社会意义必须得到高度重视。二是积极建构社区支持网络。社区的健全运行离不开政治、经济、文化和社团等条件的支持,需要特定的内部资源和外部环境。就目前而言,政府承担了社区支持网络建设的主要方面,而社区内各种社会资源和社会资本未能得到有效开发与利用,使得社区的内源性自主发展缺乏自下而上、由内向外的动力支持。因此,首要的是在社区内部进行各种资源的挖潜和各种组织的重组,形成一个共建共享、互利协作的社会支持网络,使政治、经济、文化与社会层面的各种资本和力量重新整合成支撑社区发育的初始条件,提供必要的环境支撑。这是我国社区建设的重要课题,社会支持网络能否有效建立和完善直接决定着社区自主发展的成败。三是社区建设中自组织力量与组织外力量的功能分化与协调发展。这里主要涉及社区自治组织与自主运行机制的建设,以保证社区居民通过发扬基层民主来表达和维护自身利益,使社区成为社区权利伸张的平台。这种自治组织与组织外的各级政府管理部门要做到功能上的适度分开:政府要承担好社会管理与公共服务职能,通过法制、政策等手段为社区自主发展营造良好的外部环境;而社区内的公共事务与弱势群体的服务主要交给承担自我管理、自我教育、自我服务的社区自治组织及服务组织。这种适度分工就是要改变"大政府、弱社会"的传统格局,建立起"小政府、大社会"的新型格局,以便促进美好、和谐的现代社会的发育和生成,推动我国社会管理体制的深化改革和转型。这是我国社区建设的一项战略任务,使社区发展成为推动我国社会重组、完善、优化的现实出发点,显然具有重大而深远的意义。

我国社区建设追求的社区自主性发展取决于国家治理模式的合理转变。要建立起推动社区自主发展的新的治理模式,需要重新划分政府与社会的合理边界,理顺其相互关系。一方面是要打破计划体制下的"政社不分""以政代社"的行政全能主义,做到政府管理权力从基层社会中的适度收缩,为基层社会自主性的发育创造出相对宽松的空间。在这一过程中,政府的社会管理职能既不能"越位"——成为包办民间社会管理事务的"监护人",又不能"缺位"——成为游离于社会之外的"收税人",而是要寻求新形势下管理和服务基层社会的新的治理方式。另一方面,要求社区治理过程是在政府支持下的社区自我治理过程,是在社会支持下的社区自组织过程,是在社区民众参与下的自我发展过程。在这一过程中,治理变成了有效的管理和服务,变成了社区居民自行解决社区公共事务和个人生活难题的自组织行为,使基层民众学会通过民主与法制的手段解决自身发展问题,提升现代公民素质和参与社会公共领域活动的能力。

郭学贤教授撰写的《城市社区建设与管理》一书,非常适时地对当前我国的社区建设及其发展进行了全面而深入的探讨,对于推动政府和社会各界进一步认识社区建设的现实使命与历史意义,对于新形势下制定科学合理的社区发展战略与规划,对于推动社会工作者自觉地做好城市社区建设与管理工作,都具有重要的理论意义与现实意义。

原吉林省社会科学研究院院长、吉林日报社社长
现吉林大学常务副校长、博士生导师
邴　正
2004 年 4 月

目　录

第一章　城市社区建设与社会变迁　/ 1
　　第一节　城市社区的发展是社会进步与文明的必然趋势　/ 1
　　第二节　社区建设和研究的概况　/ 11
　　第三节　城市社区建设的意义　/ 19

第二章　城市社区建设的基本思路　/ 24
　　第一节　城市社区建设的指导思想和基本原则　/ 24
　　第二节　城市社区建设的主要内容　/ 33
　　第三节　城市社区建设的主要目标　/ 41
　　第四节　加强城市社区组织和队伍建设　/ 45

第三章　城市社区管理　/ 52
　　第一节　城市社区管理的含义和特征　/ 52
　　第二节　城市社区管理的原则和模式　/ 63
　　第三节　城市社区管理的发展与创新　/ 73

第四章　城市社区服务　/ 79
　　第一节　城市社区服务的内涵、功能和特征　/ 79
　　第二节　城市社区服务的内容　/ 82
　　第三节　完善城市社区服务的途径　/ 100

第五章　城市社区经济　/ 105
　　第一节　城市社区经济的特征和发展历程　/ 105
　　第二节　城市社区经济的结构特征和作用　/ 110
　　第三节　城市社区经济发展的基本措施　/ 117

第六章　城市社区文化　/ 125
　　第一节　城市社区文化的价值　/ 125
　　第二节　城市社区文化建设的内容　/ 130
　　第三节　整合社区文化资源　/ 139

第七章　城市社区人口　/ 146
　　第一节　人口因素直接影响社区的发展　/ 146
　　第二节　城市社区人口的特点　/ 152
　　第三节　城市社区人口管理　/ 164

第八章　城市社区社会保障　/ 172
　　第一节　城市社区社会保障概述　/ 172
　　第二节　社会保障体系的构成　/ 178
　　第三节　城市社区社会保障的实施和完善　/ 193

第九章　城市社区党的建设　/ 199
　　第一节　社区党建工作是适应新形势的建设性工程　/ 199
　　第二节　社区党建工作的重要任务　/ 203
　　第三节　完善社区党建工作的途径　/ 217

第十章　社区社会工作方法　/ 224
　　第一节　社区社会工作概述　/ 224
　　第二节　个案工作方法　/ 230
　　第三节　小组工作方法　/ 236
　　第四节　社区工作方法　/ 244

后　记　/ 257

第一章　城市社区建设与社会变迁

人类自有史以来,就出现以朦胧的社区形式结群聚居的习惯。伴随着人类的进步和社会文明的发展,社区作为人类生存和发展的社会基层组织在社会中的地位和作用越来越重要,因此,研究社会发展,要重视研究社区建设及其发展规律。从全世界范围来看,各个国家在实施城市建设和管理的过程中,几乎都以文明社区为载体积极推动城市化和现代化的进程,从而谋求经济、政治、文化、社会和生态文明的全面协调发展,而且具有鲜明的时代特征和本国特色。

我国从改革开放以来,社会现代化经历了质的飞跃和发展,特别是20世纪80年代中期以来,社会发展呈现出结构转型的总体特征。在社会转型加速期,城市现代化进程的重要问题就是城市基层社会结构的改革和调整,即社区的建设和发展。中共中央办公厅、国务院办公厅于2000年12月13日转发《民政部关于在全国推进城市社区建设的意见》之后,社区建设已纳入各地区国民经济和社会发展计划的战略布局,使其更加充满生机和活力。

第一节　城市社区的发展是社会进步与文明的必然趋势

一、"社区"是社会改革深化的必然结果

在我国建设中国特色社会主义的伟大事业中,城市社区建设越来越重要。特别是党的十一届三中全会以来,随着我国经济体制改革和政治体制改革的不断深入发展,社区建设已普遍被列入各地现代化建设的规划之中,这预示着我国现代化城市文明发展的必然趋势。

(一)经济体制改革把"企业办社会"的重负归还给社会

我国城市经济体制改革是为了建立和完善充满生机的社会主义市场经济体制,它的

中心环节是增强企业发展的活力。这种经济体制的全面改革必然要求与之相适应的政治体制改革，随之带来了社会各个领域的改革和发展，包括社会的基层组织结构改革问题，以适应计划经济向市场经济转型的需要。

1. 市场经济要求企业把业务职能以外的社会职能转移给社区

计划经济和市场经济是两种完全不同的经济体制，经济体制改革要完成由计划经济向市场经济的转变。计划经济是我国改革开放前的经济体制，这种经济体制是按照传统的对社会主义的理解建立起来的。它不仅要求企事业单位按上级的计划完成生产和工作任务，还要求企事业单位承担业务职能之外的"办社会"的职能，使各个企事业单位自成体系。从"大而全"到"小而全"，形成了一个个"小社会"，要求有庞大的后勤机构为之服务，把各单位成员及家属的生老病死统包下来。例如，各单位都要管职工住房，都有自己的职工宿舍，从建房、分房到维修都由企事业单位自己负担。还要管家属就业，职工的家属没有工作要找单位安排；职工和家属的医疗和保健也由单位负责，各单位都有医院或卫生所等。同时，又要管子女教育，各单位几乎都有托儿所、幼儿园，有的单位还要办小学，有的大企业还要办中学，甚至通过办多个中学和技术学校来解决本单位职工子女的受教育问题。这样，在计划经济体制下，企事业单位背上了沉重的"办社会"的包袱，不能集中精力抓业务、促生产，严重地影响了经济的发展和单位的效益。要改变这种局面，必须使企事业单位放下包袱轻装前进，这就必须把"办社会"的职能转移和归还社会，由社会基层组织——社区来承接具体的社会工作。

2. 经济体制改革使"单位人"转化为"社会人"

在企事业单位放下社会包袱的过程中，必然逐渐减弱单位的非专业性目标，这是从企事业单位中剥离出来的其业务职能之外的服务性事务社会化的过程，也是这些单位的所属职工必然经历的由"单位人"向"社会人"转化的过程。在"单位体制"下，各种社会组织、企事业单位的领导管理体系都是纵向的，人们在某个单位工作，他们的生老病死几乎全由单位包下来，形成了人们在生活福利方面对单位的完全依赖的局面，疏离了市民与所在社区的利益关系。社会改革之后，特别是近几年来，企事业单位非行政化的自主性增强，放下了业务职能以外的许多社会包袱，将之归还给社会及社区，大大淡化了市民与单位原有的利益关联。经济上的纵向作用相对弱化，减少了人们对单位的过分依赖；相反，横向的相互合作、交往联系得到了日益加强和发展。横向的对应和良性的互动，首先是从人们自己生活的社区开始的。人们对自己生活的社区逐渐产生依赖感和归宿感，由原来的"单位人"转化为"社会人"或者"社区人"。

(二) 政治体制改革为社区发展提供了新机遇

经济体制改革的发展必然要求政治体制改革与之相适应，政治体制改革必须围绕转变政府职能这一中心环节，改组行政组织，精简机构。改革结果扩大了社会基层组织的自治权，提高了基层管理系统的整体效应。

1. 政治体制改革使政府把社会性管理权力还给社会基层组织

政治体制改革使政府在计划经济时代中的各种权力层层下放,建立"小政府、大社会"的管理运行机制,成为公共服务型政府,这是政治体制改革的重要内容。政治体制改革之前的政府机关庞大臃肿,机构重叠,权力集中,效率低下。政府办社会,抓生产,订计划,下指标等,造成了"不该管、管不好"的局面。为了改变这种被动的局面,适应经济体制改革的要求,必须改组重叠的机构,减少管理层次,裁减冗员,降低内耗。在横向上,调整国家行政机关与群众团体及各种经济文化组织的关系,扩大人民群众基层组织的自治权。在纵向上,适当削减中央的集中权力,扩大地方权力,地方多参与全国问题的解决,特别要扩大社会基层组织的权力。既要保证国家政令的统一和顺利执行,又要发挥地方和基层群众的积极性,这就必须建立"小政府、大社会"的管理运行机制。把原来集中的权力层层下放,把资源配置的权力还给市场,把生产经营的权力还给企业,把社会性管理的权力还给民间。社区就是承接许多社会管理权力的社会基层组织。

2. 政治体制改革要求社区组织发挥社会整合功能

随着政治动员型体制向社会动员型体制的转变,社会控制的重点将转移到基层社区。越来越多的上级单位随着政治体制改革的不断深化,逐渐失去集中管理、占有、分配经济和社会资源的权力,使得下级单位不再依赖上级的计划、指令,不再倾向于成为上级单位的一个组成部分。单位对职工、上级单位对下级单位的社会整合作用逐渐弱化。随着这种情况的持续发展,依靠原来的单位来实现社会整合已不大可能。唯一的选择只能是把单位承担的一部分社会整合功能逐渐移交给城市社区组织,使社会控制的重心向社区转移,由社区来办社会,把分散的社会人员凝聚和组织起来,承担起各类组织下放的管理和服务功能。这种变化正是适应了政府职能转变的需要,是实现"小政府、大社会""小机构、大服务"管理体制的重要途径和方法。

(三) 改革中出现的社会问题使社区成为基层组织工作的重心

随着计划经济向市场经济全方位的转变和社会结构的深入变革,社会各个领域都发生了巨大变化,出现了一系列新的社会问题和新的情况,这些新问题既为社区的发展创造了新的条件,也为社区工作者提出了新的课题。

1. "单位体制"的松动拉近了人们与社区的距离

"单位"是中国城镇居民对自己就业于其中的社会组织——工厂、商店、学校、医院、党政机关等的统称,"单位体制"是计划经济体制下的一种特殊产物。在计划经济体制下,人们一旦选择了某种职业,就有了固定单位。个人的人事关系、定职提级等由单位建立档案,并由单位存放和管理,人们的一切都属于这个单位。人们不能轻易选择其他职业和调转工作单位,单位对个人有较高的权威性,个人对单位有较强的依赖性。但是,市场经济的发展和社会体制的转型,扩大了人们职业选择的余地,带来了职业的流动性。许多单位开始执行双向选择,实行聘任制,使单位对人的"全权管理"体制逐步松动,弱化了人们对单位的依赖感。而在职业流动的过程中,人们的居住地是相对稳定的,这必然会密切人们与居住地的联系,拉近人们与所在社区的距离。

2. "无单位归属人员"要求社区组织加强管理

改革开放以前,所谓"无单位归属人员"主要是指极少数未就业的家庭妇女和极个别的社会闲散人员。由于这些人无法被纳入到"单位体制"之中,便成了街道办事处和居民委员会管理的主要对象。改革开放以来,随着个体、私营经济的发展,随着计划经济向市场经济的过渡,个体户和私营企业主、待业青年和失业人员等大量增加。这些"无单位归属人员",除了在条条上受有关部门的管理外,其经营活动、社会活动以及个人家庭生活与所在社区有着必然的密切联系。对这些居民的思想教育、行为约束、社会保障和社会管理只能依靠基层社区组织。这就是说,"无单位归属人员"的增多,客观上要求街道办事处和社区组织发挥更多的社会管理和社会整合的作用。

3. 城市外来人员为社区管理增添了新的内容

改革开放以来,我国生产结构和生产力布局的变化,引发了人口的大规模流动。不仅农村人口向城镇流动,而且城市人口也出现了互相流动的特点。城市外来人口日益增多是一个显而易见的事实,据抽样调查表明,城市暂住人口的80%是打工族或经商办企业者。他们一方面为城市带来了活力,为城市经济的繁荣和城市建设做出了积极的贡献;另一方面,也给城市的环境整洁、治安秩序、计划生育、人口管理、就业安置等工作带来了新的压力,引发出一系列社会问题。在这种情况下,必须对他们加强管理,这一重任也必须落在他们居住的社区。这样,社区工作者的工作对象就不仅仅是本社区常住的在籍居民,也包括那些流动到本社区的暂住居民,其工作内容就不仅仅包括对本社区的正式成员进行管理和提供服务,而且也包括对外来人口进行管理和提供服务。这种情况不仅为社区管理增加新的任务,也是现代城市管理面临的新课题。

二、社区的发展适应了家庭结构变化的需要

家庭结构的变化是伴随社会发展出现的新问题,它是以社会整体结构的变化作为宏观背景的。中国城乡社会在经济体制改革之后发生了巨大而深刻的变化,作为社会细胞的家庭及其结构也随之发生了变化。

(一) 家庭规模趋向小型化

我国传统家庭大多是人口多、祖孙同居甚至几代同堂的大家庭。改革开放以来,社会生活的多元化、家庭类型的多元化,使得传统大家庭的根基动摇甚至瓦解,家庭规模趋向小型化、微型化,这是社会关注的重要问题。

1. 家庭人口呈现由多到少的趋势

由于多年的计划生育政策的影响和改革开放以来家庭生活的多元化,使得我国"多子多福"的传统家庭正在被小家庭所取代,由一对夫妇与其未婚子女组成的家庭已经跃

居家庭结构的主流地位。据统计,这种家庭结构类型约占全国家庭结构总数的六成以上。①

根据国务院的决定,我国于 2000 年 11 月 1 日进行了第五次全国人口普查的登记工作。这次人口普查平均每个家庭户的人口为 3.44 人,比第四次人口普查的 3.96 人减少了 0.52 人。② 2010 年,第六次全国人口普查平均每个家庭户的人口为 3.10 人。③ 家庭户规模缩小,主要是人口控制所产生的积极效果。我国实行计划生育政策以来,人们的生育观念发生了重大变化,"少生、优生"得到社会的共识,人口数量的增长得到有效控制。从 1978 年到 2006 年,我国人口出生率由 18.25‰ 下降到 12.09‰,人口增长率从 11.45‰ 下降到 5.25‰。④ 这些调查结果为掌握城市经济体制改革后城市家庭变化提供了最新资料。

2. "二人世界"的家庭数量在上升

"二人世界"家庭主要是指无子女的配偶家庭,它包括"丁克家庭"和"空巢家庭"。"丁克家庭"是在社会更新的婚恋、生育观中出现的一种新的社会现象,它改变了传统的家庭观,表现为许多年轻夫妇对传统的血亲意识逐渐淡化。为了提高生活质量感,避免责任分配矛盾,同时也为了预防"自由空间"下的高离婚率及由此产生的子女问题,晚生、少生,甚至不生孩子的家庭数量正逐年呈上升趋势。2012 年,上海丁克家庭占上海家庭总数的 12.4%⑤,"丁克家庭"数量的上升,正是对社会意识巨变、家庭生活巨变的反映。"空巢家庭"是由于经商、出国、外出工作或者代际的差异及住房条件的改善等原因,导致子女脱离"母巢"而独立生活,使原来的主干家庭只剩下老夫妇两个人。随着家庭小型化趋向的加强,"空巢家庭"的出现成为必然现象。2014 年 10 月至 2015 年 2 月,原国家卫生和计划生育委员会在全国组织开展了中国家庭发展追踪调查,调查数据显示,中国城镇空巢老人占老年人口的 50%,其中独居老人占 10%。⑥ 随着老龄人口越来越多,"空巢家庭"也会越来越普遍。由此可见,无论是"丁克家庭"还是"空巢家庭",都属于"二人世界"家庭,"二人世界"家庭是改革深化之后家庭结构小型化的典型产物。

3. "单亲家庭"在增长

由于社会的经济、政治现象的巨大变化,人们的婚姻观念也发生了巨变。"从一而终"的婚姻观念受到了激烈的冲击,"好人不离婚、离婚无好人"的社会舆论和偏见在社会上的影响越来越小,人们对离婚和单亲现象逐渐给以宽容的态度。据观察,近几年离婚率还在逐年上升,从而导致单亲家庭的数量也在增长。特别是因为社会剧烈转型,工作和生活环境对夫妻双方造成极大的心理压力,两性矛盾尖锐化,个性特点、独立意识增强

---

① 国家卫生和计划生育委员会:《中国家庭发展报告(2016 年)》,2017 年 5 月 13 日。
② 国家统计局:《2000 年第五次全国人口普查主要数据公报(第一号)》,2001 年 3 月 28 日。
③ 国家统计局:《2010 年第六次全国人口普查主要数据公报》,2011 年 4 月 28 日公布。
④ 沈崇麟、李东山、赵峰:《变迁中的城乡家庭》,重庆大学出版社 2009 年版,第 5 页。
⑤ 何雷雷:《从成本效用理论角度浅析中国"丁克"家庭模式》,载《经济研究导刊》,2015 年第 21 期。
⑥ 国家卫生和计划生育委员会:《中国家庭发展报告》,新华网,2015 年 5 月 18 日。

等,使离婚成为摆脱两性冲突的一种选择。据统计,2014年我国有2000多万单亲家庭存在①,使一系列有关单亲家庭及亲子关系问题成为社会关注的话题。单亲家庭增多是改革开放以来我国家庭规模趋向小型化的重要表现。

总之,家庭规模趋向小型化是我国社会巨变的一个显性问题。它的出现剧烈地冲击着我国现有的社会保障、社会服务体系以及传统的家庭生活,也为改革的深入发展和社区的建设及管理提出了许多新的课题。

(二) 家庭服务功能弱化促进社区服务的迅速发展

随着改革的深入发展,社会整体结构发生了巨大变化,家庭规模日趋小型化和老年人口的不断增长,必然引起家庭服务功能的变化,主要表现为家庭服务功能弱化。

1. 对老人的赡养负担加重

据了解,传统的养老文化使90%以上的老年人选择"居家养老"。然而,随着社会和经济的发展,尤其是社会主义市场经济体制的建立,改革开放力度的不断加大,工业化、城市化进程的不断加快,各种利益关系的相应调整,必然对家庭和个人产生重大影响,使传统式的家庭养老模式受到冲击。应该指出的是,家庭养老不仅是老年人的事情,更是承担养老和照料责任的中青年人的事情。当他们开始对自己的父母尽义务时,多数人已有了自己的子女,正处在一个"上有老,下有小,自己要工作"的状态中。家庭养老功能发挥得如何,往往主要取决于担当着多种角色的中青年人,他们是家庭各项功能的核心人物。同时,中青年人又是社会生产的主力军,社会竞争加剧给他们带来的挑战和压力,使他们不得不在事业上付出更多的时间和精力,这无疑使得他们对老年人的照料产生影响。据《中国青年报》社会调查中心2009年6月公布的资料,通过对3144人(其中80后占65.8%,70后占23%)进行调查,"你在养老问题上面临的最大困难是什么?"调查中,67.5%的人表示生活和工作压力大,照顾父母力不从心;53.1%的人表示自己是家里的独生子女,要承担多位老人的养老负担;52.9%的人和父母生活在两地,无法把父母接到身边照顾。② 从目前看,这种压力并没有减轻。所以,帮助中青年人克服家庭养老方面的困难,实质上是如何解放劳动生产力的大问题,也是关系到改革和稳定的大问题。由于实施计划生育政策,以独生子女为主组成的"4—2—1"家庭结构已经成为一种普遍现象。第一代独生子女的父母开始陆续进入老年期,而他们的子女又正值中年,微型化的家庭结构使独生子女夫妻很难在时间、精力、经济、观念上实现对老年人的令人满意的赡养。

2. 对子女的抚养责任加重

家庭服务功能弱化,不仅表现在对老人的赡养负担加重,而且表现在对子女的抚养教育的压力也非常大。面对人才激烈竞争的社会现实,许多望子成才的家长,让孩子在幼儿园时期就开始参加到各种课外知识的学习中,这无论是在经济方面,还是在精力方

---

① 刘洁:《央视新闻》,2014年5月15日。
② 黄冲:《如何老吾老 67.5%中青年渐感照顾父母力不从心》,载《中国青年报》,2009年6月23日。

面,都给家长带来了巨大压力。所以,对独生子女的早教、优教的抚育问题将成为家庭中最突出的矛盾,家长会出现力不从心的许多困难。这就必然导致家长会向社会的服务机构求助,帮助家长解除子女教育之忧的社区服务必然应运而生和蓬勃发展。

3. 家庭基本需求面临挑战

家庭人口减少,家庭规模小型化,减少了家庭成员内部互相制约、互相支持的力量,减少了家庭内基本需求的互补。特别是夫妻双方都是"事业型"的人,无暇顾及家庭事务,使家庭成员的生活需求出现困难,例如,洗衣、做饭、卫生清理、照顾老人、子女教育等。这一重要的、被社会发展而剥离出来的家庭服务功能的明显弱化,就必然导致家庭会向社会求助,希望建立适应家庭基本需求的服务机构,而且要求这些机构更专业化、规范化,要求比原来传统家庭承担的服务功能更完善和高效。这就为社区管理和服务提出了新的任务,同时提出了更高的质量要求。

(三)家政服务呈现社会化趋向

改革开放以来,城市化进程的加速,致使家庭规模不断缩小,家庭结构和生活观念、生活方式发生了巨大的变化。家庭已经无法承担诸多家政管理事务,使家政管理的任务向社会转移,家政管理从过去的个体行为和封闭性的小环境生活走向开放化、社会化。

1. 家政服务理性化

随着社会的进步,人们越来越重视生活质量的提高和家庭生活方式的文明,从而保证人们心身两方面的健康发展。人们对衣、食、住、家庭需求等都有了更高要求,对服务人员的文化水平、专业知识也提出了更高要求。例如,环境保洁与美化、衣物洗涤和保养、家用电器使用和修理、家庭理财、老人的照顾、孕妇产妇的护理、婴幼儿的保护、家居安全防范、家庭保健、家庭花卉和宠物养护,甚至法律常识等都必须经过系统的学习和培训,使家庭服务理性化、知识化、科技化,做到有"理"可依。这是现代家庭服务的深层智慧和灵魂,也是焕发现代家庭服务新精神的底蕴。现在我国的许多大城市,尤其是北京、上海这样的城市,家庭服务与国际社会发达国家是接轨的,尤其是一些先进的家政服务公司,都树立了一种理性化的家庭服务理念。

2. 家政服务职业化

早在1995年11月,国家劳动部就将"家庭服务员"作为技术工种,纳入国家职业技能序列。2000年5月,国家劳动和社会保障部又将"家庭服务员"列入全国90种必须持证上岗的职业范围,并组织制定了《家政服务员国家职业标准》。家庭服务应该是一种职业,而且这种职业与其他职业一样,是社会发展和人类需求的结果,社会越进步,人类的社会生活也越复杂、丰富,职业的分工也越细,专业化程度也就越高。家庭服务业也是如此,没有高低贵贱之分,只是社会分工不同而已。家庭服务是应时代的发展而出现的一种新兴产业,是有着广阔发展前途和蕴含着无限发展机遇的朝阳产业。这种家庭服务的职业化,为其发展确立了生存方位和空间,使从业人员从思想意识深处端正了行业的性质,增强了他们的自尊心和自信心,从而更好地服务于家庭和社会。同时,也会吸引一些具有较高文化素质和较强专业技能的高级人员投身到家庭服务这一职业中来,带动整个家庭服务业的发展和完善,促进社区服务的发展。

3. 家政服务规范化

家庭服务的理性化、职业化,必然要求家庭服务的规范化。"不以规矩,不成方圆",家庭服务作为一种新兴产业,必须要有一系列严格的、程序性很强的标准,即家庭服务职业规范,从而保证家庭服务有章可循。而其中最重要的一条就是要持证上岗。家庭服务业不同于其他服务行业,它是一种一对一且直接进入家庭的服务。这种服务直接关系到服务及被服务人员的利益、财产安全及人身安全。要将家庭服务作为一种职业来对待,就得要求家庭服务从业人员首先在就业中心登记注册,接受培训并取得合格证书后才可以进入家庭服务行业。这样,就可以减少雇主的家庭财产及人身安全受到来自不良家庭服务员的"洗劫";也可以减少没有社会经验及岗前培训的年轻女性受到不良雇主的欺辱或性骚扰的发生概率。即使上述事件发生,也可以通过登记注册的情况查找线索,及时挽回受害人的损失,同时,对品质恶劣的家庭服务人员取消其上岗资格。这样一种规范化的家庭服务必然会给社区的每个家庭带来安全保障,使社区服务质量不断提高。

总之,家政服务社会化可以使社区服务体系不断增加新的内容。我国社区服务中的家政服务从 20 世纪 80 年代中期起步,20 世纪 90 年代进入快速发展阶段,家政服务业在吸纳农村转移劳动力、城镇下岗职工、中西部贫困地区女性、"4050"人员、灵活就业人员等重点群体就业方面的作用进一步增强,正在成为蓬勃发展的新兴行业。2017 年,全国家庭服务业营业收入 4000 亿元以上,就业人数 2800 万人。① 家庭服务业已成为扩大内需、增加就业的"主力军"之一,涉及家务劳动、家庭护理、维修服务、物业管理等人们日常生活的各个方面。从全国来看,数以万计的家政服务企业都是社区服务体系的组成部分,是家政服务社会化趋势的必然结果。

三、社区的发展是适应人民生活水平不断提高的需要

市场经济的建立和完善,促进了社会的发展和进步,使城市现代化步伐加快,使人民生活水平有了大幅度提高,从而给人们带来生活需求多样化和向高层次发展的机会。

(一) 居民消费需求的多样化为社区服务提出了新的要求

在计划经济体制下,人们的经济收入几乎是固定的,而且是低收入。人们的生活消费很简单,除了柴米油盐之外很少有更多的欲求。但是市场经济的发展,使社会各个领域都发生了巨大变化,特别是人们的经济收入明显增加,消费水平明显提高,消费需求呈现多元化。据统计,2017 年我国城镇居民人均可支配收入 36 396 元,比上年增加了

---

① 国家发展和改革委员会等:《家政服务提质扩容行动方案(2017 年)》,载《中国经济导报》,2017 年 7 月 14 日。

8.3%;全国民用汽车保有量达 21 743 万辆,比上年年末增加了 11.8%。① 这说明人们用于衣、食、住、行、用等方面的支出都明显增加,人们消费需求的多样化,不仅促进了经济社会的发展,也为社区服务拓展了更丰富的内容。

人们的消费需求除了传统意义上的饮食、缝纫、洗染、修理服务、幼托、幼教、妇幼保健服务以外,社区的养老服务、家庭保姆、家庭医生、家庭教师、心理咨询、美容美发、法律咨询、中介机构、家庭劳动钟点工、家务代办业也开始进入家政管理领域。大到搬家、房屋装修、服侍老弱病残,小到换煤气、送奶、买粮、买菜、做饭、清洁、接送孩子等各项服务,都体现了人们生活消费需求的多样化,这就向社区服务提出了新的课题,必须不断增加新的内容。社区服务机构不仅要建立咨询部门,而且要建立为满足社区服务需求的培训中心,建立为幼儿、青年、老年人、下岗职工服务的教育、娱乐、养生、康复、信息等具体机构,以满足人们日益增长的各种生活需求,解决社会发展的后顾之忧。

目前,我国许多大城市的社区服务机构在案主、服务内容、服务方式、服务质量等方面正不断完善,满足人们多种需求的服务效果非常突出。例如,内蒙古赤峰市昭乌达社区建设"五园一湾"来满足居民多方面的需求,具体做法:一是建设服务居民日常生活的"阳光家园",成立"365 阳光服务中心",提出"365 天,天天有服务",开通电话服务热线,安装电子显示设备,为居民提供家政服务、劳动用工、法律咨询、代收各种费用等一站式服务;二是建设服务社区弱势群体的"爱心家园",为社区下岗职工进行就业指导,为低保户发放救助卡,为"空巢"老人免费安装接通呼叫器,为贫困家庭提供互助基金;三是建设服务居民健康和文化生活的"康乐家园",与驻本街道的医院联合建立社区卫生服务站,为社区居民就医、保健提供优质、优惠服务,同时建立社区文体活动中心,开展文体活动,丰富居民的文化生活;四是建设服务居民提高素质的"学习家园",建立社区学校,向居民开展多种教育培训,提供社会化的学习教育平台;五是建设服务社区稳定的"和谐家园",设立民情议谈室,倾听居民意见,建立社区警务室,创建良好治安环境,营造社区和谐氛围;六是建设服务社区党员的"红色港湾",定期进行党员教育培训,给党员过"政治生日",开展党内结对帮扶,为党员服务群众搭建平台等。昭乌达社区以方便居民,关注民生,为居民解决各种困难,满足居民多种需求为宗旨,为我国社区服务提供了良好的发展模式。

(二)居民的需求向高层次发展为社区服务提出了质量要求

改革开放以来,人们的物质生活条件得到很大提高。据国家统计局公布的信息,2008 年年底我国人均 GDP 超过 3000 美元②,2016 年年底我国人均 GDP 超过 8000 美元③。这标志着我国经济发展进入到一个重要阶段,实现了从基本温饱迈向全面小康的历史性转变。由此引起人们的消费水平迅速提高。

---

① 国家统计局:《中华人民共和国 2017 年国民经济和社会发展统计公报》,2018 年 2 月 28 日。
② 国家统计局:《2008 年中国经济数据》,载《新文化报》,2009 年 1 月 23 日。
③ 国家统计局:《2016 年中国经济数据》,2017 年 1 月 20 日。

居民饮食消费方面已经由吃饱发展为吃好。在食品消费结构方面,主食的支付占食品的比重明显下降,肉、蛋、蔬菜、水果明显增多,人们越来越讲究食品的精细、营养、美味和方便。国际上普遍根据一个家庭用于食物支出和收入的比例来测定其生活水平,这就是恩格尔系数。该比例越大,表明其生活水平越低。恩格尔系数为60%及以上的属于贫困家庭,50%—59%属于温饱家庭,40%—49%属于小康家庭,30%—39%属于富裕家庭,低于30%的为最富家庭。我国城镇居民恩格尔系数从1978年的57.5%下降到2006年的35.8%[①],之后又从2013年的31.2%下降到2016年的28.6%[②],这标志着我国居民的生活水平已经接近联合国划分的20%—30%的富足标准。

居民的衣着消费方面已经由粗糙单调发展为靓丽新颖。人们的衣装档次不断提高,天然纤维棉、毛、丝、麻成为常见的衣料,高档西装、羊绒衣、皮衣及各种名牌衣服,已经成为居民衣橱的常备品。人们的衣着由布料粗糙、样式单调到追求款式新颖、质地舒适、穿着便捷、彰显个性的消费方式,而且向着成衣化、时装化、品牌化、个性化发展。

居民住房方面已经由简陋拥挤发展为宽敞舒适。俗话说"小康不小康,关键看住房"。我国居民已经告别破旧、低矮、简陋的住房,迁入宽敞明亮、设施齐全的楼房。2016年我国城镇人均居住面积已达33平方米以上。[③] 随着居住条件的改变,居民的居住环境也在由"脏、乱、差"向"地绿、天蓝、水清、空气新"发展,许多城市社区还建设了文化景点和居民健身休闲场所,使居民感到生活在花园式的环境里,精神愉快,心情舒畅。

居民家庭的耐用品方面已经由低级向高档时尚发展。20世纪80年代初,居民家庭统计电视机、洗衣机、录音机以百户之几来计标,现在以每户有几台来计标,大屏幕彩电、手机、电脑、汽车等万元、几十万元的消费品快速进入家庭。根据国家有关部门统计,2005年我国居民电话总量达到3.5亿部,是1990年的50多倍。2017年年底,全国电话用户总数161 125万户,其中移动电话用户141 749万户,互联网上网人数7.72亿人。[④]

总之,人们的消费结构向发展型、享受型升级,人们不仅要享受美好的物质生活,而且要追求更好的精神生活,对生活质量提出了更高层次的要求,要求住得舒适、住得安全,各种生活设备齐全,活动设施先进,服务机构健全。这就对社区服务提出了更高的要求,社区服务必须以满足和提高现代化的家庭生活质量为目标。这一目标的实现涉及以下几个方面的内容。

(1) 为劳动力再生产服务。

为劳动力再生产服务也就是保证家庭成员维持和恢复其体力、脑力进行的服务。主要是指日常生活领域的服务,这是最基本的衣、食、住、行以及居住环境的美化服务,从而使家政工作轻松化、科学化、社会化,使家庭成员身体健壮,精力充沛地进行社会再创造。

---

① 李强:《中国社会变迁30年》,社会科学文献出版社2008年版,第223页。
② 国家统计局:《中华人民共和国2017年国民经济和社会发展统计公报》,2018年2月28日。
③ 住房和城乡建设部:《中国城镇人均住房建筑面积已超33平米》,2016年10月19日。
④ 国家统计局:《中华人民共和国2017年国民经济和社会发展统计公报》,2018年2月28日。

(2) 为后备劳动力的生长服务。

这类服务是以保证人口、劳动力再生产进行的服务，主要是为少年儿童的健康和成长服务。由于儿童社会化的主要场所——家庭职能的外移，使社区教育，例如，幼儿园、托儿所、学校、图书馆等，作为家庭教育的必要补充，不仅内容丰富多彩，而且要求不断提高教育质量，跟上时代发展，体现现代化的特征。

(3) 为退休劳动力的生活消费需要和精神需要服务。

这类社区服务是为保证老年人的晚年幸福而进行的服务。衰老是自然不可抗拒的规律，劳动力在衰老并退出社会生产领域后，需要继续维持其生命发展的物质、精神生活。小型化的家庭已不能完全满足老年人的生活需要，特别是精神抚慰方面的需要，社区的老年服务项目有效缓解了这一家庭照顾问题，解决了老龄化的社会发展的后顾之忧。

总之，社区的发展不是偶然的，既有改革开放以后与国际接轨的社会大背景，也有我国的社会发展具体条件。这些社会背景和条件为我国城市社区建设提供了机遇，使社区的发展成为社会文明和进步的必然趋势。

第二节　社区建设和研究的概况

一、社区的含义

社区研究起源于西欧，发展于美国，流行于西方发达国家，并逐渐传播到发展中国家。中国的社区研究也是由西方引进社区理论和实证方法后，从 20 世纪 30 年代才慢慢发展起来的。

(一) 什么是社区

"社区"一词来源于拉丁语，原意是共同的东西和亲密的伙伴关系。1871 年，英国学者 H. S. 梅因出版了《东西方村落社区》，首先使用了"社区"这个词。紧接着德国社会学家斐迪南·滕尼斯在 1887 年出版《社区与社会》一书，最早从社会学理论研究角度使用了"社区"这个概念，也标志着社区理论的产生和社区研究工作的开始。从此以后，"社区"便频繁地被使用和研究。

滕尼斯从社会变迁的总体趋势，以及社区与社会的区分上，认为社区是指在一定地域范围内有着共同价值观念、关系亲密、守望相助、疾病相抚、有人情味的社会生活共同体。这个共同体不是人们选择的结果而是自然形成的，即人们生于此长于此，人们依自然意志结合，具有共同的情感和传统价值观念，人们之间具有密切但相对狭隘的生活关系。之后西方许多社会学家继承了这种观点，并对此做过种种阐发。但是，他们也发现滕尼斯的社区定义带有传统的农业社会乡村社区的特色，不能完全说明现代工业社会的状况。所以，更多的社会学家是从一定地域社会关系结构的角度，或者从社区的功能与地域空间相结合的角度为社区下定义的，他们把村庄、集镇、城市以及具有更广阔地域的都市带等称作社区。这样,他们的着眼点就不再是社会关系的亲疏程度,而是社会关系的地域,我们国家的社会理论也是从这个意义上理解社区概念的。

我国著名的社会学家、社区研究专家费孝通先生在《社会学概论》一书中明确指出:社区是若干社会群体(家庭、民族)或社会组织(机关、团体)聚集在一定地域里,形成一个在生活上相互关联的大集体。

2000年12月13日,《民政部关于在全国推进城市社区建设的意见》中认为,社区是指聚居在一定地域范围内的人们所组成的社会生活共同体。这个定义既简明又准确,包含了更深的含义。

1. 社区要有一定的地域

既然社区是聚居在一定地域内的人们组成的生活共同体,那么这个共同体内的人们的生存和发展,必须有一个相对稳定的地域空间。无论是农村、集镇,还是城市社区,都要有地域载体,即一定的地理位置和界限。因此,社区是一个地域性的实体,一定的地域是构成社区的必然要素。社区的地域要素是社区各种自然地理条件和人文区位性质的地域环境的综合。它们是社区存在和发展的必要的物质前提,不仅为每个社区成员提供了立足之地,提供了其赖以生存、生活和活动的地域空间和基本场所,而且提供了社区建设和社区发展的自然资源,是影响社区变迁的重要因素。

2. 社区要有一定数量的人口

没有一定数量的人口就不会构成社区,社区由人组成,人口是构成社区的第一要素,是社区的主体。社区的人口,包括区域内相对稳定的常住人口和社会变迁中城乡交流、异地流动和反映人口增长的动态人口。他们不是孤立的个人存在,而是以一定的社会关系为纽带组织起来进行共同活动的人群,他们以社会群体的形式发挥着社区主体的作用。社区的人口是社区产生和存在的前提,是社区丰富多彩的经济生活、政治生活、文化娱乐生活等的创造者和承载者,也是社区物质资源的创造者和享用者。他们不仅创造了社区生活本身,也创造了这种生活的物质条件,形成了人们在交互活动中的社会关系,这些社会关系既是他们社会活动的结果,也是他们赖以进行社会活动的条件,更是社区存在和发展的基础。

3. 社区是有组织结构、有秩序的社会实体

作为具有多重功能的地域性社会生活共同体的社区,在特定的区位时空中必然有生存、居住以及活动的人群和社会团体。这些人群和社会团体既不是孤立的,也不是封闭的,他们在以职业活动为核心的社会活动中,形成各自复杂的社会关系,既有丰富多彩的内部联系,又有错综复杂的外部联系。这些联系形成了社区内部的社会结构方式,又形成了社区外部的社会组织与群众团体的相互联系与影响,并且相应地形成各种管理机构,以维持人们的社会活动和社会组织和团体的有序性。使社区中的人们在各种社会活动中的互动关系中生活,这是社区存在的基础和动力。

4. 特定的社区文化是社区存在和发展的内在要素

各具特色的社区文化是社区居民在长期的共同生活中积淀而成的,它是社区成员互相沟通、交流以便共同进行社会活动的必要条件。由于各个社区的地理条件、历史传统、形成过程、发展水平等存在各种差异,因此,在此基础上产生和形成的社区文化也各有特色。一个社区的风土人情、传统习惯、管理方式以及社区成员的心理特征、生活方式、价值观念等,无不体现社区的文化特征。这种文化植根于民族文化传统,反映时代进步特征,反映城市和区域特征,是社区整体文明的象征。同时,这也是社区互相区别的标志,是社区成员的归属感、认同感以及社区内在凝聚力的基础。因此,社区文化离不开本地区的传统文化,也离不开现实的生活实践,是社区群众在长期的社会活动和生活中积极参与创造的社会成果。

(二) 社区和社会的区别

社区可以被看作小社会,从社区概念的外延看,社区可被看作地区社会。社区是作为社会的一个部分而存在的,所以和社会有着密切的联系。但是从社区概念的内涵看,它与社会又有着明显的区别。

1. 社区强调"聚居性",社会不强调这一点

社区是人群组成的社会生活共同体,而且这个共同体是聚居在一定地域范围之内的。这种"聚居性"主要是指人们居住地的集中性,即人们集中居住在某一社区,它既是人们居住、生活、休息的场所,也是人们进行某些社会活动的场所。正是由于"聚居性",才形成人们共同的生活利益和共同的社区意识。而社会是各种社会关系的总和,强调社会关系的协调,并不关注人们的居住地是否集中,是否固定在一定的地域。它主要关注社会基本矛盾运动的状况,关注社会基本矛盾的调整以及由此引发的各种社会问题的解决、社会协调和有序,以维护社会的稳定发展,推进社会的进步和文明。

2. 社区强调地域观念,社会不注重地域观念

一个社区总是要有一定的地理位置,使社区居民的主要活动大都集中在某一特定的空间,这个空间便是社区的地域要素。社区中人们生活的地域要素是社会空间和地理空间的结合,主要反映了社区人群组成的社会生活共同体聚居以及活动的范围和界限。而在社会中人们的活动范围广泛,社会空间是指人们社会活动的内容范围以及活动在其中的社会组织和机构,它可以根据人们社会活动的需要以及社会关系的建立和协调而不断发展和变化,并不是指稳定的地理的活动区域。

3. 社区中人们的各种关系比社会更紧密

同一社区的人们由于共同的需要和共同的利益交往频繁,建立了一系列的社会关系,形成了浓厚的社区意识。社区居民对自己所属的社区有共同的归宿、喜爱和依恋的思想及心理感受,从而拉近了居民之间的关系和感情,人们在共同生活中有共同语言、共同情感,人与人之间形成的各种关系十分密切。而社会由于空间的广大和各种社会关系

的复杂性，人与人之间在情感上没有社区人之间的真挚和亲密，因此，与社区相比，社会中人们的各种关系会松散些。

4. 社区的职能与社会相比有更专门化的特征

社区的工作职能主要是为了方便和服务在本社区居住和工作的人们，根据他们的需要，结合社区的建设和发展需要，拥有管理、服务、调节、整合等职能。这些职能的发挥既有具体对象又有具体内容和任务，有明确的针对性，显现出专门化的特征。然而，社会的人总是生活在几种相互交织的社区内，社会的职能不是指向某个社区，而是指向调整和维护整个社会的稳定与发展，具有共性、普遍性的特点，没有社区的职能那么具体和专门化。

二、社区建设和研究的历程

社区建设主要指社区发展的实践过程，社区研究也叫社区分析，它是运用科学的理论和方法对社区的性质、特点、结构、功能等问题进行调查和理论分析，以揭示社区发展的一般规律和特点的科学。

（一）西方社区研究的概况

1. 西方早期的社区研究具有不成熟和空想的特点

西方一些国家比较早地进入了资本主义社会，在它们向工业化社会发展的过程中暴露出许多社会问题，特别是城市兴起所引起的社会矛盾、无产阶级以及劳动人民生活的极端贫困，引起了许多思想家和社会学家的关注，并提出一系列的改革以及改良的思想。其中，托马斯·莫尔、托马佐·康帕内拉、欧文、傅立叶、圣西门等空想社会主义者，都曾经从社区角度分析批判资本主义社会的弊端，并生动地构想和描绘了未来理想社会的美好蓝图和带有乌托邦特征的社区生活模式。英国的空想社会主义者欧文不仅有思想、有理论，而且有实践。欧文从创办模范社区入手，进行小块区域实验以提供社会示范。1800年，他构想了具有模范社区性质和特点的"劳动公社"，由几百到几千人组成的"劳动公社"是工农结合的经济统一体，既没有工农差别，又没有城乡差别。1824年，他决定直接实施劳动公社实验，在美国建立了"新和谐"共产主义移民区，结果在偌大的资本主义包围中遭到失败。1839—1845年，欧文又组织了"皇后林新村"或称"和谐大厦"的实验公社，最后也归于失败。他的实验的失败与他的理论的不成熟密切相关，但是他关于未来理想社会的憧憬和模范社区的最初实验，为后人的社区研究积累了宝贵的思想资料。

2. 19世纪后期社区研究的理论和方法逐渐发展和成熟

一般认为，1887年德国社会学家斐迪南·滕尼斯的《社区和社会》一书标志着社区研究的开始和社区理论的诞生。当时最早产生社区理论的主要代表除了斐迪南·滕尼斯外，还有迪尔凯姆、韦伯等。

滕尼斯第一次对社区做了较为系统的描述，他所说的"社区"是一种基于血缘关系或自然情感的社会有机体，社区内的社会关系是紧密的、合作的、富有人情味的，"社区"作为一个与传统道德相关联,以血缘为纽带的概念,与"契约社会"相对立。社区的特点在于人们对本社区有强烈的认同感、感情主义、传统主义和对社区内其他成员的全面交往情感。而"社会"是由契约关系和选择意志造就的机械结合,如服务公司、大都市、国家等。社会的特点是人们没有或很少有认同感,感情中立或社会成员之间的片面交往。滕尼斯认为当时社会正在向现代化社会发展,人类共同的生活表现形式也由"社区时代"向"社会时代"演进。他认为,社区研究的重点应探讨传统社会关系如何不断地被现代社会所取代的过程,以及由这个转化过程所引发的一系列社会问题。他把"社区"到"社会"的进展理解为是社区不断解体的过程。欧洲古典社会学家迪尔凯姆对社区和社会都提出了自己的概念,他提出的"机械团结"指的是传统社区,"有机团结"指的是现代城市社区。迪尔凯姆认为"有机团结"取代"机械团结"是社会的进步,"有机团结"充满了发展的潜力,是一种新的社会秩序。韦伯提出的"完全城市社区"是指欧洲中世纪的商业城市。他认为欧洲中世纪的城市才是"完全城市社区",因为它具有独立自主性、防卫力量、基于社团组织的内聚力等;而现代城市由于国家、公司、工厂的兴起,失去了作为居民心理归宿的功能,因此,现代城市社区已不再是完整的社区。

总之,以滕尼斯、迪尔凯姆、韦伯为代表的"社会类型学"的社区理论学派,开创了从社会学角度研究社区的先河,其理论传到美国后获得了很大发展。

3. 20世纪上半叶美国社区研究进入兴盛时期

第一次世界大战前后,美国社会学家查尔斯·罗密斯第一次把滕尼斯的《社区与社会》一书译成英文,从此,"社区"很快成为美国社会学的主要概念之一。社区研究在美国社会学中占有重要地位,而且进入兴盛时期,名家辈出,形成了比较有代表性的流派和学派。

(1) 芝加哥学派。

这一学派的代表人物是芝加哥大学社会学系主任罗伯特·帕克和他的两个学生R. 沃思和L. 伯杰斯。他们以研究城市社区而闻名,其所创立的人文区位学理论,就是在分析美国城市社区的基础上发展起来的,主张从社区整体研究城市。他们借用生物学中的竞争、共生、进化和支配等区位学概念,来解释美国都市的区位结构和发展动力。他们认为,城市是由社会异质性的个人组成的、较大规模和较高密度的"聚落",城市化引起的城市社会生活方式的变革将会动摇甚至摧毁城市社区存在的基础。正是在此意义上,一些西方学者称他们的观点是"社区消失论"。他们的学派是通过对美国大城市芝加哥的都市化过程的研究而确立起来的。他们在研究中,以芝加哥市内的犹太人聚居区、波兰移民区、上层阶级居住区、贫民窟等作为单个社区研究对象,主张从社区整体研究城市的结构和动态,由此创立人文区位理论。

(2) 社区综合研究学派。

社区综合研究学派是美国社会学家罗伯特·林德和海伦·林德夫妇创立的,他们开创了以小市镇为对象的综合研究,并在1929年以《中镇》为书名出版了他们的研究成果。他们在著作中详细描述了印第安纳州一个3500人的小市镇的社区生活的各个不同部分,并解释这些不同部分的相互关系。他们从市镇社区不同居民群体维持生活、建立家庭、性别角色、教养子女、对闲暇时间的利用、参与宗教活动以及政治倾向、阶级分化等方面描述了居民的社区生活。这部著作被当时的学术界公认为是研究社区的经典著作。后来他们于1937年又出版了《转变中的中镇》一书,在书中他们分析了当时美国经济危机对社区的影响,他们发现经济大萧条使得社区的某个家族垄断了全社区的经济命脉,进而控制了整个社区。他们对社区权力不平衡的描述诱发了另一种类型的社区研究——社区权力理论。

（3）社区权力理论。

美国社会学家弗洛伊德·亨特1953年出版了《社区权力结构》一书,标志着社区权力流派的形成。亨特在从事亚特兰大社区计划和发展工作遇到困难和障碍时,就想找出社区真正的领导者,以便对他们进行沟通来解决障碍和困难。他经过调查发现,社区中处于重要位置并有影响的40人中,有36人是在本地政府中没有职位的商人,他们决定着亚特兰大社区的命运。由此他得出结论:在这一社区内,民主形同虚设,由选举产生的社区官员对本社区的一些重要决定没有多少影响。但是,也有学者经研究后得出了与亨特不同的结论,认为社区中存在着多元化民主,并影响社区决策。这两种观点吸引了大批学者投入到社区权力研究领域。

总之,社区研究在20世纪前半期的美国社会学中占有重要地位,由于社会学家研究社区的立场和角度不同,形成了各种不同的社区理论。

4. 20世纪中期以后联合国倡议开展"社区发展运动"

20世纪第二次世界大战结束以后,资本主义国家除美国以外,都因为受到战争的创伤而面临恢复建设的任务,许多发展中国家也面临贫困、疾病、失业、经济发展缓慢等一系列社会问题。当时要想依靠政府的力量或通过市场经济的途径解决这些问题比较困难,于是社会学家和社区工作者运用民间资源,发展社区自助力量来解决上述问题的办法便应运而生。20世纪50年代初期,联合国开始在不发达国家和地区关注社区发展问题,并且倡导"社区发展"运动;打算通过在各基层地方建立社区福利中心来推动经济和社会的发展,试图通过开发各种社区资源,发展社区自助力量;通过建立社区福利中心来推动全球经济社会发展,并为此提供资金技术援助,从而启动了世界范围的"社区发展"活动,并制订了"社区发展计划"。在这个基础上,1952年联合国正式成立了"社区组织与社区发展小组",具体负责试行推广世界各国的社区发展活动。1955年联合国制定"通过社区发展促进社会进步"的文件,提出社区发展的基本原则。成立了社会局社区发展组,在亚洲、非洲、南美洲等地区为农村社区发展提供经济、技术援助,制订教育培训计划,改造旧有的公益设施等,促进了贫困地区经济的发展和社会问题的解决。后来又采取行动使社区发展从农村向城市扩展和推广,推动了各国城市社区发展的进程。到20世纪60年代,西方发达国家纷纷把社区发展作为本国社会发展战略的重要组成部分,推行社区发展计划的国家陆续达到60多个。近年来,社区研究一直在发展,全球已有100多个国家在执行全国性的社区发展计划。一些国家成立了社区服务与管理学院,以适应社区建设的发展需要。总之,世界各国对社区及其发展的关注和研究呈现出一种必然趋势。

(二) 中国社区的发展与研究

中国的社区研究经历了一个曲折的过程,由于旧中国的经济和社会发展长期处于落后状态,社区的研究也比较落后。中华人民共和国成立后,由于经济体制的束缚,社区的研究进展缓慢,特别是"文化大革命"期间处于停顿状态。一直到改革开放的新时期,社区的建设和发展才有了新的机遇和良好趋势。

1. 20世纪初的中国早期社区研究

20世纪初,中国向资本主义国家派出留学生把西方的社会学理论引入中国,社区调查与研究是其中一项重要内容。为了使社会学理论与方法同中国社会实际相结合,促进社会学中国化,学者们主张创建具有中国特色的社会学和社区模式,因此在20世纪30年代,我国的社区研究有了一定程度的发展。

我国著名的社会学家、人类学家吴文藻,为中国的社区研究做出了巨大贡献。他早年留学美国,回国后在燕京大学社会学系任教,他主张把社会学的理论和方法与文化人类学或社会人类学结合起来,力求探索一条"中国化"的社区研究。他认为,社区研究就是"大家用同一区位的或文化的观点和方法,来分头进行各种不同地域的社区研究"。例如,城市社会学家考察沿海或沿江的都市社区等。吴文藻还先后派出一些研究生和助教到国内一些地区进行实地调查,并发表了一系列的社区研究成果,这些人才和科研成果对中国的社区研究和发展起到了积极作用。

我国著名的社会学家费孝通先生也是社区研究专家,他主要以中国的乡村为研究对象。他在《乡土中国》一书中对社区研究做了精辟的概括。他说:"以全盘社区结构的格式作为研究对象,这对象并不能是概然性的,必须是具体的社区,因为联系着各个社会制度的是人们的生活,人们的生活有时空的坐落,这就是社区。每一个社区有它一套社区结构,各制度配合的方式。因之,现代社会学的一个趋势就是社区研究,也称作社区分析。"①他还和同事们到农村调查,对乡村经济中的农田、土地、手工业、小农经济、劳工、矿工、女工等进行专项调查和研究,他们的调研成果发表之后,在国内外都产生了重大影响。后来费孝通先生的研究由农村又扩展到小城镇,对社区研究做出了重大贡献。

这个时期进行社区研究的还有梁漱溟、李景汉等,他们深入基层或乡村,采用较为系统和完整的大规模调查或采用实验性的研究,写出了调查报告。他们调查和研究的方法与吴文藻、费孝通等人选择某一社区中的某一问题做专项调查研究和实地观察的方法虽然不同,但对当时的社会都产生了一定影响。

2. 中华人民共和国成立初期到改革开放之前的社区研究

20世纪50年代初,在旧社会的废墟上建立起来的中华人民共和国百废待兴,经济任务和政治工作都十分繁重。加上当时国际形势的影响,以及后来"左"的思想干扰,社会学一度遭到冷遇,社区研究和建设也逐渐被农村人民公社和城市街道居民委员会体制研

---

① 费孝通:《乡土中国》,上海人民出版社2005年版,第85页。

究和建设所代替。1954年,全国人大一届四次会议通过了《城市街道办事处组织条例》和《城市居委会组织条例》,创建了具有中国特色的社会主义街居体制,这就阐明了居民委员会是群众自治组织,不是政权组织,街道办事处是市或区政府的派出机关。1958年以后受到人民公社化运动的影响,各地街道办事处也纷纷改为人民公社,市区政府也将部分职能下放到了街道,街道和居民委员会的管理职能扩大了,从意识形态的宣传教育,到发动居民参加各种群众运动以及发展街道经济等,长期以来形成了我国的"行政性"很强的"街居体制"。因此,1958—1978年期间是我国社会主义建设充满曲折的时期,这一时期许多理论研究都遭到挫折破坏,"社区"研究也未受到重视甚至被迫中断,根本听不到社区服务、社区建设等概念,以至于改革开放之后,人们对"社区"都很陌生。

3. 十一届三中全会到2000年之前的社区研究

1978年召开的中国共产党十一届三中全会,把党和国家的工作重心从"阶级斗争为纲"转向"以经济建设为中心",并实行改革开放的方针。我国社会主义社会进入新的历史时期,为社区研究创造了良好的条件,从而使我国的社区研究得以恢复并走向健康发展的轨道。

新时期我国的社区研究和发展是随着经济、政治体制改革而逐步深入的。我国的改革首先是从农村开始的,农村的"家庭联产承包责任制"促进了生产力的发展,使农村社区各方面都发生了很大的变化。随之而来的是加强以党支部为核心的村级组织建设,村级采用直接民主选举,实行民主决策、民主监督、民主管理、依法治村等,使改革不断深化。当农村改革推向城市之后,城市居民的思想观念、交流方式、生活方式也发生了很大变化,城市社区体制面临着改革和创新,社区研究成为全社会普遍关注的热点问题。

我国的理论工作者在20世纪80年代初就开始深入农村、城镇调查研究,做了大量积极有益的探索。一些高校和各省市科学院、研究所共同进行了多方面、多层次、多角度的合作研究,扩展了社区研究的领域,为街道社区的实际工作者提供了新的思路和理论指导,推动了社区建设的蓬勃发展。在此期间,社区研究受到党中央和政府有关部门的高度重视和积极支持。1986年,民政部首先倡导在城市基层开展以民政对象为服务主体的社区服务。随着改革的深化和社区服务工作的开展,其他社区工作也迅速展开,社区服务的概念已经包容不了全方位的社区工作。于是民政部从我国国情出发,借鉴国外先进经验,在1991年提出了"社区建设"这个新概念,目的是以社区建设为切入点,加强社区全方位的建设,增强城市基层组织的凝聚力和战斗力。在1998年的机构改革中,国务院明确赋予民政部"指导社区服务管理工作,推动社区建设"的职能。使社区建设和研究在全国得到推广。从此以后,即从20世纪90年代起,我国城市社区建设和研究在许多大城市展开,在当地党组织和政府的领导下取得了显著成绩,例如,北京、天津、上海、青岛、沈阳、长春等,并形成了自己的特色。

党和国家领导人在视察各地文明社区(小区)先进典型时,都给予高度评价和积极支持。他们一致认为加强社区建设是新形势下坚持党的群众路线,做好群众工作和加强基层政权建设的重要内容。他们多次深入社会基层,直接面对居民,认真了解社区的现况,对社区管理、服务、文化、党建等问题做了一系列重要指示,积极地推动了社区的发展和建设。

4.《民政部关于在全国推进城市社区建设的意见》发表以来的社区研究

2000年11月,《民政部关于在全国推进城市社区建设的意见》中,对于充分认识城市社区建设的重大意义,社区建设的指导思想、基本原则、主要目标、社区建设各项工作的内容、社区组织和队伍建设以及如何加强领导等问题都进行了深刻论证。同年12月13日,中共中央办公厅、国务院办公厅转发了《民政部关于在全国推进城市社区建设的意见》,明确指出大力推进城市社区建设是新形势下坚持党的群众路线,是做好群众工作和加强基层政权建设的重要内容,对于促进经济和社会协调发展,提高人民生活水平和生活质量,扩大基层民主,维护社会稳定,推动城市改革与发展具有十分重要的意义;并号召各级党委和政府要高度重视城市的社区建设,把社区建设工作摆上重要议事日程,切实帮助解决城市社区建设中的困难和问题。自通知下发后,各级党委和政府都把城市社区建设纳入社会整体发展的战略布局,在人力、物力、财力方面给予了大力支持和投入,使社区建设得到迅速发展,在基础设施、社区服务、社区管理、社区文化等方面都取得了显著成就。

"理论来源于实践",由于城市社区建设的蓬勃发展,有关社区发展的理论研究也呈现出新局面,陆续出现了中国特色社区建设的经验概括和总结。例如,上海、沈阳等地社区管理体制的探索,长春市"典型单位制"变革背景下的社区建设,北京市特色的社区治理模式,内蒙古自治区部分城市、郑州、武汉、青岛、大连等社区建设的经验等。有关社区建设的著作和教材也陆续公开出版。特别是近几年,在党中央关于构建和谐社会,大力推进以改善民生为重点的社会建设等伟大战略部署的推动下,建设"管理有序、服务完善、环境优美、文明祥和"的和谐社区已经成为城市发展的重要内容。有关各地城市社区建设的基础条件、战略布局、建设过程、经验和困难、成就和问题、措施和对策等,既有实地调查的基础研究,又有理论层面的深入分析,使社区建设不断向深层次发展。

总之,我国的城市社区建设既有群众基础又有党中央和各级领导的重视,虽然与发达国家相比还有很大差距,但是我们相信,随着我国社会的进步和发展,它一定会有更强大的生命力,展现出以发展、和谐为主题,全面推进综合性研究的时代特征。

第三节 城市社区建设的意义

一、社区建设能促进城市管理科学化

随着改革开放的深入和市场经济的发展,我国城市发生了巨大变化。社会经济成分、物质利益、就业方式等都呈现出多元化特点,城市居民的思想观念、生活方式也日益更新。这些变化给新形势下城市的建设和管理提出了新的课题,城市管理现代化的要求日益迫切。

城市管理是一项综合性的、复杂的系统工程，特别是进入现代化阶段后，城市问题日益复杂，对城市进行系统化、科学化管理已经成为改革继续深入的重要任务。城市社区建设不仅是一项社会工作，也是城市基层管理体制的创新，其实质是对中国传统城市管理体制进行改革。

随着我国社会改革的不断深入和发展，社会经济、政治、其他社会领域都发生了巨大变化，特别是市场经济的确立和发展，推动了政府和企事业单位的分离，使企业成为自主经营的经济实体，使事业单位成为自主发展的事业机构，将政府和企事业单位承担的社会功能从自身中剥离出来交给社会。市场化经济改革还促进了劳动、工资、住房、医疗、福利、养老等一系列制度的改革，这一改革的深刻影响和直接结果在于传统"单位制"的解体和"非单位型"社会的出现，改变了原有的把"单位"作为城市社会基本组成单元和国家通过单位管理社会的传统管理机制。同时，随着经济的迅速发展和现代化进程的加快，我国城市经历了一个起点低、速度快的发展历程。根据《国家新型城镇化规划（2014—2020年）》的内容：1978—2013年，城镇常住人口从1.7亿人增加到7.3亿人，城镇化率从17.9%提升到53.7%，年均提高1.02个百分点；城市数量从193个增加到658个，建制镇数量从2173个增加到20113个。[①] 2016年城镇化率达57.35%，拥有约7.9亿城镇人口[②]。城镇化的快速发展取得了举世瞩目的成就，同时也出现了一些明显的问题。例如，城市管理服务水平不高，"城市病"日益突出，一些城市空间无序开发、人口过度集聚，重经济发展、轻环境保护，重城市建设、轻管理服务，城市污水和垃圾处理能力不足，大气、水、土壤等环境污染加剧，公共服务供给能力不足，城中村和城乡接合部等外来人口集聚区人居环境较差等。

上述问题的解决，要以各级政府为主导，但是社区作为城市基层的社会组织也必须发挥其重要作用。

（1）要强化社区自治和服务功能，健全社区党组织领导的基层群众自治制度，推进社区居民依法民主管理社区公共事务和公益事业。

（2）促进公共服务向社区延伸，整合人口、劳动就业、社保、民政、卫生计生、文化以及综治、维稳、信访等管理职能和服务资源，加快社区信息化建设，构建社区综合服务管理平台。

（3）发挥业主委员会、物业管理机构、驻区单位积极作用，引导各类社会组织、志愿者参与社区服务和管理。

（4）加强社区社会工作专业人才和志愿者队伍建设，推进社区工作者专业化和职业化。

（5）要以高质量的社区服务消除城镇化进程中出现的矛盾和问题对社区的负面影响，促进城市的管理走向科学化。

---

① 国务院：《国家新型城镇化规划（2014—2020年）》，2014年3月16日。
② 国家统计局：《2016年中国城镇化率达57.35%》，2017年1月23日。

二、社区建设是加强社会主义精神文明建设的有效措施

推动社区建设必然繁荣基层文化生活,促进社区风气的文明和进步,特别是创建文明社区活动,对社会的稳定和发展起到积极作用。各个社区的管理者和广大社区居民都会利用自己的资源特点从不同方面来改变自己社区的面貌,从服务到管理,从环境到人们的精神文化活动,都会形成自己的特色。使文明社区不断增加,不仅使各个社区在创建竞争中不断进步和完善,也会不断改善社会风气,形成良好的社会风尚,促进社会的发展和稳定。

社区教育是社区先进文化建设的重要内容,社区教育活动具有重要的道德价值。通过社区教育不仅可以使居民增长知识和才干,而且也可以引导人们爱祖国、爱家乡、爱社区的道德情感,增强人们对社区的认同感和依赖感,形成人人关心社区、关心社会、关心国家大事的责任感,形成崇尚先进、团结互助、扶正祛邪、积极向上、无私奉献的道德风尚,有利于全面提高居民的素质。

经常开展具有社区特色的群众性文体活动,丰富居民的精神文化生活,可以增强社区的凝聚力,促使人们形成健康的生活方式。与其他文化相比,社区文化有自己的特点,体现为一种群众性的活动,有广泛的群众基础,有"寓教于乐"的特点。社区可以采取多种形式,如培训班、俱乐部、体育比赛、文艺比赛、艺术节、秧歌队、书画展等,开展"五好家庭""文明市民""文明小区"等评比活动,让群众广泛参与,既可以满足社区居民精神方面的需求,又可以使他们充分体现自我,达到陶冶道德情操、提高审美情趣的目的,从而形成健康的生活方式。

总之,丰富多彩的社区基层文化生活是社区建设的重要内容,既有利于人们的身心健康,有利于社区的稳定和进步,又会积极推动社会主义精神文明建设。

三、社区建设是加强社会主义民主政治建设的重要途径

在社区的建设发展中,必然要强化基层社区的功能,巩固城市基层政权,调动群众对社区活动的积极性、主动性,发挥群众自治组织的作用。这既是社区建设的内在要求,也是加强基层政权建设、推动民主政治建设的必要条件。

以前,在计划经济体制影响下,"居民委员会"不同程度地存在行政化管理的倾向,居民参与程度不高,基层民主建设存在许多形式化的现象。随着改革的深化和社区职能的明确化,居民与社区的关系日益紧密,越来越需要依靠社区力量解决日常生活中的问题。居民对社区事务日益关注,特别是由于共同的利益和目的,居民以各种形式主动参与社区建设,使其在民主选举、民主决策、民主管理和民主监督的实践中培育公共意识、参与意识、合作精神和契约观念,提高了参政议政的觉悟和水平。这样可以为社会主义民主提供坚实的主体意识,充分发挥居民自治组织的作用,对于加强社区的内在动力、加快民主管理进程有重要意义。

与此同时,社区建设关系到每个社区成员的切身利益,需要社区成员共同努力参与

才能使社区建设有不竭之源泉。通过群众的积极参与和社区居民自治,促使公共权力下移,不仅可以将社区建设中所依赖的公共权力直接置于社会成员的监督之下,而且可以促进政府改善管理,重构政府的权威基础,使政府工作直接接受公民监督,进而巩固城市基层政权,推进社会主义民主建设。

在推进社区建设中,可以扩大居民有序的政治参与,引导他们依法管理自己的事情;还可以及时化解社会矛盾,促进社会安定团结。例如,流动人口、下岗职工、老龄工作、社会治安、婚姻家庭、计划生育等,城市居民委员会原来的管理方式很难解决的新问题,可以明确责、权、利及管辖范围,依法管理及时调整和解决,既可以稳定社区生活秩序,又能加强社区管理和服务职能,从而加强城市基层政权建设。这是我们党执政的根基,也是政治和社会稳定的基础。

四、社区建设是推动我国适应经济全球化的必然要求

从国际方面看,联合国早在 20 世纪 50 年代就提出了"社区发展计划",推进社区建设、促进社会发展已经成为许多国家进行社会管理的必然趋势。在人类社会进入新世纪之际,经济全球化、政治多极化潮流不可阻挡。随着高科技的发展、知识经济的出现和信息社会的形成,社区建设和研究已经成为许多国家加强城市管理的一种必要手段。目前,全世界约有 100 多个国家实施社区发展计划,目的是以社区为基层单位,通过政府有关机构、社区组织及民间团体通力合作,解决经济社会发展过程中,特别是工业化和城市现代化进程中出现的一系列社会问题,以促进经济和社会的稳定及全面发展。目前,我国正处于社会的全面转型时期,为了少走弯路,避免出现世界上许多国家曾经出现过的类似社会问题,应该借鉴国际上已有的经验和教训,站在新世纪发展的战略高度,把社区发展作为我国社会发展战略的重要组成部分,积极推进具有中国特色的社区建设事业的发展。只有这样才能适应世界发展的潮流,维护经济的协调发展,跟上时代前进的步伐,走在世界经济发展的前列。

总之,社区建设是改革不断深入和城市现代化发展中正在勃兴的一项事业。我们必须站在社会主义现代化建设全局和战略的高度,充分认识新形势下加强社区建设工作的重大意义,结合我国的具体特点,把加强社区建设作为全面建设小康社会的基础工作,努力开创新时期中国特色社区建设工作的新局面。

 名词与术语

城市社区	经济体制改革	计划经济
市场经济	企业"办社会"	社会职能
单位人	社会人	政治体制改革
单位体制	社会基层组织	丁克家庭
空巢家庭	家庭服务功能弱化	家政服务社会化

消费需求多样化　　　　恩格尔系数　　　　　　芝加哥学派
社区综合研究学派　　　社区权力理论　　　　　社区发展运动

复习与思考

1. 如何理解社区的发展是适应经济体制改革的需要?
2. 为什么说政治体制改革为社区提供了新机遇?
3. 为什么说社会改革中出现的社会问题为社区发展创造了新条件?
4. 简述社区的发展与家庭结构变化的关系。
5. 如何理解家政服务的社会化?
6. 为什么说社区的发展是适应人民生活水平不断提高的需要?
7. 如何理解社区的含义?
8. 社区和社会的区别是什么?
9. 简述西方社区发展研究的概况。
10. 论述中国社区发展研究的概况。
11. 如何理解城市社区建设与研究的意义?

主要参考文献

[1]《民政部关于在全国推进城市社区建设的意见》,载《人民日报》,2000 年 12 月 13 日。
[2] 费孝通:《乡土中国》,上海人民出版社 2005 年版。
[3] 潘小娟:《城市基层权力重组——社区建设探讨》,中国社会科学出版社 2006 年版。
[4] 潘家华:《中国城市发展报告》,社会科学文献出版社 2009 年版。
[5] 谢芳:《美国社区》,中国社会出版社 2004 年版。
[6] 杨叙:《北欧社区》,中国社会出版社 2004 年版。
[7] 国家统计局:《中华人民共和国 2017 年国民经济与社会发展统计公报》,2018 年 2 月 28 日。
[8] 姚洋:《城市化将是未来经济增长点》,"新型城镇化与流动人口社会融合"论坛,2016 年 7 月 21 日。
[9] 国务院:《国家新型城镇化规划(2014—2020 年)》,2014 年 3 月 16 日。

第二章 城市社区建设的基本思路

社区建设作为一项社会活动,有自己的具体内容和特征,但它也和其他社会活动一样要符合社会发展规律,同时要受到社会活动规则和社会发展状况的限制和制约。为了使社区建设有序进行和顺利发展,我们必须遵循社会活动的基本规则,总结经验,充实社区建设的内容。因此,对社区建设要有总体的思考和基本的策略。

第一节 城市社区建设的指导思想和基本原则

一、城市社区建设的指导思想

城市社区工作是一项充满朝气、具有广阔前景的事业,也是一项专业性很强的工作,必须要遵循正确的指导思想。只有这样,才能保证社区工作的科学性,使社区建设顺利进行。

(一)以邓小平理论、"三个代表"重要思想、科学发展观和习近平新时代中国特色社会主义思想为指导

邓小平理论是马克思主义基本原则与当代中国实际和时代特征相结合的产物,是毛泽东思想的继承和发展,是中国共产党和中国人民最珍贵的精神财富。邓小平理论第一次比较系统地初步回答了中国这样一个经济文化比较落后的国家如何建设社会主义,如何巩固和发展社会主义的一系列基本问题,用新的思路、观点,继承和发展了马克思主义、毛泽东思想。邓小平理论是建设中国特色社会主义的指导思想,也是我国社区建设的指导思想。

江泽民同志阐述的"三个代表"重要思想,就是我们党要始终代表中国先进生产力的发展要求,始终代表中国先进文化的前进方向,始终代表中国最广大人民的根本利益。这是加强和改进党的建设、推进我国社会主义自我完善和发展的强大理论武器,是党必须坚持的指导思想和各项工作的指导方针,也是全面推进城市社区建设的行动指南。

科学发展观的基本要求是全面、协调、可持续发展。全面发展,就是要以经济建设为中心,全面推进经济、政治、文化、社会和生态文明建设,实现经济发展和社会全面进步。协调发展,就是要统筹城乡发展、区域发展、经济社会发展、人与自然和谐发展、国内发展和对外开放,推进生产力和生产关系、经济基础和上层建筑协调,推进社会各个环节、各个方面互相协调。可持续发展,就是要促进人与自然的和谐,实现经济发展和人口、资源、环境相协调,坚持走生产发展、生活富裕、生态良好的文明发展道路,保证一代接一代地持续发展。在城市社区建设和管理中,必须认真深入地贯彻落实科学发展观。

习近平同志在中国共产党第十九次全国代表大会上提出了"新时代中国特色社会主义思想"。他指出,经过长期努力,中国特色社会主义进入了新时代,这是我国发展新的历史方位。这标志着近代以来久经磨难的中华民族迎来了从站起来、富起来到强起来的伟大飞跃。在党的二十大报告中,习近平同志又进一步指出,我们创立了新时代中国特色社会主义思想,明确坚持和发展中国特色社会主义的基本方略,实现了马克思主义中国化时代化新的飞跃,坚持不懈用这一创新理论武装头脑、指导实践、推动工作,为新时代党和国家事业发展提供了基本遵循。习近平新时代中国特色社会主义思想内容十分丰富,涵盖改革发展稳定、内政外交国际、治党、治国、治军等各个领域,构成了完整的科学体系,既有理论高度,又有实践价值。

习近平新时代中国特色社会主义思想,是对马列主义、毛泽东思想、邓小平理论、"三个代表"重要思想、科学发展观的继承和发展,是马克思主义中国化最新成果,是党和人民实践经验和集体智慧的结晶,是党的理论创新成果的最新概括和表述,是中国特色社会主义理论体系的重要组成部分,是我们党迈向新时代、开启新征程、谱写新篇章的政治宣言和行动指南,全党全人民必须长期坚持并不断发展。我们一定要认真学习领会,在社区建设和管理中坚决贯彻和落实习近平新时代中国特色社会主义思想。

社区是社会的基层组织,最贴近基层群众。社区的所有成员既是社区建设的主体,又是社区服务的对象。社区的一切工作都是为了"社区人"的根本利益,"社区人"是社区建设和管理的最终价值取向。社区的建设和发展是多方面的,包括经济、政治、文化、人口、环境、治安等多方面的内容,是一个错综复杂的渐进过程。旧的问题不断解决,新的问题又会产生。目前,城市社区建设面临着许多新的问题,如社区养老服务、居民的多种需求问题、退休职工的社会化管理问题,以及社区的社会保障问题等。这些问题关系到人民群众的基本生活和根本利益,需要站在以人民为中心,站在中国特色社会主义新时代的高度来解决。因此,要想搞好社区的建设与管理,一定要深入贯彻落实习近平新时代中国特色社会主义思想,以此来凝聚力量,指导工作,把对习近平新时代中国特色社会主义思想的重大意义、精神实质和基本要求的认识成果,转化为促进社区发展的强大动力。

(二)改革基层管理体制,强化社区功能

社区是城市的细胞,社区建设和管理是城市建设和管理的基础工作。同时,城市社区建设是一个新事物,是城市的一项综合性改革,所涉及的方面广泛,涉及的问题也很多,具体工作十分复杂。原来的居民委员会已经不能适应新形势,所以改革基层管理体制,强化社区功能是重要的指导思想之一。我国的城市建设具有自己的特点,各个城市之间的历史传统、经济状况、基本建设、工作基础、资源状况很不平衡,各个城市以及社区的功能也有很大差异。例如,社区的协调和整合功能、服务的功能、满足居民生活需求的功能、互助互济功能、安全保障功能、文化教育功能等,都表现出各个社区的不同特点和不同水平,有些社区的功能还不完善,甚至还非常薄弱。这与社会的发展,与我国全面建成小康社会的历史任务是远远不相适应的。因此,必须强化社区的功能,而社区功能的发挥和加强,必须有基层组织作为载体。这就要求我们在社区建设中,应该从我国的基本国情出发,从各个城市及每个社区的实际出发,改革基层管理体制,加强基层组织建设,完善社区的功能,这是最实际、最基础的社会工作。

(三) 巩固党在城市工作中的组织基础和群众基础

推进城市社区建设,事关改革、发展、稳定的大局,事关人民群众的根本利益,事关党和国家政权在城市基层组织的巩固。它也是城市管理体制的重大改革和创新,是建设中国特色社会主义新时代城市的重大探索和尝试,是意义非常重大而深远的事业。党的领导是中国特色社会主义最本质的特征和最大优势,党政军民学,东西南北中,党是领导一切的。因此,社区建设离不开党的领导,党管城市是一条重要原则,必须坚持党的领导,体现党的领导。要适应中国特色社会主义新时代城市发展形势的需要,结合社区体制改革,加强城市基层政权建设,建立健全社区党组织,发挥党的领导核心作用,这是搞好社区建设最重要的组织保证。

社区建设在加强党的领导的同时,还要加强城市群众性组织建设,建立健全社区群众自治组织。居民自治是宪法确立的一项重要政治制度,是城市基层社会主义民主政治的伟大创造。要通过社区自治组织培养和增强社区居民的自治意识和民主意识,参与社区事务的管理,变"政府号召居民参与"为"居民主动自愿参与"。社区居民委员会要依法自治,制定自治章程,建立工作制度,通过居民自治切实实现居民的自我教育、自我服务、自我管理和自我监督。

(四) 提高人民群众的生活质量和文明程度

党的二十大报告明确指出,我们深入贯彻以人民为中心的发展思想,在幼有所育、学有所教、劳有所得、病有所医、老有所养、住有所居、弱有所扶上持续用力,人民生活全方位改善。人民群众获得感、幸福感、安全感更加充实、更有保障、更可持续,共同富裕取得新成效。这是对党的十八大以来,人民群众生活水平和生活质量改善状况的深刻总结,是与加快推进现代化强国相统一的目标,符合我国国情和现代化建设的实际,符合人民的愿望。城市社区建设也必须围绕党在新时代中国特色社会主义的目标进行,要通过不断完善和提高社区的管理水平,加强社区服务,根据居民的多种需求,通过多种形式提高社区管理和服务质量,以方便居民、服务居民。这不仅可以满足社区居民日益增长的美好生活需要,提高他们的生活水平和生活质量,巩固和发展社区新型和睦的人际关系,维护和促进社区的安定团结,而且对于提高社区居民的科学文化素质,增强现代化观念,形成良好的社区风尚,促进社会的进步和文明,实现全面建成小康社会、开启全面建设社会主义现代化国家新征程的奋斗目标具有重要意义。

(五)扩大基层民主,维护社会政治稳定

扩大基层民主,是发展社会主义民主的基础性工作,是社会主义现代化建设的目标之一。我国社会主义现代化建设各项事业在新时代的发展,迫切需要发展社会主义民主政治,形成决策民主化和科学化的机制,以建立社会长远稳定的基础。而基层民主是前提和基础,社区作为社会的基层组织越来越成为人们利益的共同体,必须充分发扬民主,尊重社区居民的主体地位,保障他们的民主权利,发挥他们的积极性和创造性。以动员社区力量、开发社区资源、密切联系群众、开展社区服务、情系千家万户为特点的社区建设,则能使社区居民的利益得到最大的满足。从而大大增加社区的凝聚力,调动广大基层群众投身到社区建设和管理中来,使社区居民关心社区事务,关心社区的民主选举、民主决策、民主管理和民主监督,有效地实现城市居民的自我教育、自我管理和自我服务。这样不仅为推进基层民主建设奠定坚定的群众基础和思想基础,密切党群关系,维护社会政治稳定,而且会促进城市社会关系的协调和经济的繁荣,加快城市现代化的步伐。

二、城市社区建设的基本原则

所谓原则,是人们认识和处理问题的准则。社区建设的基本原则就是在推进社区发展的进程中必须遵循的基本准则,它是社区建设的理论根据和政策指导。

(一)以人为本、服务居民

以人为本、服务居民是和谐社区建设的方向性问题,是我们党"全心全意为人民服务"的宗旨在社区建设中的具体体现,也是习近平新时代中国特色社会主义思想的精神实质。它要求以社区居民为主体,社区的一切工作都以满足居民对美好生活的向往、提高居民的生活质量为核心。以人为本、服务居民、关注民生是社区建设的出发点,也是社区建设的归宿。

1. 对人的关心

关心社区所有居民日益增长的美好生活需求,关心他们的物质生活及精神文化生活,深入居民了解社情民意,关心他们的社会地位和生活水平,关心他们的健康和娱乐。总之,要关心居民的所想,关心他们的需要,关心他们的发展,特别是对于社区的老人、残疾人、下岗失业人员等弱势群体,更要关心和体贴。动员全社会的人们团结互助,扶贫济困,让所有的居民都感到社区的温暖,体验到改革发展的物质成果,体会到社会主义人道主义的关爱。

2. 对人的尊重

尊重人的尊严和价值,以平等的态度待人。每一个人都有自己的尊严,个人的尊严与个人对社会的贡献、作用以及所履行的职责联系在一起。因此,人对自身尊严的理解,是认识自身价值和责任的一种方式,在要求别人尊重自己的尊严的同时也要尊重别人的尊严。凡是在社区工作和居住的公民,不论社会地位的高低、经济状况如何,只要遵纪守法、积极关心和参加社区建设,都应该一视同仁,都应该得到尊重,要用相同的价值尺度来评价他们。对人的尊重反映社会公平正义的水平和社区文明程度。

3. 为民服务

社区服务既是社区建设的重要内容,是城市基层管理的组成部分,也是福利性、公益性社会服务的一个缩影,是一项"民心工程"。社区工作应根据社区居民的各种需求,认真研究落实办法,不断充实服务内容,改善服务态度,提高服务质量;应通过低偿或无偿的社区服务,方便群众生活,满足群众要求。社区的一切工作都应以满足社区人对美好生活的追求作为奋斗目标,以服务社区群众、关注民生为宗旨。

4. 对人的教育

社区工作要通过社区的法制教育、道德教育、技能培训及各种文化活动等,把法纪约束、道德规范融入居民行为之中,把现代科技知识融入日常的普及教育之中,提高居民的现代技能、科学文化知识和道德修养。归根结底,要通过社区教育满足社区居民的求知欲望,提高他们的综合素质和文明程度。

5. 凝聚人心

社区建设要通过社区服务、社区教育、社区保障以及各种文化活动为载体,真正相信和依靠社区居民,为他们服务,帮助他们解决困难,使他们安居乐业。社区工作者应真正认识到社区建设的目的是为了人民群众,依靠力量也是人民群众,人民群众是社区发展的生命线和内在源泉。应该紧紧抓住群众最关心、最需要解决的实际问题,多做得人心、暖人心、稳人心的工作,这样才能凝聚人心,增强人们对社区的认同感和归宿感,使社区成为全体居民公认的利益一致、感情合一、同舟共济的和谐共同体。

6. 主人翁意识

对社区居民的爱护、尊重和为之服务,是因为社区是居民的家园,居民是社区的主人。作为主人,社区居民不仅有权力享受服务,接受尊重,而且要有主人翁意识,要以主人翁的姿态参与社区管理,积极支持社区组织的工作,自觉参加社区的建设,为社区的发展做出自己力所能及的贡献。因此,教育和培养社区居民的主人翁意识,是"以人民为中心"的深化和归属,是建设和谐社区永不枯竭的内在动力。

总之,社区建设必须以人民为中心。坚持以不断满足社区居民的社会需求、提高居民生活质量和文明程度为宗旨,把服务社区居民作为社区建设的根本出发点和归宿。

（二）资源共享，共驻共建

城市社区资源在数量上都是有限的。过去，在计划经济体制下，一些单位搞"小而全"或者"大而全"，使一些物质设施经常闲置，人员超编，造成资源浪费。在城市社区建设中，要合理进行资源的整合利用，必须打破以"单位所有"的封闭格局。

1. 充分挖掘整合社区的物质设施资源

每个社区都存在既定的原有的设施资源，例如，社区内企事业单位的会场、学校的操场、医院、礼堂、俱乐部、教室、广场以及其他各类共建配套设施。应该充分调动社区内机关、团体、部队、企事业单位参与社区建设的积极性，充分利用各单位原有的人力、物力、财力等资源。根据互利互惠的原则，合理配置社区资源，最大限度地挖掘和有效利用各个单位的资源，发挥各自的优势，达到互相补充、资源共享。各单位能够向社区开放的文化体育设施、社区服务设施等都应面向社区全体居民，让大家在社区范围内共同享用物质设施资源。

对社区现有的设施资源要充分利用、合理调配，或者运用现代科学技术改造原有的设施；同时，还应根据社区经济增长的速度和经济实力，根据人们的需要和社会发展的状况，有计划地进行资金投入，建设各类配套设施。对所有的设施资源要认真建设和管理，处理好服务和创收、有偿服务和无偿服务的关系，以充分发挥各种物质基础设施在社区发展中的作用。

2. 充分调动社区的组织资源

社区的组织资源是推动社区发展的重要力量，主要包括政治组织、群众自治组织、社区的各种社会团体。社区的发展要求必须把拥有不同资源的社会组织团结起来，把物质、人才、信息、文化等优势聚集起来，互相协作，形成合力，从而推动社区发展。

政治组织主要指社区的党组织、团组织，这是中国特色的组织资源。社区党组织是社区组织的领导核心，共青团组织是党组织工作的有力助手和后备力量。社区党组织在街道党组织的领导下开展工作，全面贯彻和宣传党的路线、方针、政策，组织党员带领广大群众积极参加社区建设，出色地完成各项工作。共青团组织要在党组织的领导下，积极发动和领导青年发挥突击队的作用，既要做好党组织的有力助手，又要发挥青年团的特点，在各项活动中提高综合素质，树立科学的人生观、价值观和道德观。

社区居民为了一定的目的和利益而自发组成的各类组织，在社区内发挥着联系各类社区成员、参与和支持各种社区活动的中介作用。其主要的组织形式有以下几种。

(1) 社区管委会，这是传统的自治组织（居民委员会）在现阶段的继续，社区居民通过这一组织形式参与本社区各项事务的管理，行使当家做主的自主权利。

(2) 业主委员会，这是住宅商品化以后的产物，他们在物业管理区域代表全体业主，对物业实施自治管理，并负责物业维修基金的筹集、使用和管理。

(3) 文化体育类社团，这是在社区内以文化与健身锻炼为主的自治性组织。

(4) 志愿者协会，主要任务是发动和组织志愿者提供定期的、无偿的公益性服务，由于这类组织自身的非营利性、自愿性和经常性,它们在社区发展中起着重大的作用。

在社区建设中,要科学地调动、整合上述各类组织资源,通过它们最大限度地调动社区内各种群体的力量,吸引和凝聚社区单位的群众以及社区广大居民的积极性,踊跃参加社区的各项社会活动,广泛参与社区建设,充分发挥社区组织资源的能量。

3. 合理调配社区的人力资源

社区的人力资源是社区的主体资源,人力资源的构成及人员状况是社区建设的重要条件。积极挖掘和合理调配人力资源,推动社区发展,是社区建设面临的重要任务。社区人力资源在这里主要指政治型、专业型和"特色群体"型,他们都是社区建设的骨干力量。

政治型人力资源是具有中国特色的人力资源,主要包括党员、干部、团员、先进工作者等。他们大多数人在社会主义实践中受到党的教育和培养,具有坚定的社会主义信念,有较强的历史责任感和较强的组织观念。社区的管理部门应该充分调动他们的政治热情和奉献精神,发挥他们的骨干作用和榜样力量,在社区建设中为居民树立一个示范群体,起到榜样的作用。

专业型人力资源是社区内具有一技之长的专业人才,在社会上具有一定影响的艺术人才、文学人才、医生、教师及社会活动家等。由于他们在某一方面的专长或权威性,他们在社区居民中享有很高的威望,具有特殊的号召力和凝聚力。因此,社区必须为他们施展才华创造条件,通过他们的言传身教和人格魅力,吸引群众和带动群众积极参加社区建设。

社区的"特色群体"是"人以群分"的具体表现,由于人们的职业、年龄、文化程度、健康状况、个人兴趣、社会地位以及个人经历等方面有相似之处,从而产生共同语言和共同的情感,形成社区内各具特色的群体。例如,老年人、知识分子、老干部、文体爱好者等,他们以一种体现其独有的人生价值观的形式开展活动,有比较鲜明的倾向性。社区管理者应该在承认其"个性"特色的同时,有意识地引导他们以相互需要为现实基础,以共同的社会利益为价值取向,使社区的人们依据自己的"个性"找到同类群体,产生归属感,增强社区的凝聚力。

(三) 责权统一,管理有序

责任和权力如何统一的问题,也是社区建设中的一个难题。由于政府和企业在改革中把许多业务外职能转移给社区,社区的责任加重了,社区组织和社区工作者要承担对本社区居民的组织、管理、教育、服务、协调等责任。社区在尽这些责任时,必须被赋予一定的权力。否则只尽责任义务,没有享有权力,责和权分离,不仅会挫伤社区管理者的积极性,也会阻碍社区建设的进程。因此,应该在明确街道办事处与社区之间有关指导、协调、服务的关系基础上,进一步明晰社区组织的权利,做到"在职工作,行使权力"。

1. 社区依法自治权

社区依法自治权主要包括以下几方面。

(1) 社区对内部事务有决策权,放手让社区自主管理自己的事务;

(2) 社区财务自主权,应该把社区有偿服务经营的收入以及市、区、街三级财政拨付的办公费用,由社区自己管理和支配;

(3) 社区工作者选免权,社区干部的任免应该由社区成员代表大会依法选举决定;

(4) 日常工作管理权,社区委员会在街道办事处的指导下,采取民主自治的办法负责管理社区公共事务;

(5) 对不合理的摊派事项有拒绝权,对于明显不属于社区职责范围的事情以及向社区摊派的各种负担,社区组织有权拒绝。

2. 社区依法协管权

社区组织有协助公安部门、劳动部门对流动人口进行管理和维护社区治安的权力;有协助工商、税务、物价部门对社区内从事社会服务的行业的经营行为进行管理以及协税护税的权力;有协助政府做好社区社会保障、计划生育、出租房屋、违章建筑的管理和治理的权力。

3. 社区监督权

社区组织对政府有关部门和派出机构的工作以及社区内经营单位的行为有进行监督的权力,包括水、电、煤气、管道、电信、有线电视等;有权向有关部门举报和反映问题,并有权要求相关部门对举报和反映的问题做出答复,以及继续监督对问题处理结果和改进的权力。

上述权力必须和责任紧密相连,他们在行使权力时必须履行自己的职责,在履行责任时必须享有权力,"权随责走"。只有责权统一,才能调动社区组织和社区工作者的积极性,不断改进社区的管理和服务,使社区工作更贴近实际,使各项管理工作更加有序和更加科学化。

(四) 扩大民主,完善居民自治

"完善城市居民自治,建设管理有序、文明祥和的新型社区。"[①]这种对社区居民自治的新的性质定位,是党在新世纪初对社区提出的新要求。因此,扩大社区民主,完善居民自治是新型社区建设的重要内容,是社会文明发展的必然趋势。

1. 树立自治观念,强化自治意识

目前,社区自治功能还需要不断强化,这个过程是政府有关部门、社区单位、辖区居民及居民自治组织互动的整合过程。在自治的整合过程中,从领导到群众都要树立居民自治观念,强化居民自治意识。

社区组织必须坚持自我管理、自我教育、自我服务、自我监督的"四自"方针,明确社区居民自治是宪法确立的一项重要政治制度,是城市基层社会主义民主政治的伟大创

---

① 江泽民:《全面建设小康社会,开创中国特色社会主义事业新局面》,人民网,2002年11月8日。

造。从依赖政府的行政管理转向自主决策社区事务,社区的重大事务由政府包办为主转向由社区居民委员会自治为主,实现了由依赖到自主,由配角到主体的转变。社区居民必须明确自己是社区的主人以及自己的权利和义务,主动参与和社区居民息息相关的社会事务,培养和增强居民的民主意识和自治意识,形成热爱社区、关心社区、积极参与社区事务管理的局面。实现由政府动员居民参与到居民主动、自觉参与社区建设的转变。

2. 明确自治权利,履行自治职责

《中华人民共和国城市居民委员会组织法》(以下简称《城市居民委员会组织法》)明确规定,"居民委员会是居民自我管理、自我教育、自我服务的基层群众性自治组织",这一规定确立了居民委员会作为社区自治组织的法律地位,为居民自治提供了法律保障。

一些城市社区自治组织在社区建设实践中,对于自治权力的问题已经做了一些有益的探索,比较集中于民主选举、社区事务决策、居民活动组织、财务自主、日常事务管理、社区监督等几个方面。《城市居民委员会组织法》除了规定居民委员会是群众性自治组织之外,还明确指出居民委员会有管理职能、教育职能、服务职能、监督职能,这就为居民委员会履行和强化社区自治职能提供了法律保障。同时,也说明了社区组织要依法开展社区自治,应该确实贯彻执行国家法律、法规和各项政策,协助政府做好法律赋予的工作,在此基础上实现自我管理、自我教育、自我服务,依法促进和强化社区自治功能。

3. 制定自治措施,健全自治机制

为了使社区自治功能不断强化,必须建立自治制度,使社区自治步入规范化和制度化,形成一种长久不衰的自治运行机制。从目前看,主要应该依法保障社区居民当家做主的民主权利,特别是选举权、知情权、参与权、表达权和监督权。自治制度主要包括:

(1) 社区居民民主选举制度。社区的选举工作应符合《城市居民委员会组织法》的基本原则,居民充分享用自己的选举权利,让选举结果充分表达民意。

(2) 社区居民决策制度。居民是社区的主人,对社区的事务有决策的权力,社区内的重大事情要广泛征求居民意见,让居民直接参与和治理。

(3) 听政议政制度。对事关社区发展和居民切身利益的大事,都要充分听取社区居民的意见,社区居民通过社区居民代表来参与社区事务的重大决策和监督。

(4) 社区事务公开制度。社区居民委员会要把本社区的事务通过各种形式向社区居民公开,增强透明度,让社区居民知情和了解社区事务。

(5) 居民民主评议制度。社区居民委员会每年召开民主评议会,通过社区成员代表大会评议社区工作和工作者的制度,并提出改进措施。

(6) 民主协调制度。对社区中产生的某些利益矛盾和纠纷,视情由居民委员会组织或社区民主协调小组进行协调。

(7) 社区管理与服务承诺制度。社区居民委员会成员要向本社区居民保证在任期内的承诺,从社区管理到社区服务都应有具体计划和目标,以督促本身的工作和加强居民的监督。

在社区建设的实践中,各个社区还可以根据本社区的特点,制定其他具体的自治制度。有了制度保障就可以逐渐形成一种规范化、社会化的自治运行机制,完成社区居民自治配套制度和自治体制的创新,从而扩大和巩固基层民主。

(五) 因地制宜,循序渐进

由于我国各个城市经济发展水平有很大差异,社区的建设和发展也不平衡。在社区建设和发展中,应该采取适合本社区特点的方式进行,因地制宜地推动城市社区进程。

1. 不搞单一模式

我国幅员辽阔,城市与城市之间差别很大,经济发达地区与欠发达地区、中心城市与卫星城市、新城区与老城区等都有特殊情况,每个城市的功能和特点也不相同,具体到各个社区更是千差万别。

基于每个社区的人口特点、地域方位、文化传统、生活习俗、经济水平、历史沿革等不同,在社区建设和发展中应该采取适合本地的社会、经济、文化特点,具有本地风格、特色的方式而开展。各社区要善于发现和挖掘自身优势,扬长避短,形成特色,制定适宜的发展途径和措施。不断总结积累适合自身特点的工作方法和实践经验,因地制宜地确定城市社区建设的规划。且不可搞千篇一律、一刀切,或者互相攀比,超越自身条件导致形式主义。

2. 求真务实,稳妥前进

城市社区建设是一项综合性的系统工程,要经过艰巨的、长期的建设过程,不能急于求成。应该从实际出发,突出特色,明确方向,根据自身发展水平和现有社会条件,制定可行的、操作性较强的建设规划,从社区建设的基础工作做起,从居民群众迫切需要解决和热切关注的问题入手,逐渐向高层次发展。社区建设要有计划、有步骤,要脚踏实地、循序渐进地实现社区发展目标。

第二节 城市社区建设的主要内容

一、拓展社区服务

社区建设是一项综合性的系统工程,涉及一定地域范围内社会的全面发展问题,涉及经济、政治、治安、教育、文化、卫生等社会生活的各个领域,涉及社区的功能目标、组织体制、运行机制等各类复杂问题。社区建设内容广泛而丰富,关系到社区的全面进步和发展前途,因此,必须认真研究和抓实、抓好。在大中城市,要重点抓好城区、街道办事处社区服务中心和社区居民委员会服务站的建设与管理。当前,社区服务主要应开展以下各项工作。

(一) 面向社区弱势群体的社会救助和福利服务

社会救助和福利服务主要是面对社区的弱势群体,包括老年人、儿童、残疾人、社会贫困户、优抚对象等。为他们提供的服务是无偿或低偿的,目的是给他们营造一个安定、舒适的生活环境并改善其生活质量。这种服务是公益性、非营利性的,是社区文明和进步的标志,是社会主义人道主义精神的体现,是对社会弱势群体的关怀和人权的尊重;同时,也能体现社区发展的综合实力。

(二) 面向社区居民的便民利民服务

这项服务是为了方便和有利于社区居民的生活需要,涉及居民生活的各个方面,既有为居民的日常生活服务,也有为满足特殊居民的特殊需求的服务,还有为居民家庭提供的其他各种服务;既包括提供物质方面的服务,也包括精神方面的服务。该项服务以便民利民、满足社区居民对美好生活的需求(包括各种特殊需求)和使群众安居乐业为宗旨。

(三) 面向驻社区单位的社会化服务

这项服务是改革深入发展出现的新事物,主要承接企事业单位在机构改革过程中从自身卸掉的"办社会"的重负,为企事业单位提供社会化的"后勤"服务,从而使各单位专心抓生产、搞业务,轻装参与市场经济的运作和竞争,解除它们的"后顾之忧"。社区在承接这项服务时,不仅充实了社区服务的内容,也提出了更高的质量要求。

(四) 面向下岗职工的再就业服务和社会保障社会化服务

下岗职工的再就业问题,是社会保障中社会救助工作的延伸和发展,这项工作原来都是由职工单位和民政部门负担的。随着民政工作社会化和社会保障社会化的发展趋势,下岗职工和社会保障对象的管理问题也转向社会基层组织,社区已经成为解决上述社会问题的重要运作主体。社区组织根据国家的政策,利用社区资源和发动社区力量扶持下岗职工再就业,对社会保障对象进行属地化的管理。这不仅涉及他们本人及其家庭生活,也涉及社会的稳定和发展。

总之,社区服务是社区建设重点发展的项目,具有广阔的前景,要坚持社会化、产业化的发展方向。社区服务工作必须把关注民生、服务群众、造福居民作为出发点和落脚点,要坚持以人民为中心,适应群众安居乐业的要求,帮助群众排忧解难,多为群众办实事、办好事。充分利用社区资源,兴办社区服务设施、场所和服务项目,从社区弱势群体和社区居民最迫切要求解决的问题做起。要继续贯彻落实国家对发展社区服务的各项扶持政策,统筹规划,规范行业管理,不断提高社区服务质量和社区管理水平,使社区服务在改善居民生活,扩大就业机会,建立社会保障社会化服务体系,大力发展服务业等方面发挥更加积极的作用。

二、发展社区卫生

搞好社区卫生工作是搞好城市卫生的基础,应该把城市卫生工作的重点放到社区,积极搞好和发展社区卫生。这里讲的社区卫生,是指社区的医疗卫生服务,主要是为了治疗疾病和保护人们健康而采取的综合性对策和措施。社区医疗卫生服务的对象包括疾病患者和健康人群两个方面,主要内容有以下几个方面。

(一)加强社区卫生服务站点的建设

这是基础设施的建设,必须有认真合理的规划和实施方案。要有一定规模的医院、卫生服务站以及卫生康复中心,有一定的现代化先进医疗设备和康复设备,还要有一定水平的医护人员,这样才能达到一定的服务质量,取得社区居民的信任。使一般常见多发的小病在社区卫生服务机构就可以得到治疗,大病则转向二级及以上的大医院,在大医院确诊后的慢性病治疗和手术后的康复也可以转至社区卫生服务机构。这样,可以实现"小病不出社区,大病及时转诊"。截至2017年年底,我国已建立社区卫生服务中心(站)3.5万个[1]。80%以上的居民15分钟就能到达最近的医疗点[2]。新型城市医疗卫生服务体系进一步健全,这对于社区卫生服务基础设施建设是巨大的推动力量。

(二)积极开展社区卫生服务

社区卫生服务的主要内容是疾病预防、医疗、保健、康复、健康教育和计划生育技术服务等,为社区居民就医和保健提供方便,广泛动员群众参与卫生保健活动。同时,要发挥社区卫生服务在医疗保障中的作用,尽快把一些合格的社区卫生服务机构纳入城镇职工基本医疗保险定点医疗机构范围,引导参保职工到社区就诊,让老百姓在家门口就能享受到较高水平的医疗服务,提升社区居民对社区卫生服务的认可程度,鼓励群众进行自发的康复功能锻炼。不仅要积极宣传认真落实"全面二孩"政策,还要开展良好的计划生育技术服务,增加产科、儿科等服务供给。

(三)不断改善居民的卫生条件

居民的卫生条件是保证居民健康的基础,是居民健康质量的表现。要发挥卫生部门和卫生专业人员的作用,积极向群众宣传卫生常识;动员群众搞好环境卫生,全面组织卫生保健服务;制定各种相关的政策及章程,认真落实并且经常检查落实的情况;不断改善居民的卫生条件和保证良好的卫生环境,并逐渐使之规范化、制度化。只有这样,才能把医疗预防、保健和康复服务综合起来。

---

[1] 国家统计局:《中华人民共和国2017年国民经济和社会发展统计公报》,2018年2月28日。
[2] 教育部等:《带领人民不断创造美好生活》,载《光明日报》,2017年10月23日。

三、繁荣社区文化

大力发展社会主义文化是全面建成小康社会的重要内容,社区文化是社会主义文化的基础,发展、繁荣社区文化,对于坚定文化自信、推动社会主义文化繁荣兴盛具有战略意义。社区文化是社区总体发展的重要组成部分,必须认真抓好。

(一) 不断完善公益性群众文化设施

要积极发展社区文化事业,加强思想文化阵地建设,首先必须有物质载体,即场地和设施。这就要求设立文化活动站、活动中心、俱乐部或活动广场以及各种活动设施。这是吸引和凝聚群众开展社区文化事业的必备条件,是加强思想文化阵地建设的物质保障和基础,是社区文化建设中的首要条件。社区的管理部门一定要根据本社区的文化设施现状和经济投入情况,认真研究,有计划地发展社区文化的物质载体。

(二) 开展丰富多彩、健康有益的文化活动

要充分利用社区文化站、文化服务活动室、文化广场等现有的社区文化活动设施,组织和开展多种多样的、健康的艺术、体育、科普、教育、娱乐等活动,活跃居民生活,加强社区凝聚力。由于人们对文化生活的需要是多层次的,社区开展丰富多彩的文化活动可以满足不同层次人们的需要,吸引不同年龄、不同职业、不同兴趣爱好的人们都来参加。社区通过健康有益、积极向上的文化活动,给人们创造良好的客观环境,不仅能丰富人们的业余生活,而且能促进社区成员之间的交流和沟通,增强人们对社区的认同感和归宿感,有利于人们的身心健康以及社区建设的发展和稳定。

(三) 倡导科学的生活方式

城市社区文化应该宣传精神文明,倡导社会认可的、积极的价值观、人生观、道德观。通过组织各种群众性的文化活动,利用社区的各种专栏、板报及其他宣传工具,面向社区居民,为居民提供健康文明的生活理念,宣传和提倡精神文明和科学生活方式。科学的生活方式适应现代生产力发展和社会进步要求,它要求人们不仅要有良好的物质生活条件,更要注重精神生活,注重道德、理想、纪律方面的修养。同时,它要求人们的生活必须符合科学规律,做到既要注意身体健康,又要保持心理健康,在社区内形成良好的社会风气和文明健康的生活方式。

四、关注社区环境

社区环境是居民生活的依托,也是社区文明的显性标志,直接关系到社区居民的身心健康和生活质量,因此必须重视社区环境建设。

(一) 整治和美化社区环境

社区环境不仅要有序、整洁干净、空气清新,而且要利用和创造各种条件让它美起

来、绿起来,这是社区不断向更高层次建设和文明进步的重要标志。当然,要做到净化、绿化、美化社区环境,需要有一定的社会条件,特别是要有大量的人力、物力、财力等条件,既需要社区内部的积极主动性,又需要有关部门的各种投入和支持,需要有关部门、社会各个方面以及社区组织和群众的共同努力。

(二) 提高社区居民的环境保护意识

居民要想拥有良好的社区环境,必须要有环保意识,明确社区环境对个人的生活和健康、对城市文明的重要价值,从而主动、积极地保护环境。同时要赋予社区居民对社区环境的知情权,即了解社区环境的情况,包括绿化情况、污染情况、建设方向、改造重点等内容,以便居民积极主动地参与环境建设和保护活动。

(三) 搞好社区环境卫生

社区环境的保护和建设首先是搞好社区环境卫生,这是人们生活的起码条件和基础。要做到这一点,不仅需要社区卫生管理人员的努力,需要保洁队成员的辛勤劳动,更需要群众积极、主动地参加卫生活动,做到人人讲卫生,人人搞卫生,人人管卫生,人人保持卫生。"社区是我家,卫生靠大家",建设居民共同享有的、良好的社区卫生环境,建设干净整洁的文明社区。

五、加强社区治安

随着社会改革的深入,社区已经成为化解社会矛盾、促进社会稳定的重要载体。加强社区治安管理,直接关系到社区的安全和稳定,不仅是和谐社区建设的重要内容,也是解决城市社会问题的重要途径。

(一) 建立社区治安综合治理网络

随着开展和谐社区建设的推进,建立综合治安网络,组成畅通敏捷的防范体系,包括社区消防安全工作,是社区治安管理走向现代化、科学化的必备条件。要最大限度地推动社区群众对治安工作的参与,把社区的非警务力量以各种方式组织起来,成为警民一体化程度很高的治安防范机制,形成专群结合、群防群治、打击精确、防范有效的治安工作体系,使社区的居民治安组织、各单位各系统的相关部门都成为社区综合治安网络的组成部分。例如,内蒙古赤峰市的松秀园社区就由市公安局投资建立了专群结合的治安网络,管理人员在社区服务中心就可通过治安网络观察社区内活动的人员及各个角落的安全情况。当然,治安综合治理网络是一个复杂的建设过程,不仅需要筹建治安网络设备,而且需要培养具有治安理论技术的网络人才。

(二) 按照"一区一警"的模式设立社区警务室

随着社区规模的调整和稳定,社区的治安也必须规范化、科学化、法制化。要加强派出所、警务工作站等基层公共安全服务机构的规划和建设,推进警力下移,落实社区警备工作战略。每个社区都应有民警及责任区、警务室,要按照"一区一警"的模式调整和建立社区的治安网络,健全社区警备工作的功能,完善治安保卫、民事调解、安置帮教、人口管理等各项工作制度。例如,长春市公安局重庆路派出所设置了"专职社区民警",因为过去的社区民警除了做社区工作外,还得正常接警、处警、值班,只能用一部分时间来从事社区工作。为了进一步加强社区治安工作,重庆路派出所从2009年开始为每个社区增加一名专职民警,他们真正融入到社区里,更细致、全面地专门为社区居民服务,使社区内出租房屋、公寓等老大难问题得到了明显的治理。有位居民在社区碰到一起治安案件,报案后两分钟民警就到了现场。他们还向辖区群众汇报工作,听取群众的意见和建议。民警表示:要全心全意为社区居民服务,绝不让百姓失望。社区居民对他们的工作非常满意,不仅给以很高的赞誉,还积极支持、主动配合他们的工作。[1] 在加强"一区一警"治安模式的同时,整合壮大专兼职相结合的社区治安巡逻队伍,也是社区平安创建活动的必需条件。

（三）经常开展群众性的法治教育和法律咨询

法治建设是社区建设的重要内容,也是社区治安管理的基本条件。社区管理部门不仅要经常宣传各种法律和法规,更重要的是让居民知法守法,主动遵守法律、自觉遵守法律。这样,居民不仅积极地遵守社区治安条例,还会主动运用法律武器与违背治安的现象做斗争,使社区的治安工作置于广大群众的维护和监督之下,以保持社区良好、安定的生活环境。为此,必须开展经常性和群众性的法律教育工作及民事调查工作,有的放矢地进行法治教育。同时,还要开展法律咨询活动,或者建立法律咨询中心,进一步完善社区法律援助站的工作,积极建立社区调解组织,提升专业化水平。这不仅可以巩固法律教育的积极效果,而且可以对有些居民进行急需的法律援助,使他们学会用法律的武器来维护自己的合法权益。

（四）加强对刑满释放、解除劳教人员的安置帮教工作

这些人员经过劳动改造和教育,一般都有自新的决心和表现。但是,面对现实社会和现实生活的复杂情况,仍有动摇的可能。因此,当他们回归社区时必须及时地进行帮教,了解他们的处境和要求,帮助他们解决生活困难以及安置工作,使他们感到社区的温暖和关怀。让他们有重新生活的机会和条件,巩固和加强劳动改造和教育的成果,坚持对他们帮教的连续性,防止他们再次成为社区的不安定因素。特别要强调的是,做好犯罪预防和社区矫正工作,社区应该建立矫正工作站,有条件的社区应设置心理疏导室,形成社区矫正、安置帮教的长效机制。

---

[1] 毕继红:《重庆路派出所有了专职社区民警》,载《新文化报》,2009年11月5日。

(五) 加强流动人口的管理

随着城乡改革的不断深入,流动人口不断增加,已成为社会关注的重要问题,也是社区建设中的一个突出问题,对他们必须进行社会公德、计划生育、城市生活知识等方面的教育,组织建立流动人口管理站与服务组织,配备相应的专职、兼职人员或治保积极分子参加和协助管理。既要保护他们的合法权益,又要让他们遵守社区的秩序和有关规定,使他们在新的环境中充满信心,尽快融入所生活的社区,有序地生活和工作,积极参加社区的管理和建设,以解决和消除社区的不安定因素。

六、发展社区教育

社区教育是社区建设的重要内容,是社区发展和进步的必需环节,也是提高社区居民文化水平和整体素质的必要条件。

(一) 社会主义和思想政治教育

我们国家是社会主义性质的国家,公民生活在社会主义时代,就必须了解什么是社会主义,特别是中国特色社会主义。党的十八大以来,以习近平同志为代表的中国共产党人,顺应时代发展,从理论和实践结合上系统回答了新时代坚持和发展什么样的中国特色社会主义这个重大时代课题,创立了习近平新时代中国特色社会主义思想。对居民进行习近平新时代中国特色社会主义思想教育,可以增加居民对社会主义的了解以及对其本质的认识,从而树立坚定的社会主义信念,让居民自觉地信仰和宣传社会主义,积极为中国特色社会主义新时代贡献力量。对居民进行思想政治教育,是为了提高居民的思想政治素质。思想政治素质是人们从事社会政治活动所必需的基本条件和基本品质,它是人们的政治思想、政治方向、政治立场、政治态度、政治信仰的综合表现,有着丰富而深刻的内涵。对社区居民进行思想政治教育是非常必要的,主要是教育人们拥护党的基本路线,关心国家大事,关心祖国的前途和命运,为建设中国特色社会主义,为实现中华民族的复兴艰苦奋斗、建功立业。这是现代中国公民政治觉悟、政治理想、政治信念的集中体现,也是思想政治教育的任务和目标。

(二) 科学技术教育

随着社会的不断进步,科学技术也不断革新和发展,科技成果的物化形式极大地促进着人类社会的物质文明;同时,科学精神和科学技术已经由传统的权威人士,即少数人掌握的状态渗透到全社会。为了适应时代的前进步伐,必须对居民进行新科学、新技术教育,特别是迷信、愚昧还在现实生活中存在,反科学、伪科学活动经常发生的情况下,在居民中大力弘扬科学精神,使其掌握新的科学技术极为重要。主要是教育人们树立科学思想,改变人们的精神面貌,提倡实事求是的科学态度,树立精益求精、求真务实、不断创新的工作作风。在新科学观念的指导下,鼓励人们掌握一些现代的技能,如电脑技术。

社区的有关部门应组织力量举办各种形式的培训班,针对老年人、青年人、下岗职工等不同层次人们的不同需求,采取适合本社区实际情况的科技教育形式,从而提高人们的科学技术水平和科学文化素质。

（三）道德教育

在社区居民中广泛开展道德教育,是提高公民道德素质、发展先进文化的重要内容和中心环节。在21世纪我们要全面建成小康社会,加快改革开放和现代化建设步伐,就必须在加强社会主义法治建设的同时,切实加强社会主义道德建设,把依法治国与以德治国紧密结合起来。通过对居民的家庭美德、职业道德、社会公德及个人品德的教育,使公民的道德建设不断深化和拓展,逐步形成和发展与社会主义市场经济相适应的社会主义道德体系。这是提高全民族素质的一项基础性工程,是一项长期而紧迫的任务,需要全社会的努力参与和落实。社区教育必须把公民道德建设融于社区管理工作之中,逐步形成道德教育与社区管理,自律与他律互相补充和促进的运行机制。综合运用教育、法律、行政、社会舆论等方法,更加科学、有效地规范人们的行为,提高居民的道德素质,使道德教育真正起到提高道德认识、陶冶道德情感、确立道德信念、坚定道德意志、形成道德习惯的作用,使居民不断提高自身的道德意识修养、道德选择能力和道德践行能力。

（四）身心健康教育

随着社会的进步和人民生活质量的提高,身心卫生和保健问题越来越重要。人生的质量、家庭生活的幸福和社会的文明都与人们的身体健康和心理健康有密切联系,尤其是心理健康作为一个社会问题,显得越来越重要。心理健康是一种持续、积极的心理状态,个体在这种状态下能够很好地适应环境,使生命充满活力,能充分发挥其身心的潜能。心理健康的人一般有正确的自我意识和良好的人际关系,他们热爱生活,积极工作,有较强的协调和控制情绪的能力,能保持人格的完整和健康。特别是在社会全面转型时期,各种矛盾突出,社会竞争激烈,面对剧烈变化的社会环境,没有健康的心理素质是很难适应的,更谈不上发展。因此,人生的幸福需要身心健康,事业的成功需要身心健康,社会生活也需要身心健康,现代社区建设和完善更需要身心健康,必须对人们进行身心健康教育。

（五）审美教育

随着人们生活水平的提高,人们不仅有理智和道德,还要有审美的情趣和知识。审美是人们对美和美的事物的一种认识,一种激情,一种欣赏和评价。审美感觉是人类认识世界和改造世界不可缺少的思想情感方式,它以情感、启示、满足、成功、愉悦等特殊形式来满足人们精神生活的需要。审美实践活动能通过各种美的形象来触发情感,以美感人、以情动人,从而起到潜移默化的感染和教育作用。较强的审美能力和健康高尚的审美情趣,对人的全面发展有十分重要的作用,加强审美修养是人们提高自身素质的重要方面和内在需要。因此,社区教育必须把对居民的审美教育作为重要内容,通过不断提高居民的审美知识和能力,激发人们的审美情感,从而使居民更加热爱生活、热爱自然、热爱祖国,也热爱自己生活的家园。

(六) 法治教育

党的十八届四中全会提出,人民权益要靠法律保障,法律权威要靠人民维护。推动全社会树立法治意识,深入开展法治宣传教育,把法治教育纳入国民教育体系和精神文明创建内容。这准确地指出了法律与人民的密切关系,也指出了社区法治教育的必要性。法治教育不仅是维护社会稳定的需要,也是人们运用法律武器维护自身合法权益的需要。所以,社区管理人员必须对人们进行法治教育,确立法律在整个国家和社会生活各个领域中的最高权威。任何政党、机关、团体和个人的社会行为,都必须以法律为最高准绳,都必须服从法律,维护宪法和法律的尊严,坚持在法律面前人人平等。每个人都应认真学习法律,并且以法律为武器,维护自己的合法权益。通过法治教育,使人们形成一种新的法律价值取向,树立新的法治观,为促进依法治国,建设社会主义法治国家做出贡献。

第三节 城市社区建设的主要目标

一、制定社区建设目标的依据

社区建设的目标是社区发展和现代管理的基本方向和追求,主要体现在规划年限内整个社区所应达到的总体水平,并且对社区的各项工作起规划和指导作用。有了明确的目标,才能科学地制订发展计划和实施计划,也就是说,社区建设不是盲目的,必须有计划、有目的地进行。社区建设的目标带有理想性、方向性、战略性的特点,它不是人们凭主观想象臆造的,而是有社会基础的。社区建设的目标主要根据对社区现状的科学分析和社区发展趋势的科学预测而确定,这样才具有科学性和可行性。

(一) 社区建设的目标要坚持实事求是的原则

社区建设的目标不能脱离社区的实际状况,每个社区都有自己的地域、经济、文化资源等不同特点,制定发展目标也必须根据本社区的具体实际,发挥自身优势,不能互相攀比和盲目追随。最实际的做法就是,对社区现状进行分析,主要是通过调查、走访、统计以及文献资料的分析,掌握社区的历史变迁和现状特点,掌握社区的各种资源状况和社区的区位特征,以及社区各个要素的发展状况,认真分析总结社区发展的优势条件及不足,对本社区的地域条件、人口要素、社会分层及其社会需要、文化与道德氛围、人际关系状况、社群状况、社会公共空间和公共设施等现实资源都要有全面的把握。明确社区建设中存在的问题,从而判断社区的发展方向、特色和水平,为社区建设目标的制定奠定客观的基础。这既是社区建设目标的制定和可行性的必需条件,也是避免形式主义的基本措施。

（二）社区建设的目标要有利于社区的可持续发展战略

可持续发展就是"既能满足当代人的需要，又不对后代人满足其需要的能力构成危害的发展"。这一战略是科学发展观的重要内容，已经被确定为社会发展的基本原则。社区发展同社会发展一样，必须遵循这一原则。在制定发展规划和具体目标时，应立足现实，充分考虑目前的发展和近期发展与未来发展趋势的衔接。无论是社区各种设施的建设和规划，还是社区各种资源的开发和利用，都要从现有条件出发，同时要考虑未来社区人口结构、素质、规模、生活方式及生存环境和新的需求等因素，为未来社区发展留有充分的余地。特别是我国正处于社会主义初级阶段，生产力相对比较落后，人口多、底子薄。在这种条件下制定社区发展目标，必须同整体社会发展相一致，既要考虑现实可行性，又要考虑未来社区发展的持续性，绝不能走"先发展，后治理"之路，造成不必要的人力和物力等资源的浪费。

（三）社区建设的目标应力求具体化、精确化

社区建设目标虽然有总体设计方向性的特点，但是，要确定可行的建设目标必须做到具体化，尽量做到精心设计和量化。因为只有精细化，社区建设目标才具有可操作性；只有量化，社区建设目标的实现程度和进展程度才有检测标准。社区建设目标是一个体系，不是单一的设计和管理。社区建设的内容非常广泛，既有物质内容，又有精神内容。仅从社区文化建设看，既包括科教、文体以及物质设施的整体目标的设计，又包括文化活动、文化设施、文化观念、文化娱乐、文化队伍等具体内容，这些内容都应有具体化的目标，才有利于操作和检验。也就是说，具有可以付诸实施的阶段性目标、指标要求、数据要求、工作步骤、应对措施、法律依据以及人力、财力、物力等条件，才能保证社区建设整体目标的实现。

（四）社区建设目标要体现知识经济时代的特征

人类正在步入知识经济时代，它的基本特征是科学与技术在社会发展中起决定性作用。知识经济的网络化、信息化、数字化等技术特点将对社会发展和人类生活各个方面产生深远影响。因此，制定社区建设目标应当充分考虑知识经济时代的特点，不仅要对社区管理者和服务者进行知识结构、素质结构、能力结构和评价方式等各个方面的培训和教育，积极迎接知识经济时代的挑战，而且还要更新社区管理与服务理念，更新基础设施以及科学技术和手段。例如，引进网络技术和多媒体技术，从而使社区服务和管理跟上时代发展的步伐，体现现代化、智能化特征。从网络技术的引进目标来看，必须在充分调查研究和可行性分析的基础上设计详细的目标计划，从网站策划、硬件购买到各个网页的编写设计等都应列出具体目标和规划。

二、我国城市社区建设的目标

城市社区建设的目标是基于对社区的历史与现实状况进行科学分析,以及对社区未来发展趋势所做的科学预测的结果。它对社区的整体发展起重要的导向作用,因此必须认真设计、科学规划。根据《民政部关于在全国推进城市社区建设的意见》精神,我国城市社区建设的中期目标包括以下几个方面。

(一) 构建新的社区组织体系

我国城市社区是经过社区体制改革后做了规模调整的居民委员会辖区,它是城市建设的重要组成部分。因此,社区规划要与整个城市的发展相适应,并纳入当地的社会发展规划统筹部署,建立以地域性为特征,以认同感为纽带的新型社区。社区组织体系由社区党组织、社区居民委员会、社区成员代表大会和社区民间组织组成。社区是社会的基层单位,党的政策路线的落实要靠党的基层组织,任何时候都不能放松党组织的建设。加强社区基层党组织建设,发扬党的优良传统和作风,增强社区党组织的战斗力,发挥社区广大党员的作用,是社区建设的重要内容。社区居民委员会、社区成员代表大会和社区民间组织都属于社区居民自治组织,是发动社区居民自我教育、自我管理、自我服务的城市基层群众最好的组织形式,都必须列入城市社区建设目标。

(二) 提高社区居民的生活质量

提高居民的生活质量,是关注民生和以人民为中心的核心问题,也是社区建设的出发点和归宿。要达到这一目的,必须不断加强和完善社区服务。社区服务是城市社会福利向基层社区的延伸和补充,是社会保障的新的成长点,是现代社会新的稳定机制和整合机制。我国的社区服务是在经济体制改革和社会转型中,随着社会化、城市化、市场化的加快,家庭自我服务功能弱化,社会化服务尚未充分发展,社会保障体系又力所不及的条件下,逐步发展和繁荣起来的。随着改革的不断深入,政府和企事业单位的社会职能彻底剥离,许多社会管理职能落实到社区,社区服务会更有价值,它将成为社区建设的重点项目。

在社区建设中,要不断丰富社区建设的内容,增加服务项目,方便居民生活。应该以社区服务为龙头,根据群众要求不断增加服务项目,例如,家电服务、饮食服务、家政服务、商业服务等,逐渐完善社区服务体系,方便群众生活,满足人民日益增长的物质文化需求。这是社区建设以人民为中心的具体落实。同时,还要促进社区服务网络化和产业化,不断满足居民和驻区单位各方面的需求,从而提高其生活质量和工作效率。社区服务与管理的发展应以科学技术的发展为基础,现代网络和信息技术的日新月异对传统的社区服务和管理模式提出了挑战,极大地拓展了社区服务和管理的时空界限,改变着社区服务与管理者和公众之间的联系方式,大大提高了公众参与社区事务的兴趣、效率和主动性。因此,在社区建设,特别是在社区服务领域,必须重视对它的研究,有条件的社区都应使自己的服务网络化、产业化,这对于社区建设和提高居民生活质量有重要意义。

(三)建设与社会主义市场经济相适应的社区管理体制

为加强社区管理,探索和构筑新型体制,首先要解决的问题是更新社区管理观念,建立新的城市基层管理体制。随着社会主义市场经济体制的不断完善,原有的管理体制已被打破。政府和企业在体制改革中移交出的社会职能主要由社区来承担,形成了城市管理重心下移、以社区为主导的管理局面。城市管理重心下移之后,社区成为社会治安、社会服务、社会保障及精神文明建设的主要阵地,社区的功能增多、地位增强,对社区管理的要求也越来越高。因此,必须以新的社会管理观念来适应社会现代化发展新形势的需要。

建立新型城市基层管理体制,强化社区综合管理,对于稳定社会、推动社区的发展有重要作用。在此基础上,还应该理顺社区关系,完善社区功能,创造良好的社区环境。一个社区就是一个小社会,有许多组织和机构,其中社区党组织和自治组织就是主体组织,理顺关系首先要正确处理社区党组织和自治组织的关系。社区居民委员会是党领导下的依法自治的组织,社区党组织应积极发挥领导核心作用,增强民主法治观念,支持和保障社区自治组织依法管理社区事务,行使自治权利。社区自治组织要增强党的领导观念,维护和尊重社区党组织的领导核心地位,模范地执行党和国家的路线、方针和政策;同时,处理好与物业管理部门的关系,代表居民利益,支持和协调物业管理,共同为社区居民服务;还要处理好与社区各服务组织的关系,加强指导、监督,帮助协调关系,完善功能,步调一致,运作自如,促进社区的管理体制和运行机制的完善。

(四)坚持政府指导和社会共同参与相结合

从目前看,我国许多省、市的社区建设已经取得很大成就,在新形势下促进城市经济和社会协调发展,保障人民群众基本权益和维护社会稳定等方面发挥了重要作用。但是必须看到,建设"居民自治、管理有序、服务完善、治安良好、环境优美、文明祥和"的和谐社区是一项长期、艰巨、复杂的任务,这就必须明确政府的指导作用,发挥社区主体力量。在社区发展中坚持"小政府、大社会"的方向,政府及其派出机构必须明确自己的职责是指导作用,把大量的事务性工作转移到社会中去,实行政企、政事、政社分开,充分发挥社区中的社会组织、企事业单位及服务中介组织的作用。同时,要合理配置社区资源,包括物质资源、人力资源、组织资源等。这是社区发展的基础和内在动力,要明确各类资源的重要作用,合理地进行调配、利用、管理和规划,这是社区建设健康发展的关键。

此外,还要努力提高居民素质和整个社区的文明程度。提高居民素质,是以人民为中心的习近平新时代中国特色社会主义思想在社区建设中的具体落实,社区工作在关注民生、服务居民、满足人民需要的同时,还要教育人、塑造人,不断促进人的全面发展。提高居民素质既是社区建设的目的,又是社区发展的必要条件,也是社区文明的重要标志,因为社区文明不仅要有物质文明,而且要有精神文明、人的文明,最终目的是努力建设管理有序、服务完善、环境优美、治安良好、生活便利、人际关系和谐的新型的现代化社区。这既是新型现代化社区的综合目标,也是社区建设追求的理想目标,只有达到管理、服务、环境、治安、生活、人际关系的全面和谐,才是新型现代化社区的楷模。真正地实现这一综合目标,是一项艰巨而复杂的工作,需要各级党委和政府加强领导,也需要有关部门的认真策划和实施。

以上是我国城市社区建设的中期总体目标,是长远目标的一个阶段,对社区的发展有重要意义。

第四节 加强城市社区组织和队伍建设

为了加快社区的发展,加强社区管理,必须重视社区的组织建设,即党组织建设和居民自治组织建设,同时还要抓好社区工作者队伍建设。这是社区建设不可缺少的组织资源和人才资源,是社区管理的主体力量。

一、加强社区党组织建设

社区是社会的基本单位,不能脱离党组织的领导。中国共产党是中国各项事业的领导核心,党管城市工作是一条重要原则,城市社区建设必须坚持党的领导,体现党的领导。

(一) 建立和完善社区党组织

加强社区党的建设,应结合社区党员的分布情况,及时建立、健全社区党的组织,开展党的工作。要充分发挥党员在社区建设中的作用,就必须把他们组织起来。许多党员在从"单位人"向"社会人"的转化中,党员关系也由原单位党组织转向社区,没有固定单位的党员不断增多。这些党员必然归向社区,社区必须根据实际情况,及时建立党组织,接纳本社区的所有党员,组织他们开展工作。社区党组织可以根据本社区党员的具体情况,制定管理制度,例如,制定离退休党员活动制度、下岗党员管理制度、流动党员管理制度等。让党员感到社区党组织的温暖,继续在社区党组织的关怀下坚定信念,保持共产党员的先进性。此外,还应该鼓励在职党员积极参与社区党建工作,鼓励他们和社区内的党员一起为社区建设、管理、服务和党的工作做贡献。必须指出,共产党员不论在工作单位还是在社区,都要发扬党的优良传统作风,都要自觉、自愿履行党员义务,发挥"一名党员就是一面旗帜"的模范带头作用。

(二) 明确社区党组织的职责

加强社区党的建设工作,把党的工作渗透到社区各个领域,关键是在街道党组织领导下,形成以社区党组织为核心、社区全体党员为主体、社区各类党组织共同参与的社区党建工作新格局。其主要职责是:认真学习落实习近平中国特色社会主义思想,宣传贯彻党的路线、方针、政策和国家的法律法规,团结和组织党支部成员和居民群众完成本社区所担负的各项任务;支持和保证社区居民委员会依法自治,履行职责;加强党组织的自身建设,探索新时代党的基层组织建设的理论、经验和方法;做好思想政治工作,把党的工作渗透到社区政治、经济、文化生活等各个领域,始终坚持把为人民服务、关注民生作为社区党建工作的出发点和归宿,实现联系群众、体贴群众、服务群众、组织群众、团结群众的目标。

二、加强社区居民自治组织建设

社区居民自治是宪法确立的一项重要政治制度,是城市基层社会主义民主政治的重要体现,应当始终不渝地坚持下去。社区自治组织是社区自治的主体组织,其根本性质是党领导下的社区居民依法实行自治的组织。

(一) 合理地划分社区规模是居民自治组织建设的前提

要以改革创新精神,按照便于服务管理、便于开发社区资源、便于社区居民自治的原则,同时考虑地域性、认同感等社区构成要素,对原有街道办事处、居民委员会的辖区做适当的调整,以调整后的居民委员会辖区作为社区地域,并冠名社区。例如,天津、南京、青岛、武汉、长春等城市,结合当地实际,把社区规模定位在小于街道办事处、大于原有居民委员会的管辖范围的范围内。在这一思路下,对拟划分社区的辖域、驻地单位、常住人口、流动人口和居民分类居住状况以及社区各类资源分布等进行细致调查的基础上,按照1000—3000户的规模,对居民委员会的管辖范围进行了调整,保证了基层社会管理与服务的到位。新社区的建立使城市基础管理工作的载体更加明确,使社区的管辖范围更加合理,社区资源更加丰富,社区居民对社区的认同感和归宿感明显增强。

(二) 抓好社区成员代表会议和社区居民委员会的建设

社区自治组织包括社区成员代表会议和社区居民委员会,按照"社区自治,议行分设"的原则建立,任期为三年。社区成员代表会议是社区的权力机构,其代表从社区居民和驻社区单位中推举产生。社区成员代表会议的主要职责是:依法选举、罢免社区居民委员会成员;听取和审议社区居民委员会年度工作计划和工作报告;讨论决定社区建设重大事项;评议社区重要工作;反映社区居民的意见和建议;监督社区居民委员会的工作。社区居民委员会是社区成员代表会议的执行机构,其成员通过选聘产生,社区居民委员会对社区工作有综合管理、协调和监督的职能。社区居民委员会的主要职责是:落实社区成员代表会议的决定决议;管理社区自治组织的财务和财产;维护社区成员的合法权益;办理社区公共事务和公益事业;做好社区日常管理和服务工作;协助县(市、区)政府及其派出机构做好社会治安、社会保障、环境卫生、预防保健、计划生育和人口管理等各项工作。

三、建设素质优良的专业化社区工作者队伍

社区建设需要大批专业的工作者,这些人的专业水平和综合素质关系到社区工作质量的好坏,影响到社区对所属居民的凝聚力。因此,抓好社区工作者队伍建设,不仅是社区工作者本人素质提高的需要,也是加强社区管理工作,促进社区健康发展的必要条件。

(一)重视培养社区居民委员会干部

社区工作者是一个非常广泛的概念,目前在我国的城市社区里主要包括专职的街道办事处、党工委、居民委员会工作人员、物业管理人员、治安与环卫工作人员、政府部门的特别联络人员等。在一定意义上,社区里的志愿工作人员也是非职业化的社区工作者,与职业化的社区管理人员共同担当着城市社区的管理工作。但是,当务之急是要解决社区居民委员会的工作人员问题,他们是社区建设第一线所急需的具体管理者。

社区管理部门要将社区工作者队伍建设纳入国家和地方人才发展规划中,要结合实际制定社区工作者队伍发展专项规划和社区工作者管理办法。社区专职工作人员由基层政府职能部门根据工作需要设岗招聘,例如,面向社会招聘,进行开放性的选拔,甚至打破地域限制,允许户口不在本地区的居民报名竞选,这是与旧居民委员会的本质差异。逐渐地扩大人力资源,把热爱社区工作、群众拥护的、优秀的社会工作者吸纳到本社区管理岗位上来,领导和参加社区的建设可以有效提高社区工作的管理水平和质量。近年来,各地社区的工作人员不仅年轻化,而且文化水平大有提高,许多本科生,甚至研究生也走进这支基层组织管理队伍。把这样一批优秀人才充实到社区干部队伍中来,其政治、文化素质和工作能力较之以往的居民委员会干部有了明显的提高,为社区工作注入了新的生机和活力。

(二)建设一支专业化的社区工作者队伍

在现代社会,社区管理已经发展成为一个特殊的专业活动。专业化的社区工作者不同于志愿者,他们是整个社会工作的一种必要形式,是社会分工发展的必然要求。因此,社区工作者必须走向职业化、专业化。

社区管理作为一项实践活动和一门科学,在我国起步较晚,社区管理从业人员的数量和质量都远远不能适应改革开放和市场经济发展的需要。从社区发展的形势看,急需具有一定专业理论和技能、政治素质好、文化程度高、工作能力强、热爱社区工作的优秀人才。应该从机关分流干部、下岗职工和大中专毕业生中选聘,经过法定程序,充实到社区工作者队伍中去。支持上述人员参加社会工作职业资格评价和学历教育等,对获得社会工作职业资格的给予职业津贴;鼓励他们不断提高专业水平,提升工作能力。

总之,要加强对社区工作者基本素质、职业道德、业务能力、管理知识的培训,特别要搞好社区管理者的专业教育,推进社区工作者的专业化和职业化,培养城市社区管理者的新一代群体。

(三) 强化培训，提高社区工作者的综合素质

随着社区建设的蓬勃发展和社区管理与服务的不断充实和完善，会出现许多新问题和新情况。社区工作者必须与时俱进，不断学习新知识，提高综合素质。有关部门应该把社区工作者纳入人才培训整体规划之中，可以让他们以在职的形式进入大学的社会工作专业或社区管理专业进修学习，又可以举办社区干部培训班，为他们讲授现代社会工作者应具备的专业知识和基本理论，讲授社区建设的经验和问题，逐步提高他们依法办事、执行政策和服务居民的能力。

从全国城市社区建设的实际情况看，各地区都很重视社区工作者的培训工作。例如，内蒙古自治区委、吉林省委、长春市委都多次举办全区、全省、全市的社区工作者培训班，聘请专家学者及相关领导讲授社区建设和管理的有关理论知识，宣传成功的社区建设经验，树立社区工作的先进典型，组织社区管理人员赴外地培训考察等，提高他们的能力素质，激发其工作的热情。

(四) 不断改善社区工作者的工作和生活条件

社区是城市管理的基础，国家在城市基层实施大量思想政治工作、行政管理和社区管理工作，都有赖于社区党组织、居民自治组织以及社区管理者的实际管理才能落实到位。因此，上级政府和领导部门必须积极地改善社区基层组织和社区工作者的工作条件和他们的生活条件，这既是基层建设组织稳定的物质基础，也是社区文明建设的重要标志。其中最重要的内容是，加强社区基础设施建设，解决社区管理的用房问题。目前从全国看，这项工作进展较快，全国大、中、小城市的社区基本都解决了公共服务用房，并且配备了必要的办公和活动设施以及居民活动场所。社区工作者有了稳定的工作场所；居民有了稳定的活动场所，而且有了问题知道到哪里去反映。这些都有力地密切了社区工作者与居民之间的关系。

在重视社区工作者的工作条件的同时，还要关心他们的生活条件，目前主要是工资待遇问题。从大部分的调查资料看，2007年以前，社区工作者的工资多数以生活补贴的形式发给本人，金额在200—500元之间。随着社会的发展，这种形式已经不适应社区建设的需要。因为社区工作者不再是以退休人员为主的守家在地的"老大爷""老大妈"为主体，而是通过公开招聘以合法形式选入社区的优秀人才。为了稳定这支队伍，调动他们的工作积极性，必须解决他们的具体生活问题，把他们的工资纳入正常的分配领域。据长春市委组织部和民政局的资料，长春市已经把提高社区工作者待遇提到工作日程，2009年，全市社区工作者正职工资待遇每人每月达1500元，副职每人每月1300元；同时为他们落实了养老、医疗等"三险"。2017年，社区工作者正职工资待遇每人每月达3000元以上，副职每人每月近3000元。随着社区经济的好转，还要不断提高社区工作者的工资收入，改善他们的生活条件，使他们无后顾之忧，尽情地发挥他们的才能，为社区建设做出贡献。

(五) 建设优秀的社区志愿者队伍

社区居民广泛参与社区建设是搞好社区的基本保证,提高居民的参与程度,增强他们对社区的归属感、认同感,很重要的措施就是积极发展社区志愿者队伍。可以在社区内成立"志愿者协会"组织,广泛宣传和发动群众,使他们了解社区在生活中的重要地位,并做到家喻户晓、深入人心。引导他们踊跃参加社区工作,并树立建设社区家园,人人都有责任的社区意识,形成人人关心社区、人人爱护社区、人人参与社区建设的局面。在此基础上,通过榜样示范作用,通过共产党员、青年团员、少先队员和其他先进分子的带头作用,以他们为主体带动其他居民群众,逐步建立一支热爱社区、积极参与社区建设的志愿者队伍。截至2016年年底,全国共有各类社区志愿服务组织11.6万个。[①] 目前,许多社区都有志愿者组织,他们积极开展社会救助、优抚、助残、老年服务、科普、扶贫等活动。特别是越来越多的大学生加入到了社区志愿者队伍中,使这支队伍充满朝气和活力。东北师范大学人文学院城市管理系"社区志愿服务团"就是其中之一,他们从2004年以来,前后相继坚持十几年利用课余时间到长春市的社区进行志愿服务,在慰问老人、义务支教、扶贫助弱等方面做出了突出贡献,在服务中提高专业技能,在奉献中升华道德境界,受到社区群众的高度赞誉,多次被评为吉林省优秀志愿服务组织和标兵。建设优秀的志愿者队伍既可以调动广大群众的积极性,发挥志愿者的特长为社区服务,解决很多实际问题,又可以传播良好的道德风尚。优秀的社区志愿者队伍是促进社区文明健康发展的重要力量。

四、各级党委和政府都必须重视社区建设

推进城市社区建设是城市工作的重要内容,关系到改革能否深入、社会能否正常发展的大局。因此,各级党委和政府应该切实加强领导,要高度重视社区建设,把社区建设纳入当地发展规划。

(一) 要做到认识到位

各级领导,尤其是主要领导,应充分认识社区建设的重大意义,必须认识到社区建设是城市现代化发展的必然趋势,是全社会发展的重要组成部分。各级领导成员要统一思想,明确我国城市的社区建设是政府实施社会管理、推动社会发展和基层群众自治相结合的产物,是政府主导下的"社会化"行为;大力推行社区建设是城市基层管理体制的一项重大改革,是加强和巩固党的执政地位和国家政权的一项基础性工作,更是为民办实事、办好事,体现以人为本、为人民服务根本宗旨的一项"民心工程"。因此,各级党委和政府必须明确自己在社区建设中的使命和责任,增强推进社区建设的积极性和主动性。

---

① 民政部:《2016年社会服务发展统计公报》,2017年8月3日。

(二) 要做到工作到位

社区建设是一个体制和制度创新的系统工程,离不开各级党委和政府的坚强领导。各级党委和政府应该把推进社区建设作为城市工作的重要内容,纳入当地国民经济和社会发展计划,经常研究社区建设中的问题,及时解决社区建设中的困难,建立社区建设的财力保障机制,逐渐加大社区建设的资金投入。各地的领导要根据国家及地方政府的社会发展计划,在深入调查和科学论证的基础上,亲自参加研究,制订具体的社区发展计划。制订计划要立足长远,具有前瞻性;实施计划要着眼于现实,注重可操作性,保证社区建设的发展有计划、有步骤地进行。

(三) 要做到职责到位

城市社区建设涉及各个领域的方方面面,各有关部门和单位要各行其职、各负其责,又要互相配合,按照各自的职能做好工作。民政部门作为推进城市社区建设的职能部门,要当好党委、政府的参谋助手,主动履行职责,把社区建设作为城市民政工作的重点工程积极推进。此外,还要充分发挥工会、共青团、妇联、残联及老龄委等组织在社区建设中的重要作用。必须努力形成党委和政府领导、民政部门带头,有关部门配合,社区居民委员会主办,社会力量支持,群众广泛参与的推进社区建设的整体合力。

总之,社区建设是一项利国利民、充满生机的事业,是社会主义现代化建设的重要组成部分,更是 21 世纪我国城市现代化建设的必由之路。各级党委和政府要统筹规划,合理布局,立足当前,着眼长远,紧紧抓住全面推进城市社区建设的机遇,开拓进取,再创城市社区建设新的辉煌。

名词与术语

邓小平理论	"三个代表"重要思想	科学发展观
习近平新时代中国特色社会主义思想		社区功能
社会基层民主	以人民为中心	资源共享
责权统一	依法自治权	依法协管权
社区监督权	权随责走	自治意识
自治职责	自治机制	社区建设目标
居民自治组织		

复习与思考

1. 如何理解社区建设的指导思想?
2. 简述以人为本服务居民的具体内容。

3. 怎样做到资源共享、共驻共建?
4. 社区建设中如何做到责任和权力的统一?
5. 简述扩大社区民主、完善居民自治的具体内容。
6. 如何扩展社区服务?
7. 搞好和发展社区卫生的具体措施有哪些?
8. 如何繁荣社区文化?
9. 简述关注社区环境的具体内容。
10. 加强社区治安的具体措施有哪些?
11. 发展社区教育的具体内容有哪些?
12. 制定社区建设目标的依据是什么?
13. 如何理解我国城市社区建设的目标?
14. 如何加强社区居民自治组织建设的措施?
15. 如何建设优秀的社区工作者队伍?

主要参考文献

[1]《民政部关于在全国推进城市社区建设的意见》,载《人民日报》,2000年12月13日。

[2] 冯东升:《怎样当好"小巷总理"》,新华出版社2001年版。

[3] 吴开松:《城市社区管理》,科学出版社2006年版。

[4] 王治英等:《社区治安与社会稳定》,中国劳动社会保障出版社2001年版。

[5] 国务院办公厅:《社区服务体系建设规划(2011—2015年)》,2011年12月20日。

[6] 习近平:《决胜全面建成小康社会、夺取新时代中国特色社会主义伟大胜利》,载《光明日报》,2017年10月19日。

[7] 中共中央 国务院:《关于加强和完善城乡社区治理的意见》,2017年6月12日。

第三章 城市社区管理

随着社会主义市场经济体制的不断完善,传统的以行政隶属关系为纽带,以行政命令为主要手段,以行业、单位和职能部门为主体的管理体制被打破。社区作为城市的基层单位,随着城市管理的重心下移,不仅功能增多、地位增强,而且对社区管理也提出了更高要求。社区管理的水平直接影响社区建设的各项任务,因此,搞好社区管理是社区建设的内在要求,是社区发展的必然条件,也是社区各项工作的重点。

第一节 城市社区管理的含义和特征

一、社区管理的科学界定

社区管理与传统的行政管理不同,二者在管理主体、管理目标、管理对象、管理方式、管理内容上都有很大差别。其管理内涵主要是地域性、社会性、群众性、公益性的事务,涉及科、教、文、卫、体等方面,包括社区服务、文化、教育、环境、人口、治安、党建等具体内容。随着社区建设的深入发展,加强对社区的管理是社区建设健康、持续发展的重要保证。

(一) 社区管理的含义

社区管理是以街道党工委和街道办事处为主导,由社区职能部门、社区内所有单位和全体居民共同参与的区域性、全方位的自我教育、自我服务、自我管理、自我监督的行为。社区管理的含义可以从以下几方面来理解。

1. 社区管理机构的多层次性

社区管理的机构不是单一的,而是多层次的。一是街道党工委和街道办事处,这是社区管理的主导系统,它通过对社区进行指导、协调和服务,进行社区管理。二是政府各职能部门的社区派出机构,如派出所、工商所、税务所、环卫所、粮管所、医院等,这些部门通过履行自己的职责实施社区管理。三是社区范围内的企事业单位,如社区物业管理公司、学校、商店、企业。四是居住和工作在社区的居民,既包括有居住户籍的常住人口,也包括各种流动人口,他们通过自主选举的居民代表委员会参与社区管理。

2. 社区管理性质的自治性

社区管理的性质是在党和政府领导下,由社区单位和居民进行群众性的自我管理、自我教育、自我服务和自我监督的行为。城市社区是通过行政区划形成的共同体,这个共同体是城市百姓起居生活的落脚点和归宿,是广大人民群众各种利益关系的集合点。社区中的成员通过共同生活、学习、工作、休闲等互动关系和文化维系力,互相联系、互相帮助、互利互惠。社区共同体内人与人之间是平等和谐的,他们既有权利向社区提出服务和管理的要求,又要为社区建设和发展尽义务。因此,开展社区建设就是要探索和推动居民自治,扩大社区居民管理和参与的渠道,保障他们行使当家做主的权力,调动他们的积极性、主动性和创造性。

3. 社区管理手段的多元性

社区管理既有政府行为,又有社会行为,既有社区内单位和组织的行为,也有社区居民的行为。因此,社区管理既有行政的、法律的手段,也有经济的、道德的手段;既有行政的约束力,又有法律的强制力,也有经济杠杆的调节力,还有道德规范的制约力,以及社区文化的凝聚力等。社区管理是一项综合性、系统性的复杂的社会行为,必须科学、合理地筹划和安排。社区各个管理部门或群体必须发挥自己的职能,努力形成社区管理的合力,以实现形成居民自治、管理有序、服务完善、治安良好、环境优美、文明祥和的和谐社区的目标。

(二) 社区管理与街道管理的区别

社区存在于街道范围内,但是它们之间不是简单的隶属关系,社区管理并不等同于街道管理,两者有明显区别。

1. 管理主体不同

街道管理是行政管理,管理主体是单一的,这就是街道党工委和街道办事处。它们依据法律法规和市、区政府授权,履行相应的管理职能,对本街道范围内的社区建设行使领导、协调、监督等职权,要完成与居民事务有关的上级政府的交派任务,对社区内的群众性、社会性工作承担责任。

社区管理主体是多元化的,除了起主要作用的街道党工委和街道办事处以外,还有各职能部门向社区延伸的机构。各职能部门根据不同的职能,进行相对的社会分工,分别对社区内的对口工作进行管理。此外,社区内的居民代表会议和居民委员会组织、社区社团组织,也通过一定的组织形式参与社区管理,发挥各自的作用。因此,社区管理是一个复杂的群体系统,要动员各方面管理主体互相协调。社区管理的任务是根据社会的实际情况,了解群众的需要,以服务群众为重点,办好社区各项事务,满足群众的需要,推动社区建设的正常进行。

2. 管理机制不同

街道办事处是城市辖区或不设区的市人民政府的派出机构,主要依靠法律、法规、规章、规定依法行使行政管理职能。因此,街道管理是以行政隶属关系的存在为基础,以人员编制、职务权力、经费投入为保障,以行政指令为主要手段的一种行政管理机制。近年来我国正在加快行政管理体制改革,建设服务型政府是改革的重要目标。服务型政府目标的确立,要求作为第一线的街道办事处在加强基层管理的同时,要为辖区居民提供更多更好的服务,必须增强自身的公共服务职能。但是,这种管理机制真正运作起来还有一个过程。从目前来看,街道办事处承担着大量的事务性、阶段性、临时性工作,主要还是以行政手段为主的管理机制。

在社区管理中,除了作为管理主体的街道机构对其下属的企事业单位和向社区下派的专职干部利用行政机制管理外,由于社区成员的地位及其相互关系与街道体制中的地位和关系有很大区别,因此还可以利用社区法律机制、社团机制、伦理道德机制来进行管理。对提供有偿服务的单位,如物业公司、商店、家政服务公司等,实施市场机制管理。可见,社区管理是综合性的管理机制。

3. 管理内容不同

街道办事处作为区人民政府的派出机构,是社会基层行政组织,承担着大量城市管理任务。随着城市现代化建设步伐的加快,政府许多相关的事权下放,街道办事处要承担市政管理、社会治安、市容卫生、劳动就业、街道经济组织的发展、社区建设等更多的任务。但这些任务主要是上级部门交派下来的,随着上级部门工作重心的变动,其管理内容也要随之变化。

社区管理的内容主要包括社区内社会性、群众性、公益性的事务,如协助政府完成某些下派的行政工作;组织群防群治队伍,维护本社区的社会治安;协助有关部门搞好以"净化、绿化、美化、安全"为内容的文明社区创建活动;做好居民区的交通车辆管理和社区环境的规划及管理;做好计划生育工作管理,加强对流动人口的管理和对刑满释放、解除劳教人员的控制;开展社区服务活动,满足社区居民的多种需求;调解民间纠纷,防止矛盾激化等。总之,社区管理的内容大到政府指导下的行政工作,小到每个家庭和个人的各种合理需求,包括科、教、文、卫、体等诸多方面内容,范围广泛,内容丰富。

4. 管理对象不同

街道办事处是市辖区或不设区的人民政府根据其行使职能的需要,经市人民政府的批准,在某一指定区域内设立的代表机构,作为一级人民政府的派出机构,根据上一级人民政府的授权,行使派出机构的一部分政府权力。因此,只负责管理本辖区内的地区性行政工作,管理对象仅限于街道隶属下的企事业单位和依附程度较大的居民委员会。对于没有行政隶属关系的单位,特别是行政级别高于街道的单位及居民,一般不属于街道管理的对象。

社区管理具有地域化、自治性的特点，管理对象覆盖整个社区范围。社区内各种机构、单位和所有的居民都是社区管理和服务的对象。他们既有义务接受社区的管理，是社区管理的对象，又有权力参与社区的管理，也是社区管理的主体。在这种管理体制中，双方不是行政隶属关系，而是由于对居住生活的地域关系的认同感和凝聚力来实现管理资格，表现出群众性的自治管理。凡是社区地域范围内的单位和个人，不管有没有上级主管单位以及有没有工作单位，都必须接受社区的管理，也有权参与社区管理。

5. 管理方式不同

街道管理包含行政管理、经济管理、治安管理、文化管理等多方面内容。但由于街道办事处是政府的派出机构，所以街道管理具有明显的行政特点，以行政隶属关系和行政命令手段进行管理。上级部门以计划性指令方式为街道制定工作目标和布置工作任务，街道的主要职责是在本辖区内贯彻执行政府有关决定、指示、计划，就上级部门确定的工作任务展开工作。街道的职能权力是政府赋予的，具有明显的强制约束性，其管理方式是行政体制中通用的上下级之间的计划指令和服从的关系。

社区管理是主体多元化和自治性的管理。在社区管理中，街道机关虽然是管理的主要责任者，但它主要是以全局指导、协调、加强服务等方式来实现管理意图和目标。而且，它要探索和发展社区基层民主，推动社区居民自治，与传统的行政命令式有本质区别。其他管理主体既是管理者，也是被管理对象，对社区具有应尽的管理义务。这种管理是在互相尊重、平等的基础上，各管理主体之间互相协商，加强沟通，认真讨论，达成共识，并采取共同的行为方式进行的自治性的民主管理。

二、社区管理的内容

社区管理的内容十分丰富，只要是社区建设需要的、有利于社区民生以及有利于社区发展的事情，都是社区管理的内容。它涵盖科、教、文、卫、体等各个领域，涉及人、物、事等多个方面，主要包括以下具体内容。

（一）社区组织管理

健全的社会组织是发挥社区功能的重要组织保证，主要是依法加强社区党组织、社区成员代表会议和居民委员会组织以及社区社团组织的建设和管理，把坚持党的领导、人民当家做主和依法治国有机统一起来。

社区党组织是社区工作的领导核心，加强社区党组织对社区各类组织和各项工作的领导，确保党的路线、方针、政策在社区的全面贯彻落实。要积极探索社区党组织在社区内发挥核心领导作用的途径和方法，加强社区服务型党组织建设，着力提高服务能力和水平，更好地服务改革、服务发展、服务民生、服务群众、服务党员。

社区成员代表会议是社区自治的决策组织，集中群众意见，代表群众利益，要依照规定履行讨论决定社区重要事项、选举社区干部、监督社区管理等工作职能。

社区居民委员会是社区的主体组织和社区成员的法定代表，要按照《城市居民委员会组织法》的规定,在党组织的领导下,依法履行职责,推行民主选举、民主管理、民主决策和民主监督,办好社区内的各项事务,真正实行社区自治。

各种公益性、服务性的社区社会团体和民办非企业单位,是社区管理和社区服务的重要力量,要积极培育和鼓励其发展,以满足社区成员的多层次需求。

(二) 社区服务管理

社区服务作为城市管理的一项中心工作,要求社区管理必须把社区服务业作为一项重要工作来抓。加强社区公共服务体系建设,健全社区服务机构,做好与社区居民利益相关的劳动就业、社会保障、卫生计生、教育事业、社会服务、住房保障、文化体育、公共安全、公共法律服务、调解仲裁等公共服务事项。要不断拓展社区服务领域,增加服务内容,提高服务质量,改进服务方式,为广大居民和驻社区单位提供多样化、多层次的服务,并为安置下岗职工和无业人员开辟新的就业渠道。

社区服务具有广阔的前景,要进一步解放思想、更新观念,按照建立具有中国特色的与社会发展、城市建设、产业结构优化相适应的社会化、产业化、网络化、法治化的社区服务方向,积极支持和推动社区服务业的发展。这既是社区管理的主要内容,也是社区管理水平的重要标志。

(三) 社区治安管理

社区治安是为了维护社区的公共秩序和安全,为社区居民的工作、学习和生活创造一个安定的社会环境的管理工作,它主要包括以下内容。

(1) 社区治安秩序管理,主要是指社区内公共秩序管理,有些社区还要求对本区内的旅馆行业进行治安管理。

(2) 打击各种刑事犯罪活动,要协同公安派出所把预防和打击各种刑事犯罪活动作为社区治安管理的一项重要内容来抓,及时收集、研究社区治安动态和信息,采取各种有针对性的措施,坚决制止和取缔一切败坏社区风气、扰乱社区治安的犯罪活动。

(3) 加强对社区内刑满释放人员和解除劳教人员的教育,关心他们的生活,帮助他们解决劳动就业问题,以清除社区内的不安定因素。

(4) 消防管理,"消防安全"进社区是社区治安管理的一项重要工作,并且已取得初步成效,应该在社区大力开展防火知识的宣传工作,健全社区防火安全管理制度,加强消防安全的基本设施建设等。

(5) 建立社区群防群治的治安网络,要建立治安保卫委员会或治安保卫小组,成立群众治安联防组织和义务消防队,逐步建立社区治安综合治理网络。

需要注意的是,非法集资犯罪高发,社区安全隐患突出,物流快递安全面临挑战,成为新时期社会治安的三大"新困境"。[①] 此外,还有目前频发的网络诈骗,都会在社区有直

---

① 李培林、陈光金、张翼:《2017年中国社会形势分析与预测》,社会科学文献出版社2016年版。

接反映。社区工作者必须时刻关注这些影响社会治安的新动向,抓好本社区的治安管理。

总之,社区治安管理与居民的利益息息相关,要动员社区居民关心和参与维护社区治安管理工作,积极消除危害社区治安的诱发因素和条件,形成群防群治的社区治安管理的局面。

(四)社区环境管理

环境保护已经成为人类普遍关注的一个全球性的社会问题。社区环境的管理直接关系到社区居民的生活健康和社区的发展,是社区管理的重要内容。社区环境既包括人文环境,也包括生态环境。社区环境管理的主要任务包括以下内容。

1. 社区环境保护管理

(1)要协助环保部门做好本社区的环境监测,反馈环境保护措施的实施情况。

(2)注意社区环境的保护,如果有污染情况,要及时查清污染源,并对其治理进行检查督促。

(3)搞好社区环境卫生,如生活垃圾的清运和公厕的清理。

(4)要向社区居民进行环境保护知识的宣传教育,提高居民自觉保护生存环境的意识。

2. 社区园林绿化管理

(1)要加强同街道有关部门的联系,了解本社区的绿化目标,监督城建开发商和本社区物业管理公司对社区公建绿化规划目标的执行和落实。

(2)加强社区内现有园林绿化地的养护和管理,提高绿化质量。

(3)因地制宜地确立本社区的绿化发展指标,建设好适合本社区地域特点的小景点、小花坛、小绿地、小"广场",形成有利于居民工作和休息的人文景观。

(4)根据具体情况发动社区居民人人动手绿化居住环境,组织开展居民家庭的盆栽、插花、绿化阳台的交流和比赛等。

加强社区环境管理,提高社区环境质量,为社区单位和居民提供良好的工作、休闲场所,既能显现社区的文明风貌,又会促进社区居民的身心健康,是一项有现实社会基础的"民心工程"。

(五)社区卫生服务管理

随着社会、经济、技术的发展,卫生保健事业已进入综合保健时代。综合保健是指从全体人群多维健康着眼,对人的生命周期采取从促进健康、预防保健、合理治疗到康复的全面保健措施,组织发动全社会支持和参与,以达到身心健康,延长寿命,提高和维护人的生活质量的目标。要实现综合保健的目标,必须发展社区卫生服务。

社区卫生服务管理是社区建设的重要组成部分,是在政府领导、社区参与和上级卫生机构的指导下,以基层卫生机构为主体,全科医师为骨干,合理使用社区资源和技术,以人的健康为中心、家庭为单位、社区为范围、需求为导向,以妇女、儿童、老年人、慢性病人、残疾人等为重点,以解决社区主要卫生问题,满足基本医疗卫生服务需求为目的,融预防、医疗、保健、康复、健康教育、计划生育技术服务等为一体的,有效的、经济的、方便的、综合的、连续的基层卫生服务。改革城市卫生服务体系,积极发展社区卫生服务,逐步形成功能合理、方便群众的卫生服务网络,是我国卫生改革与发展的战略决策。随着社区卫生服务的广泛开展,对其管理的科学化、规范化和现代化就显得十分必要。

建立健全社区卫生服务管理的理论体系、方法体系和技术体系,对于促进其健康、深入、可持续发展具有重要意义。社区卫生服务管理涉及的学科多、内容广、范围大,是一项复杂的系统工程,它包括组织管理、人员管理、业务技术管理、质量管理、物资管理、经济管理、科研教学管理和信息管理等。社区卫生服务管理人员不但要协调社区卫生服务机构内部各部门之间的关系,还要协调卫生服务机构与社会方面的关系。因此,要求社区卫生服务管理人员具备丰富的管理学知识和广博的社会人文科学知识。

(六) 社区文化教育管理

1. 社区文化管理

社区文化是城市文明程度的重要体现,加强社区文化管理对于城市的精神文明建设具有重要意义。作为整个城市文化基础的社区文化,是指居住在社区范围内的居民群众、离退休干部和职工、在职干部和职工、待业人员以及在校学生,为满足精神生活的需要,以自身活动为主体,以自我娱乐、自我教育为目的进行的具有民族特色、地方特点和综合性、普及性、传统继承性的各类文化活动。社区文化管理的主要任务是提高社区成员的科学文化素质,培养高尚的道德情操,创造整洁、文明、向上的社区文化环境。

在社区文化管理方面,社区管理人员应做到以下几点。

(1) 要对社区的文化活动、文化场所、文化设施进行总体规范和建设。

(2) 要发动社区单位以群众喜闻乐见的形式,开展多层次、多样化的社区文化活动。

(3) 完善社区文化设施,建立社区文化中心,并指导帮助这些组织开展社区文化娱乐活动。

(4) 要发挥社区优势,以学校和大中型企事业单位为依托,条块结合,吸引群众广泛参与。

(5) 要运用各种形式广泛开展宣传,提高社区成员的全民健身意识,在此基础上完善社区体育组织,完善群众健身设施,使全民健身活动进入千家万户。

(6) 要在社区中广泛开展"学知识、学科学、学技术"活动,形成学科学、讲科学、用科学的浓郁氛围。

(7) 抓好科普设施建设,建立社区科普指导站、科普画廊和有一定规模的科技文化活动场所,并通过开办科技学校、开设科普讲座、建立科普教育基地等形式,广泛开展科普工作。

2. 社区教育管理

社区教育也是社区管理的重要任务，它涉及幼儿教育、成人教育和老年教育多层次的内容。做好社区教育管理，社区管理人员应做到以下几点。

（1）要充分利用社区的教育资源，开展各类活动，丰富教育内容，拓展教育途径。

（2）按照"地区为主、政府协调、社会参与、双向服务、共建文明、同育新人"的要求，进一步完善社区教育组织领导机制，动员全社会关心、支持和参与社区教育。

（3）抓好社区居民的党的方针路线教育、形势任务教育、思想品德教育、科学文化教育、法治教育、环保教育、身心保健教育、审美教育、实用技能教育等，发挥教育资源的作用。

（4）建设和完善社区教育学校、培训中心及利用网络进行教育的远程教育中心等教育机构，组织和动员居民广泛参与文化教育活动。

（5）加强社区的道德教育，利用多种形式提高社区居民的道德素质，包括家庭美德、职业道德和社会公德建设。

（6）开展法律、卫生、科普、心理、健身等咨询活动，搞好拥军、敬老、助残、帮困等宣传和实际活动。

（7）宣扬先进、弘扬正气、树立楷模，逐步提高居民的素质和建立良好的社区风尚。

（七）社区人口管理

人口是社区活动的主体，人口的数量、质量、结构及变动都与社区的发展密切相关。搞好社区人口管理，就是要统计和分析人口的数量、结构、素质、流动状况及出生率等问题，并掌握人口与社区发展的关系，为有关部门，如教育、治安、保健、计划生育、人才交流等提供准确的人口分析和数据。在此基础上，特别要重点抓好人口的现行计划生育工作和流动人口的管理。要普及人口与计划生育基础知识教育，以广大育龄群众为主要教育对象，针对不同年龄和不同婚育状况群众的实际需要，多层次、多渠道、有计划地进行人口理论知识、计划生育政策、法律知识以及晚婚晚育、优生优育、避孕节育、妇幼保健等知识的教育。通过教育使广大育龄群众掌握人口与计划生育基础知识，逐步转变婚恋、生育观念，从根本上提高对计划生育政策和措施的理解程度和接受能力，提高实行计划生育和优生优育的自觉性，达到提高人口素质的目的。

社区要把流动人口管理列入重要议事日程，协同公安、工商、税务、计生等有关职能部门对社区出租屋和流动人口的基本情况进行全面调查。对出租屋房主及其出租房屋的具体情况要了解清楚，对社区流动人口的流量、流向、职业特点要认真分析，切实掌握社区流动人口的居住规律，为城市流动人口的科学管理提供准确的依据。

（八）社会保障管理

我国社会保障制度改革的目标是建立适应社会主义市场经济发展的、独立于企事业之外的、资金来源多渠道、管理服务社会化的保障体系。社区作为社会的基层组织，承担着社会性的管理服务的许多职能,承担社会保障在基层社区的落实,这是社区管理工作和社区建设的重要内容。

社区保障充分体现了社会福利社会办,改变了传统的社会保障完全由国家包办的体制,社区保障管理主要包括社会救助、社会福利、社会保险等工作在社区的落实。社区管理人员应该在充分调查、了解本社区情况的基础上,认真实施城市最低生活保障制度,密切配合政府部门共同履行最低生活保障的管理和服务职能;应该与有关部门密切合作,积极为本社区的下岗失业人员提供再就业信息,开发就业岗位,帮助他们实现再就业;要建设社区化的老年福利体系,增强社区的养老保健功能;通过开展劳动保障事务代理,为社区从业人员提供档案代管服务,以及帮助接续社会保险关系、代缴保费等服务,帮助社区就业人员参加社会保险等。社区管理部门要充分发挥社区管理灵活、信息到位的优势,加强社会保障网络建设,逐步使社区成为低保、失业和离退休人员社会化管理和服务的主渠道。

(九) 社区健康管理

随着我国城镇化加快、老龄化提速、疾病普遍化以及生活方式变化越来越明显,慢性病成为威胁我国社区居民健康的头号敌人和主要疾病负担。社区不但是"聚居在一定地域范围内的人们所组成的社会生活共同体",而且是心脑血管疾病、恶性肿瘤等慢性病流行的重点关注区域和开展健康监测及慢性病健康管理服务的重点人群集聚区。社区管理部门通过健康管理,有效防控慢性病及其风险因素流行或蔓延状态,进而提高社区居民的健康水平。因此,社区健康管理服务任务艰巨而紧迫。

多年来,中国坚持为人民健康服务,把提高人民的健康水平、实现人人得享健康作为发展的重要目标。经过长期不懈奋斗,中国显著提高了人民生活水平,不仅摘掉了"东亚病夫"的耻辱帽子,而且公共卫生整体实力、医疗服务和保障能力不断提升,全民身体素质、健康素养持续增强,被世界卫生组织誉为"发展中国家的典范"。[①] 早在 2013 年,我国在"十二五"卫生与科技发展规划中已经将社区慢性病预防、健康监测及健康管理作为"中心下移"的重点,将老年人健康管理、高血压、糖尿病等慢性病健康管理纳入国家公共卫生服务项目,将社区"健康管理、常见病和多发病诊疗"作为基层医疗卫生机构和社区全科医师服务的主要任务与工作目标。2016 年 10 月 25 日,中共中央、国务院印发了《"健康中国 2030"规划纲要》,这是以人民健康为中心的国家战略。提出把健康摆在优先发展的战略地位,把健康城市和健康村镇建设作为推进健康中国建设的重要抓手,广泛开展健康社区、健康村镇、健康单位、健康家庭等建设。使全体人民享有所需要的、有质量的、可负担的预防、治疗、康复、健康促进等健康服务,突出解决好妇女儿童、老年人、残疾人、低收入人群等重点人群的健康问题。社区管理人员应以普及健康生活,优化健康服务、完善健康保障、建设健康环境、发展健康产业为重点,加快推进健康社区建设,努力

---

① 国务院新闻办公室:《中国健康事业的发展与人权进步》白皮书,2017 年 9 月 29 日。

为社区群众提供全生命周期的卫生与健康服务。

三、社区管理的作用

社区管理是适应城市现代化、社会管理重心下移的发展趋势应运而生的。它能准确针对社区发展的全局和具体问题，组织社区内部的各方面力量，通过互助互利、共同参与的方式，来解决社区建设的矛盾，满足社区内各单位和广大居民的利益需求，达到社区成员自我管理、自我教育的目的。

（一）组织作用

社区的管理要面对各种团体、企事业单位及群众，真正做好管理工作必须发挥社区管理的组织作用。社区的管理部门要充分发挥自己的职能，为适应社区建设发展的需要，从管理方面做出计划和决策。无论是管理决策还是计划的制订与具体实施，都必须从本社区的实际情况出发，组织发动社区的单位、团体和居民积极参与。同时，还要根据实际的发展需要，及时研究和制定相应的配套政策，以解决社区管理过程中遇到的各种实际问题。组织社区的各种力量共同参与和搞好社区管理，如社区党组织及有关部门，应对离退休人员、解除劳动关系的职工、无工作单位的社区居民以及外来务工人员中的党员等实行属地化管理，及时让他们把组织关系转入社区党组织，以便正常参加组织生活。组织他们参与社区管理和各种活动，使他们感到组织的温暖，充分发挥党员的模范带头作用和党组织的战斗堡垒作用。

总之，社区管理通过组织的作用，利用约束性要素来建立和理顺社区成员之间的关系，统一大家的认识，培养社区意识，达成社区事务是为了大家、必须大家参与的共识。在此基础上开展各项社区成员自我组织、自我服务、自我管理的活动。

（二）协调作用

社区管理面临各种复杂的关系，这些关系处理得是否恰当，直接关系到社区管理的成败。社区管理不能仅仅局限于社区这个小区域，还要注重社区与整个外部大环境的协调。因此，必须通过社区管理调动各方面力量，协调好社区与外部的社会联系，以及社区内部单位之间、群体之间、个人与集体之间的关系。这些关系既包括人与人的感情关系，也包括人与物的关系。

社区虽然有地域性特征，但都不是封闭的，社区和外界之间有着千丝万缕的联系。就城市整体而言，社区只是其中的一个局部，社区的发展必须要符合城市的整体规划，要服从整体的要求，而不能自行其是，搞封闭式管理。社区的事务和外部有必然联系，居民的所有需求仅靠社区不可能全部解决。社区的主导管理机构——街道党工委和街道办事处，与社区外的上级政府之间有上下级的行政隶属关系，各职能部门也有区域外的上级主管单位。因为居民的所有需求仅靠社区不可能全部解决，居民与社区外的交流就更加频繁，因此，封闭管理对于社区发展是没有出路的，也是根本行不通的。社区管理必须要和外在的大环境协调,与整个城市和国家的发展规划协调一致。

社区内组织与功能的协调,对社区管理的效率和效果至关重要。如果社区内组织机构的设置和功能定位不协调,就会造成有些机构不去做自己该做的,而有些机构却在做不该做和做不好的事。现在城市的管理重心向下转移,职能部门把职能推向社区,政府也将部分事务性行政管理职能交给社区,社区的职责大大增强。但是资源配置的格局并没有改变,职能部门用其掌握的资源开展工作,如果处理不好,势必造成功能定位的错乱,导致社区包揽太多的事务,牵扯了太多的精力,使管理的权威性下降,从而影响本应干好的本职工作。因此,社区管理必须协调好组织机构和功能职责的关系,让社区内的各单位和各组织机构权、责、利统一,既各负其责,又协调统一,齐心协力搞好社区建设。

社区管理还要建立和密切社区成员之间的关系,要通过社区管理部门组织和实施服务活动、文体娱乐活动以及各种互助活动或"工程"来缩小和拉近社区成员之间的距离。通过激发社区成员的积极参与热情,来加强相互之间的沟通,从而建立良好的人际关系。社区管理还可以协调各单位与居民之间的资源共享关系,动员驻区单位把本单位的文化活动室、图书馆、俱乐部等资源与社区居民共享和资源互补。这种协调作用是社区各单位、团体以及居民生活和发展的必需条件,也是社区建设的内在需求。只有不断加强社区管理的协调能力和协调作用,才能够调动大家齐心协力来关心和参与社区管理,不断创建社区管理的达标项目和优化项目,使社区管理向新水平、新台阶、新层次发展。

(三) 凝聚作用

随着社区职能的拓展,越来越需要依靠社区居民、社区资源和社区机构的自我组织、自我服务来保证其职能的发挥,需要依靠社区成员对社区事务积极参与的热情和主动性,这就必须加强社区的凝聚力。这样,社区管理不仅要对社区进行宏观调控,更重要的是对社区的单位、组织和居民进行引导和发动。通过社区管理拉近居民与居民之间、居民与组织之间、单位与单位之间的距离,密切他们之间的关系。因为这些成员之间的交往没有很强的约束性,包括对社区居民委员会的要求和倡议的响应程度也缺少强制因素,要建立和密切社区成员的关系,增强社区的凝聚力,必须通过社区管理组织各类社区活动,促进社区成员之间的接触、沟通、交流和互惠互利。例如,通过加强社区管理,强化社区卫生、环保、绿化及社会治安的综合治理,改善居民的生活条件和生活质量,为居民创造安居乐业的良好环境;通过各种便民利民的生活服务,充分满足社区居民物质生活方面的多种需求;通过社区管理加强思想道德文化建设,为社区居民提供内容丰实、形式多样的精神服务,满足居民精神生活的各种需求;通过社区中的福利机构、社会团体、各种组织对弱势群体进行照顾和帮助,努力改善他们的生活条件,提高他们的生活质量;通过各种教育培训、业务培训、科技讲座等现代化的知识教育,帮助社区居民克服旧思想、旧习俗,全面提高居民的文明素质等。

总之,社区管理就是通过各种方式和途径,来满足社区成员多样化的需求,提高其对社区的认同感、归属感和满意度,形成一种社区居民互助式自我服务的互动良性循环,使他们之间的关系更加紧密,从而加强社区的凝聚力。

(四) 稳定作用

社会稳定是现代化建设事业和改革开放顺利进行的必要条件,社区是社会的基层单位,是保持整个社会稳定的基础。只有这个基层单位稳定了,城市才能平安,国家才能长治久安。

由于社区内各成员间的异质性强,情况比较复杂,存在着许多不利于稳定的因素。如下岗人员的就业和生活问题,邻里纠纷和矛盾,历史遗留下来的问题,外来人口增多导致的社区环境、治安方面的问题等,这些问题必须得到有效控制和解决。通过社区管理,组织和发动居民积极参与,把这些问题及时解决在萌芽状态,解决在基层,解决在当地,避免成为影响全局的问题。社区可以广泛开展治安联防工作、社区环境治理工作、居民间的互帮互助活动、扶贫帮困活动、对弱势人群的福利保障工作、对下岗人员的就业培训和职业介绍服务等;还可以通过组织丰富多彩的社区文化体育活动,来充实居民的业余生活,使他们增进交流、密切关系、消除隔阂、愉快精神。总之,社区管理可利用多种手段,进行多方控制并化解不稳定因素,不仅帮助社区居民、单位解决实际问题,而且让他们安居乐业、心情舒畅。充分发挥社区维护社会秩序的稳定器的作用,强化社区作为维护社会稳定"第一道防线"的作用。只要社区稳定,整个国家的稳定就有了扎实的社会基础。

第二节 城市社区管理的原则和模式

一、社区管理的原则

社区的构成要素及结构都比较复杂,这就使得社区管理也有复杂性、综合性的特点。为了提高社区管理的效率,满足社区内的各种需求,必须重视和遵守管理原则,适应市场经济的发展大趋势,按照市场经济规律进行管理。这样才会使社区管理更加有序和规范,从而更有效地达到社区管理的目标和要求。

(一) 法治化原则

社区管理必须依法进行,遵循法治化的管理原则。这既是社会管理发展必须坚持的原则,也是法治建设的重要内容,主要应做到以下几个方面。

1. 要认真立法

制定和完善社会主义市场经济条件下的社区管理法律法规体系,对已经存在的关于城市建筑、城市绿化、环境卫生、社会治安、城市交通、城市服务体系、物业管理等各种法律法规,要不断调整和完善。同时,还应根据社区建设中出现的新情况研究制定社区治理相关行政法规,如城市人口管理、社区中介服务规范、社区资源的利用整合规范、社区单位和居民的权利与义务的界定、社区管理服务机构的职能及工作人员的行为规范等，都应有法律依据和法律规定。

2. 要严格执法

这是对社区管理体系中执法机构、执法人员、执法行为的法律界定的完善，要推进社区法治建设，发挥警官、法官、检察官、律师、公证员、基层法律服务工作者的作用。执法部门要依法行政、文明执法，做到管理过程有法可依、依法办事。特别要重视提高行政管理人员和执法人员自身的法律意识和执法水平，使他们明确自己的法定权限、执法程序和自身的法律约束，克服和避免管理执法过程中的摇摆性和随意性，更要杜绝执法过程中的"知法违法"现象。

3. 经常对社区居民进行法治教育

要对社区居民进行法治教育，使他们在自觉遵守法律的同时，学会用法律法规来保护自己的合法权益。要经常在居民中宣传社区管理的法律法规，让人们知晓自己的行为应该遵纪守法，并积极地同违法行为做斗争。同时，应学会用法律保护自己，保护自己的合法权益，这也是对执法部门的一种监督。社区的秩序以法治化为原则，社区管理有法可依，社区建设才会有序地、正常地向前发展。

(二) 社会化原则

社区管理的社会化问题是适应市场经济体制的建立和完善而形成的，是社会改革不断深化的结果，也是社会管理发展的必然趋势和社区管理必须遵循的重要原则。

1. 逐步减少政府行政行为

在社区管理中，要遵循社会主义市场经济的发展规律，逐渐减少政府的行政行为，实行社区管理的社会化。要解决传统的政府包管的状况，逐步实现政企分开、政社分开、政事分开，使政府从不该管的事务中解脱出来，只负责依法管理、依法行政、依法指导和服务。例如，社区中的各种有偿性服务组织、网站、商店、饭店、银行、邮局、修理业等，应根据社区居民的需求由市场调节。这样如果在管理过程中出现问题，居民就会找市场而不找政府，政府可以站在公正立场上，依法进行管理和监督。

2. 逐渐形成社区管理的合力

在社区管理中，要逐步打破行业、条件、区域局限，把各方面的物力、人力资源充分地调动和挖掘出来，形成资源共享、优势互补、互相支持、共同发展、造福居民的社会体系。逐步构建商业、餐饮、金融、文化、教育、卫生以及其他服务行业的联合管理机制。形成遵循市场经济规律运行并取得效益和发展的自我经营、自我约束、自我发展的服务和管理体系，形成社区管理的整体合力。

3. 激发社区管理的社会化活力

不断巩固社区管理的群众基础，形成社区居民自我教育、自我约束、自我管理的机制，这是社区管理社会化活力的基础。社区居民是社区的主体，社区管理应以人为本，以服务居民、满足居民的需求为宗旨。在社区管理过程中，除了法律调节、市场调节两个功能外，最常见的还是要靠社区居民以及社区单位的自我管理来实现。要不断强化社区居民的主人翁意识，形成"社区是我家，管好靠大家"的共识。在这种共同利益和共同目标的基础上，社区管理的社会化活力通过群众的合力会不断地增强。

（三）教育和疏导原则

社区管理不是一种居高临下的统治或制约，而是一种服务管理。因此，在管理过程中必须重视教育和疏导相结合的原则，依靠情感的力量调动社区内所有成员的积极性。

1. 对管理对象进行"主人翁意识"的正面教育

要用理性和事实教育社区居民，使其明确自己既是被管理者也是管理者，是社区的主人，不能等、靠、要。在传统的管理模式中，满足居民需求的所有资源都由政府提供，居民没有参与的渠道和参与意识，居民只强调自己享有的权利，而忽视了自己应该尽的义务。然而，社区管理则不同，它主要通过政府向社区的放权和授权，通过各种职能部门向社区的延伸机构，通过社区居民和单位的共同参与，明确社区各管理主体的责任和权利，充分调动社区成员参与社区管理的主动性和积极性，发挥管理诸主体各自的特长和潜能，以自我组织、自我管理的精神共建美好的家园。通过正面教育，动之以情，晓之以理，调动人们内在的主动参与性，这是搞好社区管理的巨大动力。

2. 对社区居民要以理服人，积极疏导

疏导教育的实质是一种转化教育，最适应基层社区管理。社区管理是一项复杂的工作，必然会遇到各种复杂的关系，出现各种矛盾。这些矛盾的解决，不能靠命令和强制手段，而要耐心说服，要以理服人，以情感人，启发引导，使人们有正确的自我评价能力和标准，从而自觉地调节矛盾和解决矛盾。在疏导中，还可以利用榜样的力量，教育、引导人们以"利他"的精神处理问题，用道德的力量解决矛盾，从而减少社区管理的压力。

（四）现实与长远相结合的原则

社区管理必须立足现实，要有实际性。同时，社区管理还必须顺应社会现代化发展的大趋势，要有长远目标，要有预见性和理想性，这就必须把现实和长远统一起来。

1. 从现实出发，注重可操作性

从现实出发，注重社区的实际情况，这是社区管理的唯物主义决定论原则。社区管理的现实性表现在根据社区的实际情况制定管理规划，使社区管理有扎实的社会基础和群众基础。只有这样，社区管理才具有可行性和可操作性，避免脱离实际和高喊空泛口号的形式主义。在管理的实践中，还必须重视实际效益，这是社会主义市场经济条件下衡量社会工作的重要标准。没有社会价值的工作不仅对工作者毫无意义，也不会得到广大群众的认可。因此，社区管理工作必须顺应市场经济的效益原则，使社区管理扎扎实实地向更高层次发展。

2. 制定长远目标要有预见性

社区管理的预见性,即管理方案的拟订和实施要有前瞻性,这是新世纪对管理者提出的更高要求。管理方法的改进、管理目标的制定,不仅要立足现实,还要看得更远,要考虑社区管理发展中已经出现的或可能出现的各种因素对今后的管理带来的不利影响,并且将这些因素化解在萌芽状态,将其对社区管理的影响降到最低程度,以防止以后出现大的变动,造成大的损失和浪费。对于管理人员的要求也要有前瞻性,因为社会的进步、科技的发展,必然使社区管理向网络化发展。对管理人员的文化素质和技能要求,必须从长远目标考虑,让他们接受新的管理观念,参加各种培训,掌握新的管理知识和实用技术。这样,不仅可以提高管理效率,还可以降低管理成本,减少人力和物力的消耗,并且适应社会现代化的发展趋势。因此,社区管理既要注意立足现实利益,又要考虑长远利益,要把二者有机地结合起来,使社区管理科学化。

二、社区管理的模式

城市社区管理是一项复杂的工作,其中管理模式的研究是一项重要内容。社区管理通过各种体制、手段、方式等要素来落实管理社区的方案和特定目的,这些要素的有机结合就是社区管理模式。根据社区管理活动中的主体角色不同,可以将社区管理分为不同的模式。

(一) 国外社区管理的模式

有些国家社区建设发展较早,积累的经验也多,社区活动丰富多彩。各个国家都根据自己的社会实际需求而开展社区活动,社区管理模式在国际化比较中也各具特色。

1. 行政管理型模式

行政管理型模式的特点是,在政府部门中设立专门的社区管理机构,或者在社区内设有各种形式的派出机构,使社区管理的行政性较强,官方色彩较浓,表现为政府对社区的干预较为直接和具体,因此也叫政府主导型管理模式。

新加坡就属于这种管理模式,其内政部下设人民协会与社区发展理事会,负责对社区的工作进行指导和管理。其主要职能有:对住宅小区、社区中心及公共服务设施的规划;对社区组织领导人进行培训;为社区提供办公场所和设施;发起社区某些活动,倡导特定的社会价值观;对社区建设予以财政上的支持等。此外,还有些具体规定:每600—1000户组成一个住宅小区,内设居民集会场地、体育场地、儿童游戏设施等;每3000—7000户组成邻里中心,设商店、市场、摊贩中心以及政府经营的医务所、托儿所、房屋维修和管理机构;每3万—5万户组成社区中心,需要拥有百货公司、商业中心服务地带、超级市场、银行、图书馆、电影院、运动场、游泳场、专科学校和医院。新加坡的"居民联络所"是社区居民活动的中心场所,在各个住宅小区,则以"居民协会"的形式举办各类活动。每1—2个"居民联络所"组成一个选区,每个选区选出一名议员,议员不一定是公务员,可以选各类人士。议员每周都要接见一次本选区居民,了解他们的需求,解决他们的困难。议员由政府发工资,是基层组织的顾问,他有权推荐社区工作志愿者的主席。每个"居民联络所"都有30—40名社区工作志愿者,志愿者不拿工资,在社区服务10年后,可以参加"社会公共服务奖"的评选,这是新加坡很重要的奖励。社区工作以政府为主导,但是许多具体事务由"居民联络所"的主席,即社区工作志愿者主席及志愿者决策,因为他们不拿工资,没有功利的驱使,决策就会公正、公平。决策制定后,由拿工资的社区工作者来执行。这种社区管理模式在新加坡的社会和谐发展中起到了重要的作用。

2. 社区自治型模式

社区自治型模式的特点是,政府行为和社区行为是相对分离的,政府对社区的主要职能是通过制定各种法律、法规和政策,规范社区内不同集团和居民的行为,协调社区内部各种利益关系,并为社区居民的民主参与提供制度保障。社区发展规划由政府部门负责编制并且由有关部门负责专项拨款,由社区的配合加以实施。而社区的具体工作则由社区居民自主自治,经费的筹措则由各类团体、基金会或社会捐赠。

西方国家大都属于这种模式,例如,美国政府分为联邦政府和地方政府,地方政府包括州政府、县政府、郡政府和实行自治的城市政府,市政府、县政府、郡政府下面的机构就是社区。无论美国联邦政府还是地方政府都没有权力直接干预社区事务,但是这些部门可以通过法律、法规、行政命令来规范社区内各利益团体、企业和个人的行为。美国社区的事务通常由社区最高权力机构——社区董事会(也称"社区委员会")进行自治管理,市政府可以就某项工作向社区董事会提供政策性指导与专业咨询,社区董事会没有义务被迫执行市政府的决策。虽然社区董事会不向市政府负直接责任,但社区的发展规划仍然是在市政府有关部门指导下完成的。社区发展问题涉及居民利益最多的是社区建设计划、土地使用计划,从酝酿到最后决定都要举行多次社区听证会,反复征求社区内企业、个人、社团的意见,才能做最后的决策。社区董事会的另一项重要工作就是监督和协助市政府向市民提供各项服务。社区内部事务由社区居民共同参与、自我管理,在决定社区事务时,每个居民都只拥有一票。如果发生矛盾或冲突,社区董事会和社区听证会会帮助讨论和解决。社区就是在解决矛盾、求同存异中达到和谐的。总之,美国社区的管理属于独立于地方政府的公民自治模式。

这种自治型管理不是与政府绝对隔离,与政府有些联系是必不可少的,主要是业务方面和取得政府的支持。同时,这种自治型管理通常也有全国性组织机构,或者横向联合会性质的组织。例如,美国的"社区发展学社"就是一种专业性组织,主要是通过交流研讨促进社区工作,提高工作质量和促进社区居民积极参与,这种自治型管理模式的民间色彩比较浓重。

3. 混合管理型模式

混合管理型模式的特点是政府对社区加以指导、规划和提供经费支持,政府对社区发展的干预较为宽松,官方色彩和民间自治特点在社区发展的许多方面结合在一起。日本的社区管理就是这种模式,日本国民生活评议会特设社区问题委员会,政府部门则有自治省分管社区工作。地方政府也设立相应的机构"社区建设委员会",下设"自治活动课"作为政府和市民对话的窗口,社区内市政问题通过"自治活动课"上通下达。社区活动经费有相当部分来自财政拨款,如它的活动形式"公民馆"就是政府从地区教育经费中拨款建造的。政府明确规定,"公民馆"是公民业余活动的场所,禁止利用"公民馆"进行以营利为目的的活动,禁止与党派有关的活动,禁止宗教和教派活动。

总之,国外尤其是欧美发达国家的城市管理水平在城市发展过程中得到逐步提高,城市功能得到完善,居民生活质量也有提高。欧美各国政府基本采取"政府负责规划、指导、资助,社区负责具体实施"的运作方式。政府每年都制定社区发展规划,出台相应政策并征求居民意见,同时也拨出资金专门用于社区发展和管理。

(二) 我国社区管理的模式

当前,我国社区建设进入一个新的发展时期。但由于我国社区建设起步较晚,加上我国的特殊国情,所以社区管理模式还不完善,也不成熟。从目前的实际情况看,我国社区管理模式主要有以下几种类型。

1. 政府主导型管理模式

这里所说的"政府"主要是指城区政府。我国目前城市社区的范围,一般是指经过体制改革后作了规模调整的居民委员会辖区,主要是基层法定社区。

从历史上看,我国中央人民政府从中华人民共和国成立初期,就把城市基层政权定位在市辖区,使城市的市辖区成为城市基层政权,城区人民政府是国家行政机关,而街道办事处则是不设区的市或市辖区政府的派出机关,其主要任务是办理市或市辖区政府有关居民工作的交办事项。经过多年经济、政治和文化的变迁,我国社会状况发生了巨大变化,特别是改革开放以来,市场经济的确立和发展,促使政府转变职能,城市管理重心下移,使"社区"建设蓬勃发展起来。社区建设承接政府和企事业单位"下放"的社会职能,促进社区经济、政治、文化、环境协调健康发展,是一种新的社会发展模式和运行机制。

城区政府作为城市基层政权机关,是本辖区内最有权威性的正式组织,肩负着管理整个城区的法定任务,从而决定了城区政府有资格主导本区的社区建设工作。城区政府能够有效地运用行政、经济和法律手段协调社区各种力量,合理开发和使用社区资源,控制社区发展方向,具有主导社区建设的实际能力,这是辖区范围内任何一个社会团体都不可能做到的。从我国社区建设的实际情况看,多数城市社区是以城市基层法定社区为对象,既不是单纯的政府行为,也不是单纯的民间行为,而是政府实施社会管理、维护社会稳定、促进社会文明进步和基层群众自治相结合的行为,是政府主导下的城市社会基层管理"社会化"行为,从而决定了城区政府在本区范围内的社区建设中居主导地位。由于社区建设是一项复杂的系统工程,社区建设发展规划和工作计划不是孤立的行为,涉及社区内外的各个方面。这也需要最具有权威性的社会组织从整体出发进行部署和付诸实施,而城区政府具有主导社区建设的重要作用。

城区政府在社区建设中的作用虽然居主导地位,但是也不能单纯地局限于"政府行为",不能仅仅利用以往的"行政手段";否则,很难完成社区管理的目标以及促进社会整合与社会稳定的艰巨任务。应该在城区政府的主导下,动员、组织社区内各个单位、各个团体和广大居民群众共同建设自己所在的社区,积极开发各种社区资源和社区力量,走"建设社区"和"管理社区"之路。因此,政府在社区建设中的作用表现为:首先是指导作用。根据辖区各社区的实际情况以及各单位及居民的需求,指导各街道办事处及社区居民委员会,制定社区的发展规划或工作计划、实施方案等。针对社区发展中出现的共性的矛盾和问题,提出宏观的对策和建议,作为社区管理组织决策的依据。其次是组织协调作用。城区政府运用自己的权威地位,创造有利于社区建设和发展的舆论氛围,发动各类社区主体积极参加社区建设,并协调各行各业、方方面面的关系,形成共建社区的合力。最后是管理控制作用。要以政府拥有的合法权力和权威,运用行政手段或经济手段把社区建设纳入政府工作的目标管理体系,如加大对社区建设的财力投入,对社区建设可能发生的问题进行预防,对已发生的问题进行纠正,控制社区建设不偏离正确方向,通过街道办事处对社区工作开展经常性的督促和检查等。

政府主导型管理模式目前在我国社区管理中占有重要地位,起重要作用,而且具有普遍性的特点。

2. 单位主导型管理模式

社区的单位主导型管理模式是计划经济时代"单位管理"体制留下的痕迹,这里的"单位"主要是指各个企事业具体组织。在单位主导型管理模式中,企事业单位对社区进行管理,这个社区属于企事业单位的社区。企事业单位对社区内的各种物业设施享有所有权,对社区实行具体性、直接性管理,融建设、管理、服务于一体。企事业单位是社区投资的主体,也是管理和服务的主体,社区内各项建设,包括幼儿园、医院、养老院、文化馆、图书馆、俱乐部以及广场环境绿化等都由企事业单位投资,是企事业单位给予职工的福利。社区内各项服务功能和配套设施都比较健全和完善,使社区居民安居乐业,享受企事业单位给社区居民带来的福利待遇。社区居民对企事业单位和社区认同感较强,形成稳定的"社区意识",从而形成良好的社区秩序和风气。

这种管理模式是在政府有关部门的参与下,企事业单位直接或间接行使社区经济管理职能、社区事务管理职能和市政管理职能。社区内的居民具有双重身份,在单位内是职工,在社区内是居民。社区内人与人之间关系比较融洽,从而使企事业单位社区成为联系密切和稳定的居民生活共同体。因此,这种社区容易管理,容易达到社区管理的目的和目标,政府对居民行为的管理和控制也是通过企事业单位来实施的。

单位主导型管理模式是计划经济体制的产物,带有明显的企事业"办社会"的痕迹。随着改革的不断深化,市场经济的建立和完善,这种单位主导型的社区管理模式的弊端日益显现出来。因为企事业单位要成为市场经济的主体,必须把市场竞争力和经济效益作为主要目标,必须放下"办社会"的沉重包袱,把"办社会"的职能还给社会,这样才能轻装前进,适应市场经济发展的要求。由于我国市场经济的建立和完善是一个过程,因此,企事业单位从以自身为主导的社区管理模式中真正解脱出来也有一个过程。目前,在我国的社区管理模式中,单位为主导的管理模式在社区建设中不仅存在,而且是常见的现象。但是,随着企业真正地从计划经济向市场经济的转制,它在社区管理中的主体地位将越来越弱,最后必将把这种管理职能还给社会,还给社区,从而彻底地从"办社会"的重负下解脱出来,成为市场竞争的主体。与此相适应,社区的单位主导型管理模式随着改革的深入发展也必将发生变化,向着适应市场经济体制的管理模式转化。

3. 物业经营型管理模式

近年来适应市场经济的发展,在城市综合开发和管理的基础上,物业管理公司应运而生。"物业管理"是经营性的管理模式,是在城市统一规划开发的新建住宅小区内,物业管理公司依据有关法规、合同等,对住宅小区的各类房屋建筑和附属配套设施及场地,以经营方式进行管理,对环境的清洁、绿化、社区的安全保卫等进行专业化的建设和管理,并向小区提供多方面的服务。

由于物业管理公司是企业,它对住宅小区的管理遵循市场化原则,责权利是统一的,在管理中能体现市场经济竞争、公平、效率的原则。同时,为了公司本身的经济效益,它们必须提高社区基础设施的建设水平,这不仅能及时解决和满足社区居民的需求,而且也能减轻政府经济投资的负担。正是由于物业公司以经营管理的方式,依据市场经济的效益原则,依据法规进行管理,因而最有竞争力,也具有生命力。从我国目前来看,近几年建设的各种住宅小区,都是物业经营型管理模式。有些企业主导型管理模式的社区也纷纷成立物业管理公司,向物业经营型管理模式发展。

物业经营型管理模式是一种市场行为,物业公司必然会注重本公司的经济利益,而容易忽视社会效益。因此,政府有关部门必须加强对这些物业管理公司的管理和监督。2004年1月1日实施的由国家发改委、建设部联合下发的《物业服务收费管理办法》就是一项具体的物业管理规定。该办法明确规定,无论采取何种收费方式,物业服务成本或者物业服务支出只包含以下九大项:管理服务人员的工资、社会保险和按规定提取的福利费等;物业共用部位、共用设施设备的日常运行、维护费用;物业管理区域清洁卫生费用;物业管理区域绿化养护费用;物业管理区域秩序维护费用;办公费用;物业管理企业固定资产折旧;物业共用部位、共用设施设备及公众责任保险费用;经业主同意的其他费用。这是社区物业经营管理必须遵循的政策依据,也是完善物业经营型社区管理模式的具体步骤,使社区的物业经营管理逐渐走上法律化、规范化,真正发挥物业管理公司在社区管理中的作用。

4. 社区自治型管理模式

社区居民委员会的根本性质是党领导下的社区居民实行自我管理、自我教育、自我服务、自我监督的群众性自治组织。[①] 社区自治型管理模式就是以社区居民委员会为核心,联合社区内多元化的管理主体,共同参与社区事务的管理,实行民主自治的管理模式。

---

① 《民政部关于在全国推进城市社区建设的意见》,载《人民日报》,2000年12月13日。

社区居民委员会最能以自身贴近居民和了解居民的优势,调动社区内居民广泛参与社区事务的积极性,使社区居民真正成为社区管理的主人。它可以挖掘社区中的多种资源,调动社区各种主体共同建设和管理社区。这样,不仅会直接反映和满足社区居民的需求,提高他们的生活质量,使居民形成对社区的认同感和归宿感,而且有利于政府转变职能,有利于"小政府、大社会""小机构、大服务"的政府管理体制的形成。

社区自治型管理模式是经济体制改革和政治体制改革不断深入的必然产物,是适应市场经济体制和社会基层管理发展而出现的新事物,是城市现代化发展的基础,代表我国社会主义基层民主政治发展的方向。从社区的发展趋势看,我国社区建设事业正在向着这种自治管理模式发展。但是必须看到,由于我国长期执行计划经济,传统的政府主导和单位管理型模式影响很深,真正实现"社区自治"还需要一个长期而复杂的过程。这个过程还必须依靠政府的指导、民政部门的积极参与、街道和社区的主动配合,努力创造社区自治管理的内部条件和外部条件,才能真正地实现"社区自治"。

三、社区管理的体制

城市基层管理由街道管理到社区管理的转变,是管理方式的重大转变,因此必须从社区管理的体制研究着手。积极进行社区管理体制的改革,理顺基层各方面的关系,完善社区管理功能,是实现社区发展目标的保障,也是社区建设和管理的重要内容。

社区管理体制是社区管理主体运用一定的手段和方法,有效地实现管理目标的组织体系和运作方式。它以社区管理的基本内容为基础,与社区外在环境和社区发展方向相适应,是实施管理的组织结构、职能权限划分和工作方式的总和。我国社区管理工作还处于探索和发展阶段,社区管理体系也处于创新和改革的阶段。

(一)"两级政府、三级管理、四级落实"的新体制

"两级政府、三级管理、四级落实"是上海市委、市政府在城区工作会议上提出的新体制。它的具体内容是:在市、区两级政府的基础上,形成市、区、街道办事处三级纵向管理体制。扩大和突出街道办事处的管理权限,充分发挥其管理职能,使街道办事处在社区管理中真正负起主导责任,把各项工作落实到社区。同时,克服"全能政府"的传统观念,引进"小机构、大服务"的行政理念,使政府的行政行为、社区自主行为和市场的主动行为相结合,形成一种高效、有序的社区管理体制。

"两级政府、三级管理、四级落实"的管理体制是由领导系统、执行系统和支持系统构成的。社区建设的领导系统由街道党工委、街道办事处和城区管理委员会组成,这些机构从不同角度对社区建设行使领导、协调、监督等权力,对社区的综合管理形成了有机的整体合力。社区建设的执行系统由市政管理委员会、社区发展委员会、社区治安综合治理委员会和财政经济委员会组成。这四个工作委员会的设立和运转,使街道工作得到延伸和拓展,使社区工作得到具体落实。社区建设的支持系统由社区内的企事业单位、社会团体、居民群众及其自治性组织构成。它们通过一定的组织形式,如社区事务咨询小

组、协调委员会、居民委员会等组织发挥各自的作用,进一步强化了社区的自治功能。

要真正贯彻"两级政府、三级管理、四级落实"的体制,应该重视以下几个问题。

1. 增强社会基层的管理职能

要进一步进行改革,实行管理权限下放,增强街道办事处乃至社区的综合管理职能,主要是制定管理规划、旧城改造、环境保护、卫生保洁、园林绿化、文化教育、劳动用工等。凡是能够下放的管理权限,应明确由市向区、区向街道、街道向社区下放,增强社区基层的管理职能。

2. 在加强街道和社区职能的前提下,做到"政企分开"

在明晰街道和社区管理职能的基础上,应该明确地把一些市政建设管理方面的经营职能转让给企业,如环境卫生、房屋维修、园林绿化和养护、物业管理等,让企业遵循市场规律经营管理。社区管理部门要协调、监督和规范企业行为。这样,既可以增加企业的活力,又可以减轻社区管理的负担,各负其责,使社区管理走向规范化。

3. 继续实行"政社"分开

政府在权力下放过程中,必须把"不该管"的事务移交社会。明确政府和街道办事处指导社区管理工作,让社区各个单位、组织及居民在街道办事处的指导下,自我管理公益性、公众性、福利性的非行政事务,并开展社区互助服务,提高社区自我管理、自我服务的能力,使社区管理逐渐走向"民主自治"。

因此,上海模式解决的是如何改革旧的管理体制,通过下放权力,实现"两级政府、三级管理、四级落实"来推进社区建设的问题。

(二) 沈阳社区管理体制的创新

沈阳社区管理体制是在沈阳市社区建设实践中探索和总结出来的一种新的社区管理体制,它主要体现了在街道党工委和办事处的领导下,以社区居民自治组织为主体的社区居民自治性管理。这种管理必须通过一定的组织机构形式来协调管理者的活动,这个组织机构是一种组织体系,在社区管理中居核心地位,包括领导机构、决策机构、执行机构、议事监督机构等。

1. 社区的领导机构

社区的领导机构是街道或者社区的党组织,要根据党章的规定,对社区的党员加强管理,重新设立社区内党组织,主要有社区党委或党总支,下设支部或党小组,形成社区工作的领导核心并在街道党组织领导下开展工作。其主要职责是:宣传党的方针、政策和国家的法律、法规;组织和团结社区党员和群众完成本社区的各项工作任务;支持并保证社区居民委员会依法自治、履行职责;加强党组织的自身建设,做好思想政治工作,发挥党组织的战斗堡垒作用和党员干部的先锋模范作用。

2. 社区的决策机构

社区的决策机构——社区成员代表大会是由社区中的单位和居民联合组成的自治

性组织,包括社区各方面代表,如社区各企业单位的代表、居民代表、退休职工代表等。这些代表组成的社区成员代表大会是社区自治的权力机构,能集中群众意见,代表群众利益,并定期召开会议商讨决定社区的重大事项。

3. 社区的执行机构

社区的执行机构主要是社区管理委员会,实质上是以社区体制改革后作了规模调整的居民委员会为主体,还应该吸纳物业管理公司、户籍民警、环卫等方面的人员参加。社区管理委员会作为执行机构,其主要职能是教育、管理、服务和监督社区事务,向社区成员代表大会负责并报告工作。

4. 社区的议事监督机构

社区的议事监督机构即社区协商议事委员会,主要成员应该由社区内的人大代表、政协委员、知名人士、居民代表、单位代表组成,它主要行使协商、议事和监督的权利。它的职能是在社区成员代表大会闭会期间对社区的事务进行协商和议事,同时对社区管理委员会的工作进行监督。

总之,沈阳模式解决的是通过划定新的社区,建设新型社区组织体系,使新的体制运行与社会主义市场经济发展相适应的问题,探索了新时期加强城市基层组织建设的新途径。

上述社区管理体制充分体现了扩大基层民主、社区自治、责权明确、互相制约、互相促进的社区管理组织体系,也充分体现了社区居民的群众自治性的特点。但是,这种社区管理体制的改革和创新,还要在社区建设的实践中经受检验,才能不断发展和完善。

第三节 城市社区管理的发展与创新

一、社区管理观念的更新

时代在前进,社会在发展,要跟上时代的步伐,必须与时俱进,有创新精神。创新是一个民族进步的灵魂,是国家兴旺发达的不竭动力。社区管理必须在实践中不断创新,才能不断发展和完善,把社区建设提高到新水平。改革开放以来,人们的观念发生了很大变化,管理观念也经历了由传统向现代转化的过程。社区管理观念是社区管理的指导思想,只有观念不断创新,才能搞好社区管理。

(一) 由单一的政府主体向多元化主体管理观念的转变

由于我国长期实行高度集中的计划经济体制,强调党和政府是社会管理的唯一主体,直接管理经济和一切社会事务。下属各单位是政府管理的执行部门,没有自主权和自决权,形成了以条条为主的纵向管理格局。社会上的企事业单位都隶属于各自的上级单位,与所在基层社区组织既无隶属关系,又无其他的联系。社会成员也都属于自己的工作单位,很少关心和参加自己居住的社区的活动。整个社会的管理都是由政府通过各职能行政机构逐级下达到下属单位,与社会的基层组织社区几乎无关。这种管理体制必然形成以政府为管理主体,有事找政府,事事等政府,由"政府全包"的社会管理观念。

随着社会的发展和进步,社区的事务日益复杂,社区的利益主体呈现多元化。社区内不仅有"集体"单位,而且有社区居民及社会各机关的派出机构等。在社区管理中,就必须改变传统的依靠政府、等政府指令的管理观念,充分发挥社区各种主体的优势,协调好社会团体、志愿者服务组织、企事业单位、物业管理公司、业主委员会、居民委员会等各社区主体之间的关系。挖掘各种主体的力量,让他们共同参与社区管理,提高社区的综合管理能力。

（二）由"行政命令"到"提供服务"管理观念的转变

适应计划经济的"单位体制"实行的是一种"行政命令"的社会管理。党和政府通过编制单位隶属关系网络,使每一个基层单位都隶属于自己的上级单位,上级单位又隶属于中央和省市行政部门,中央和省市行政机关通过其职能部门逐级支配和控制下级单位来实现宏观的社会管理。这种管理主要通过上级单位对下级单位下达任务,分配人力、物力、财力资源,以及对下级单位的领导干部的任免、撤换等形式,形成下级单位对上级单位的全面依赖,达到"下级服从上级"的目的。长期以来,由于计划经济和传统行政文化的影响,人们已经形成并习惯了"行政命令"式的管理观念。

随着我国体制改革的不断深入,特别是市场经济的建立和完善,不仅要求企事业单位放下"办社会"的包袱,而且也要求政府转变职能,使其从"政府包揽一切"的重负下解放出来。在社区的建设和发展中,必须改变"全能政府"和"统一命令"的管理观念,树立为"社区服务"的意识。政府要指导社区主体培养社区管理的共同意识,教育和引导社区内的单位、组织及广大居民积极参与社区事务,为社区发展创造更好的条件,为社区建设提供更多的服务,真正树立为人民服务的公仆意识。

（三）由"以物为本"向"以人为本"管理观念的转变

在人与物的关系中,人是主动的、积极的因素,即人是重要的。然而,在传统的管理观念中往往注重对"物"的管理,把"物"作为管理目标,只注意"物"的变化,如马路的修筑、楼房的修建、树木的栽种、房屋的管理等。这就必然忽视人的作用,特别是忽视普通劳动者、普通居民的作用,往往把人变成了物的从属品。

社会主义现代化的发展,特别是市场经济体制的完善,已经充分证明了人才的重要作用,人是知识的创造者,是经济竞争的主体,是财富之源。因此,在社区管理中,必须顺应时代的发展趋势,与时俱进,转变观念,注重以人为本的管理。对物的管理是服务于人的,把人的因素放在首位,确保社区居民的主体地位。应该做到尊重人,特别是要尊重为社会发展而默默奉献的普通劳动者、普通的社区居民,尊重他们的人格和尊严,尊重他们的劳动。同时,还要关心他们的各种利益,满足他们物质和精神方面的需求,为他们的生活和发展创造良好的环境和条件,使其能更好地实现自己的人生价值。当然,在社区管理中,对"物"的管理也很重要,但"物"是为了满足人的需要,是为"人"服务的。同时,在管理中,要把社区人力资源开发作为社区管理工作的重点,努力创造各种条件,吸引各方面的人才,调动社区广大居民参与社区事务的积极性和主动性,真正做到自我教育、自我服务、自我管理,形成群众热情参与社区管理的良好风气。

二、社区管理方式的创新

社区建设是一个制度创新、组织重构、基层管理格局全面改革的系统工程,它不仅需要管理观念的改革与创新,也迫切需要管理方式的改革与创新。

(一) 由"高度集中"向"民主自治"的管理方式转变

我国社会传统的管理方式主要靠行政手段,强调"上级集权",是一种高度集中的管理方式。每个单位都直接或间接地隶属于上级行政主管部门,听从它们的支配和指挥,每一个单位的人都听从本单位的行政管理。这种管理方式渗透到社会政治、经济和文化生活的各个领域,而且是一种纵向的以"条条"管理为主的整合方式。这种管理方式是一种只强调集中,而忽视民主的管理,甚至使民主管理成为口号,成为形式主义。

社区建设的发展要求改变高度集中的管理方式,这主要是由社区的性质决定的。社区是城市居民居住地区设立的基层群众性自治组织,既不是国家的权力机关,也不是国家的行政组织,而是由社区居民、企事业单位、社会团体共同参与的自治组织。这种基层群众性自治,是社区所有主体采用民主的方法组织起来,依靠自己的力量,管好自己的事情,它真正体现了人民群众当家做主的民主权利。因此,社区管理必须适应城市现代化发展、城市基层组织重构的状况,由传统的集中管理方式向民主自治的管理方式转变。

(二) 由"封闭"向"开放"的管理方式转变

传统的管理方式往往是坐在办公室里,研究情况,制定政策,对工作的检查和总结也往往是根据下边的汇报材料,是一种居高临下的"封闭式"管理方式。这种管理缺乏主动性和准确性,下属单位也必然缺乏执行的主动性和积极性,从而出现一切工作都要向上级单位请示以及"等、靠、要"的局面。

随着社区建设的迅速发展,社区的问题越来越多,也越来越具体。管理部门和管理人员必须改变过去旧的管理方式,真正深入社区实际,亲临社区现场,及时发现问题和解决问题。根据社区客观实际情况,调整管理的政策,改变政策运行手段,制定不同的评价标准和可行的建设目标,使管理运行适应社区整体环境的变化。不断增加管理的透明度,变"封闭"管理方式为"开放"管理方式和运行方式。只有这样,才能真正发挥社区的各项职能,提高管理部门对社区事务的驾驭能力,达到科学管理。

(三) 由"单一"的行政管理向"多样化"的管理方式转变

传统的管理方式单纯依靠行政命令,强制性地贯彻管理部门的意图,在管理过程中,往往只是发挥行政系统的主导作用。这种直接的管理方式能集中力量统一行动,便于管理职能的发挥和落实。但是,这种管理方式不利于分权和发挥其他系统的管理作用,缺少横向沟通和形成合力。特别是随着市场经济的发展,这种单一的行政管理方式的弊病也越来越明显。

由于社区管理的内容和项目不断丰富和发展,上述行政管理方式无法适应社区的发展,更无法满足社区居民主动参与社区事务的要求和民主意识的增强。因此,必须改革这种单一的命令式的管理方式,采取法律的、经济的、制度的、道德的等多种管理方式,使社区事务既有行政的管理,又有法规的制约;既受道德的规范,又受经济规律的约束。这种多样的管理方式,根据不同的领域和不同事物,在具体行使时有所侧重。但是,从总体上要形成一股合力,使社区管理工作有条不紊地进行,逐渐走向法治化和规范化。

(四) 由"上传下达"的文字式管理向"信息化、网络化"的管理方式发展

传统的管理方式往往由上级政府制定方针政策,形成文件或通知等文字材料逐级向下传达,层层理解文件或通知精神,再具体落实。这种传统的管理方式随着经济时代和信息时代的到来受到严峻挑战,必须进行改革。由于世界经济的全球化、信息一体化以及信息技术和网络技术的广泛应用,信息化、网络化成为一种发展趋势,为管理方式的现代化提供了前提。

信息化、网络化管理渗透到社区管理的各个领域和环节。把社区管理的各种业务与网络相联系,各种信息资源能实现共享。这种现代化管理方式使管理者获得信息的渠道大大拓宽,各种信息量大大增加,也使社区管理者的决策更趋于科学化和合理化,从而使社区管理适应社会现代化的发展趋势,更好地为社区建设服务。

(五) 由笼统的被动管理向"网格化"的主动管理方式转变

传统的管理方式是把上级研究的政策、方案或决定,统一向下传达,笼统地进行落实。这种管理方式虽然能贯彻上级的指令,但是传达是否到位,有没有遗漏空间,基层单位在贯彻中是否全面和彻底等,都不能准确把握。这种管理方式是分散的、被动的、不准确的。因此,必须创新社会治理体制,"改进社会治理方式……以网格化管理、社会化服务为方向,健全基层综合服务管理平台"[①],各级管理部门经过多年的探索,对社区的管理方式进行了改革和创新,基本上实现了网格化管理。

社区网格化管理是依托统一的城市管理以及数字化的平台,将城市管理辖区按照一定的标准划分为单元网格。具体讲就是把一个"大社区"细分为若干个"小网格"单元,每一个网格单元都有一名专业工作人员,即"网格长"进行全方位管理。社区环境、社区卫生、便民服务、居民矛盾、人口问题、社区治安、社区党建等,都纳入网格化社会服务管理新模式。实现"小事调节不出网格,大事化解不出社区",把服务民生、排忧解难、排查化

---

① 《中共中央关于全面深化改革若干重大问题的决定》,2013年11月15日。

解矛盾落实到网格内。这种管理方式有明显的优势。首先,它将过去被动应对问题的管理模式转变为主动发现问题和解决问题的管理模式。其次,它通过管理手段数字化,保证管理的敏捷、精确和高效。最后,它不仅具有一整套规范统一的管理标准和流程,而且使问题的发现、立案、派遣、结案四个步骤形成一个整环,从而提升管理的能力和水平。由此可见,社区网格化管理是把人、地、物、事、组织等内容全部纳入其中,实施系统化、精确化、信息化、动态化服务管理,是城市基层管理方式的一种创新。

（六）由传统的低效率的管理向智能化的高效率管理方式转变

随着城市现代化的迅速发展,特别是社会信息化进程日益加快,居民对自己所居住的社区的关注,已经不仅仅局限于区域位置、住宅面积、居住环境、交通状况等方面,而是把更多的注意力放在信息服务、安全防范、物业管理、医疗保健等方面。正是这种现代民生需求,推动了社区发展向智能化管理方式的转变。

社区智能化管理就是利用信息化、智能化的科技手段延伸社区服务功能,主要包括社区概况、综合治理、商家管理、物业管理、居家养老、中介服务、党建业务、社会事务、养生保健、统计分析等项目。社区居民在家里就可以预约服务项目,还可以通过网站了解到最新的社区信息、相关服务以及办事流程所需提供的资料,足不出户就能全面获取信息。目前比较普遍的是"智慧养老"进社区,只要引进智能化养老服务终端设备,为社区老年人配备"老人机"和定位设备,就可以实现紧急救援、安全防护、家政服务、医疗保健、人文关怀、文化娱乐等多方面的居家养老服务。这种服务不仅是准确的、便利的,而且是高效的。总之,随着计算机技术的普及与信息产业的飞跃发展,智能化社区是信息时代的社区形态,未来的人类社区将在城市化、信息化、数字化、生态化的趋势下运作,社区管理智能化成为现代社会发展的必然趋势。

总之,社区管理是社区建设的重要内容,它的实施过程是一个科学的、系统的、规范的过程,需要有完整的管理内容和组织系统,也需要通过一定的管理模式、管理体制和管理方式来落实管理社区的特定计划和目标,更需要在社区建设实践中与时俱进、不断创新。只有实施科学的社区管理,才能把社区建设提高到新的水平,使社区建设在城市现代化的发展中发挥重要作用。

 名词与术语

社区管理	社区管理主体	社区管理机制
社区管理性质	社区管理原则	社区管理模式
政府主导型	单位主导型	物业经营型
社区管理体制	"两级政府、三级管理、四级落实"	社区管理观念
社区网格化管理	社区智能化管理	

复习与思考

1. 如何理解社区管理的含义？
2. 社区管理与街道管理的区别表现在哪些方面？
3. 简述社区管理的内容。
4. 怎样理解社区管理的作用？
5. 社区管理的原则是什么？
6. 如何理解国外社区管理模式？
7. 简述我国社区管理模式。
8. 如何理解"两级政府、三级管理、四级落实"的社区管理体制？
9. 实施"两级政府、三级管理、四级落实"需要重视哪些问题？
10. 如何理解沈阳社区管理体制的内涵？
11. 社区管理观念的更新表现在哪些方面？
12. 如何理解社区管理方式的创新？

主要参考文献

[1]《民政部在全国推进城市社区建设的意见》，载《人民日报》，2000年12月13日。

[2] 郑杭生、谢建社：《当代中国社会建设与制度的创新》，载《中国社会发展研究报告(2008)》，中国人民大学出版社2008年版。

[3] 田毅鹏：《长春市"典型单位制"变革背景下的社区建设》，载《中国社会发展研究报告(2008)》，中国人民大学出版社2008年版。

[4] 丁茂战：《我国城市社区管理体制改革研究》，中国经济出版社2009年版。

[5] 马西恒：《中加社区治理模式比较研究》，上海人民出版社2006年版。

[6] 谢芳：《美国社区》，中国社会出版社2004年版。

[7] 杨叙：《北欧社区》，中国社会出版社2004年版。

[8] 蔡大鹏：《社区管理信息化》，北京工业大学出版社2009年版。

[9] 中共中央、国务院：《"健康中国2030"规划纲要》，2016年10月25日。

[10] 仇保兴：《治疗"城市"病要建设智慧城市》，"中国经济年会2015"，2015年12月26日。

第四章 城市社区服务

社区服务也叫作社会服务，它是改革开放之中迅速发展起来的新型社会化事业，是社会保障体系和社会化服务体系中的重要行业，是社区发展的根本目的，也是社区建设的基础性工作。它在解决社区社会问题、满足居民生活需求以及维护社区稳定和发展方面都起到了重要的作用。

第一节 城市社区服务的内涵、功能和特征

一、社区服务的内涵

社区服务是指在政府的指导和扶持下，以城区、街道、社区居民委员会为依托，调动社区内各方面力量，为满足社区成员的各种利益需要而开展的改善居民生活、扩大就业机会、建立社会保障及社会化服务体系、大力发展服务业等各项活动。社区服务的内涵可以从以下几个方面来理解。

(一) 社区服务的组织者是基层社区组织

社区服务是满足社区居民的各种需求、提高居民生活质量的关键，是社区建设的重中之重。社区服务虽然离不开市、区政府的指导，离不开民政部门和街道办事处的规划和协调，但服务活动的具体组织者、管理者必须是社区内部的基层组织，包括社区的党组织、企事业单位、居民委员会、物业公司以及群众性自治组织等。这些基层组织的优势就在于它们直接面对社区，最贴近社区的人民群众，最了解社区的基本状况，最了解社区居民及其他成员的需求。因此，社区服务必须在社区基层组织的管理之下，从本社区实际出发，有的放矢地设立服务项目和充实服务内容，才能具有本社区的服务特色。

(二) 社区服务是为了改善居民的生活质量

要搞好社区建设，必须增强社区的凝聚力，增强居民和社区内各单位对社区的认同

感、参与感、归属感,通过社区服务解决社区的社会问题,不断满足社区居民的社会需求。当前,要随着经济和社会的发展,进一步拓展社区服务的内容,提高社区服务的水平,满足社区居民多层次、多样化的需要。社区服务的重点是:开展面向困难群众的社会救助服务,开展面向特殊人群的专项服务,开展面向全体居民的便民利民服务,开展面向社区单位的社会化服务等。对不同人群的服务要采取不同的服务方式和手段:对社区内的老年人,重点是让老年人老有所养、老有所乐、病有所医、安度晚年;对社区内的困难群体,工作重点是解决他们的生活之忧;对社区内的待业和下岗职工,重点是帮助其实现就业和再就业;对社区内的全体居民,重点是关注他们的需求,开展便民利民服务,提高其生活质量,营造良好的社区服务环境。

(三) 社区服务是群众性互助活动的重要方式

社区内部的团结和谐是社区发展的重要因素,而群众之间的互助活动是增进相互之间的了解和进行情感交流的重要方式。社区成员既是社区服务的主体,又是社区服务的客体,人们在为他人服务的同时也享受他人对自己的服务。社区中以社会公益性和福利性为目标的工作,就是典型的具有利民特点的社区内部互助性和互动性活动。依托这种互相资助和互相服务,人们守望相助、疾病相扶,形成互助、互济、和睦、友好的人际关系以及关心他人的道德品质和集体主义思想,这是社区稳定和持续发展的重要条件。

(四) 社区服务是一个开放的系统工程

社区服务不仅包括服务项目和具体内容,还包括对社区各方面情况的摸底调查,对社区服务项目的论证和设计,对社区服务项目的组织,教育、发动社区内的单位和居民共同参与,以及对服务项目的实施和总结评估等方面,是一个综合性的、复杂的系统工程。这个系统工程不是封闭的,而是面向社区内的单位和居民,根据他们不断增长的各种需求,服务项目不断更新,服务内容不断充实,服务质量不断提高,服务体系不断完善。这个系统工程永远不会停止在一个水平上。随着社会的进步,社区服务会越来越强。因此,社区服务也是一个不断发展、充满活力的开放的系统工程。

二、社区服务的基本功能

社区服务的核心作用在于,它以服务为纽带联系着一定的组织和群体,大家以参与者和主人的身份融于社区生活之中。因此,社区服务在社区建设中主要发挥着以下四项基本功能。

(一) 满足社区内部需求的功能

社区是具有地域性特点的小社会,是社区内部人们生活、工作的场所。社区服务的对象是以本社区内的成员为主,在服务人员的构成上由本社区的专业人员和志愿人员组成,在资金来源上主要由社区内有关职能部门以及个人和团体的资助来解决,也就是说,社区服务的动力取之于社区内部。社区服务的主要功能就是满足社区内部各种需求,不仅包括对单位、家庭、个人等主渠道的服务,还包括对其他特殊的不能集中的服务,如对家庭的特殊需求、特殊困难的解决,对孤寡老人、残疾人的服务等。这些服务往往不被服务的主渠道纳入经营范围,但对于社区服务部门来说,只要是本社区群众有需求,就要有服务。社区服务就是尽力及时、方便地解决社区居民和驻区单位的需求,给本社区成员创造温暖、舒适、满意的生活空间和工作环境,提高他们的生活质量和工作效率。

(二) 社会整合功能

社会整合就是用规范、制度、公约等通过管理机构和服务机构调整或协调社会成员之间的矛盾和关系,使之成为和谐、统一的整体的过程。社区是城市最基层的构成单元,社区建设所解决的是整个城市最基础层面的社会问题。社区的问题解决得好,整个城市的稳定和持续发展就有了坚实的社会基础和保证。社区服务就是围绕解决社区成员的基本需求而开展的工作,它的内容丰富、形式多样,主要是为了满足社区群众的物质生活和精神文化生活的基本需求。通过社区服务方便群众、满足群众、稳定群众、维护其正常的生活秩序和良好的生活环境。同时,通过社区服务理顺社区内部各种关系,减少和缓解社会矛盾,建立互助互惠、和谐良好的人际关系,从而促进社区的文明和进步,起到社会整合的重要作用。

(三) 社会参与功能

社区服务不仅要满足社区居民的多种需求,也强调社区成员之间的相互服务和相互帮助,特别是组织社区志愿者服务队伍,明显体现了社区服务的主动参与性。让群众直接参与,可以使他们了解社区与自身的内在联系,使他们在创建过程中享受服务,满足需求,在参与过程中升华境界,陶冶情操。在提供和享受社区服务的实践中,人们总是要对社区服务的方式或质量进行评价,提出改进的意见和措施。在对他人服务进行评价的同时,也会使居民自身的基本素质得到提高,从而推动社区服务乃至社区整体的发展。

(四) 社会稳定功能

社区服务的目的在于解决本社区内单位及居民生活中的困难和不便,解决本社区的社会问题。搞好社区服务,使社区成员体会到社区服务组织和机构对他们的关心,帮助他们不断改善生活条件,使他们的日常困难和要求解决在社区内,从而增强居民对社区的认同感和依恋感。社区服务还可以帮助居民解决特殊困难,如帮助待业、下岗人员安排适当的岗位,给他们排忧解难,使他们感到"社区服务"有求必应,从而对社区产生亲切感和归属感,增强社区凝聚力。因此,社区服务能起到满足人们的生活需求、协调人们的社会关系、解决和缓解社会矛盾、强化社区的凝聚力量的作用,从而为社会的稳定和整体发展奠定坚实的群众基础。

三、社区服务的基本特征

社区服务是社会服务的重要组成部分,与其他各类服务一起成为社会经济生活的整体。社区服务又是社会化服务中比较特殊的部分,具有自己的特点。

(一) 公益性

公益性主要是指社区服务不以营利为目的,而是为满足社区内人们的各种需求所提供的无偿或低偿服务。社区服务的重要对象包括社区中的老年人、优抚对象、残疾人及失业下岗职工等急需帮助的弱势群体,为他们提供社区服务主要是无偿的或者低偿的,即使是有偿服务,也不能违背公益性原则。例如,对社区居民开展的便民利民服务,向辖区企事业单位提供的后勤保障服务等。这部分社区服务的目的是为了满足社区成员的需要,提高他们的工作质量和生活质量,是薄利低偿的服务。因此,社区服务是一种为了满足人们的各种需求的公益性事业,是关注民生的社会福利事业的延伸和发展。

(二) 互动性

在实施社区服务的过程中,组织和发动社区成员,利用各自的专长和技能为他人提供各种帮助和服务,倡导人们发挥自己的优势,采取多种形式互相帮助,增强相互间的交流和沟通。同时,动员和组织社区内的企事业单位和各种机关团体、社会组织之间开展互相服务,如将各单位的公共设施对外开放,弥补各类服务设施的不足。这样,在为他人提供服务设施的同时,也可以利用他人的资源优势为我所用。社区服务的这种互动性,不仅使社区各单位优势互补、资源共享,使社区群众充分享受各种服务,也可以推进社区服务的社会化进程。

(三) 综合性

社区服务的综合性包括社区服务的全面性和复杂性。社区服务的对象涉及社区内各单位、各种组织以及全体居民。社区服务的内容涉及社区成员生活的各种需求,有物业、家政、医疗、中介、代办、修配、广告、饮食等,十分广泛。社区服务的主体有街道委员会、社区党组织、社区居民委员会、社团组织、辖区的单位、居民代表大会等,是多元化的主体。社区服务的性质有无偿服务、低偿服务和有偿服务,无论哪种性质的服务都不能违背公益性原则,主要目的是为了满足居民多方面的需求。总之,社区服务是一项内容丰富、对象复杂、领域广泛的综合性社会服务。

第二节　城市社区服务的内容

一、社会救助和福利服务

社区服务面向社区内所有单位和居民,服务的对象是多层次的,不同的案主又有不同的利益需求,既有一般性的服务,又有特殊的服务。开展社会救助和福利服务是社会主义人道主义精神的体现,也是社会文明进步的标志。这种服务面向特殊困难和有特殊贡献的人群,目的是满足他们的基本生活需求,主要是向他们提供无偿服务或者低偿服务,具有鲜明的公益性。

(一) 为社区的老年人服务

随着社会的进步、生活条件的改善,人类的寿命得以延长,人口结构出现老龄化趋势。面对迅速增长的老龄人群,社区必须承担起为其服务的重要责任。

1. 为老年人提供生活照料服务,使他们"老有所归"

长期以来,我国为老年人提供生活照料服务的方式主要有两种:一种是家庭服务,主要是依靠家庭成员来帮助老年人度过晚年生活;另一种是集中服务,主要是以敬老院和社会福利院为依托,为孤寡老人服务。社区服务机构应根据本社区老年人的具体情况开展社区老年人福利服务事业。

从目前城市社区的状况看,老年人依靠家庭养老占多数,这是我国传统的养老方式。由于社会的发展,人们的生活方式和生活观念发生了巨大变化,家庭规模小型化和家庭服务功能弱化,使家庭养老的具体内容和方式也发生了重大变化。老年人的日常生活照料完全依赖于家庭成员的传统方式开始动摇,许多家庭服务需要求助于社会。也就是说,通过社区服务减轻家庭负担,实现居家养老。我国正在大力发展居家养老服务,依托社区养老机构和社区老年人日间照料中心,逐步建立以居家为基础、社区为依托、机构为补充的社会养老服务体系。[①]

社区是老年人生活和活动的主要场所,社区为老年人服务的优势在于,社区熟悉和了解老年人的生活需求,特别是某些个性化的特殊需求;就近为老年人服务,有利于降低服务成本,使老年人以较低的费用获得周到的服务。同时,社区是老年人熟悉的社会环境,由社区为老年人提供服务不仅会使老年人感到放心和安全,也为其子女提供了方便。因此,社区服务组织要积极创造条件,为本社区老年人提供生活照料服务,对有些特殊需求的老人,要通过社区老年人日间照料中心进行服务。还应开展上门服务,为老年人提供洗衣、洗澡、做饭、购物、家务、陪护等其他特殊服务。对于社区内的孤寡老人和失去生活自理能力的老人,特别是对那些无固定收入、无子女供养、无生活依靠的老人,要通过建立敬老院、福利院、老年公寓等养老服务机构,为他们提供收养照料服务。为了方便老年人的饮食起居,社区可以开设方便老年人购物的用品商店,物品要适合老年人享用,价格低廉,还要为老年人出行、购物、邮寄提供方便、安全等条件。

2. 为老年人提供文体娱乐服务,使他们"老有所乐"

老年人从工作岗位上退下来以后,会有一种失落感和孤独感,社区服务机构应尽可能帮助他们尽快适应退休后的生活,让他们"老有所乐""老有所学"。可以组织建立老年

---

① 民政部:《关于进一步推进和谐社区建设工作的意见》,2009 年 11 月 23 日。

人活动中心、老年俱乐部,包括成立合唱团、服装表演队、秧歌队、老年球队等,还可以成立老年学校、老年人兴趣小组,学习人生及健康知识,以及绘画、书法、电脑、茶道、插花、棋艺等,并定期筹办各种比赛和展览,引导他们的兴趣,激发他们的才能。这些活动的开展要结合老年人的特点,既可以使老年人开阔视野、增长知识,又有利于其身心健康、减缓衰老。使他们年老孤寂的心理状态得到抚慰,落叶归根的思想有所寄托,使他们能在自己生活的社区平静而愉快地安度晚年。

3. 为老年人提供医疗保健服务,使他们"病有所医"

从生理方面看,老年人属于逐年衰老的弱势群体,社区服务机构要根据老年人的状况,为老年人保持身体和心理健康提供服务,解决"病有所医"的问题。应该有所侧重地开展三项工作:一是社区医院或社区卫生服务中心要为老年人看病创造最方便的条件,要专门开设老年门诊,根据情况开设家庭病床,主动上门为老年人服务;还可以利用医疗和福利机构的优势,建立老年患者档案,常年为体弱多病和伤残老年人服务。二是定期为老年人开办健康养生讲座,根据老年人的生理状况和生活规律,定期讲授科学的养生之道;根据不同的季节,讲解保健的注意事项和疾病预防知识;还要定期为老年人进行体检,及时发现病状及时治疗。三是建立健全以社区卫生服务为基础的老年医疗保健服务体系,进一步落实医疗机构对社区60岁以上老年人免费进行一年一次健康体验,对百岁以上老人上门进行定期检查。生命在于运动,要引导老年人进行身体保健运动;要为老年人的健身运动建设基础设施,购置健身康复机械器材,建立稳固的健身场所;在身心康复中心设立心理保健咨询,维护老年人的健康心态和心理卫生,使他们身心健康、生活幸福。

4. 维护老年人的合法权益,使他们"老有所养"

在老年人的人生历程中,他们曾经为社会的发展做出过贡献,为家庭幸福和儿女成长付出心血,理应受到社会和家庭的尊重和爱护。但是,在现实生活中,伤害老年人、侵害老年人权益的事件时有发生,有些子女不尊敬父母,甚至不赡养父母。因此,社区服务机构必须重视老年人权益的保护问题,为老年人提供法律服务,把贯彻落实《中华人民共和国老年人权益保障法》作为一项根本任务常抓不懈。要在社区设立法律咨询站或维权办公室,宣传法律知识,调解纠纷;支持指导社区开展老年人法律援助和法律服务组织建设,完善老年人法律援助网络体系;要让全社会都知道尊敬老年人、保护老年人是法律规定的责任和义务;要让老年人了解自己有什么合法权益以及如何用法律手段保护自己;应根据实际情况,为身心受到伤害的老年人提供暂时的安身之地,使他们在困难的时候感到社区服务的温暖,体验社会援助的力量;同时还要积极宣传尊敬老人、赡养老人的道德规范,形成良好的道德舆论,从法律和道德两个方面帮助老人落实"老有所养"。

5. 组织老年人积极参与社区服务,使他们"老有所为"

老年人有丰富的人生经验,有高度的社会责任心,还有精炼的工作专长和技能,是社区服务不可忽视的重要力量。社区服务机构可以帮助他们成立老年协会,搭建老年人参与社区服务的平台,开展互助活动,组织他们利用各种形式以老助老。号召他们投身社会公益事业,发挥老年人的余热,利用他们的一技之长或专业优势,组织开展咨询、传授技艺或集中服务等活动。还可以组织一些老干部、老教师、老模范成立"关心下一代委员会",用他们丰富的人生哲理,优秀的道德传统教育青少年等。总之,组织老年人参与社区建设、投身社区服务,会使他们消除退休后的失落感和孤独感。特别是对那些刚刚退离工作岗位的"低龄"老年人,会使他们感到自己在社会还能发挥作用,在社区还可以继续实现人生价值,产生成就感,实现"老有所为"。

6. 促进社区老年服务的社会化进程,使他们安度晚年

老年人服务的社会化是指对老年人的管理和服务工作与原来所属的企事业单位分离,人员移交其居住地——社区,实行属地管理和服务,包括退休人员的养老金实行社会化发放,由社区服务组织提供相应的管理服务。从社会发展趋势看,全国各地都在社区落实和促进为老年人服务的社会化政策,这是一项具有生命力的社区福利服务事业,各级政府和民政部门都应关心这项工作,帮助街道和社区制定服务措施,落实服务规划。各社区服务机构应积极利用各种条件,不断完善服务体系、成立服务组织、建设服务队伍、保障服务场所、完备服务设施等。把这项工作当作社区服务的大事来抓,尽快完善社区老年公寓、医疗、文化活动、法律咨询、身心保健等系列的服务,促进社区为老年人的服务事业向行业化、规范化的方向发展。

(二) 为社区的少年儿童服务

少年儿童在成长过程中,不仅依赖家庭成员的呵护养育,而且需要社会的关心和爱护。社区开展对少年儿童的服务,有利于少年儿童的身心健康和成长,解除了父母的后顾之忧,方便了每个家庭,也显示出社区的凝聚力,这是适应家庭、学校、社会一体化教育的客观需要。

1. 向家长讲授儿童早期教育知识

社区教育部门开办母亲学校或家长学校,对父亲、母亲进行育儿教育是十分必要的。在母亲学校里,要针对不同年龄的儿童讲授和讨论不同的内容。对于孕妇,要讲授在孕期的生理、心理健康,以及营养知识和医疗常识,注意母亲在怀孕期间的身心健康和合理的营养,以保护胎儿的正常、健康发育成长。对于婴幼儿的母亲,要让她们懂得婴儿的喂养和护理,幼儿的培养和教育,特别是如何进行幼儿的早期智力开发和帮助孩子从小养成良好的生活习惯等。对于年龄再大些的幼儿的母亲,应告诉她们如何理解孩子心理特征,不仅要重视孩子的智力教育,更应注重孩子的道德教育、人格教育等。这种教育不仅是母亲的责任,父亲及家庭成员都有责任,因此,适当举办父亲或其他家庭成员学习班也是非常必要的。

2. 开展儿童卫生防疫和保健服务

社区卫生服务部门要设有为儿童服务的卫生防疫组织,经常向家长宣传儿童健康知

识和预防疾病的常识,定期对儿童进行身体健康检查,建立儿童健康档案,对患病需要特殊治疗的儿童要有具体医疗措施。要有组织和及时地对儿童进行免疫性服务,如定期打预防针等,使儿童的健康检查、疾病防治和疾病治疗等都能在社区内就近解决。这是社区培养健康人才的必要条件,可为少年儿童的健康成长提供良好的环境,减轻家庭的负担,拉近每个家庭与社区的情感距离,增强社区服务的凝聚力。

3. 重视和加强儿童学前教育

儿童年龄越小越依赖家庭抚育,从家庭成员就近和方便这两方面考虑,儿童当然依赖于所生活的社区。因此,社区儿童的学前教育是弥补家庭服务功能弱化的重要形式,是社区服务必备的重要内容。为了搞好学前教育,社区必须积极开展托幼服务,创办托儿所、幼儿园,还要有先进的幼教设备,这是托幼服务的物质设施基础。同时,还要选聘合格的、有专业技能的幼儿教师,并对他们定期进行教学工作检查,经常举办培训班,让这些教师不断接受新知识,不断充实自己。使社区幼教事业跟上时代的步伐,让孩子们在幼儿时期就能接受现代化教育。使孩子们在社区生活得开心,家庭成员放心,从而增强其对社区服务的信任感和依赖感。

(三) 为社区的残疾人服务

为社区的残疾人服务,是针对本社区残疾人特殊服务需求提供的各项保障性、福利性服务。残疾人是弱势群体,也是需要他人和社会关爱的群体。能否为残疾人服务和如何为残疾人服务,体现着一个社会或国家的人道主义精神和文明程度。因此,社区组织应动员全社会的力量,利用一切资源为残疾人服务。

1. 为残疾人提供特殊照顾服务

残疾人在生理上的缺陷导致行为上的障碍,使得他们有不同于正常人的特殊困难和特殊需要。社区服务部门要针对残疾人的具体情况给予特殊服务。首先,要做好残疾人的生活救助工作,保证符合条件的贫困残疾人能够享受居民最低生活保障和有关生活救助待遇,着力解决好重度残疾、一户多残、老残一体等特殊困难家庭的基本生活保障问题,做好低收入残疾人家庭的生活救助。其次,帮助残疾人解决衣、食、住、行的困难,动员社区煤、粮、副食品、卫生、水、电、住房等管理部门为他们提供便利,对特殊困难的残疾人应主动上门服务。最后,应该组织志愿者队伍,采取"结对子""一帮一"的活动形式,让残疾人有相对稳定的"照顾者",以解决他们行路、就诊、购物等经常性的困难,使全社区形成关心、帮助残疾人的良好风气,为残疾人提供正常生活的条件,使他们感到社会的关注和温暖。这样不仅会解决他们的生活忧虑,帮他们克服自卑感和悲观情绪,而且还会使他们形成良好的生活态度,从而促进和调节其生理机能的恢复。据了解,中国于2016年1月1日起全面实施困难残疾人生活补贴和重度残疾人护理补贴制度。[①] 社区工作者在落实此项政策中,要认真为本社区的残疾人服务。

---

① 国务院:《关于全面建立困难残疾人生活补贴和重度残疾人护理补贴制度的意见》,2015年9月22日。

2. 为残疾人的康复治疗服务

残疾人身体某种功能的丧失,有些经过针对性的医治之后可以恢复或部分恢复,这对于残疾人的心理健康和减少生活障碍有重要意义。例如,对于聋哑人、小儿麻痹后遗症、脑血栓后遗症以及其他残疾慢性病患者,都可以进行康复医疗。社区的康复中心或医院,要推进"康复进社区、服务到家庭"的活动,要对本社区残疾人的情况进行摸底调查,建立康复档案,有针对性地开展康复活动,对贫困残疾人康复训练、辅助器具适配等基本康复需求给予一定补贴。此外,应该为残疾人留有充足的活动空间,帮助他们恢复身体的某些功能,还要定期为他们免费进行体检,免费进行心理健康咨询,使他们在良好、方便的康复医疗中增强对自己的信心,树立自强、自立的自我意识。2017年,854.7万残疾儿童及持证残疾人得到基本康复服务,其中包括0—6岁残疾儿童141 239人。得到康复服务的持证残疾人中,有视力残疾人88.3万、听力残疾人40.7万、言语残疾人4.3万、肢体残疾人484.6万、智力残疾人71.3万、精神残疾人125.9万、多重残疾人35.5万。[①]但是,距离残疾人"人人享受康复服务"的目标还有一定的差距,这就必须进一步完善社区康复管理体系和服务体系,加强康复服务设施建设,大力开展社区康复治疗服务工作。

3. 保障残疾人享有基本医疗卫生服务

社区医疗卫生服务机构要为残疾人提供安全、有效、方便、价廉的服务。按照国家政策,将残疾人纳入城镇职工基本医疗保险、城镇居民基本医疗保险,落实和完善残疾人医疗保障有关政府补贴政策,逐步将符合规定的残疾人医疗康复项目纳入基本医疗卫生制度和社区卫生服务体系,保障残疾人的医疗康复需求。社区有关部门在落实医疗救助制度时,要将贫困残疾人作为重点救助对象。做好本社区残疾人参加社会医疗保险和医疗救助的衔接工作。目前,有些省市已经决定将社区卫生服务机构纳入城镇居民基本医疗保险社区门诊统筹范围,并根据现阶段城镇居民基本医疗保障水平和统筹基金支付能力较低的实际,所服务的对象基本是从社区的老年人、低保户和残疾人做起,体现了政府在社区医疗卫生服务方面对弱势群体的关怀和爱护。截至2017年年底,城乡残疾居民参加城乡社会养老保险人数2614.7万;547.2万60岁以下参保的重度残疾人中,有529.5万得到政府的参保扶助,代缴养老保险费比例为96.8%。有282.9万非重度残疾人享受了全额或部分代缴养老保险费的优惠政策。1042.3万人领取养老金。[②] 可见,政府正在加大力度为残疾人的基本医疗卫生提供服务。

4. 为残疾人提供文体服务

为残疾人提供文体服务就是为残疾人提供与正常人平等的生活环境,为残疾人的社会参与提供机会和条件。残疾人虽然身体某些功能不健全,但同样渴望有正常人的生活,渴望参与社会活动。残疾人身体的某些功能的丧失,往往会使身体的其他功能得到

---

① 中国残联:《2017年中国残疾人事业发展统计公报》,2018年8月26日。
② 同上。

强化,甚至超过一般人。因此,社区服务部门要组织残疾人开展形式多样、健康有益的群众性文化艺术娱乐活动,丰富残疾人的精神文化生活,激发残疾人参与社会主义先进文化建设的热情和潜能。发展残疾人特殊艺术和竞技体育,或者举办残疾人文体活动日,定期开展适合残疾人参加的各种活动,如绘画、书法、象棋、歌咏比赛,以及举办残疾人运动会等。让他们有组织地参与社会活动,为他们施展自己的特殊才能创造条件,从而激发他们热爱生活的激情,加深其对社区乃至整个社会的深厚情感。但是由于多种原因,在现实生活中,残疾人的社区文体活动参与率仍然较低。因此,有关部门必须采取措施,将残疾人文体活动纳入和谐社区建设,鼓励残疾人参加形式多样的社区文化、艺术、健身、娱乐等活动。

5. 为残疾人提供教育服务

残疾人也有受教育的权利,政府必须完善残疾人教育体系,落实残疾人教育扶助政策,提高适龄残疾儿童少年入学率,通过创办残疾人特殊学校,扩大残疾人受教育的规模,开展残疾人成人教育和远程教育,使更多的残疾人能够接受高中以上的教育;加强残疾人的职业培训、技能学习和素质教育,以市场需要为取向,进一步扩大残疾人职业培训规模,培养更多合格的社会劳动力,不断提高残疾人的就业竞争力。2017年,全国共有特殊教育普通高中班(部)112个,在校生8466人,其中聋生7010人,盲生1456人。残疾人中等职业学校(班)132个,在校生12 968人,毕业生3501人,其中1802人获得职业资格证书。全国有10 818名残疾人被普通高等院校录取,1845名残疾人进入高等特殊教育学院学习。[1] 除了社会设立的学校之外,社区也要根据本社区残疾人的情况开展特殊教育服务,可以设立残疾人康复辅导站、残疾人职业培训班,特别是对还有条件参与社会职能活动的残疾人,要免费对他们进行培训,为他们创造学习知识、掌握技能的条件。还可以让他们学习经济、道德、法律知识,开办对残疾人的咨询室,帮助他们维护自己的正当权益。尊重残疾人对相关立法和残疾人事务的知情权、参与权、表达权、监督权,提高他们依法维权的意识和能力。要鼓励残疾人在提高自己素质的同时积极参与社会活动、政治活动等,培养他们的"主人翁"责任感。当然,残疾人本身也要主动、自觉地接受教育服务,提高自身的文化素质和技能,这样才能更好地被社会认可和接纳,更好地参与社会生活。

6. 开展自强就业助残活动

社区有关部门要认真学习贯彻促进残疾人就业的法律法规和政策措施,保障残疾人平等就业的机会和权利。对残疾人最好的服务是为他们自食其力创造条件,要尽可能帮助他们掌握一种或几种职业技能,如电脑的操作、打字、刻印章、按摩、电器修理、修鞋等,给他们创造就业机会,提供合适的就业岗位。积极扶持残疾人自主择业、自主创业,多形式开发适合残疾人就业的公益性岗位。将难以就业的残疾人列入就业困难人员范围,提供就业援助。许多残疾人不仅有一定的劳动能力,还有较高的学历和文化素质,经过社

---

[1] 中国残联:《2017年中国残疾人事业发展统计公报》,2018年4月26日。

区的就业培养和推荐,使他们在面对用工单位的招聘时多了勇气和自信。社区服务机构应针对本社区残疾人的具体情况,有针对性地帮助他们选择职业,开展自强就业助残活动。

总之,面向残疾人的服务是为他们创造便利的生活条件,清除他们的生活障碍,鼓励他们参与社会活动,引导他们热爱生活,使他们尽可能做到自立自强,从而充分发挥社会主义的人道主义精神和体现社会主义的精神文明。

(四) 为社区的贫困户服务

贫困户是指那些无经济收入或者人均收入低于法定的最低生活水平的家庭,这种经济状况使他们维持生存十分艰难。社区服务组织必须向他们伸出援助之手,帮助他们解决具体困难,使他们鼓起生活的勇气。

1. 帮助贫困户摆脱生存困境

贫困户的最大困难就是由于各种原因陷入生存困境,社区服务机构要与有关部门联系和密切配合,认真执行政府建立的"最低生活保障制度",按照规定给他们发放一定数额的生活补助金,为他们提供生存下去的基本条件。这对于社区贫困人群是重要的生活保障。同时,社区还要增加对生活特困群众和家庭经济困难学生的补贴,确保他们基本生活水平不因物价上涨而下降。还要组织志愿者队伍,号召社区居民发扬团结友爱的精神和社会主义的人道主义,为贫困户献爱心,为他们捐钱捐物,筹集一定数量的扶贫基金,为救济贫困户的服务工作创造一定的物质基础,以便经常性地关照和帮助他们解决生活困难。

2. 为贫困户提供某些无偿的社区服务

贫困户除了维持基本的生活标准,还有其他家庭需求,如孩子的教育问题、病人的照顾问题以及职业技能的学习问题等。这些需求的解决对于贫困户来讲是一笔难以支付的费用,社区服务组织应该尽可能帮助他们排忧解难,在社区服务的权限内无偿提供有关的服务,如可以让孩子免费入托,组织志愿者无报酬地关照病人,为贫困户提供免费学习职业技能的服务等。尽可能为他们解决实际困难,使他们享受无偿的公益性服务,积极帮助他们渡过生活难关,真正体现"一方有难,八方支援"的良好社会风气。

3. 分析贫困原因,从根本上解决问题

对贫困户的服务最好的办法是让他们自食其力,从根本上摆脱贫困。这就必须认真分析他们陷入贫困的原因,具体分析每个家庭贫困的特殊性。对于因为老弱病残、孤寡而陷入贫困的家庭,应按照国家社会保障的有关政策,给予社会救助;由于家庭成员下岗而陷入贫困者,应该积极帮助他们再就业,安置合适的岗位等。总之,针对贫困户的不同困境,要做具体调查,认真分析其贫困的原因,以找出解决问题的有效办法,帮助他们彻底摆脱贫困。为贫困户提供的服务体现了社区服务的水平和质量,也体现了社区的整体文明程度。

(五) 为社区的优抚对象服务

社区优抚对象是指革命烈士家属、病故军人家属、现役军人家属、革命伤残军人、军队离退休干部等。他们或者他们的亲人为社会做出了特殊的贡献,甚至付出了巨大的代价,社会有责任关注他们的境况,安排好他们的生活,为他们提供优质的服务。

1. 把优抚工作列为社区服务的日常工作

社区应该成立与市、区、街道相应的优抚组织,并由社区服务部门专人来负责此项工作。把优抚工作当作日常的重要工作来抓,不仅在节假日搞慰问活动,而且要在平时经常走访,了解他们的生活,体谅他们的处境,帮助他们解决困难,送去社区服务的温暖。在进行普通服务的基础上,对有特殊困难的优抚对象要给予特殊的关照,使他们认识到自己的尊严和荣誉,认识到为社会做出的贡献是有价值的,祖国和人民永远不会忘记他们。

2. 开展社区拥军优属活动

社区拥军优属活动是民政工作社会化的重要方面,社区服务机构一定要把拥军优属活动作为重要的社区服务内容。在社区开展拥军优属活动,应该有一个稳定的拥军优属服务站,不仅要由专人负责,而且还要组织志愿者经常为他们服务;不仅在各种节日时慰问他们,而且还要关注他们的日常生活,帮助他们排忧解难。例如,免费对他们及其家属进行培训,让他们学习现代职业技能及其他知识,帮助他们安置工作,定期组织他们参观学习、旅游观光,为其正在受教育的子女提供优惠政策等。

3. 认真用好社会优抚资金

社会优抚是国家社会保障体系的重要内容,是一项政策性很强的工作,特别是对于社会优抚资金的使用,必须坚持专款专用的原则。社会优抚资金是国家和地方财政按照预算原则拨发到社区,再由社区服务组织落实给优抚对象的,任何组织和个人都不能挪用这笔款项,否则就会触犯法律。同时,还要坚持走群众路线,了解社会优抚对象的特殊困难,在对社会优抚资金专项专用定位后,还要把其余的部分重点用于那些生活最困难的人,保证他们起码的生活条件。

总之,面对社会优抚对象的社区服务,体现了社会对义务和权利关系的公正态度,体现了社会对有特殊贡献的人的赞誉和回报;同时,激励人们为社会做出更大的贡献。

二、为社区居民提供便民利民服务

社区便民利民服务,就是有计划地建立广泛的、多层次的服务网点,为满足社区居民的多种生活需要,方便居民日常生活提供的有偿服务。便民利民服务涉及居民生活的衣、食、住、行等各个方面。我国各级政府都很重视这个问题,据统计,截至2016年年底,全国共有各类社区服务机构和设施 38.6 万个,城镇便民利民服务网点 8.7 万个。①

(一)方便居民日常生活的服务

在便民利民服务中,面向居民日常生活的服务占有重要的地位,它是社区所有成员日常生活不可缺少的内容,也是社区服务发展的重点项目,是一项基本的、永久性的重要服务。

1. 建立日常生活消费商业网点

购物消费是居民生活的必需,社区服务组织必须为方便居民生活建立百货、食品、蔬菜、粮油、理发、洗浴、缝纫以及各种修理等商业服务,形成商业网点或市场。开展以"便利消费进社区、便民服务进家庭"为主题的"双进工程"②。使居民在自己居住地就近的商业网点就能买到生活必需品,解决日常的生活需求。社区服务机构对商业网点要进行宏观调控,根据本社区情况在居民聚居区集中建立集贸市场、商场以及餐饮店,集中管理以方便居民集中购物。同时还要考虑到社区的边远或偏僻地段,也要建立小规模的商业网点,方便那里的居民生活。

2. 为居民特殊的生活需求服务

随着社会的文明进步和人们生活水平的提高,一些特殊需求成为社区服务的新项目。如代办服务,即社区居民由于各种原因,有些事情自己没有条件去办,委托社区服务机构代他们去处理。这种特殊的服务涉及的内容很广泛,如代理家长接送孩子上学,代理人们为亲人朋友送生日贺礼或鲜花,代理或陪伴居民去商店购买商品,代办火车票、飞机票,代理子女去陪伴父母旅游,代理他人去外地办理事务等。这些服务是为了满足社区居民生活的特殊需要,虽然不具有普遍性,但是随着社会的发展,也会成为社区服务的必设项目,而且会有广阔的发展空间。

(二)为家庭事务提供服务

在经济发展、社会进步以及生活质量提高的同时,人们的生活节奏也在加快,工作压力不断增加,使许多家庭事务由原来封闭在家庭的小范围里"自己解决"而推向社会,社区家庭服务也就应运而生。

1. 为家庭服务培训合格的职业人员

随着社区居民生活水平的不断提高,他们对家政服务人员的要求也越来越高,北商研究院在《2015 北京商业发展蓝皮书》中公布了"百姓最注重生活服务业的哪些方面"的调查结果,结果显示注重"服务专业度"的人数最多,占 66.33%。③ 可见,消费者十分注重服务的专业水平和服务质量。因此,社区服务组织必须重视社区家庭专业服务队伍的建

---

① 民政部:《2016 年社会服务发展统计公报》,2017 年 8 月 3 日。
② 民政部:《关于进一步推进和谐社区建设工作的意见》,2009 年 11 月 23 日。
③ 国际商报:《家政服务:质量成命门,培训是良方》,2016 年 2 月 4 日。

设,要把家庭服务作为一种职业来对待。要求家庭服务从业人员都要在社区服务中心登记注册,然后接受相关的职业技能培训,如家政、身心保健、食品营养卫生、老人陪护、产妇护理、婴幼儿的护理等知识培训。考核合格并获得合格证书或上岗证书后,才有资格从事家庭服务。目前,许多城市居民反映,高水平家政人员极其缺少,很难找到受过系统职业培训、真正懂得家政服务及幼儿教育等知识的专业人才。因此,要使家庭服务人员"专业化",必须对社区服务人员进行有计划、有目的、系统的专业培训,使家庭服务业成为一种含知识、技能、服务于一体的现代职业。

2. 开展家庭需求的多种服务项目

随着社会经济的发展和人们生活水平的提高,家务劳动社会化程度也随之提高。人们不仅对家庭服务人员素质的要求越来越高,而且对家庭服务的内容要求也越来越多样化。传统的家庭服务需要的只是洗衣、做饭、搞卫生的保姆,但从目前社会的需求看,只培养从事简单的家务劳动的保姆已远远满足不了家庭事务的需求,必须增设多种服务项目,如家庭陪护、家庭教育、家庭清洁、家庭医疗、家庭助老、家庭理财、家庭保险、家庭礼仪、家庭食品加工、家庭食品营养配餐、家庭审美与装饰、家庭保健等。社区服务组织必须根据家庭需求的多样化开设多种服务项目,不断调整服务内容。例如,南京市一些社区成立了反家庭暴力干预网络小组,由社区负责人、社区民警、法律志愿者、心理医生等组成。他们向社区居民公布网络小组的服务电话,如果哪家有家庭暴力,打个电话到社区,社区马上就有人上门调解,这对监督和消除家庭暴力起到了重要作用,受到居民的好评。由此可见,只有把社区服务的项目植根于社区居民的生活之中,植根于他们的需求之中,才能增强社区服务的信誉和力度。

3. 不断提高家庭服务质量

家庭服务业的兴起和发展是我国市场经济发展的必然产物,家庭服务社会化已经成为社会发展的一大趋势。要努力从传统的家庭服务向现代家庭服务转变,从小、散、弱的家庭服务向产业化的家庭服务转变,从随意性的家庭服务向规范化的家庭服务转化,从低水平的家庭服务向高质量的家庭服务转化。要采取有效措施,明确责任,落实规划,更新服务手段。应该主动深入调查研究,了解家庭的实际需求及对服务质量的评价,找出"供求"之间的差距,不断改进服务态度,提高服务质量。同时,要加强社区服务部门的自身建设,在服务观念、服务方式、服务内容方面都要与时俱进,不断更新,不断完善,满足家庭服务市场的需求,促进社区服务行业的社会化、产业化、规范化、优质化。

(三) 社区医疗卫生服务

社区医疗卫生服务是社区便民利民服务的重要内容,主要是为了积极开展以疾病预防、医疗、保健、康复为主要内容的医疗卫生服务和方便群众就医而采取的综合对策和措施。据了解,截至 2017 年年底,全国共有基层医疗卫生机构 94.0 万个,其中乡镇卫生院

3.7万个,社区卫生服务中心(站)3.5万个。① 这为社区医疗卫生服务提供了有利条件。社区医疗保健案主包括患者和健康人群两个方面,这项服务的内容主要包括以下几点。

1. 广泛开展身心健康教育

向社区居民宣讲卫生保健知识,提高其对卫生保健重要性的认识,让卫生保健工作真正走进千家万户,这是医疗卫生服务的重要任务。让所有居民都能了解卫生保健不是个人的事,也不是可做可不做的事,而是既有利于自己和家庭,也有利于他人和社会,有利于中华民族的整体素质提高和移风易俗的大事。要动员社区的群众都来参与卫生保健活动,并且主动派出专业人员给予指导。社区服务组织的工作人员要定期入户对居民的卫生保健状况进行调查,使群众的卫生保健活动经常化、科学化,逐渐成为自觉的好习惯。

2. 动员群众搞好社区环境卫生

搞好环境卫生不仅有利于居民的身心健康,而且也是社区文明的重要标志,社区服务组织必须把此项工作作为重要任务来抓。这里讲的环境,既包括个人和家庭的生活环境,也包括室外和居住楼的周边环境。要把清扫、消毒、通风等活动当作经常性的任务,让人们养成卫生习惯,自觉搞好环境卫生和保持环境卫生。要使居民认识到搞好环境卫生不只是环卫人员的任务,它也是每个居民、每个家庭应尽的责任和义务。这是保持人们身心健康的重要条件,也是社区卫生保健服务的重要内容。

3. 实行以"预防为主"的卫生保健措施

社区卫生服务要将送药、防病、治病的相关举措同社区群众的健康教育和健康促进紧密结合起来,使预防保健社会化、经常化和主体化,以便更有效地贯彻"预防为主"的方针,体现出积极的保健而不是消极治病的现代医学观。社区医疗卫生服务要做到"预防为主",必须改进行业风气,转变服务态度。医疗卫生服务人员要主动深入社区群众之中,通过多种形式的服务为群众排忧解难,使社区卫生技术人员与广大居民建立起新型的医患关系,协同各级卫生部门和主管部门围绕人民群众的卫生保健事业积极运作,给社区群众提供优良、方便、连续、综合的服务。这既体现医疗卫生工作者的高度社会责任感,也体现医疗卫生服务模式和服务观念的变化。

4. 抓好社区计划生育工作

"计划生育"是我国的基本国策。我国从1980年提倡一对夫妇生一个孩子,到2013年提出"单独二孩"政策,2015年又提出"全面二孩"政策,都是根据我国经济社会发展的实际情况进行变动性调整。这种调整符合我国国情,有利于我国长远发展。理解和抓好计划生育工作,认真了解本社区的人口状况,特别是对育龄阶段的人员要进行登记,建立生育保健档案,针对他们的具体情况采取不同的措施。可以进行健康教育,计划生育咨询,对已经怀孕的妇女进行孕期保健和营养卫生教育,定期检查身体,甚至上门为孕妇

---

① 国家统计局:《中华人民共和国2017年国民经济和社会发展统计公报》,2018年2月28日。

服务,保证她们的身心健康,达到优生优育的目的。落实计划生育政策重要的是发动群众,医疗卫生部门要走出医院、深入群众,对群众进行经常性的计划生育政策教育,让人们懂得计划生育对社会、对家庭、对个人的重要价值,从而自觉地执行和监督计划生育政策的落实情况。

5. 加强社区医疗卫生服务的设备建设

卫生医疗设备是卫生资源的硬件,也是开展医疗卫生服务的必要条件。医疗卫生设备的配置,要放在区域卫生规划的大背景下统一研究,尤其是大型医疗设备的配置更需要认真对待。社区医疗卫生设备的建设应注意以下几个方面。

(1) 按照医疗卫生机构所处的不同层次,设备配置的品种和档次应有区别,社区卫生机构应配置与其基本卫生服务相适应的医疗设备。

(2) 按照医疗卫生机构具有的功能进行配置,机构功能不同,设备也不同。

(3) 选择技术和与之配套的适宜设备,力求与当地居民的卫生服务需求及承受能力相适应。

(4) 防止盲目攀比,特别是高档设备应限制采购,不重复采购,提倡各单位共享共用,以提高设备的使用率。

6. 培养高素质的医疗卫生服务人员

根据城市医疗卫生机构改革和社区卫生规划的需求,60%—80%的医疗卫生问题和医疗保健问题要在社区得到解决。这样繁重的医疗卫生服务任务必须有一大批高素质的社区医疗卫生服务人员,包括医生、护士、卫生技术人员和社区卫生管理人员等,才能适应医疗保障制度的需要和满足社区卫生服务的需求。我们党和政府十分重视这项工作,《"健康中国2030"规划纲要》指出:以全科医生为重点,加强基层人才队伍建设……加大养老护理员、康复治疗师、心理咨询师等健康人才培养培训力度,并且明确,到2030年,每千常住人口执业(助理)医师数达3人。社区医疗卫生服务机构要积极响应和落实《"健康中国2030"规划纲要》,要根据本社区服务队伍的状况,积极与有关部门联系引进高素质人才。同时,要有计划地对本社区的医疗卫生技术人员进行培训,逐步落实医务人员终身教育以提高他们的业务能力和管理水平,促进社区医疗卫生服务的深入发展。

(四) 社区物业管理服务

物业是指已经成为并投入使用的各类房屋以及与之相配套的设备、设施及场地。这里所讲的"各类房屋",可以是住宅区,可以是单位的其他建筑,还可以是商业中心、办公大楼、工业厂房、仓库、俱乐部和运动场所等。这里讲的"与之相配套的设备、设施及场地",是指房屋内外各类基础设备、公共市政设施及相邻的场地、庭院、干道等。物业可大可小,一个单元住宅可以是物业,一座大厦也是物业,统一建筑物还可以按权属的不同分割为若干物业。物业管理是指从事物业管理的企业或组织,受物业所有人的委托,依照国家的有关规定,按照合同或契约行使管理权,运用现代管理科学和先进维修技术,以经济手段对物业实行多功能、全方位的统一管理,并为物业所有人和使用人提供高效、周到的服务,使物业发挥最大的使用价值和经济价值。

物业管理是集经营、管理、服务于一体的有偿服务活动,主要性质是"服务"型管理,是将管理、经营寓于服务之中,在服务中体现管理。服务是物业管理的灵魂,是通过对物的对象管理,达到为人服务的目的。社区物业管理就是要通过优质高效的现代化的经营管理,发挥社区物业的使用价值,从而达到社会效益、经济效益、环境效益和心理效益的统一。社区物业管理主要包括以下内容。

1. 社区的房屋管理

房屋管理是社区物业管理的基础,一般情况下社区成员都是由于自己的住房与社区产生地缘关系,才产生对社区的依赖感和归宿感。因此,社区的成员都希望自己住得安全、住得舒心,都有对房屋进行维护和管理的要求,都希望这种要求在社区内部能得到满意的解决。这种要求主要包括房屋结构与外表的修复工作,房屋老化、损坏的检查、鉴定、赔偿和修复,房屋内外装修的审批与约束以及房屋的使用管理、房屋档案的建立和维护更新、建筑物内外的标志广告管理等。社区的物业管理人员如果能对社区的房屋做到经常检查、及时修复、优化管理,就能得到绝大多数业主的认可和拥护。

2. 社区环境和绿化管理

社区环境和绿化管理的主要任务是维护社区的整洁、优美、舒适,为社区成员创造良好的生活环境和工作环境,这是物业管理的重要职责。其主要内容有以下几个方面。

(1) 对社区环境的规划,包括草地、花坛、树木及人文景点的设计与安排。

(2) 加强对社区环境的绿化养护,对绿化带、花草等派专人培育、修理、养护,保护社区环境的优美和绿化。

(3) 加强对社区的卫生管理检查,保持社区内清洁卫生,对社区内的公共场所按时清扫保洁,随时清运垃圾以及对卫生箱进行清洗、消毒、归位等。

毫无疑问,社区环境和绿化管理是社区物业管理的重要职责。

3. 社区内供水、供电、照明等设备的管理

社区内供水、供电、照明、电梯、防盗门等与社区成员的日常生活和基本利益息息相关,是社区物业管理的日常服务管理工作。在这方面,社区的物业管理人员主要应该做到以下几点。

(1) 不断完善主要设施、设备的建设,建立起使用和管理的规章制度。

(2) 建立一支专业技术人员队伍并且要有相应的分工,各负其责。

(3) 对基本设施、设备进行定期检查和维护。

(4) 对于社区居民或单位的报修做到有求必应,快速处理。

(5) 建立回访制度,认真调查了解群众对上述工作的要求和满意程度,及时改进物业管理的工作。

4. 社区治安消防管理

治安消防管理关系到千家万户、各行各业的生活生产的安全,涉及每个公民的切身

利益。社区治安消防安全工作是社会治安综合治理的重要内容,更是物业管理的重要任务。

社区的物业管理人员在社区治安管理方面主要应该做到以下几点。
（1）成立保安队伍,对保安员进行专业技能、职业道德的培训,并且要定期进行考核。
（2）制定保安制度,配置现代化的保安设备。
（3）在社区内进行定点监控、重点防范、治安巡逻等。

社区的物业管理人员在消防管理方面应该做到：
（1）坚决贯彻国家和当地政府的消防工作法令,制定严密的社区消防制度。
（2）健全专职和兼职的消防组织以及义务消防制度和责任人制度。
（3）坚持日常的巡查检修制度,抓好平时的训练和演习。
（4）加强社区消防基础设施建设,安装报警电话、配置灭火器、应急照明灯等防火设备。
（5）加大宣传力度,提高社区广大群众防火防灾的消防安全意识和技能,树立社区所有成员的消防主体意识和责任意识。

以上是社区物业管理服务的主要任务,各社区还可以根据本社区的具体情况增设不同的内容,如车辆的管理、市政设施的维护管理、社区物业租赁管理等其他服务项目,从而为社区成员提供安全、清洁、优美、有序的生活环境。

三、为社区单位的社会化服务

随着改革的深入和市场经济体制的完善,企事业单位和机关团体已经逐渐从"企业办社会""单位办社会"的重负下解放出来,迫切需要社区组织承接它们剥离出来的社会服务功能。面向社区单位的社会化服务不仅可以解决辖区各单位的后勤问题,而且有助于拓宽社区服务领域,提高社区服务的经济效益,促进社区服务体系的完善。

（一）后勤保障服务

实践证明,企事业单位和机关团体"办社会",必然会导致后勤机构庞大和社会负担过重,造成劳动生产率和工作效率下降,不符合市场经济体制和社会现代化对各类组织专业化、高效率的要求,势必会影响企事业单位的改革和发展。企事业单位和机关团体从计划经济体制时代就迫切希望把后勤社会服务从自身剥离给社会,市场经济体制逐步建立过程中产生的各类新型企业,也都没有设立庞杂的后勤服务机构。这并不是因为企事业单位不需要后勤服务,而是因为它们希望得到更好的后勤服务,以保证它们专心搞生产、抓业务,在市场经济的竞争中轻装前进。

社区服务组织正是在上述社会背景之下,为企事业单位和机关团体提供后勤保障服务重任的。其主要任务是承担本社区企事业单位、机关团体的非生产和非业务的服务项目。例如,为各单位办职工食堂、改造和维修房屋、清洁和维护环境卫生,承担离退休职工的生活服务、婴幼儿的托幼服务、职工上岗前以及上岗后的技能培训、职工子女的教育服务等。还可以根据各单位的需求及时调整和增添服务项目,使各单位的后勤服务彻底转向社区,推进其社会化进程。

(二) 医疗保健服务

按照传统的企事业、机关单位"办社会"的状况,有一定规模的单位几乎都办医院,人数少的单位也办卫生所。这些单位的医疗机构只对本单位的职工开放,对社会的其他单位和个人是封闭的。城市现代化进程推动了城市基层组织的重构,特别是社区建设的迅速发展,使原来属于各单位的医疗部门的案主发生了变化,逐渐向社会开放。

社区服务组织应利用本社区的医疗机构的方便条件,协调医疗机构为社区内所有企事业、机关团体的职工服务。可以为每个单位的职工设立医疗档案,定期向职工宣传身心健康常识和为各单位的职工检查身体,起到预防和治疗疾病的作用,为广大职工提供医疗保健服务。这样既方便了职工的就医保健,也增加了医疗单位的经济效益,势必会使服务质量好的医院不断发展,而使那些服务条件差、规模小的卫生所失去存在和发展空间,只能走重组合并之路,以求生存。这种情况既有利于精简机构,有利于改革的深入和发展,也有利于社区服务机构的统一协调,达到"资源共享"的双向服务的目的。

(三) 法律咨询援助服务

随着社会的不断进步和法治的不断完善,法律成为调节社会关系的重要手段,法律服务进社区已经成为社会的共识。社区服务组织建立法律服务中心,目的就是要为社区的居民、社区单位、各种组织进行法律咨询、法律援助等法律服务,向他们宣传法律知识,使他们懂得法律规范,依法从事生产和业务活动,依法在市场经济中竞争。对受到非法侵害的企事业单位、机关团体,要帮助它们用法律解决社会矛盾,维护自己的合法权益,对它们进行法律援助。对企事业单位、机关团体进行法律咨询援助服务,目的是发挥法律机制的作用,使各单位的生产、业务正常有序进行,使社区的管理走向法治化、规范化,以维护社区的稳定和社会的进步。

四、为下岗失业人员的再就业服务

我国政府十分重视下岗失业人员的工作,1999 年 1 月,国务院颁布了《失业保险条例》;2002 年 9 月,中共中央、国务院下发了《关于进一步做好下岗失业人员再就业工作的通知》,推出一系列促进再就业的政策和配套措施;2016 年国务院总理李克强又提出在去产能、促发展、稳就业之间达到平衡,政府将继续通过扩大内需等一系列政策来扩大就业机会,尽量控制失业率,扩大再就业率。由于下岗失业人员都生活在各个具体社区,从单位分离出来必然回归社区,因此,下岗失业人员再就业服务的重点必然落到了社区,成为社区服务的重点项目。

(一) 组建社区再就业服务中心

组建社区再就业服务中心是保障下岗失业人员基本生活和促进其再就业的有效方

式,是由计划就业向市场就业过渡的具有中国特色的新方法。社区再就业服务中心要对本社区的下岗失业人员再进入劳动力市场之前进行"托管",社区服务要通过逐一登记的形式对每个下岗失业人员进行调查,以便了解他们的具体情况及家庭生活情况;帮助他们通过职业和技能培训,提高再就业的素质和能力;建立各种小组,通过互相交流建立互助和自助的网络,帮助他们介绍职业,重新上岗;还可以运用社区工作方法,协调各类组织和社会团体之间的关系,为下岗失业人员寻找工作岗位,或者使他们走向社会,组织劳务输出等。使下岗失业人员不用出社区,就可以在社区再就业服务中心接受培训,接受由社区就业服务部门提供的各种用工信息,充分实现再就业。

(二) 对下岗失业人员出现的心理问题进行咨询和矫治

在许多情况下,下岗或失业都是被迫的,当事人都有精神压力,容易产生失衡、失落、孤独、消沉等心理问题,产生对社会的埋怨、焦虑,以及对新生活方式拒绝认同的复杂心态。社区服务组织在积极帮助下岗失业人员再就业的同时,还要帮助他们矫治因下岗引起的不正常心态。可以通过各种活动,如咨询活动、身心卫生健康讲座、帮扶活动、座谈活动、参观活动、榜样的引导等,增进其人际关系的沟通,帮助他们克服自卑感,树立自信心,加强对企业改革、市场经济、社会进步的认同感,激励他们重新鼓起战胜困难的勇气,从而顺利度过下岗后的不适应期,尽快恢复健康心态,迎接新的生活。

(三) 积极拓宽下岗失业人员的再就业途径

社区服务组织应主动与社区内外的用人单位联系,帮助下岗失业人员寻找再就业工作岗位,使之尽快重新上岗。除此之外,社区服务部门应组织和引导下岗失业人员因地制宜,在社区内发展第三产业,建立民营企业,创造新的就业机会,可以与他人合作,也可以自己单干。要加强社区就业服务体系建设,形成以职业介绍、技能培训、失业保险、社区就业为主要内容的服务体系。调动下岗失业人员的积极性、主动性,增强其自信心,减少企事业单位的压力,也减少社区管理和服务部门的负担。

(四) 针对下岗失业人员的特点进行职业培训

在下岗失业人员中,有一部分人是由于职业技能的单一和偏低而失去竞争力的,这些人一般文化素质低,年龄偏大,不能马上重新上岗。社区服务组织一定要关注对下岗失业人员的培训,对他们的培训既不能像行业培训那么有专业性、科技性,也不能像青、工、妇等社会团体组织的培训那样大规模。应该主要突出实用性,加快培训速度,比如清扫工、钟点工等,让他们经过短时期的培训迅速掌握某一岗位的职业技能和规范,获得新的就业机会。有些城市开展的"4050"人员的就业工程,主要是针对40岁到50岁左右的下岗失业人员,进行适合他们的年龄和接受能力的培训,使他们很快理解和掌握某种技能,重新就业上岗。这种有针对性的特殊培训,既受到被培训对象的欢迎,也受到社会的赞誉。

五、为社会保障社会化服务

改革开放之前,我国实行计划经济体制和"单位人"的社会管理体制,与此相适应的社会保障制度也明显打上了"单位保障制"的特征。随着改革开放和社会主义市场经济的发展,原有的一些社会保障功能逐渐从单位剥离出来,国家、社会和单位成为新型社会保障运作主体,而社区必然成为这个运作主体的重要成员。早在2003年6月,中共中央办公厅、国务院办公厅就转发了《关于积极推进企业退休人员社会化管理服务工作的意见》,该文件指出,企业职工办理退休手续后,其管理服务工作与原企业分离,养老金实行社会化发放,人员移交城市街道和社区实行属地管理,由社区服务组织提供相应的管理服务。这一精神既反映了加快街道社区劳动保障工作的紧迫性,又反映了建立社区保障体系使社会保障社会化的重要性。

(一)建立社区保障服务机构

社区作为社会基层组织,是政府和群众联系的纽带,在独立于政府和单位之外的社会保障体系中是关键主体,它要承接和运作从原来单位保障体系中剥离出来的一些社会保障工作。因此,必须成立相应的社会保障服务机构,作为社会保障工作的基层载体。要配备负责此项工作的专门人员,把企业退休人员社会化管理服务作为一项主要任务,切实抓好落实。社区保障服务机构的工作内容主要包括:配合社会保险经办机构做好确保养老金按时定额发放工作,保障企业退休人员的基本生活;为企业退休人员提供社会保险政策咨询和各项查询服务;跟踪、了解企业退休人员生存状况,协助社会保险经办机构进行领取养老金资格认证;帮助死亡企业退休人员的家属申请丧葬补助金和遗属津贴;集中管理企业退休人员的人事档案;组织企业退休人员中的党员开展组织活动,加强企业退休人员的政治思想工作;建立企业退休人员健康档案,有计划地开展健康教育、疾病预防控制和保健工作,提供方便的医疗、护理和康复服务;组织退休人员开展文化体育活动,指导帮助他们通过各种形式的社会公益活动发挥余热,开展自我管理和互助服务。

(二)在退休人员中开展自我管理和互助服务

社区服务人员要认真学习社会保障的具体内容和有关政策及其法规,明确自己的职责和任务,更好地落实社区的社会保障工作。同时,还可以通过开展退休人员的自我管理和互助服务来解决他们在日常生活、学习和娱乐等方面遇到的问题。根据退休人员居住情况划定若干小组,由退休人员推选本小组中责任心强、热心公益事业、身体条件好的退休人员担任组长。通过开展自我管理和互助服务,可以使退休人员更好地发挥余热,可以繁荣社区文化、促进社区建设,可以不断提高退休人员的生活质量。

(三)发挥社会组织和志愿者队伍的作用

社会保障是公益性、社会性的福利工作,社区服务组织要以社区服务机构为基础,充分发挥社会组织和社区工作志愿者队伍的作用。它们的工作以服务群众为宗旨,以追求社会效益为目的,突显公益性、非营利性、民间性、自律性、志愿性的功能,是政府和企业不能代替的社会角色。因此,要拓宽社会组织和社会社区志愿者参与渠道,支持引导社区自治组织、各类社会组织、志愿者投身社区服务。同时要加强志愿服务管理、建立健全激励保障机制,推动社区志愿服务规范化、制度化、法治化。

总之,社会保障工作已经成为社区建设和管理的重要内容,在社区的发展潜力很大,已经营造了数以千计的各类服务项目,大大提高了社区服务保障的地位,促进了社会保障社会化的进程。要用最短的时间完善低有所保、老有所养、病有所医、伤有所治、困有所助、住有所居的社区保障的管理制度。

第三节 完善城市社区服务的途径

一、尽快完善社区服务功能

社区服务具有满足内部需求功能、社会整合功能、社会参与功能以及社会稳定功能等。社区服务只有充分显现其功能,才能在城市管理中发挥作用,这就要求必须创造一定条件,使社区服务功能全面转换。

(一)社区服务观念的更新

社区和谐是社会和谐的基础,健全社区服务体系,强化社区自治和服务功能是社区和谐的基础。随着经济社会的快速发展、社会结构快速转型,社区日益成为社会成员的集聚点、社会需求的交汇点、政府社会管理的着力点和党在基层执政的支撑点。构建以社区为重点的基层社会管理和服务体系已成为加强社会建设和创新社会管理的当务之急,使社区服务工作面临着新的形势和新的要求。社区服务要想适应这种新的形势,跟上时代的步伐,就必须更新服务观念,在思想意识上认识到城市的发展不仅需要现代化建设,还需要现代化的管理和服务。管理寓于服务之中,并通过服务表现出来。因此,必须在新的社区服务观念指导下,尽快完善社区服务功能。

(二)社区服务人才队伍的完善

社区服务人才队伍是社区管理服务的依靠力量。建设一支以社区党组织和社区自治组织成员为骨干,以社区专职工作人员为重点,以政府派出人员、其他社区服务从业人员和社区工作志愿者为补充的社区服务人才队伍,既是社区服务体系建设的重要内容,也是确保社区各项工作任务如期完成的坚强保障。完善社区服务人才队伍具体举措应包括以下四个方面:一是制订社区服务人才队伍培养发展计划;二是充实壮大社区居民委员会干部队伍;三是积极推进社区服务人才队伍专业化、职业化;四是建立和健全社区服务人才培养制度。

(三) 社区服务内容和形式的多样化

要完善社区服务功能,必须不断丰富社区服务内容,满足社区群众多层次、多样化的需求。从目前社区服务的状况看,社区服务发展还不平衡,多数城市社区的服务内容比较贫乏,形式也很单调。除了提供打扫卫生、钟点工等简单的家庭服务外,很少有其他比较复杂的家庭服务,根本无法满足各种年龄和各种层次的人群的需要。

社区服务组织要把社区居民的各种需要作为社区服务的全部内容,不断开拓新的领域,使服务内容系列化,服务形式多样化。把原来的政府民政服务向社区延伸下移,把"单位"服务向社区服务转化,使中介服务不断向社区居民拓展。在保障为各类弱势群体提供福利性服务需求的同时,努力开拓面向全体社区居民和为社区各单位提供的劳动就业、社会保障、社会服务、医疗卫生、计划生育、文体教育、社区安全、法制宣传、法律服务、邮政服务、科普宣传、流动人口服务管理等项目,以便提高有偿服务的比重,为社区服务的再发展制造经济条件,从而逐渐发展和完善社区服务功能。

(四) 社区服务态度的改善和质量的提高

良好的服务态度和高质量的服务,不仅会拉近服务人员和群众的距离,加深相互之间的感情,使社区服务具有广泛的群众基础,而且能提高社区服务的信誉,促进社区服务的发展。

由于我国城市社区服务功能还不完善,特别是服务队伍的整体素质有待提高,社区工作专业人员和技术人员占社区管理人员的比例还很低,因此,社区服务的态度和质量都不理想。一些社区的服务设施不能被充分利用甚至闲置,服务方式不为居民接受;有的服务项目没有实质内容,流于形式;还有的服务人员缺乏服务观念,损害了社区服务的声誉,引起社区群众的反感甚至对立情绪。这些问题不解决,势必影响社区服务功能的完善。因此,社区有关组织必须在社区服务的实践中不断改善服务态度,提高服务质量。

总之,只有达到上述综合条件,社区服务才能真正满足社区内部的各种需求,调动社区群众广泛参与的积极性,发挥社区的整合作用和促进社会稳定,实现社区服务功能的全面转换和逐渐完善,使社区服务有全面性、突破性的进展,以适应社区建设和城市现代化迅速发展的客观需要。

二、提高社区服务基础设施承载能力

社区服务基础设施建设是开展社区服务时所需的场地、房屋和各类设备的总和,是社区服务能力的物质基础和社区服务体系建设的重要内容。只有搞好基础设施建设,才能使社区从无形变为有形,才能使社区服务的各项活动找到依托。如果连基本的基础设施都不能得到保证,社区服务功能就不能有效发挥,社区建设的各项任务也不可能落实。

（一）社区服务基础设施建设要有总体规划

社区服务基础设施建设是一项复杂而艰巨的工作，不是一蹴而就的。它要求有关部门和领导有认识、有决心，又要有总体规划和具体措施。总体规划和具体措施应该根据本社区服务设施的基础情况而定，如有的社区基础条件差，从无到有、从小到大要有一个渐进的过程，有的社区原来的基础好，就可以锦上添花等。不论哪种情况，社区服务基础设施的建设规划都要立足于为社区居民服务，要关注居民需要，方便居民的生活。各级领导要把社区服务基础设施建设纳入社区整体规划和城市建设发展规划，作为城市改造和社区建设的重要组成部分，做到建设有规划，项目有资金，实施有位置，行动有落实。

（二）社区服务基础设施建设途径的多样化

社区服务基础设施建设的总体目标要有计划、有步骤地完成，但是，建设的途径或者方式是多样化的。要根据本社区的实际情况因地制宜，认真调查、分析基础设施的现状，充分利用社区现有的设施，挖掘社区闲置设施和利用率不高的设施，经过改造和整合达到为群众服务的目的。此外，还可以协调各单位的设施，贯彻共驻共建、资源共享的原则。在此基础上，要结合人力、物力、财力各方面情况，新增设社区关注居民需求的各种设施。总之，要通过改造、置换、帮建、共建、共享等多种途径，解决社区服务的基础设施问题。

（三）抓好社区基础设施示范工程

在社区建设的实践中各社区都在动员社会力量，想办法拓宽社区服务基础设施建设渠道。但是，必须看到这是一项很复杂、很艰巨的工程，面临许多困难，如何创造条件、克服困难，兴办社区基础设施建设是社区建设中的重大课题。在实践中，要积极鼓励在这项工作中做得好的社区总结和宣传工作经验。榜样的力量是无穷的，要以先进典型、示范工程来推动各社区的基础设施建设，以便加快进程，少走弯路。

总之，搞好社区基础设施建设，不仅为社区建设积淀了必需的物质基础，也为增强社区服务的承载能力，为社区服务向高层次、高质量方向发展和完善，创造了良好的物质条件。

三、合理调动和发展社区服务资源

要完善社区服务，发挥社区服务的功能，必须挖掘和调动社区的服务资源，这是发展和完善社区服务的重要动力。

（一）科学理解社区服务资源调动机制

由于我国市场经济的迅速发展及其对整个社会生活的影响日趋加强，许多人主张通过社区服务引入商业化机制来解决社区服务所需要的资源，即主要用经济手段来解决社区服务的资源问题。但是,无论从实践上讲,还是从理论上讲,社区服务都是从属于社会保障制度的,具有福利性的特点。社区服务的福利性越强,它的社会功能发挥得也就越完善。从现实来看,社区服务不同于一般意义上的市场营销活动,它要达到的目标之一是社会福利。而完全按市场机制运作的一般的社会服务达到的则是经济效益目标,这样就会忽略其社会福利目标,也必然会轻视对社会福利性资源的调动机制。因此,如果把社会服务资源的调动完全市场化,其结果必然与社区服务的初衷和目标相背离,这是发展社区服务必须重视的一个问题。同时,我们也必须看到,城市社区服务属于第三产业的组成部分,它在发挥社会服务功能的过程中需要消耗许多人力资源、物力资源和财力资源,要想使社区服务有旺盛的生命力,必须保持这些资源的可持续发展。要想解决这一问题,仅仅依靠有关部门的无偿投入是不可能的,必须依靠社区服务的内在因素,这就需要社区服务在某些项目上进行有偿服务,以保持社区资源的不枯竭,推动社区服务不断发展。

基于上述认识,在当前我国社会经济发展水平的基础上,把社区服务片面理解为完全靠经济手段运行或者完全进行无偿劳动,都是有失偏颇的。应该随着社区服务的发展,进一步完成福利制度和市场制度在社区服务结构和功能上的分化。既要建立起专门按照福利原则运行的福利机构,如对老年人、残疾人、优抚对象等的无偿或低偿服务,从而实现社区服务的福利效率的最大化,又要按着市场原则实行有偿服务,如对社区企事业单位和政府某些职能部门、团体以及对普通居民等提供的有偿服务。有偿服务的利润对于调动和发展社区服务的资源,扩大社区服务的项目和规模起着关键作用。

(二) 充分发挥政府在调动社区服务资源中的作用

在社区服务资源的调动中,还必须看到政府的重要作用。社区服务的兴起源于承担政府转移到社会的一些职能,使政府由原来的"包揽一切的全能政府"放下重负,逐渐发挥起指导协调的作用。政府管理权力的下移并不是甩掉不管,只是管理的角色和方法发生了变化。从长远来看,坚持以政府投入为基础的福利性的资源调动方式,是我国未来在市场经济条件下坚持社区服务的福利性目标的重要保证。另外,当前对于社区内外其他社会资源的调动,也离不开政府的协调和沟通,所以,社区服务不是要削弱政府的职能和作用,而是要进一步发挥和强化政府的功能。只有这样,社区服务才有原动力和生命力,才能最大限度地发挥基层社区的社会整合功能和稳定的作用,逐渐走向规范化、社会化、完善化。

总之,社区服务伴随着社区建设的发展充满了活力,是具有广阔前景的"朝阳"事业。如何进一步发展社区服务,既是一个实践问题,又是一个理论问题,需要人们在社区建设和管理的实践中不断总结和探讨。但是,必须坚信随着经济的发展和社会的进步,人们对社区服务的需求还会继续上升,会为社区服务的发展不断创造新的机遇和提供广阔的前景。

名词与术语

社区服务　　　　社会整合功能　　　　社会参与功能
社会稳定功能　　社会救助和福利服务　　物业管理服务
驻区单位的社会化服务　　社会保障社会化服务

复习与思考

1. 如何理解社区服务的内涵?
2. 社区服务的基本功能表现在哪些方面?
3. 社区服务的基本特征是什么?
4. 社会救助和福利服务的内容有哪些?
5. 简述社区便民利民服务的内容。
6. 如何为驻区单位提供社会化服务?
7. 为下岗职工提供再就业服务的措施有哪些?
8. 为社会保障社会化服务的措施有哪些?
9. 如何完善社区服务的功能?
10. 如何提高社区服务基础设施的承载能力?

主要参考文献

[1] 朱国云:《社区管理与服务》,天津大学出版社2010年版。
[2] 陈幽泓:《社区治理的多元视角:理论与实践》,北京大学出版社2009年版。
[3]《中共中央、国务院关于促进残疾人事业发展的意见》,载《人民日报》,2008年3月28日。
[4] 民政部:《关于进一步推进和谐社区建设工作的意见》,2009年11月23日。
[5] 中共中央、国务院:《"健康中国2030"规划纲要》,2016年10月25日。
[6] 民政部:《2016年社会服务发展统计公报》,2017年8月3日。

第五章 城市社区经济

城市社区经济是社区开展各项活动,搞好社区建设和管理的物质基础,是推动社区发展的物质力量,也是城市经济的重要组成部分以及城市建设和管理的重要内容。社区经济的发展对整个城市经济具有重要影响。

第一节 城市社区经济的特征和发展历程

一、社区经济的含义和特征

社区经济是社区发展的必然产物,是相对于社区建设的发展而提出的新概念。为了推进社区建设必须发展社区经济,要发展社区经济又需要搞好社区建设,为其创造良好的条件。因此,社区经济和社区建设是互相促进、协调运行和发展的。

(一) 社区经济的含义

社区经济作为社区建设的经济基础,以服务社区建设为目标,既包括经济实体,又包括经济活动。

广义的社区经济是指在社区内存在的各种经济实体、经济因素和经济活动的总称。它包括社区经济管理系统,即财政、税务、金融、物价、工商行政管理等;社区经济实体,即各种服务行业、商业、经济组织以及社区的经济活动项目。

狭义的社区经济是指在社区内存在的依托基层社区组织,利用社区自身的资源优势,为社区创造经济收益,为社区居民的消费需求提供产品和服务的一切经济活动的总称。从目前我国城市社区建设的具体情况出发,我们应该从狭义的角度来理解社区经济。

(二) 社区经济的特征

1. 服务性

社区经济的服务性表现在它要解决社区内各企事业单位的诸多社会事务和社区居民在日常生活中的各种需要方面。这是因为随着社会改革的不断深入,大批中小型企业将趋向属地化,这些企业的后勤服务必然要依托社区服务组织。同时,随着社会的发展,居民的消费水平也会不断提高,这为社区经济的发展带来许多机遇,会增加新的项目和内容。例如,驻社区各单位的有关基础设施建设、环保设施建设、治安综合治理、后勤服务乃至计划生育等各项服务工作,还有居民日常生活所需的餐饮业、家政业、维修业、集贸市场等服务。这些社区经济一般都是满足人们日常工作需要和生活需要的服务型经济,从性质上看是"为民、便民、利民",围绕社区服务和更好地促进社区服务而发展社区经济,充分体现了服务社区、方便居民的宗旨。因此,无论是从社区经济的构成和性质来看,还是从社区经济的宗旨来看,都体现了社区经济方便居民的服务性特征,与城市的其他经济比较,是一种特殊的社会经济。目前正在发展的社区综合服务业已充分证明,它是社区经济的主要内容,已成为社区经济发展的目的和归宿。

2. 地域性

社区本身就具有一定的区域和范围,社区经济也必然有地域性特征,只有在社区地域范围之内的经济活动,才能称为社区经济。因为从社区经济发展的动力看,主要是根据本社区地域内单位和居民的需求,同时也为了解决本社区内待业人员和下岗职工的岗位安置问题,从根本上讲,是为了本社区的稳定和发展。因此,社区经济的地域性特点表现为经济实体要分布在一定社区的地理位置之上,参与生产和经营的基本力量是本社区的居民,经济服务的对象也主要是本社区的成员,取得的经济效益主要归属本社区参与经营的居民以及用于本社区的管理和建设。

3. 多样性

社区经济的多样性主要取决于社区内部各单位和居民社会需求的多样性和复杂性,主要表现在以下几方面。

(1) 社区经济内容的多样性,包括商业、餐饮业、电器维修业、家庭装饰业、旅游业、文化教育产业、美容美发、洗浴业、体育产业、家政服务业等。

(2) 社区经济成分的多层次性,既有街道社区所属企业、集体企业,又有民营企业、合资企业以及社区居民个人自办的小型经济实体。

(3) 经营方式也是变化多样的,它随时可以根据市场的发展变化,为满足社区内部的多种需求而调整经营方式,既可以按常规为社区居民服务,也可以适应市场竞争的需要,定员、定时或者上门服务等。

社区经济的多样性特点,丰富和活跃了社区的市场,满足了社区居民的日常消费和需求,增加了社区经济的效益,为社区经济开拓了更大的发展空间。

4. 灵活性

社区经济把为社会服务、方便居民作为自己的服务宗旨和经营方向,在参与社区分工和协作的过程中对城市经济起"配角"作用。它把那些因为零散、量小、利润低而其他经济形式不易做到的和不愿做的,却是社区居民和驻区单位迫切需要的经营门类和服务行业纳入自己的生产经营轨道,以此为社会经济拾遗补阙,寻找自己的发展空间。同时,社区经济实体大多数规模偏小,在生产、经营、管理等方面具有灵活的机制,可以根据客户的要求及时调整经营策略,有较强的市场适应能力,在社会竞争中便于寻找和调整自己的发展机会。社区经济灵活性的特点,使其在生产、经营、管理方面具有较强的市场适应能力,不仅为本身的发展创造了良好条件,也有力地辅助了城市骨干经济,成为社会经济体系中不可缺少的组成部分。

二、社区经济发展的历程

我国社区经济起源于街道经济,产生于 20 世纪 50 年代,经历了艰难曲折的发展历程,一直到 20 世纪 90 年代才成长壮大起来。为了更全面深刻地认识社区经济,我们不妨回顾一下它发展的历史轨迹。

(一) 20 世纪 50 年代到 60 年代中期,社区经济产生和形成

中华人民共和国建立初期,为了医治战争的创伤、迅速恢复生产、巩固人民政权和恢复人民的正常生活,政府实行了扶持和促进城市经济发展的政策。城市街道积极组织居民开展生产自救活动,为生活困难的居民提供生活保障。当时的经济形式主要是个体经济,这样就使城市社区的个体工商手工业逐步得到恢复和发展。1956 年在城市中对个体工商业者进行社会主义改造,政府又依托街道办事处把分散的手工业者、个体商贩联合起来,组成公私合营的"合作社"形式,并创建了一批属于集体经济性质的加工厂、商店、食堂等街道企业,这就是社区经济的雏形。

(二) 20 世纪 60 年代中期到 70 年代末,社区经济缓慢发展

20 世纪 60 年代中期,由于"文化大革命"的原因,全国都处于"停产闹革命"的状态。以集体经济形式存在的街道企业,虽然在此期间吸纳了一些社会闲散劳动力和因故不能下乡的知识青年,但是由于受政治运动的影响,也遭受了种种干扰和破坏,使社区经济几乎处于停滞状态。

"文化大革命"中后期,即 20 世纪 70 年代以后,由于"上山下乡"的知识青年陆续返城,为了解决他们的生活和就业问题,各大中城市制定了有关政策,发展了一批以返城和待业青年为主体的"五七工厂"或"五七生产组"等街道企业,主要是以服装、纸制品、日用小商品为主的加工厂,以及修配、小卖店、食堂服务业等。当时,城市街道办事处为了居民的基本生活和社会安定,把发展社区企业当作重要工作来抓,使社区经济经过曲折、缓慢的发展过程逐步走出困境,在 20 世纪 70 年代末又获得了重新发展的机会。

需要说明的是,这个时期的社区经济是街道基层干部和群众在非常简陋的条件下创办起来的。其中,街道组织发挥了重大作用,不仅组织动员居民创建经济实体,还通过委派干部对其进行管理,街道组织在这些企业的管理中处于主体地位和支配地位。当时的居民委员会虽然也组织居民依靠社会资源创办一部分经济实体,但都是在街道的直接指导和具体运作下完成的,而且当时居民委员会作为自治组织只是形式上的,缺乏自己独立的自治地位和权利,几乎都被纳入街道的管理中,是街道企业的一部分。可以说,当时的社区经济缺乏独立性,从总体上看是在街道企业中发展起来的。

(三) 20世纪80年代以来,社区经济蓬勃发展

党的十一届三中全会之后,全党的工作重心转移到经济建设上来,为社区经济的发展创造了良好的条件和机遇。相当多的原来的街道集体企业改变过去那种小规模、生产设备落后、以"加工型"为主体的情况,建立了有一定规模的厂房和生产线,不少产品已走出国门,畅销海外,形成了一批"外向型"企业。与此同时,社区个体经济也得到了迅速发展,弥补了社区内商业、餐饮业、服务业的不足,成为社区经济重要的组成部分。这种多元化、多角度的经营,使社区经济的范围不断扩大,内容不断丰富,效益不断增长,逐步形成了以社区服务业、房地产业、物业管理、工贸实业为主体的社区经济体系,社区经济进入快速发展时期。特别是有些房地产投资和经营企业,在建设居民住房形成独立居民社区的同时,根据居民的需求也形成了自己独特的社区经济实体和经济活动,并创造了良好的社会效益和经济效益。总之,几十年来,社区经济虽然经历了许多曲折,但一直在顽强地生存和发展着。特别是近年来,由于城市社区的建设和发展,社区经济也随之迅猛发展,在社会稳定、国家税收、人口就业等方面做出了重大贡献。

三、改革开放以来社区经济迅速发展的原因

改革开放以来,我国的社会发展经历了质的飞跃过程,特别是20世纪80年代中期以后,经济体制改革的重点由农村转移到城市,城市现代化进程明显加快。城市的组织体系发生了深刻变化,其中重要的就是社区的建设和发展,从而为社区经济的发展带来前所未有的机遇。

1. 经济体制改革的深入是社区经济发展的根本原因

由于我国处于社会主义初级阶段,生产力还很落后,为了解决人民日益增长的物质文化需要和落后的生产力之间的矛盾,必须大力发展生产力,这就必须调整不适合生产力发展的生产关系,打破原来的单一的生产资料公有制的形式,在巩固和发展全民所有制经济的同时,大力发展集体所有制经济,允许个体经济和私营经济发展。同时,为了鼓励和扶持集体经济和个体经济的发展,国家在税收、经营方式等方面都给予了一定的优惠政策。社区经济原本就是一种集体所有制经济,以自产自销、自负盈亏为特征,处于计划经济体制之外,在"以经济建设为中心"的社会宏观背景之下,迅速地发展起来。由于允许和鼓励个体经济和私营经济的存在和发展,社区经济的主体发生了变化。个体经

济、私营经济在起步阶段，一般都是"小本经营"，以满足社区居民的日常生活需要为经营目的，有比较稳定的购买力和群众基础，为自身的生存和发展积累了丰富的营销经验，形成了地域性的经营优势。社区经济正是利用自己的优势，借助改革开放以来党的优惠政策，特别是生产关系的调整、市场经济体制的形成和完善的"东风"，结束了几十年起伏波动的压抑状态，迅速恢复和蓬勃发展起来。

2. 社区管理部门的积极性是社区经济发展的重要原因

按照《城市居民委员会组织法》的规定，"社区"是城市的基层组织，社区居民委员会是城市居民的自治组织，并不是一级行政机构。因此，国家不给予下拨财政经费，只给居民委员会干部一定数量的经济补贴。根据2003年在东北某些城市的调查，社区居民委员会主任一般每人每月200—400元，2005年才涨到500元。虽然目前社区工作者的工资有大幅度提高，而且还享受社会养老保险、医疗保险等政策，但是，与社会其他行业收入相比，还是比较低的。这种情况不仅使正常的办公费用和活动经费无法解决，社区管理部门和工作人员的激励机制建立不起来，而且不利于向社会公开招聘管理干部，不利于社区工作者队伍建设。因此，社区管理部门通过发展社区服务业促进社区经济的发展，从而解决资金经费的不足。因为社区经济的状况直接关系到社区管理部门和工作人员以及广大社区居民的切身利益，所以他们必然积极主动地分析本社区的特点，寻找有利于经济发展的各种资源，合理地进行经营网点分布，以满足本社区成员的需要为宗旨，根据实际情况发展有偿服务，从而形成自己社区的经济优势，以解决工作经费和福利待遇，稳定工作队伍。同时，为社区的发展创造一定的资金保障和良好的物质条件。

3. 城市社区居民的需求是社区经济发展的内在动力

20世纪70年代末，由于"文化大革命"的原因，正常的经济秩序和生活秩序被打乱，在"抓革命"的口号下，生产秩序受到破坏甚至处于停滞状态，城市中出现了大批没有职业的闲散人员。后来又有大批知识青年返城，形成了以待业青年为主体的待业大军。面对这种严重的就业压力，国营经济部门无法承担此项重负，各级政府就把发展社区经济作为安排城市居民就业的重要措施，要求大力扶持集体经济和个体经济。随着改革的不断深入发展，企事业单位成为市场经济运作的主体，在进行体制改革过程中，有大批的下岗职工和失业人员归属社区，对他们的再就业安置又成为社区经济发展的热点。

在传统的"重生产、轻生活""重工业农业、轻商业和服务业"的影响下，改革开放之初，城市和居民的生活需要远远不能得到满足，衣、食、住、行方面存在许多困难，暴露出直接为居民生活服务的行业、产业的发展严重滞后的矛盾。这个矛盾为社会服务业创造了发展机遇，随着改革的深入和经济的发展，人民的生活水平不断提高，对于社会服务需求内容不断增多，社区家政服务、餐饮业、美容美发、商业超市等经济实体应运而生。

总之，社区经济利用自己贴近基层、贴近群众的优势，发挥地域性、服务性的特点，迅速发展起来。

第二节 城市社区经济的结构特征和作用

一、城市社区经济的结构特征

社区经济是一种具有特殊内涵的社会经济,这不仅可以从社区经济本身的特点考察,还可以从其他不同角度(如社区经济的结构特征等)来分析,这样就会更加全面地了解社区经济的特质。

(一)社区经济所有制结构是以非公有制经济为主体

从社区经济的实际情况来看,社区经济包括某些街道和社区所属的集体所有制经济,不同于那些国家或市属的集体企业。它们不仅自主经营、自负盈亏,而且不受人事、工资、编制和其他方面的政策限制,包袱小,自主性强,可以灵活开展多种经营。但是,这种集体经济在社区经济中并不占主导地位,社区经济是以非公有制经济为主。

非公有制经济主要指个体经济、私营经济以及外资企业,社区经济主要以个体经济和私营经济为主体。个体经济是建立在个人拥有少量生产资料和个人劳动基础上的小私有经济,它有两个特点:一是生产资料和劳动成果归经营者个人所有,二是经营者以自己的劳动为基础。因此,个体经济所有者既是生产资料的私有者,也是自食其力的劳动者。私营经济是一种以雇工形式进行营利性经营的经济形式。它有三个特点:一是依附于社会主义公有制经济,没有公有制经济在产、供、销方面的支持和配合,它难以生存和发展;二是处于国家的宏观调控和行政管理之下,必须遵守国家的法律和有关方针政策;三是私营经济存在着对雇工的剥削现象,但已经不是完整的资本主义雇佣关系,雇主和雇工在政治上是完全平等的,不允许存在对雇工的压迫现象。目前,在社区经济发展中,以个体经济和私营经济等非公有制经济为主体。

1. 非公有制经济自身的特点使其在社区经济发展中占优势地位

非公有制经济特别是一些中小企业与传统公有制和集体所有制经济有明显差别,它有许多适合社区经济发展的特点。例如,有产权清晰的优势,能够做到自主经营、自负盈亏,可以产生强大的追求利润和资本增值的动力;有适应市场导向的优势,能根据市场需求自主、灵活地调整自己的经营活动,自觉地趋利避害,自担风险;绝大多数个体、私营经济都是投资少、规模小,选择经营项目都是为满足社区群众多样化的日常需求,可弥补公有制经济经营的不足;投资者几乎都是自筹资金,可节省国家的投资经费等。非公有制经济的这些特点使它得以迅速发展,在社区经济发展中必然处于优势地位,只要是国家法律不予禁止的领域,非公有制经济都可以进入,已经在市场经济的某些方面处于领先地位,正面临新的发展机遇。

2. 非公有制经济是推动社区经济发展的重要力量

非公有制经济的特点和优势使它在社区经济发展中起积极作用,有利于调节社区经济结构,使社区经济结构符合基层群众的供求关系,趋向合理化;有利于调动社区内有经营能力又有资金的人的积极性,利用社区人力资源和地缘条件发展自己。目前,私营经济正在迅速发展,许多私营经济已经由前店后厂、家庭作坊、手工生产、单一型和封闭型的简单经营形式向集团化、股份化、产业化方向发展,由简单生产、粗放经营向劳动密集型深加工、集约经营以及技术密集型转变。这种态势无疑有利于扩大劳动就业,有利于增加社区税金和促进创新等,对社区下岗职工就业,积累建设资金,改善社区环境,加快社区发展都有重要作用。近年来,非公有制经济已经成为高校毕业生寻找工作岗位的重要领域。未来中国民营经济将会实现新的大发展,承担起新的历史职责。其主要表现为它将成为市场经济的主流形式、解决就业的主渠道,也必然成为推动社区经济发展的重要动力。

3. 非公有制经济是我国社会主义市场经济的重要组成部分

改革开放以来,发展个体、私营企业等非公有制经济,是我们党和政府坚定不移的方针。从党的十三大承认私营经济是"我国社会主义经济必要的和有益的补充",到党的十五大提出"非公有制经济是我国社会主义市场经济的重要组成部分",对个体、私营等非公有制经济要"继续鼓励、引导,使之健康发展",再到1998年通过的宪法修正案明确了非公有制经济的合法地位和权利等。在党的政策鼓励和引导下,个体、私营经济发展迅速。截至2012年9月,全国个体工商户总户数达3984.7万户,注册资金总额达1.88万亿元,从业人员8454.7万人,分别比2007年年底增长了45.3%、155.8%、53.8%。[①]

伴随个体、私营经济发展速度的明显加快、规模不断扩大、经营领域和层次逐步拓宽,其整体素质也有很大提高,有效地增加了地方财政收入,带动了经济和社会的全面发展。社区的管理部门必须关注这一重大变化,看到非公有制经济还将保持强劲的发展势头,尽最大努力发挥本社区的资源优势,引导、教育经营者依法经营,照章纳税,维护职工的合法权益,努力达到安全和环保要求,为本社区个体、私营企业的起步和发展创造更宽松的经营环境。

总之,社区经济的发展应以非公有制经济为主体,大力发展个体、私营、股份制经济,实行投资主体多元化。这既符合国家关于积极鼓励和引导非公有制经济健康发展的方针政策,又符合社区的实际情况,适合社区经济的特点。

(二) 社区经济的产业结构以第三产业中的生活服务业为主

第三产业是指处于农业、工业和建筑行业之外的产业。但需要指出的是,在社会主义社会,并不是能赚钱的、能获取利润的各种经营都叫产业,而应以是否促进社会的进步、文明和发展为标准。有些无益于社会公共生活和有损于人民身心健康的各种活动,以及某种社会的病态都不能列入第三产业。例如,赌场、娼妓、贩毒以及不符合国家各种规定的"黑"工厂或生产企业等不仅不算产业,而且是违犯国家法律的行为。在我国,第

---

① 国务院研究室:《如何进一步促进非公有制经济发展》,2013年3月29日。

三产业应包括交通运输业、通信业、仓储保管业、科技开发和服务业、工程设计、程序编制和软件开发业、信息咨询服务业、饮食业、旅游业、生活服务业、房地产业、商业、金融业、保险业、科学研究和教育事业、新闻广播业、文化娱乐业、卫生保健、环境保护和生态维护、社会公益事业等。

第三产业按其性质可以统称为服务业,根据案主不同,可分为生活服务、生产服务和社会服务三部分。生活服务包括零售商业、饮食业、修理修配、理发美容、洗浴等,这些行业基本上属于劳动密集型。生产服务包括货运、仓储、金融保险等,这些行业大部分属于资金密集型。社会服务包括科技、教育、卫生、邮电等,这些行业基本上属于知识密集型。

正是由于第三产业部门多、领域广、技术知识密集程度有高有低,投资系数有大有小,只要做出正确的选择和有效安排,就会有利于社区经济的发展。根据我国社区建设的现状,社区经济应该把第三产业中的生活服务业作为重点项目。

1. 生活服务业是解决社会就业的重要途径

生活服务业属于劳动密集型行业,可以吸纳大量的第一、第二产业的剩余劳动力,解决社会的就业压力。截至2013年年末,在第三产业生活服务业领域,住宿和餐饮业中从业人员691.6万人;批发和零售业从业人员3315.0万人;居民服务、修理和其他服务业从业人员291.7万人,分别比2008年增长了18.2%、75.3%、21.6%。[①]可见,发展第三产业中的生活服务业是解决就业的重要途径。

2. 生活服务业对从事简单劳动的就业人员具有普遍适应性

由于生活服务业多数都是简单性的劳动,而且最贴近人们的日常生活,因此,生活服务业对就业者技术和体力要求不高,就业者只要接受短期的培训就能上岗工作。据统计,进城务工的农民从事服务业的劳动力占农民工总数的绝大多数。那么,社区内许多年龄偏大、文化水平偏低、职业技术差的下岗职工或失业人员,几乎不分男女都可以胜任。因此,可以帮助这些待业人员找到职业出路,安定他们的就业情绪,使他们摆脱生活贫困。

3. 生活服务业的稳定性是社区经济发展的坚实基础

由于生活服务业与社区居民的生活息息相关,具有比较稳定的消费群体,因此,生活服务的许多业务部门受市场供求的影响较小,随着人们生活水平的提高、生活需求的多样化,它也必然不断丰富和发展。这种波动性小、群众有广泛需求的生活服务业,是社区经济发展最扎实的社会基础。

(三) 社区经济的就业人员结构以待业、下岗失业人员为主

社区经济的兴起和发展开发了许多就业岗位,拓宽了居民的就业渠道,吸纳了大批城市劳动力就业,从而缓解了城镇社区就业的压力,保障了社区稳定,维护了社区安全。

---

① 国家统计局:《第三次全国经济普查主要数据公报(第一号)》,2014年12月16日。

在社区经济发展中,要把社区内各项资源重新凝聚起来,通过有效的经济活动,创造产值,增加利润。在社区人力资源的组合中,待业人员、下岗失业人员是社区经济的主要力量。

1. 最初社区经济的目标是把本地域的闲散人员组织起来

城市社区的最初形式居民委员会在20世纪50年代初就存在了,当时我国实行计划经济体制,社会组织是"单位"管理体制,没有单位归属的人员就是社会的闲散无业人员。国家为了弥补单位制组织功能的不足,试图通过居民委员会这样的机构把上述人员组织起来,以达到社会生活的高度组织化,维护社会的稳定。居民委员会下属的经济组织在这种条件下应运而生,它们吸纳居民委员会的待业、闲散人员就业,解决他们的生活困难问题,缓解社会就业的压力,维护社会稳定。

2. 如今社区经济仍然要为社会的弱势群体服务

经过几十年的历史发展,原来的居民委员会经过体制改革之后转变为社区,社区组织和管理的对象由社区中单位体制外的人员扩展到社区的所有居民,但它们为本社区居民服务的职责并没有变化。因此,社区经济并不以营利为主要目标,而是要方便本社区居民的生活,重点解决本社区居民的困难,特别要对陷入生活困难的弱势群体实行优惠政策,解决他们的就业问题。当前,就是要解决下岗职工和失业人员的再就业问题,这些人的年龄、文化、技能等条件使他们在社会的职业竞争中处于弱势,对自己生活的社区有很强的依赖性,他们的困境对社区的建设和稳定也产生了一定的压力。社区组织利用发展社区经济的方式为他们解决就业问题,不仅涉及民生问题,而且也涉及为社会的就业压力承担责任,为社会稳定做贡献。因此,下岗职工和失业人员等弱势群体是社区经济发展的主要力量,是社区经济发展关照的重要群体。

二、城市社区经济的作用

社区建设所需要的大量资金仅仅依靠政府投资是难以实现的,因此,社区的建设和发展必须依靠社区经济的发展,必须有相应的经济基础和财政实力来保证。大力发展社区经济,对于社区建设乃至社会的进步都有重要作用。

(一)社区经济是社区各项事业发展的物质基础

社区建设是包含多项内容的系统工程,无论是社区服务的改善、社区环境的美化,还是社区文化的建设,都离不开社区经济的发展,都必须依靠社区经济为其提供物质基础。

1. 社区经济发展是实现社区发展目标的根本保证

我国的社区发展目标是:要把我国城市社区建设成管理有序、服务完善、环境优美、治安良好、生活便利、人际关系和谐的新型现代化社区。这一目标的实现必须有经济的发展作保障,必须投入大量资金,否则再美好的蓝图也不会变为现实。

据了解,目前全国各地都在加强社区基础设施建设,重点抓以社区公共用房为主的基础设施建设,不仅要有一定的占地面积,还要建设比较完备的内部设施。若建设一个高级的"文明社区"需要更多的资金,据有关专家估计需要几百万元。这样巨大的投资仅仅依赖国家是很困难的,依靠各单位集资也只能解决暂时的、有限的问题。要从根本上解决问题,最好的办法是发展经济;只有依靠社区经济的发展,才能从根本上解决社区建设资金问题,为社区建设提供切实的物质基础和保障。

2. 社区经济发展与社区居民的生活质量息息相关。

社区经济的发展可以提高社区的经济实力,增加社区建设资金,社区居民的住房条件、社区环境、社区教育、社区文化、社区治安等状况必然会得到一定改善,群众会直接体验到生活质量的提高。例如,有些城市社区通过物业维修和商业服务等经营活动获得利润,用于社区的绿化工程、清洁环境、治理交通、维护治安,让居民享受优美的文明生活环境。同时,由于社区经济主要是面向广大社区居民服务的集体经济,与居民的生活息息相关,甚至有些经济活动都是社区居民直接参与的,因此有良好的群众基础。社区内部可以通过合作、合股、合办经济实体和经济项目等形式,促进彼此间的相互了解、支持和合作,增强社区居民的认同感和归属感,不断增强社区的凝聚力。

3. 有利于增强社区综合服务功能

社区综合服务是社区建设重点发展项目,主要包括对老年人、儿童、残疾人、社会贫困户、优抚对象的社区救助和福利服务,对社区居民的便民利民服务,对社区单位社会化服务等。如果没有社区经济的发展,没有一定的资金投入,很难提供系列化的社区服务。只有大力发展社区经济,满足社区生产、流通、生活的需要,才能提供多层次、全方位、系列化的服务,即充分发挥和增强社区的综合服务功能。这就是说,社区综合服务功能的完善必须以社区经济的发展为基础,而社区综合服务功能的优化反过来又促进社区经济的迅速发展。二者相辅相成,共同促进,共同发展。

(二)社区经济是安置剩余劳动力的重要领域

城市社区每年都有安置待业人员就业的任务,关系到人们生存和发展的基本权利,关系到社会改革能否顺利进行、国家的政治稳定和社会安定,也关系到我国全面建成小康社会的重要目标能否实现。然而,解决就业的根本问题是发展经济,社区经济的发展可以拓宽劳动就业渠道,有利于化解社会矛盾,促进社会的文明和进步。

1. 为下岗和失业职工排忧解难

随着经济体制改革的深入,国有企业在体制转轨的过程中,分流出大量的剩余人员。失业、下岗不仅使本人心理负担沉重,使家庭经济拮据,甚至陷入贫困,而且也会使社区乃至社会付出沉重的代价。失业率上升必然会冲击与之相关的社区经济,税收下降,公共服务与社区福利也会下降,不稳定因素增多,社区安全隐患增多。失业对个人来说是一种痛苦,对社区来说是造成隐患和紧张的一个原因,对社会来说则是生产资源的一种浪费。因此,失业本身就是重大的社会经济问题,对于社区经济是一种负担和压力,也是一种新的挑战。正确处理下岗和失业职工的再就业问题,不仅是为他们排忧解难,促进社会的安定团结,对于社区经济本身来说,也是战胜困境和继续发展的重要途径。

2. 容纳和安置社区闲散人员

社区经济的发展不仅是下岗职工再就业的重要途径,而且也可以安置社区待业人员、残疾人员、两劳释放人员以及愿意提供劳务的离退休人员的重要途径。这些人员属于通过社会正常的就业渠道难以就业的弱势人群,仅仅依靠劳动部门或劳务市场的调解有很大困难,他们所生活的社区有责任和义务解决这些人员的就业问题。社区经济具有服务性特点,可以根据居民需求灵活调整,而它的"本土特色"对上述人员更有吸引力,方便他们就近上班,特别对于许多离退休人员和残疾人更是最需要的。因此,发展社区经济,合理安置社会闲散人员,是帮助他们解决生活困难,消除社区潜在的不稳定因素的重要途径。

(三) 社区经济是构建现代文明社区的动力

社区经济的发展有利于提高社区居民的生活质量,改善社区环境,加强社区基础设施建设,改善社区内部的社会关系,促进社区的繁荣、稳定和文明,推动社区全面进步,从而使传统社区向现代文明社区转变。

1. 有利于发挥社区主体的积极性

社区经济的发展必然为社区主体带来各种利益,激发他们发展经济的积极性。社区的管理者和有关部门可以在社区经济发展的前提下,大力支持社区管理部门进一步加强管理力度,更新社区的管理条件,改善社区的基础设施和福利设施,从而推动社区环境、社区教育、社区治安、社区文化等工作的全面进展。以社区经济的发展推动社区工作的全面进步,加快社区社会结构和产业结构的平稳转型,使人们从传统社区的观念和行动中摆脱出来,以崭新的姿态,以优越的经济条件建设现代化文明社区。

2. 有利于优化社区经济结构

社区经济的发展必然会促进第三产业和中小企业的迅速发展。第三产业,尤其是传统的第三产业和中小企业多是劳动密集型行业,是扩大社区就业,提高社区经济整体效益,提高居民收入的一条重要途径。这样,不仅改革和优化了社区的经济结构,包括生产资料所有制结构、产业结构、产品结构等,从而改善社区内部的经济关系和社会关系,而且加大了对社区建设特别是对公益事业和公共活动场所建设的资金投入,加强社区服务设施的建设,及时解决与社区居民息息相关而又亟待解决的实际问题。这些社区建设中的硬件设施,是社区居民精神文明活动的重要基地和良好的物质条件,对解决社区发展的深层次问题及预防社会问题的发生有着重要的实践意义。

3. 有利于促进人的全面发展和社会文明

随着社区经济的发展,社区居民不仅在物质生活方面有更高水平的需求,而且在民主、法治、公平、正义、安全、环境等方面的要求日益增长,这就是人民对美好生活的需求。

这种需求会促进人们不断学习和完善自己,人们在不断的学习和追求中提高自己,促进了居民整体素质的提高。同时,社区经济的发展,有利于社区闲置资源的开发和利用,有利于社区市场的建立和完善,也有利于促进社区市场和社会市场的联系和发展,从而形成一种更加公平竞争、平等互利的社区生活环境,活跃了社区的消费活动,促进了社区的建设和文明程度的提高。

(四) 社区经济促进社会生产力的发展

能否促进社会生产力的发展是评价一个事物是否进步的客观标准。社区经济的重要价值不仅在于它为国家积累资金,支持国家建设,而且更重要的是它适应现实生产力发展的需求,有力地促进了生产力的发展。

1. 社区经济的所有制结构适应我国目前生产力的状况

我国正处于社会主义初级阶段,生产力发展水平比较低,具体表现为:生产工具的落后性和多层次性,既有机械化生产,也有半机械化的生产,还有手工生产。这种落后的生产力决定了在生产关系领域不能实行单一的全民所有制,而要实行多种经济成分并存的管理体制,这就需要把发展集体所有制经济、个体经济和私营经济作为公有制经济的补充。改革开放以来,我们国家的政策鼓励发展集体所有制经济、个体经济和私营经济以适应生产力发展的需求,特别是20世纪90年代以后,发展非公有制经济的内部和外部环境得到很大改善,它们已经成为市场经济中不可忽视的重要力量。社区经济的特点决定了它最有利于集体所有制经济的发展,也为私营经济和个体经济创造了广阔的发展空间。因此,社区经济适合我国目前生产力的发展水平,从而也会积极促进它的发展。

2. 为国家拓宽税源,增加财政收入

社区经济在整个国民经济中并不占主导地位,它与国家和省、市所属的国有经济和集体经济相比,无论是从发展的实力上讲,还是从发展规模上讲都不能相提并论,社区经济只是整个国民经济的补充形式。但是,社区经济在国民经济发展中的重要性不可忽视,它为国家创造的经济效益也是十分明显的。

社区经济利用自身优势,动员和组织社区人力资源、技术资源、物质资源、经济资源等方面的潜力,减少或不要国家投资,就可以兴办第二、第三产业,还可以为国有大中型企业或某些集体企业搞配套生产,填补某些企业生产项目的不足。特别是近年来,社区经济不断更新发展,显示了其强大生命力,有些社区经济甚至引进外资和生产技术,产品出口创汇,取得了良好的经济效益,增强了经济实力,积累了物质财富。这种情况既可以解决社区的主要经费问题,减轻市、区政府的经济负担,又可以为国家开辟税源,增加财政收入,支援国家建设。

第三节　城市社区经济发展的基本措施

一、树立社区经济发展大目标

我国城市社区经济既面临机遇也存在挑战,如何发展社区经济是一个新的课题。为使社区经济能在新的形势下健康发展,应根据本社区的实际情况,进一步解放思想,确定社区经济的发展目标,使社区经济取得更大的发展。

(一) 要从"小生产"观念过渡到社会大经济观念

由于我国城市社区经济的底子薄、基础差、投资少,一直处于"小打小闹"的状况,发展比较缓慢。但是,随着我国社会改革不断深入,社区的发展已经成为历史进步的必然趋势。特别是2000年以来,从中央到各省、市都非常重视社区建设,并已经把社区建设纳入城市发展规划。在社区建设大发展的过程中,必然把社区经济的发展提到新的议事日程上来。

面对新的历史条件和新的发展机遇,社区经济的管理人员和从业人员必须振奋精神,更新观念。首先,要从思想上破除原来的街道经济"养家糊口"的"小本经营"意识观念,突破因循守旧、封闭保守的思想意识,克服小富即安、目光短浅的短期行为,树立现代化的大经济观念,包括要树立竞争观念、风险观念、效益观念、价值观念、人才观念及自我积累和自我发展观念等。其次,要用战略的目光规划好社区经济发展的长远目标,要组织大生产,要有社区经济大发展的宏伟目标和气魄。只有具备超前意识和科学预见,有现代化的观念,才能抓住机遇、发展自己。

(二) 要从"小流通"观念过渡到市场"大流通"观念

在解放思想、树立现代化大经济观念的前提下,还要拓宽发展思路,认真分析本社区经济建设的实际情况,利用其优势建立与市场经济相适应的经济结构与产业结构,实现市场资源的最优配置。

要完善社区经济流通体制的改革,改变小市场、小服务、小流通的观念,打破条块分割、互相封闭的局面。建立辐射社区内外的完善发达的市场运营网络以及开放、平等竞争和有序的大市场,开展多形式、多层次的经营活动,通过流通向各行业渗透,建立多层面、高效益的流通格局。

总之,发展社区经济必须以战略的胸怀,立足本社区,面向社会,走向全国甚至走向世界。要勇于跳出辖区范围,与内资、外资联手经营,联合发展,积极寻找发展目标和方向,把社区企业办到区外、市外、国外去,组织大生产,参与大流通,做大买卖。要有立足社区、放眼全国、心怀世界的魄力,不断提高社区经济效益。要有计划地实现短期或长期目标,提高社区经济的知名度,不断跃上新的、更高的台阶。

(三) 加快企业技术改造,大力发展新产品

当前,市场竞争的焦点正在转向以人才、技术、信息等要素为主的高新技术产业的竞争。由于社区经济自身的特点,传统产业技术和经济结构调整进展缓慢,经济增长缓慢。社区经济要想真正成为城市主干经济的辅助经济,与大中型企业做好配套生产,在市场竞争中处于主动地位,就必须改变自身的弱势,跟上时代的步伐。

从目前来看,社区企业的生产多属于劳动密集型,这对于解决社区内大量的待业人员的就业问题,缓解社会就业压力起到了重要作用。但从社区经济的长远发展来看,必须由劳动密集型向技术密集型转变,要从建立现代化企业的高度认识这个问题。有关部门要引导企业加大科技投入,依靠科技进步、技术创新,推动社区经济由粗放型向集约化经营转变。只有这样,在市场经济的发展中社区经济才能有强大的竞争实力。

社区经济在竞争中还必须有自己的特色产品,要突破等、靠、观望的依赖、保守思想,主动分析和充分利用本社区经济的优越条件,根据市场经济的发展要求,更新设备、吸引人才,采用现代化的科学技术,提高产品质量和档次。树立自己的龙头产品、拳头产品,要有品牌意识和名牌意识,要不断开发新项目、新产品,开辟新的创收领域,创立自己的明星企业,扩大市场占有量,为进一步增强社区经济的竞争力创造条件。

二、改革社区经济的经营体制

市场经济是一种效益经济,它充分体现了价值规律,要求所有的生产经营者都应以较小的投入而获得最佳的经济效益,最大限度地获得利润,否则就会被市场淘汰。社区经济虽然与社会的主干经济有所区别,但它也必须适应市场经济的规律,必须不断地提高效益,才能有强大的生命力。因此,社区经济必须进行经营体制的彻底改革,打造更高的综合竞争实力。

(一) 建立新型的社区经济管理体制

我国的城市社区经济大都继承了依靠街道办事处创办起来的集体经济,在管理体制上一般都延续了由管委会直接决策和领导的模式。社会主义市场经济的建立和发展,必须改革原有的管理机制,社区管理部门应从直接抓生产经营转到政策指导、投资决策、监督服务等间接管理上来,把服务和协调放在首要位置。

(1) 主要应该为社区经济的生产经营者、投资者、纳税人提供全方位服务,营造一个优良、稳定、祥和的社区经济发展环境。

(2) 要经常分析本社区经济的发展状况,分析经济的优势和趋势,减少企业生产经营的盲目性,对于有些重点项目要保护其顺利实施,及时调整项目发展中出现的各种问题。

(3) 正确协调社区经济发展中的内部和外部关系,强化对社区经济运行的分析和监控,及时解决带有倾向性、根本性、全局性的矛盾及热点问题,帮助生产经营者防止和化解经济运行风险,推动社区经济快速、健康发展。

建立新型的社区经济管理机制,还必须发挥社区企业内部管理机制的作用以及企业各自的优势和特长,扩大社区企业的自主权,允许企业自主决策、自主经营、自主调整、自主发展,自觉遵守市场经济的运行规律,充分发挥市场在资源配置方面的积极作用,让社区企业真正成为适应市场经济的法人实体和竞争主体。

（二）建立灵活多变的经营机制

要发展社区经济,必须依据市场经济的发展规律和需求,不断改变经营机制。这就要求社区经济管理者必须积极地通过各种经济政策来引导和推动企业经营机制的改革,建立适应市场经济环境的灵活多变的经营机制,使社区企业充满活力。

社区企业作为一个经济实体,要建立良好的经营机制,首先必须有独立的生产经营自主权,包括经营决策权、产品决定权、产品销售权、人事权和分配权等。企业有权决定生产什么产品、生产的数量、出售的价格、销售渠道和销售方式、聘用什么样的人从事生产和管理、给多少报酬,以及税后利润如何分配等。只有拥有这些经营自主权,才能使企业做到自主经营、自负盈亏、自我发展。

社区企业在发展过程中既受市场的、资源的、法律的、政策的外界因素的制约,又受自我的内在因素制约。这就要求社区经济主体要在经营中具有自我激励机制,明确企业内部的产权关系,可以推行股份合作制,调动全体职员的自觉参与精神,激励企业职工不断追求企业利益和个人利益的满足,并在这种追求中使社会利益得到满足。同时,还要有创新机制,要根据市场需求积极筹划新项目,开发新产品,及时主动地调整自己的经营方向,不断向市场输送人们所需要的新产品,这样才能在市场竞争中立于不败之地。企业在发展中的资金积累问题也是经营机制的重要因素,一个高水平、不断向上发展的企业必须有自我资金积累,要自觉抵制分光吃光的短期行为,要为自我发展留有余地,留有后劲。

总之,要建立灵活多样的经营机制,使社区企业发挥自身的优势和特长,不断地在创新中实现更高的经济效益,为社区经济发展创造条件。

（三）建立新的劳动人事管理制度

长期以来,由于受计划经济体制的约束,许多企业没有劳动人事权。这种权力都集中在上一级管理部门或政府部门手中,使人才使用和聘用脱节,出现很多矛盾,也限制了企业的发展。在新形势下,必须改革传统的人事管理制度,把劳动人事的招聘、调动、使用、管理和解聘的权力完全交给企业,让企业自主办理。

劳动人事管理也叫人力资源管理,它的目标是为企业提供高素质的、充满活力的职工。要做到这一点,必须要有科学、规范的人才招聘和录用制度。这个问题既是企业吸引人才的管理环节,又关系到企业人力资源的质量。

（1）要对企业员工进行智力开发和知识更新,既要立足于企业目前需要,又要着眼于企业未来发展的需求。

（2）不仅要考虑提高企业的经营能力,还要为员工实现个人价值创造条件。

(3) 要建立合理的有激励作用的调动、考核、提升、解聘制度,要有合理的工资制度和福利待遇,既体现企业的人道主义关怀,又体现多劳多得的原则,激励员工不断向上追求,不断创造新的业绩。

(4) 要正确处理劳资关系,要加强劳动契约和人事纠纷管理,特别是要建立企业与员工的利益相关机制,进行民主管理。

各企业可以根据自己的实际需要进行劳动人事调整,使之既符合市场运行的要求,又能调动员工的劳动积极性;而政府或社区管理部门只管企业的法人、合同、监督机制、服务体系,从宏观上进行指导和协调。

(四) 彻底打破平均主义的分配制度

长期以来,由于受计划经济的影响,我国在分配制度上基本是"大锅饭",搞平均主义,社会主义的分配原则"各尽所能,按劳分配"只是一种形式和口号,并没有真正落实。在市场经济的建立和完善中,在分配制度上必须有所突破,真正体现"多劳多得"的分配原则,彻底打破平均主义,正确贯彻按劳分配原则。这样做有利于调动劳动者的积极性和创造性,促使人们在物质利益上关心自己的劳动成果,积极钻研和掌握科学技术,提高劳动技能和劳动熟练程度,从而不断进取,最大限度地调动人们的主观能动性;有利于清除好逸恶劳等剥削阶级思想,激励人们勤奋向上,正确处理创造与享受的关系,树立劳动光荣的社会主义新风尚;由于按劳分配与企业经济效益及企业经营成果相联系,因而有利于促进企业改善经营管理,不断完善管理体制和经营机制,促进企业的发展。

总之,社区经济的发展必须体现"多劳多得"的原则,真正打破平均主义,敢于拉开收入分配的差距,一切按价值规律进行,建立合理的分配制度和激励机制,这样才能调动职工的积极性,创造更高的经济效益,不断提高企业的综合竞争力。

三、以社区服务为根本,促进社区经济的健康发展

紧密结合社区实际,强化社区服务,始终把社区服务作为社区建设的核心内容,以服务促发展,以发展促提高,这是社区经济发展的根本途径。

(一) 正确处理好无偿、低偿服务和有偿服务的关系

社区经济能否对社区建设起推动作用,主要取决于社区服务的项目或内容是否符合社区居民或单位的需求,还取决于服务的质量和水平。同时,要正确处理好无偿、低偿服务和有偿服务的关系,把福利性服务和经营型服务合理地结合起来。

1. 抓好体现社区文明风貌的无偿和低偿的福利性服务

无偿、低偿的服务主要是指社会救助和福利服务,这种服务是面向特殊困难和对社会有贡献的人,如老年人、少年儿童、残疾人、贫困户以及优抚对象等,目的是满足他们的基本生活需求,不以营利为目的。这种有较强福利性、公益性特点的服务是为了体现社会主义人道主义精神,体现社区的文明风貌,扩大社区服务的影响和声誉。当然,这种服

务在产生社会效益的同时,也会产生一定的经济效益,进而为占领经济市场打下良好的社会基础。

2. 抓好体现经济效益的有偿经营性服务

在抓好无偿、低偿服务的同时,还要抓好有偿服务,逐步形成以服务补服务、以服务养服务、以服务发展实业的社区经济之路。这种服务不是针对特殊群体,而是面向整个社区,为社区的全体居民进行多方面的服务,既包括社区常住人口,也包括社区的暂住、流动人口,同时也要面对驻区单位。服务的内容是全方位的,包括社区物业、医疗卫生、家政服务、体育、文化娱乐等。由公益性、福利性等传统型服务向便民利民、方便社区各单位的新兴城市经济和社会发展的现代型服务转变,逐步突破原来社会福利体系的经营管理模式,采取灵活多样的经营机制,在做好无偿、低偿服务的基础上,发展区别具体情况、区别案主、标准有别的有偿服务。不断积累资金,增加服务设施,改善服务条件,提高服务质量,使社区服务产生较高的经济效益,逐步实现社区服务的经济效益和社会效益的统一。

(二)推动社区服务社会化和产业化

社区服务是城市经济中新的增长点,具有广阔的消费市场和巨大的发展潜力。但从目前来看,社区服务与市场经济的发展和人民日益增长的多元化需求差距仍然很大。因此,必须从社区实际出发,依靠社区力量,充分利用社区资源,动员社区内的广大居民、企业、单位共同参与,吸引社区内外的人力、物力、财力共同兴办,大力发展以满足社区群体多方面、多层次的不同需求为目标的社区经济实体,推动社区服务的社会化和产业化。

1. 社区服务社会化是推动社区经济发展的重要途径

要充分把握社区服务发展的外部环境和内在条件,动员和组织社会各方面力量,关心、支持、参与社区服务,不断把社区服务推向社会、推向市场。社区服务社会化主要表现在以下五个方面。

(1)组织领导体系的社会化。

社区服务的发展既要有灵活经营的特点,又要有健全的组织领导机构,许多社区都建立了"政府指导、民政协调、部门主管、全社会参与"的社会化的组织体系。

(2)案主的社会化。

社区服务的对象不是特殊的个体或者某个特殊群体,而是全社区的居民、家庭和企事业单位,服务面覆盖社区全方位,渗透到社区的各个领域。

(3)社区服务内容的社会化。

社区服务既有传统的社会保障服务,又有适应社会不同阶层需求的不同层次的社会生活服务,还要有为满足驻区单位需求的各种社会化服务,要根据社区建设目标和内容,不断开拓社区服务新领域。

(4)社区服务主体社会化。

社区服务既有社区服务部门的组织,也有各个企业集团、单位、各界人士和个人等服务主体的共同参与,体现了服务主体的多样化、社会化。

(5) 社区服务资金筹集的社会化。

社区服务要改变过去完全靠政府投资的状况,实现既有政府拨款,也有驻区单位的投入,还有个人投资,逐渐形成以社会筹资为主,政府资助为辅的多途径、多层次、多种经济并存的投资运作体制,实现社区服务的自我积累和自我发展。

总之,只有社区服务社会化,才能真正把社区服务福利和经营的双重性体现出来,才能更有效地推动社区经济的发展。

2. 社区服务产业化是发展社区经济的必由之路

社区服务产业化就是把社区服务作为一项特殊的第三产业来办,在重视其社会效益的基础上,改变传统福利事业单纯投入和没有经济产出的运行方式,增强自身的经济功能,实行无偿、低偿、有偿服务相结合,使社区服务业在整体发展方面,实现由单一的福利性服务向经营型服务发展。要实现社区服务产业化就必须做到以下两点。

(1) 把市场机制引进社区服务业。

把社区服务的单位办成具有法人资格的自主经营、自负盈亏的经济实体,允许社会、企业、个人、外资协办、合伙经营,实行承包、租赁、股份制、股份合作制等,实现投资主体多元化和经营机制多样化。对一些面向全社会的服务设施和服务项目,可以实行市场化的收费价格,突破缺乏弹性的价格管理体系。

(2) 要培植一批产业龙头,促使社区服务上规模。

要动员辖区内的单位与企业通力合作,把自己的福利和后勤保障设施进行有偿转让或合作经营,向全社区甚至全社会开放。还要引进先进的技术,不断提高服务水平和档次,增强社区服务的辐射能力,培植一批带动社区服务业快速发展的龙头企业,如物业管理、家政服务、社区教育等。对这些就业容量大、社会需求广、经济效益可观的行业,应该采取积极措施,使之成为推动社区服务产业化发展的龙头,成为社区经济的重要组成部分。

(三) 合理规划社区服务的布局和方向

社区的地域和资源都是有限的,合理地规划社区建设是社区存在和发展的必要条件。社区服务也不例外,必须进行合理的规划和布局。

1. 社区服务项目的合理布局

合理规划社区服务项目的布局,主要是从空间上全盘考虑社区建设的整体计划。社区服务的范围按区域大致有个划分,但没有严格界限,而且每个社区服务中心和站点的服务项目有限,不可能包罗万象,同时,服务的项目在社区之间都有相互交叉和延伸。这就要社区服务的有关部门进行合理的布局。

(1) 对于福利服务、公益服务或便民服务等项目,要根据本社区的居民分布,尽量避免过于集中在居民聚集区,而忽略了边缘区的居民。

(2) 对于社区服务的一般项目,力求"小型、分散、方便"。

(3) 对于重点项目,要做到"综合、完善、配套"。这样,经过合理规划,不仅会方便各个层次居民的需求,而且也会收到良好的社会效益和经济效益。

2. 科学确立本社区服务方向

根据本社区的具体情况,重点办好适合广大居民需求的服务项目,科学选定社区服务方向,是推动社区服务迅速、健康发展,促进社区经济发展的关键。

要科学地确立社区服务方向,必须认真分析社区的地理环境、社区的自然资源和社会资源的状况。例如,有的社区处于城市的商业中心,就可以利用本社区内的商业资源发展本社区的商业服务;有的社区文化资源丰富,就可以在社区服务中办出文化服务的特色,还可以办旅游服务等。同时,也可以根据本社区的人才资源,创办具有本社区特色的龙头产业,兴办各种有利的经济实体和服务事业,有计划地上规模、上等级、上档次,不断适应市场和大流通的需要。同时,要充分利用电信事业快速发展的形势,大力倡导社区服务业联网,开展连锁经营、网络化服务,通过传统业务与电子商务的结合和网上网下业务的结合,完成传统产业向互联网的延伸与增值。网络化服务是社区服务发展的必然趋势,只有这样,才能实现社区服务的规模化经营,把社区服务推向更高的发展层次,整合社区服务现有资源,取得更好的经济效益。

总之,社区经济的发展必须以社区服务为方向,只有充分认识社区服务的内在规律性,不断提高社区服务的档次和质量,满足社会的各种需求,才能不断提高社区服务的信誉,取得更高的社会效益和经济效益,从而推动社区经济的发展。

 名词与术语

社区经济	社区经济特征	社区经济结构
第三产业	生活服务业	社区经济管理体制
非公有制经济	社区服务社会化	社区服务产业化

复习与思考

1. 如何理解社区经济的含义和特征?
2. 简述我国社区经济发展历程。
3. 改革开放以来社区经济发展的原因是什么?
4. 如何理解社区经济所有制结构的特征?
5. 如何理解社区经济产业结构的特征?
6. 如何理解社区经济就业人员结构的特征?
7. 为什么说社区经济是社区各项事业发展的物质基础?
8. 为什么说社区经济是拓宽劳动就业渠道的重要条件?
9. 为什么说社区经济是构建现代文明社区的动力?

10. 怎样树立社区经济发展的大目标？
11. 如何改革社区经济的经营体制？
12. 如何理解以社会服务为根本，促进社区经济发展？

主要参考文献

[1] 潘家华：《中国城市发展报告》，社会科学文献出版社2010年版。
[2] 钟水映：《人口流动与社会经济发展》，武汉大学出版社2000年版。
[3] 陈宪等：《社区经济与社区服务》，上海大学出版社2000年版。
[4] 叶金生：《社区经济论》，企业管理出版社1997年版。
[5] 陈幽泓：《社区治理的多元视角：理论与实践》，北京大学出版社2009年版。
[6] 朱国云：《社区管理与服务》，天津大学出版社2010年版。
[7] 龙永图：《给予民营企业平等国民待遇》"2016中国企业家博鳌论坛"，2016年6月18日。

第六章 城市社区文化

文化是一个国家、一个民族的灵魂。没有高度的文化自信,没有文化的繁荣兴盛,就没有中华民族的伟大复兴。这就要求我们坚持社会主义核心价值观,大力弘扬中华优秀传统文化、大力发展社会主义先进文化。社区文化作为基层社会的地域性文化,以其特殊的内涵和功能对社区成员的人格精神和社区的整体风貌产生潜移默化的影响。社区文化是涵养社会主义核心价值观的基础条件,是弘扬中华优秀传统、发展社会主义先进文化的直接因素。因此,加强社区文化建设和管理,对于提高公民的文化自信和社区乃至社会的文化繁荣具有重要的现实意义。

第一节 城市社区文化的价值

一、社区文化的含义

社区文化是一种综合的社会意识形态,属于社区精神文明范畴。文明健康的社区文化能够教育、鼓舞、凝聚社区居民,促进人们形成科学的世界观、人生观和价值观。

(一) 什么是社区文化

社区文化是一种地域性文化,是以社区为依托,以文化活动为载体所表现出来的社区成员的生活方式、行为习俗、价值观念、知识水平、娱乐心态、审美层次、人文环境等文化现象的总和。

社区文化具有自己特定的内涵。

1. 社区传统文化

社区传统文化是社区的特色文化,处于不同地理位置的社区常常具有不同的传统文化形式,以呈现社区居民文化意识、历史积淀和行为习惯的文化传统。其主要表现为社区特色的民间艺术、历史文化景点、社区居民传统形态的文化素质,以及由此产生的价值取向等。对社区优秀传统文化的挖掘和继承是社区文化建设的重要内容,最能体现本社区文化与众不同的特点。抛弃传统,丢掉根本,就等于割断了自己的精神命脉。

2. 社区公益文化

社区公益文化是社区文化不可缺少的内容,是以社区各种公共文化设施为依托而开展的为全社区成员服务的社会性文化活动。例如,社区的公共图书室、文体活动室、美术馆、科技室、广场等都是社区居民进行文化活动的场所。这些场所的设施属于公共设施,向全社区的居民甚至向社会开放,在这些场所进行的公益文化活动具有群众性的特点,而且不以营利为主要目的。因此,社区公益文化最能体现社区的综合实力和社区的综合发展水平。

3. 社区专业文化

社区专业性文化不具有普遍性和经常性的特点,但它最能体现社区文化的深刻内涵和社区文化的艺术水平。专业性文化具有较高水准,特别是一些高雅文化都是由专业的文化队伍提供的,是文化产业的核心部分,如舞台艺术中的舞蹈表演、各类专业演出、演唱会等。这些专业性的文化通常要经过一定的策划和充分的准备,具备一定条件才能进行。它既为社区建设增加经济收入,也给社区公众带来丰富的文化生活内容,有利于高雅文化和通俗文化的互补。

4. 社区娱乐文化

娱乐文化是以娱乐场所为依托的经营性的商业活动,如社区内的歌舞厅、酒吧、健身房、练歌场、电子游戏机房等,都是娱乐文化活动场所。娱乐文化活动显然属于营业性、营利性的文化活动,但它同样为丰富多彩的社区文化生活提供了多样性选择,是社区文化不可缺少的组成部分,也是社区文化具有普遍性的基础部分,其对于繁荣社区文化、促进社区经济发展有重要作用。

总之,社区文化具有丰富的内涵,是社区居民生活不可缺少的内容,是社区建设的重要组成部分。它是由社区成员共同创造的,并且共同承载、共同分享,对社区成员具有强大的凝聚力和教育作用。

(二) 社区文化的特点

社区文化作为群众文化的重要组成部分,是社会大文化在社区内的具体表现。社区内的历史传统、风俗习惯、经济状况、人群构成以及自然环境和社会环境等因素都对社区文化产生重大影响。从社区文化的共性来看,它有以下特点。

1. 丰富性

社区文化的内容随着改革开放的深入而日益丰富和充实,包括文学、艺术、体育、科技等,文化活动多种多样,文化设施增多,文化品位差别也明显,出现了雅俗共赏的局面。其中,既有体现中国古老文化以及民间传统、民族风格的舞蹈、戏曲、绘画、音乐等,也有从国外引进的迪斯科、摇滚乐以及体现现代科技的电子游戏与多媒体等。社区文化的丰富性与社区人们的精神需求的丰富性密切相关。改革开放以来,随着人们生活水平的提高,社区居民对文化活动的需求也越来越迫切。人们需要衣、食、住、行,也需要锻炼体魄、培养情趣、陶冶情操、了解新科技和更新的生活方式,以及追求更高层次的精神享受和境界的升华。

2. 多样性

社区文化的多样性,是由社区人群结构的复杂性决定的。由于社区成员的文化素质、年龄结构、社会分工、个人经历、生活条件等不同,甚至有很大差异,因此人们对文化活动有不同的爱好和兴趣,使社区文化呈现出不同的层次性和多样性的特点。社区文化的多样性具体表现为:(1) 文化服务的对象是多样的,有社区各单位的机关干部、工人、军人、知识分子、学生、离退休人员、个体经营者以及一般的社区居民等;(2) 文化设施是多样的,有文化站、礼堂、俱乐部、图书室、健身房、歌舞厅、游艺厅、科技活动室、画廊、宣传窗、文化广场等;(3) 文化形态也是多样的,有商业文化、企业文化、校园文化、军营文化、机关文化、广场文化等。

3. 群众性

社区文化有广泛的群众基础,受到社区广大群众的认同和欢迎。由于社区群众既是社区建设和活动的主体,也是社区文化建设的动力,社区文化植根于社区群众生活之中,是其社会生活、实践和需求的反映。社区文化越是贴近群众,贴近社会生活,就越能加大社区群众参与的广度和深度,也就越有生命力。社区文化工作的出发点和归宿就在于依靠社区群众,反映他们的文化需求,为他们服务,这是开展社区文化工作的基本工作思路和价值取向。只有这样,才能使社区文化面向基层,服务于民,更富有应用价值和实际效果,从而得到广大群众的拥护,进一步推动社区文化的建设和发展。

4. 开放性

随着我国改革开放的不断深入和经济的迅速发展,人们的价值观念和生活方式发生着重大变化,社区文化也表现出开放性的特征。在社会文化的大背景下,现代城市社区文化仍然是一个开放系统,它要容纳千姿百态的各种类型的文化——高雅的文化与通俗的文化,传统文化与现代文化,公益文化与消费文化,本土文化与外来文化等。这些文化从内容到形式都是不断发展变化的,而不是封闭和僵化的,具体体现了社会发展的开放性的大趋势,以及人们思想观念的解放和对新事物的敏感性等,这就必然使社区的发展(包括文化活动的发展和社区建设的发展)也显现出开放性特点。

二、社区文化陶冶人们的思想情操

在新的历史发展时期,特别是在我国社区建设的初级阶段,会产生和暴露许多社会矛盾,从而也会使人们产生许多思想困惑和精神压力。健康的社区文化会引导人们趋向正常的心态,排除思想包袱,从深层次上感悟生活的价值,提高思想觉悟,美化自己的心灵。

(一) 社区文化增强社区成员对社区的认同感

随着城市现代化进程的加快,市政建设的大发展,人民的生活条件发生了巨大变化。许多居民告别了拥挤破旧的老房子,告别了朝夕相处的老邻居,搬进了新的生活居住区。这样大规模的社会变迁和居民流动的状况,使人与人之间的互动关系必然产生陌生感和疏离感,人与人之间的关系不可避免地出现肤浅化和形式化的特点,很容易让人对外部环境产生一种压抑感,从内心感到孤独,甚至焦灼和困惑。社区文化活动,如书画笔会、棋牌大赛、读书征文比赛、交际舞会、服装表演、知识竞赛等,能帮助人们摆脱孤独的困境,使人们走出封闭的空间,感受文化活动的凝聚力,在文化活动中加强了解,增进友谊。这不仅可以驱散人们之间的陌生感,而且可以使人们在文化活动中感受到社区大家庭的快乐和温暖,增加对社区的依恋和认同。

(二) 社区文化使人们感悟人生的意义和乐趣

在社会的变革时期,经济体制的转轨和社会生活节奏的加快,增强了人们的自我意识、竞争意识、效率意识,为个人的发展带来了良好的机遇。同时,也使人们面临许多新的挑战,使人们感受到比以往更大的精神压力。有些人在各种刺激下很容易产生心理不适,甚至情绪压抑、浮躁不安、烦恼等心理障碍。社区文化以其贴近生活、贴近群众的优势,以丰富多彩的形式吸引人们,满足人们对文化的多方面爱好和兴趣,创造浓厚的文化氛围,引导人们尽情表现自己的个性,使人们在丰富的文化活动中忘记疲劳,摆脱精神负担,感悟到人生不仅有压力也有轻松,不仅有竞争也有友谊,不仅有烦恼也有乐趣,从而更加热爱生活,热爱人生,也更加热爱自己生活的社区。

(三) 社区文化使人们在交流中建立和谐的人际关系

社区文化是一项综合性活动,无论是教育、文体,还是艺术活动,都需要人们从不同角度进行合作和交流,达到默契和最佳的配合。在这个过程中,人们通过交流增进了解,通过合作加强团结,在配合中建立友谊。这不仅交流了感情,也建立了和谐的人际关系。这种和谐的人际关系,又会使人们感受社区文化的凝聚力,确立共同的文化价值目标,增强参与意识,加深对社区的认同感和归宿感。目前,全国许多城市社区已经认识到社区文化对于调节人际关系的重大作用,以全新的形式推出了"爱我家园、美化生活"等社区系列文化活动,在活动中弘扬中华民族的传统文化,融合具有时代特色的现代文化,加深了人们之间的情感沟通。例如,长春市清和街道万宝社区举办的"邻里宴",武汉市百步亭社区举办的"千家宴团年饭",即每户自备一个菜,集中到社区,众人团聚品评,共迎佳节。在宴会上,居民们"八仙过海,各显神通",做出各式各样具有丰富文化内涵的菜肴,把对国家、社区、邻里和家人的祝福融入传统的饮食文化当中。这些活动极大地增强了邻里之情,每次活动人们都非常快乐,共同参与,互相提携,为了达到最佳效果而共同努力,既陶冶了社区居民的思想情操,又增强了社区成员共建家园的社区意识。

三、健康的社区文化促进社区文明建设

文化与文明虽然都是人类所创造的成果,但文明只反映人类创造的进步的、有积极意义的成果。而文化则包括一切成果,既有积极先进意义的成果,也有消极落后的成果。因此,要对社区文化加以引导,使之朝着健康、正确的方向发展。只有健康的社区文化,才能促进社区的文明建设。

(一) 社区文化倡导新的生活方式

随着社会的发展,人们的生活水平不断提高。对于城市居民来讲,建立美满的家庭,追求现代文明的生活方式,特别是对艺术、娱乐、休闲、健身等方面表现出来的爱好和兴趣,已经成为普遍的社区文化现象。这些活动非常直观地吸引着人们,改变着人们的旧风俗、旧观念、旧习惯,以现代精神指导着人们不断提高生活质量。例如,许多居民都在家中养花,社区管理部门可以为居民讲授养花护绿知识等。这些知识可以使居民明确哪些花草适合放在屋内以清洁空气,哪些花草对人的健康不利,应放在屋外饲养,从而使人们在怡心逸神陶冶情操的同时增长文化知识,提高了生活质量。

(二) 社区文化能提高群众的科学文化水平

提高社区居民的科学文化水平,是社区文化的重要内容,也是文化主管部门和管理人员的主要责任。从目前的状况来看,由于时代的发展和社会的需要,人们对科学技术的学习热情很高,各种正规学校很难满足社会各方面的需求,而且有些科目的学习时间很短,经过短期培训就可以解决问题,不需要去正规学校学习。这样,就需要依靠学校以外的社会教育来丰富社区居民的知识,提高其技能。社区可以利用文化站、俱乐部、各种活动室等,宣传科学文化知识,组织各种培训班,根据群众的要求和培训内容,使人们及时了解最新的科学文化动态,掌握现代科学信息,跟上时代步伐,以全新的精神风貌投入到社区的现代化建设中。

(三) 社区文化是社区精神文明建设的重要内容

党中央在《关于社会主义精神文明建设指导方针的决议》中明确指出:"精神文明建设,包括思想道德建设和教育科学文化建设两个方面,渗透在整个物质文明建设之中,体现在经济、政治、文化、社会生活的各个方面。"同时,党中央再三强调中国共产党要始终代表先进社会生产力的发展要求,代表先进文化的前进方向,代表最广大人民的根本利益。因此,抓好社区文化建设是社会主义精神文明建设的重要内容。

社区有关部门可以利用本社区浓厚的地域文化氛围,通过业余学校、各种墙报、宣传栏、文艺表演、乡音演唱、上门宣讲等群众喜闻乐见的宣传方式,宣传党的方针政策,宣传时事政治,反对封建迷信,提倡文明科学的思想观念和生活方式。在提高社区群众思想政治水平的同时,努力丰富群众的文化生活。通过健康文明的文化活动,使人们在潜移

默化中受到感染和陶冶,在文化娱乐的美的享受中提高思想政治觉悟,培养高尚的道德情操,启迪净化人们的心灵。事实证明,凡是文化活动开展得好的社区,社会风气就好,精神文明建设水平也高。

第二节 城市社区文化建设的内容

社区文化建设是一项综合性的系统工程,主要包括社区文化活动、社区文化服务和社区文化管理等内容。

一、社区文化活动

社区文化活动是指社区所有的成员,为满足求知欲望和精神生活的需要而开展的具有综合性、基础性、普及性、传统继承性的各类文化活动。它主要包含以下几个方面。

(一) 社区教育

社区教育是推动社区发展的基础,是基层社区组织或社区工作者依靠社区力量,利用社区资源,对社区成员有目的、有计划地施加系统影响的各种形式的教育活动,以造就全面发展的新人,提高社区成员的整体素质。

从目前我国社区的发展状况看,社区教育的重点是推行社区公众教育,其基本出发点是以"人人接受教育、人人参与教育"为宗旨的社区公众终身教育。它是实现教育社会化、社会教育化的有效形式,是建设学习型社区的最佳途径。其具体活动形式主要有以下几种。

1. 社区幼儿教育

幼儿教育也叫学前教育,是有关机构根据一定的培养目标和幼儿的身心特点,对入小学前的幼儿所进行的有计划的教育。实施幼儿教育的主要机构为幼儿园,幼儿教育的主要任务是使儿童身心获得正常发展,为小学阶段的学习做好准备。

由于幼儿是对社区依赖性较强的群体,所以幼儿教育是社区教育的重要内容。随着我国经济体制改革的发展,单位办社会的局面已经不复存在,计划经济时期各个单位不管大小都办幼儿园和托儿所的情况已经成为历史,幼儿教育归向社区是社会发展的必然趋势。从每个家庭的情况看,一方面,家长为了安心生产、工作和学习,减轻教育子女的负担,都希望就近解决孩子的教育问题,这就为社区的幼儿教育提出了社会需求。另一方面,家长也都希望自己的子女能受到良好的早期教育,为以后的发展打下良好的基础。以上因素都为社区的幼儿教育发展创造了机遇,社区教育管理部门应该抓住机遇,满足社区居民的需求,从幼儿园的选址、设计、设备、教师、教育方针、教育内容等都要精心策划和落实,以创新的精神、现代的观念、服务的宗旨办好社区的幼儿教育,使居住在本社区的幼儿在社区内就能受到良好的教育。

2. 家政教育

家政教育是与家政服务相对应的教育活动,在社区教育中占有重要位置。这是因为社区管理工作的重要内容是直接面向社区居民及其家庭提供服务,家庭是社区组织的基础,家庭的科学管理和文明幸福,是社区稳定乃至社会发展的关键因素。

家政教育是向社区居民进行家庭的科学管理教育,涉及每个家庭及成员的现实利益,有广泛的群众基础。其主要内容有:家庭育儿、身心卫生与保健、营养与配餐、家庭理财、家庭教育方法、家庭布饰与审美、家庭关系的调适等。家政教育是一门综合性的教育活动,家政教育能使人们增长家庭生活知识和家庭管理知识,以科学的态度和方法来管理和建设家庭,形成正确健康的生活方式,从而提高家庭生活质量和家庭成员的人生质量,为建立文明、和睦、温馨、幸福的家庭做出贡献。特别是随着社会的发展和家庭结构的变化,家政服务开始走向社会化,进行家政教育就显得尤为必要。家庭的文明、幸福是社区稳定、社会和谐的基础。

3. 居民道德教育

国无德不兴,人无德不立。在社区居民中广泛开展道德教育,是提高公民道德素质、发展先进文化的重要内容和中心环节。通过公民道德建设的不断深化和拓展,逐步形成和完善与社会主义市场经济相适应的社会主义道德体系。既要重视公民的社会公德教育,也要重视家庭美德教育和职业道德教育,使社区居民在社会生活的各个领域都能自觉地用道德规范来约束自己的行为。这是提高全民族素质的一项基础性工程,是一项长期而紧迫的任务,需要全社会的努力参与和落实。社区教育必须把公民道德建设融入社区管理工作之中,逐步形成道德教育与社区管理,自律与他律互相补充和促进的运行机制。综合运用教育、法律、行政、社会舆论等方法,更加科学、有效地引导人们的道德观念,规范人们的行为,提高居民的道德素质。使道德教育真正起到提高道德认识,陶冶道德情感,确立道德信念,坚定道德意志,形成道德习惯的作用。例如,长春市南湖街道办事处开展了"道德储蓄"的活动,每个社区居民自愿参加。湖东社区给每个志愿者发放一个道德"储蓄册",每当居民为社区做了好事,都记载到储蓄册上。他们的口号是"存的是奉献,储的是爱心",激发了群众热爱社区、建设社区的情感,也增强了社区的凝聚力。

4. 居民身心健康教育

随着社会的进步和人民生活质量的提高,身心卫生和保健问题越来越重要。人生的质量、家庭生活的幸福和社会的文明都与人们的身体健康和心理健康有密切联系。心理健康是一种持续、积极的心理状态,个体在这种状态下能够很好地适应环境,使生命具有活力,能充分发挥自身的潜能。心理健康的人一般有正确的自我意识、良好的人际关系,热爱生活,积极工作,有较强的协调和控制情绪的能力,能保持人格的完整和健康。在社会全面转型时期,各种矛盾突出,社会竞争激烈。面对剧烈变化的社会环境,没有健康的心理素质是很难适应的,更谈不上发展。因此,人生的幸福需要身心健康,事业的成功需要身心健康,社会生活也需要身心健康,现代社区建设和完善更需要身心健康。身心健康是人民维持正常生活、参与社会活动的必需条件。社区管理者必须重视对人们进行身心健康教育,使本社区居民身心健康、人格完善,自觉地约束自己,主动关心他人,使社区形成良好的人际关系和社会风尚。

5. 居民审美教育

审美是人们对美和美的事物的一种认识、欣赏和评价,是人类的一种高级情感。审美感觉是人类认识世界和改造世界不可缺少的思想情感,它以情感、启示、满足、成功、愉悦等特殊形式来满足人们精神生活的需要。审美实践活动能通过各种美的形象来触发情感,以美感人、以情动人,从而起到潜移默化的感染和教育作用。较强的审美能力和健康高尚的审美情趣,对人的全面发展有十分重要的作用,加强审美修养是人们提高自身素质的重要方面和内在需要。因此,社区教育必须把对居民的审美教育作为重要内容,通过提高居民的审美知识和能力,激发人们的审美情感,从而使居民更加热爱生活、热爱社区、热爱祖国。

6. 社区法治教育

法治教育不仅是维护社会稳定的需要,也是人们用法律武器维护自身合法权益的需要。社区要经常组织居民学习法律,特别是与社区成员生活密切相关的婚姻法、民法、财产继承法、老年人保护条例、青少年保护条例等,增强人们的法治观念,让人们懂法、守法、用法。使社区居民成为社会主义法治的忠实崇尚者,自觉遵守者、坚定捍卫者。不仅人人遵守法律,还会以法律为武器,维护自己的合法权益,使社区的建设和管理走向法治化。法治教育和道德教育都是文明社区建设不可缺少的教育活动,建设社区精神文明,发展社区先进文化,必须有法律制度作保障,要把法治教育和思想道德教育结合起来,提高人们塑造理想人格的主动性,增强人们知法、守法的自觉性。

总之,随着城市现代化的迅速发展,以及城市基层组织建设的逐渐完善,城市社区的教育问题日益重要。它不仅关系到居民综合素质的提高,也关系到每个家庭的生活质量及和睦幸福,更关系到社区的和谐及社会的稳定。因此,各级管理部门和社区工作者必须把社区教育作为社区建设的重要问题来落实。

(二) 社区群众文体活动

随着社区建设的不断深入和社区居民生活的改善,人们对生活质量、身心保健等更加关注。因此,群众性的文体活动已经成为社区居民生活的重要组成部分,成为社区居民自我教育、自我提高、自我发展的重要活动。

1. 发动群众积极参加文体活动

社区文体活动必须以社区群众为主体,努力调动广大群众积极参与,达到自娱自乐、自我教育的目的。

由于社区群众的经历、文化水平、年龄、职业、兴趣等因素的差异,他们对文体活动的爱好和参与程度也不同。社区有关管理部门要在调查了解群众需求的基础上,利用社区各种资源,加强对社区内各单位、各团体现有的文体队伍以及群众自发组织的文体演出队、比赛队、表演队等队伍的组织、协调和引导,充分发挥他们在社区文体活动中的骨干作用。同时,对群众业余的文体活动,如社区居民的晨练活动、社区广场的休闲文体活动等,都应给予关注和指导。使社区组织的凝聚力和群众的自发性结合起来,让群众把参加社区文体活动当作自己精神生活中不可缺少的重要内容,自觉参与社区文体活动,最大限度地活跃社区群众的文化生活。

2. 依靠社区的文体队伍提高活动质量

社区现有的群众性文体队伍多是自发的以兴趣为凝聚力的群众队伍。社区有关部门应积极为他们开展经常性活动创造有利条件,引导和鼓励他们向有益健康、文明、科学的方向发展。同时,还要根据社区居民和社区发展的需要,不断扩大群众性文体队伍,如组建各种球队、健美队、舞蹈队、秧歌队、合唱团、棋牌队、服装表演队等,充分发挥群众各自的特长和爱好。不仅组织他们在社区内经常开展文体活动,而且协助他们与其他社区搞联谊活动,积极牵线搭桥,引进社区之外的专业文化和艺术团体来社区交流与演出。这样,既可以让社区群众在丰富多彩的文体活动中展现风采,又可以在互相交流中提高文体活动的水平,做到雅俗共赏、普及和提高相结合。

3. 利用文体设施开展群众娱乐健身活动

文体活动必须有一定的设施和场所,否则群众就没有条件从封闭的家庭走到一起。各社区管理部门要充分利用现有的场地和设备,如娱乐广场、健身房、体育场等,积极开展文体活动。同时,还应该根据社区的实际情况和社区群众的需求,逐渐增建新的设施,扩大文体活动空间。还可以与驻区单位联合,走"共识、共建、共办、共荣、共享"之路,共识是前提,共建是重点,共办是合力,共荣是目标,共享是目的。共同建设集文化、娱乐、休闲、健身为一体的社区文体活动基地,为社区群众参与社区文体活动、自娱自乐、自我展示才华提供场所和舞台。

社区文体活动设施的建设,既要考虑儿童游乐的需要,也要考虑青少年锻炼身体、增长才艺的需要,还要考虑中老年人健身、休闲享乐的需要。首先是吸引群众,其次是寓教于乐,要尽可能调动社区所有成员的积极性,组织全区运动会、体育竞赛、文艺演出等活动。积极开展群众性广场文化活动,通过社区文化节、艺术节,推动群众性文体活动的开展,引导群众科学娱乐和健身,营造文明健康的社区文化氛围。

(三) 社区科技知识的普及培训活动

宣传科学知识,普及科学教育是提高社区居民科学文化素养,促进人的全面发展,以适应社会现代化发展的重要文化活动。文化科学技术在社区的普及教育和培训,既能引导社区群众跟上时代步伐,科学地工作和生活,又能推动文明社区的建设和发展,是社区现代化的重要条件。

1. 加强科学技术的普及工作

社区科学技术普及教育活动需要各个部门、各个方面的密切合作,并以相应的组织机构来保障。通过组织机构,有效地调动社会各种力量,使之形成合力,积极实施科普活动,如建立科普协会、科学爱好者协会或者其他相应的组织机构,加强科学技术普及工作的组织和宣传工作。通过各种相应的组织机构建立科普信息联络站、新科技读书组、宣传画廊、阅报栏和黑板报等,对事业单位、学校或居民经常开展科普教育,举办各种形式的科普讲座、科普知识竞赛、科普成果展览等。通过多种形式、多渠道、多层次的科普教育宣传,使受教育者增加科学知识,使他们既可以提高文化素养和工作效益,又可以促进社区的文明发展。

2. 在社区形成学科学、用科学的良好风气

社区有关部门要采取积极措施,挖掘社区科技人员的潜力,建立精干的科学工作者队伍,尤其要注意发展科普志愿者队伍;积极动员和吸引社区的科技工作者参与社区科普活动,向社区公众及时宣传科学信息,讲授科学知识。特别要注意定期邀请在某科学领域里有造诣的专家学者做科学讲演,利用他们的学术影响来吸引社区群众走进科学,学习科学。要注意培养青少年科技爱好者,培养他们对科学技术的兴趣,带动他们从小作品和小设计开始,逐步向更高层次发展。还可以设立"科普奖",鼓励人们积极开展科普活动,繁荣科技创作活动,在全社区形成学科学、讲科学、用科学的良好氛围。

3. 推动社区群众性科普活动深入开展

社区可以根据不同年龄、不同兴趣、不同职业,把人们组成不同性质的科技学习小组,组织他们开展社区内外的科学技术交流,通过交流,互相学习,提高水平,甚至可以根据社区的实际情况引进新技术、新项目和科技人才,进一步强化科学技术。这样,不仅可以把科普活动引向深入,彻底克服愚昧和落后,还能够通过科学技术促进社区企业的发展,从而全面推动社区经济的进步。同时,通过开展能充分体现社区科普水平的活动,形成良好的社会影响和社会舆论,带动和促进群众性科普活动的开展,推动社区科学活动向更高层次进展,从而促进社区文化的繁荣。

二、社区文化服务

社区文化服务是社区社会服务的重要组成部分,具有公益性特点。它主要是通过各种文化活动形式来满足社区各类人员的文化需求,提高群众的文化水平和思想道德素质,增强社区的凝聚力和促进社区的繁荣发展。

(一) 为儿童的文化服务

儿童是对社区依赖性最强的群体,他们是祖国的希望与未来。许多对少年儿童的成长有重大影响的优秀文化、传统美德等都要从娃娃抓起。因此,为儿童提供先进文化服务,对他们进行优秀传统文化教育,保证儿童身心健康和茁壮成长,是国家、社会和家庭的责任,社区无疑要承担起这一重任。社区对儿童的文化服务主要表现在以下几个方面。

1. 结合儿童成长的特点开展文化服务

儿童的文化服务需求有明显的年龄特征,要根据儿童德、智、体、美发展的规律建立各种文化设施,如建立正规的托儿所、幼儿园、儿童学前班等,并且根据他们的特点配置良好的具有现代特征的学习设备,挑选优秀的幼儿教育人才,使适龄儿童都能在社区内受到规范化的文化教育。

2. 加强儿童娱乐场所和校外辅导站的建设

文化活动场地对于儿童文化素质的培养十分重要,不仅要有比较稳定的常驻地址,而且还要方便和安全。通过举办幼儿音乐、体育、舞蹈、绘画、书法等学习班,组织各种适宜幼儿智力发展的活动小组,使他们从小就发展特长,培养兴趣,为今后的成长打下坚实的文化基础。

3. 让儿童的教育者首先受教育

举办家长学校、学前教育师资培训、保姆培训班等,使这些直接为儿童服务的有关人员先受教育,接受现代教育理论、现代教育技能等培训。这些培训可以是定期的、系统的有关知识教育,也可以根据受教育对象的具体情况和要求进行专题讲座,并且通过培训考试发给职业证书,以使他们更好地为儿童服务。

(二) 为青少年的文化教育服务

青少年的文化教育主要是通过正规的学校进行基础教育,但从我国目前的中小学教育来看,传统的应试教育根深蒂固,素质教育还只是刚刚起步,任重道远。社区对青少年的文化教育,就是通过丰富多彩的教育服务形式,对青少年进行校外素质教育。

1. 利用社区的教育设施开展业余文化服务

社区文化服务机构要依靠社区现有或者建设新的教育机构和设施,如青少年之家、青少年活动中心、科技馆等场所,开展各种文化教育,开展计算机应用、摄影技术、球类、书法、音乐、美术、舞蹈、乐器等的学习和辅导。要动员和吸引社区青少年积极参加业余文化学习,丰富业余生活,增长知识和才能。

2. 激发青少年学习科学的兴趣

在市场经济条件下,拜金主义、享乐主义人生观对人们有腐蚀作用,特别是对于世界观还没有形成的青少年来说,威胁性更大。为此,社区可以经常组织举办各种科学知识讲座,如天文、地理、航天、航海、生物、现代电子技术、家电修理等,把知识性和趣味性教育结合起来,开发青少年的智力,满足他们的求知欲望,使他们在青少年时期就产生对科学的兴趣,并且掌握一定的科技知识,鼓励他们勇攀科学高峰,为祖国争光。

3. 开展为正规学校教学服务的辅助教育

为了巩固在学校学习的各种知识,家长常常请家庭教师或让孩子参加各种业余辅导班。社区的文化服务完全可以满足家长的这种需求,通过文化辅导站聘请有专业水平的老师举办各种补习班和提高班,如外语、数学、物理、化学、语文等课程的课后辅导班等。但是,这种辅助教育必须既能满足青少年和家长的要求,又不能给孩子增加过重的学习负担,不能违背国家教委关于减轻中小学生学习负担的政策和有关规定。

4. 办好待业青年就职前的培训班

对于待业青年来说,办好就业前的职业技能培训非常重要。社区文化服务机构要尽可能利用各种条件为待业青年办好职业培训班,提高他们的文化素质,培训他们的就业技能,为他们参与社会的就业竞争创造条件。

(三) 为老年人的文化服务

老年人从单位退休回归社区后,都愿意参加一些有益于身心健康的文体活动。同时,他们受党的教育多年,对党和国家有深厚的感情,他们通过新旧社会、改革前后的对比,更珍惜今天的美好生活。因此,他们有良好的政治素质,有较强的自我组织、自我教育、自我管理的能力,是社区义化服务的重要群体。

1. 建立社区老年文化活动中心

老年人是社区居民中比较稳定的群体,他们闲暇时间较多,为他们提供文化活动场所,让他们愉快地安度晚年,是社区文化服务的重要工作任务。社区文化服务机构应当在社区内建立老年人的活动中心或活动站,根据老人自娱自乐和重视健身的特点,开办老年人舞厅、老年人游艺厅、老年人图书室、老年人棋社、老年人茶社、老人健身房等,让老年人在自己的天地里"老有所乐"。

2. 为老年人提供专业性文化服务

许多老年人有专业特长,但由于退休前忙于工作,没有时间施展自己的特长,社区应该为他们提供发挥特长、升华特长的机会。社区文化服务机构可以根据社区老年人的具体情况,成立老年书画班、戏曲学唱团、合唱团等,有条件的社区可以办"老年文化大学",让老年人在娱乐中施展和升华自己的特长。这样不仅使老年人老有所学,在"终身学习中"完善自己,还会吸引和带动其他群众参与社区文化服务,为继承和发扬传统文化起积极作用。

3. 使老年人的文化生活丰富多彩

改革开放以来,人们的生活方式、思想观念不断更新,许多新的艺术形式不断被人们认同和接受,老年人也不例外。社区文化服务机构应该把适合老年人的文化活动以多种形式向他们宣传和推广,如老年迪斯科、服装表演、生命与健康讲座等,使老年人产生新奇感。可以肯定,在社区文化活动中,老年人将更多地参与到各个领域,社区文化服务机构要为他们创造各种便利条件,让老年人在丰富多彩的文化活动中,愉快地享受现代生活。

三、社区文化管理

社区文化管理的主要任务是贯彻执行党和国家关于文化艺术工作的方针政策,组织好社区的文化活动,搞好社区的文化市场管理,态度鲜明地反对社会上各种错误的文化思潮和行为,弘扬社会正气。

(一)制定社区文化发展的规划

社区文化是文明社区建设的重要内容,必须加强管理。既要有文化发展的总体规划,又要有各项文化发展的具体规划。

1. 社区文化设施的建设规划

文化设施包括文化活动场所和各种设备,这是社区文化活动的载体和物质基础。文化设施建设需要有大量资金投入,不是一下子就能完成的,要随着社区建设的进展逐渐完成。这就必须有总体规划,从文化娱乐场地到各种活动室(馆)以及各种文化活动设备,都应有计划地进行建设。目前,我国城市虽然许多社区都建立了一些文化活动站,但是多数面积狭小、设备简陋、利用率低,不能充分发挥作用。社区文化服务机构应当有计划地对原有文化场地和设施进行改造扩建,将其建设成能吸引群众,使群众满意的社区文化活动场所。

2. 社区文化活动内容的规划

有一部分社区文化活动的内容是群众自发组织起来的。社区文化服务机构要坚持社区文化的先进方向,还必须对社区文化活动加以引导和加强管理,特别是有些大型的文化活动,如国庆节、建军节等节日的活动,更需要进行周密的策划。对于群众自发性的文化活动要给予具体指导,要定期组织社区的广场文化、庭院文化、楼道文化和家庭文化活动,使群众性的文化活动能沿着积极、向上的方向发展,抵制各种迷信和腐朽文化的侵蚀。

3. 社区文化队伍建设的规划

社区文化队伍是社区文化建设的主体,这支队伍的整体素质如何,直接关系到社区文化建设的成败。社区文化队伍应该由文化组织管理人员、文化活动骨干队伍和群众文化队伍组成。这支队伍的建设不能自发地进行,社区有关部门必须进行具体规划和组织。例如,文化组织机构的人员素质标准、人员编制及分工,文化活动骨干队伍的专业、现状、人员指向、具体培养措施,群众文化队伍的组成、组织措施等,都需要进行认真研究、仔细策划。

(二)加强社区内外联系,开拓社区文化事业

社区文化虽然有坚实的群众基础,有强大的生命力,但是完全靠社区自己的力量去发展群众文化事业会存在许多困难。因此,社区文化管理部门应积极发挥组织协调作

用,沟通社区内外的联系,与各有关单位合作开展文化活动,拓展社区文化事业。

1. 做好与社区各单位的沟通工作

社区的驻地单位有许多文化工作的优势,如人才集中、经费充足、场地设施好、组织能力和号召能力强,这些优势对社区文化工作的开展具有较大促进作用。但是,近年来由于受多种因素的影响,很多部门单位对文化工作有所忽视,出现了经费少、场地被挤占、人员被调走、文化活动少等弱化现象。

社区文化服务机构应主动与社区各单位联系和沟通,把社区现有的文化活动场所,如俱乐部、舞厅、图书室、健身房等向各单位开放。同时,要动员各单位把自己的文化活动场所也向社区开放,使全社区文化服务资源达到"双向服务"的目的。还要组织各单位之间的联谊活动,召开联欢会、歌咏比赛、球类比赛、棋类比赛等,使社区群众在文化活动中互相交流,增进友谊。

2. 加强社区之外的横向联系

社区文化资源是有限的,社区文化管理必须向社区外拓展。应与其他社区联系合作,开展文化活动,也可以与有些专业文艺团体搞文化联谊活动,形成市、区、街道、社区四级群众文化联动,为社区文化事业增强动力。这种与社区外的文化合作,可以让社区群众开眼界、长见识,使他们产生新奇感和兴奋感,从而更积极地投入到文化活动中。与外界沟通,还可以不断获得新的文化信息,提高自身的水平,扩大文化影响,促进社区文化事业的发展和社区文明的进步。

(三) 加强对社区文化市场的管理

近几年城市文化市场得到了较大发展,它的特点是通过向社会提供较为通俗、简单、便利的文化娱乐服务来谋取经济收入,其活动受市场规律的制约。加强文化市场的管理,是社区文化管理工作的重要内容。

1. 对社区文化市场进行法治化管理

社区文化市场是社会市场的组成部分,其活动受市场规律的制约,具有营利性的特点。人们在追求经济效益时,往往忽略道德和法治,造成社区文化市场的混乱。因此,社区管理部门必须向经营者宣传党的方针政策,让他们依法经营,依法纳税,对利用文化娱乐活动进行赌博、嫖娼、贩毒等违法活动,要坚决取缔并绳之以法。只有依法管理文化市场,才能保证文化市场正常有序的发展,才能维护社区的稳定和文明。

2. 对社区文化经营项目进行规范化管理

社区的地域是有限的,社区的消费水平也是有限的。因此,根据市场发展规律,对于文化经营项目要进行认真的分析论证,哪些应加快发展,哪些应该限制,都应根据市场需求做出科学决策。例如,书报摊、音乐茶座、录像放映厅、台球室、游戏机室等,都应该在地址、数量、质量方面加以科学管理,避免疏密不均、无序泛滥、恶性竞争,从而保证各类项目的正常经营,维护市场良好的运行秩序。

3. 支持有益于文明社区建设的文化活动

在社区文化市场管理中,一定要旗帜鲜明地坚持先进文化的发展方向,以社会主义精神文明的文化内容为文化市场的主导。要积极弘扬中华民族的优良传统文化和社会正气,宣传改革开放以来取得的大好成就,宣传真、善、美,揭露假、恶、丑。对于一些格调不高的文化品类,要对经营者进行教育,引导他们不断改进和提高。对于不利于社区精神文明建设的市场文化活动,要加以制止。对于宣传淫秽、色情内容的录像制品、歌曲、书籍报刊、表演等,要坚决取缔,依法严惩。只有这样,才能保证社区文化的健康发展。

第三节 整合社区文化资源

一、充分发挥组织资源的作用

社区是社会的基层组织,社区文化工作属于社会基层工作。许多人特别是许多领导没有认识到它的重要意义,没有看到它是宣传先进文化的重要阵地,是推动先进生产力发展和实现广大人民群众根本利益的重要环节,也是落实以人民为中心,全面、协调、可持续性发展的重要途径。由于缺乏组织管理和制约,社区文化发展中出现的问题不能及时得到解决,严重影响了社区文化的顺利发展。因此,充分发挥社区组织资源的作用,是促进社区文化发展的关键。

(一)建立社区文化组织机构

从目前社区文化发展的状况来看,许多文化活动都是热心的社区群众出于兴趣和爱好自发地组织起来的,不仅项目少,内容贫乏,而且还存在一些消极因素,冲击着健康的群众文化。另外,由于缺乏组织管理,专职人员编制少,而且他们常常是身兼多职,没有足够精力投入社区文化的管理和建设,使社区文化的发展出现盲目性、随意性的特点。上述问题不解决,势必影响社区文化的凝聚力,严重阻碍社区文化的发展。因此,各级领导必须充分认识到这个问题的重要性,各级人民政府要把社区文化建设列入重要议事日程,切实加强对此项工作的领导。应在各个社区成立社区文化管理的组织机构,如"社区文化管理委员会""社区群众文化管理小组"等组织。这些组织的成员就是专门负责社区文化发展的专职工作人员,他们从社区建设的高度出发,从为社区的群众服务出发,依据有关政策和法律协调社区内外的文化资源,防止文化设施被挤占和挪用,把各种文化组织、文化设施、文化活动、文化队伍统一进行组织管理,形成社区文化发展的合力。

社区文化工作只有建立相应的组织机构和配备专职干部,才能逐渐形成和完善社区文化管理的岗位责任制和工作目标责任制,使社区文化走向规范化,健全责、权、利相统一的权威性的社区文化管理组织机构。

(二)坚持先进文化的前进方向

社区文化是一个非常复杂的体系,必须要有正确的价值导向,只有以弘扬中华优秀传统文化,大力发展社会主义先进文化为主导,才能克服内容庞杂、混乱,甚至偏离社会主义精神文明建设的总体目标的状况。习近平总书记 2014 年 10 月在文艺工作座谈会上指出,中华优秀传统文化是中华民族的精神命脉,是涵养社会主义核心价值观的重要源泉,也是我们在世界文化激荡中站稳脚跟的坚实根基。这是社区文化建设的核心问题,关系到社区文化的发展方向,必须依靠社区文化组织的管理力度和权威性才能解决。

目前,社区文化的发展还处于初级阶段,许多文化活动处于大众化的自发状态,带有一定的盲目性、低水平、低层次的特点。针对这种情况,社区文化组织应该用先进的文化引导群众,旗帜鲜明地提倡社会主义主流文化;在引进外来文化的同时,重视挖掘中华民族传统的优秀文化,做到"洋为中用";在继承传统文化的同时,要注意取其精华、弃其糟粕,重视现代文明发展的需要,做到"古为今用";在组织群众性的休闲娱乐活动中,注意增加科学性、知识性项目;在普及一般性的群众文化活动时,注意高雅文化活动的发展;在文化活动中注意趣味性,吸引群众的同时,还要重视思想道德因素,注意用社会主义文化引导群众积极向上,保证社区文化的健康发展方向。

总之,社会主义文化是先进文化的主流,只有坚持先进的文化,才能在纷繁复杂的文化现象中不迷失方向,才能用科学的文化观念武装群众,用健康的文化活动凝聚群众,用先进文化的方向引导群众。

(三)建设良好的社区文化环境

良好的社区文化环境和文化氛围是社区文化建设的重要内容,是社区发展的必要条件,也是社区文明的显著标志。但是,它的形成不是自发的,必须有社区组织机构的管理、策划和建设,充分行使管理权力和责任,爱护社区群众的积极性,为社区文化的发展创造理想的外部条件。

社区文化环境和文化氛围是社区文化资源的"软件",主要包括社区内的文化传统、文化风气、人文景观及社区的文化网络等。这些条件在社区文化发展中起重要作用,既可以反映社区文化的水平,又可以反映社区文化的发展方向。从目前来看,这些因素在社区发展中表现出不平衡的状态。有些文化活动的内容是健康向上的,调动了广大群众的热情和参与性,但是,也有的充斥着黄色、迷信的内容,有些文化活动偏离了以人民为中心的宗旨,而把赚钱放在第一位,在经营中有违法违纪的现象等。形成这种情况的原因很复杂,但是从总体来看,社区文化组织机构对此缺乏必要的关注和引导是其中的重要原因之一。要教育群众弘扬中华民族优良传统,树立社区正气,高扬科学的旗帜,破除迷信愚昧,对违法乱纪的行为要依法治理,使社区形成正确的社会舆论,为社区文化的发展营造一个良好的环境和健康的氛围。

二、合理规划配置社区文化设施资源

社区文化基础设施主要是指开展文化活动所必需的"馆、站、院、室"以及内部的各种文化活动设备。它们是社区文化建设的"硬件",是繁荣社区文化和建设文明社区的物质基础,是整合社区文化资源的重要条件。

(一)充分利用和改造现有社区文化设施

由于我国的社区建设还处于初级阶段,建设资金还不充足,因此,当务之急是挖掘和利用现有的文化设备。

据了解,社区现有的文化设备许多都是近几年配置的,有重要的使用价值,要有专人管理,精心爱护,及时修理,并根据具体情况进行改造和维护,这是维持文化设备生命力的重要条件。要充分发挥这些设施的功能,增加利用率,进行有计划的改进和改造。

有些社区文化设施数量少,种类单一,这种情况可以发动群众来解决。同时,也要认真分析和利用现有的设备积极开展文化活动,不能等设备齐全再开展。例如,可以利用锣鼓把秧歌队组织起来,利用一两间房屋把图书室或科普讲座开展起来,利用楼前空地把群众性广场文化或健身娱乐活动举办起来等。要先利用现有的物质条件打好基础,在此基础上逐渐发展。

总之,要对本社区现有的文化基础设施资源做认真分析,哪些可以继续使用,哪些必须进一步改造,做到心中有数,避免浪费和重叠。要充分利用本社区现有的文化设施开展文化活动,充分显现本社区文化的层次和内涵。

(二)共建共享社区文化设施资源

由于历史的、经济的、地域的等多种原因,社区文化设施在数量、质量、结构以及布局上都存在一些问题,这就需要有关部门进行协调,达到优化配置。

从目前社区文化设施资源来看,分布是不平衡的,社区内部各单位和群众团体所拥有的文化设施不同,具有各自的特点和优势,也有不足和弱点。例如,人数多的或经济效益好的单位和有实力的群众团体的文化设施要好一些、全一些,而其他单位可能就差一些、弱一些。同样,不同社区之间的文化设施资源也会不同,经济条件好、位于城区中心的社区或省、市"试点"单位的社区,拥有的文化设施就比较齐全,建设速度也快。相反,经济条件差、地域条件也差的社区,其文化活动设施匮乏、简陋、陈旧,建设速度也很缓慢。

针对上述情况,社区的管理组织应该对社区内的文化设施资源及社区之间的文化设施资源进行挖掘和协调。要认真分析各种文化设施的状况,沟通各主体之间的联系,帮助各个主体充分认识自己的优势和不足,有的放矢地协调各主体之间和各社区之间的关系,共同探索社区文化设施共建共享的有效形式。使大家优势互补、扬长避短,在共建共享当中达到最佳效果,最大限度地调动人们参加文化活动、建设文化设施的积极性和主动性。

(三)把文化设施建设纳入社区建设整体规划

文化设施建设不仅是社区群众进行文化活动的场所,也是社区整体形象的显现。因此,文化设施的建设规划和实施是社区建设的重要项目,必须列入社区建设整体规划。

社区建设是城市建设的组成部分,在城市建设规划中应该统筹安排社区及其文化设施建设,并要把群众性的文化活动场所作为重点项目列入建设规划。避免有些城市建设中出现的失误——在制定建设规划时,往往忽略了群众性文体活动场所和设施的配套,等到建设成定局时才又想起重新补建文化活动设施,此时无论建设场地还是建设资金都会面临许多困难和麻烦。因此,一定要把社区文化设施建设纳入城市和社区建设整体规划,城市新建的居民社区和一些经济开发区,必须规划和配套相应的文化活动设施,满足社区群众就近而且经常参加文化活动的需要。

(四)利用现代科技设备推动先进文化的传播

城市现代化的迅速发展已经把现代科技引入城市建设和管理系统,社区作为城市的基层单位必然也要运用现代化的管理手段。目前,我国许多城市已经将现代科技应用于社区管理,并已取得良好效果。

在社区文化设施建设中,要把社区信息管理系统纳入计划,建立和完善文化信息网络服务体系,加快网络服务平台建设,为高速发展的城市社区文化生活提供多样的、全面的网络服务,要把信息流、服务流、商业流等进行整合,提高资源共享的范围和水平;要有计划、有步骤地整合和开发现有的图书、音像、信息等文化资源,以发展数字文化网络为突破口,为社区群众提供快捷、丰富的经济信息和文化服务。特别要考虑社区一般群众的文化水平,从提高他们的学习水平和质量入手发展网络教育,普及网络应用知识,使社区居民不出社区就能了解国内外大事,就能学习到政治、经济、文化、社会生活、养生保健等更多的知识,更好地享受现代生活。

三、调动社区文化人才资源

社区文化人才资源是社区建设的宝贵财富,是社区文化建设的主力军。挖掘社区文化人才,建设一支社区文化队伍,最大限度地调动他们的主动性和积极性,这是搞好社区文化建设的最佳途径。

(一)利用"名人效应"推动社区文化活动

城市是人口密集的地方,不仅有各个领域的专业人才,而且很容易造就一批有影响力的文化名人。这些名人在人们心中有很强的影响力,社区管理者应充分利用这种"名人效应",开展和推动社区文化活动。

社区文化队伍,无论是管理人员还是骨干成员或是基本群众,只有不断提高自己的文化素质,才能深入开展文化活动,提高文化活动的层次和质量。因此,应该在组建群众艺术团体或队伍的基础上,聘请辖区内外的文艺界专家和知名人士担任社区文化顾问、名誉团长、艺术指导、艺术总监等职务,邀请他们参与社区文化建设,指导社区群众的各类表演和文化活动。还可以不定期地组织专业演出人员走进社区,用专业队伍带动群众业余队伍,或者定期组织社区开展大型文化演出活动,把健康的文化娱乐节目带进社区。这样,不仅可以提高社区群众的文化生活品味,而且可以营造一种专业氛围,表达社区基层群众对高层次文化的追求和向往。

(二)调动社区各社会群体积极参与

社区内不同的群体从不同角度以不同的形式关注和参与社区文化建设,不仅使社区文化多姿多彩,而且可以满足不同层次人群的文化需要。社区有关部门应该关注他们的兴趣和爱好,积极支持他们成立各种文化团体,引导他们开展健康的文化活动,鼓励他们在文化活动中推举自己的召集人和组织者,爱护他们的积极性,并且要给予及时的关怀和引导。这有利于调动全社区各层次人群的文化活动的潜力和积极性,形成社区文化建设和发展的合力,使社区文化建设有更广阔、更坚实的群众基础。

四、建立多渠道社区文化资金投入体系

社区文化建设是社区整体建设的重要内容,需要有资金投入。这些资金投入不能仅仅依靠政府或者群众自发解决,必须建立多渠道的社区文化资金投入体系,解决社区文化建设的财源问题。

(一)政府要把社区文化资金纳入财政预算

目前,我国各级政府已经把社区建设纳入当地国民经济和社会发展总体规划,把所需经费列入地方财政预算。在确保社区建设经费的基础上,应切实加大对社区文化建设的投入。

各级政府应该把文化事业建设费用安排向社区文化建设项目倾斜,保证社区公益文化事业的经费。对社区文化建设的重点项目,特别是有重大社会影响的项目,在认真考察和论证的基础上,要适当地增加专项补助经费,最大限度地发挥社区文化建设资金的使用效益。

(二)鼓励社会力量投资社区文化建设

社区管理部门要充分利用和调动本社区内的企事业单位、群众团体或个人的优势,通过各种形式向社区文化建设输入资金。可以鼓励他们对社会公益性文化活动、文化基础设施、文化项目等进行捐赠,建立健全有关专项资金制度,切实搞好社区文化建设费的管理和使用。对捐赠者热心社区文化事业的奉献精神,要通过社区的各种宣传机构或者社会新闻媒体给予广泛宣传。同时,还可以制定新的政策措施给予投资主体一定的回报。例如,投资者创办社区幼儿园,应允许提取建设补偿费,允许幼儿园按有关规定给投资者一定的资金利率回报,或者把投资项目的命名权、广告权等交给投资者等。这样,可以减少投资者的投资风险,让他们不仅看到社会效益,而且看到一定的经济效益,看到奉献中的回报,进一步激发他们参与社区文化建设投资的积极性,从而形成良性的多渠道

的社会投资体系。

(三) 引入市场经营机制自筹文化资金

社区管理部门应该充分挖掘和利用社区现有的文化设施和人才资源,形成本社区的文化特色,通过艺术节、文艺会演、文化夜市、体育比赛、绘画比赛、书法比赛等大型群众文化活动,不断扩大社会影响。对某些项目实施有偿服务,引入市场化的经营机制,适当收取一定的成本或管理费用,把某些娱乐文体活动逐步由福利型的无偿服务过渡到经营型的有偿服务。随着某些有偿服务活动项目的开展,也可以发展具有民族或时代特点的旅游文化、时装文化、收藏品文化等。这些活动可以与某些专业人士、专业团体联合举办,不仅面向本社区的群众,还要面向其他社区及整个社会。这样,既可以不断提高本社区文化活动的专业水平,扩大对外影响,又可以筹集资金,弥补社区文化建设经费的不足,这是社区文化发展的内在动力。

总之,社区文化是社区的基本构成因素,是社区建设的重要组成部分。社区文化建设关系到"社区人"的素质和生活质量,也关系到社区的文明进步,更关系到社会的稳定和现代化进程。因此,社区文化管理是社区建设问题研究的永久性的主题。

名词与术语

社区文化　　　　　传统文化　　　　　公益文化
专业文化　　　　　娱乐文化　　　　　社区文化活动
社区文化服务　　　社区文化管理　　　文化组织资源
基础设施资源　　　文化人才资源

复习与思考

1. 如何理解社区文化的含义?
2. 如何理解社区文化的特点?
3. 为什么说社区文化活动能陶冶人的情操?
4. 为什么说健康的社区文化能促进社区文明建设?
5. 简述社区文化活动的内容。
6. 简述社区文化服务的内容。
7. 简述社区文化管理的内容。
8. 为什么说促进社区文化建设必须发挥社区组织资源的作用?
9. 怎样才能合理配置社区文化的基础设施资源?
10. 怎样才能充分调动社区文化人才资源?
11. 如何建立多渠道的社区文化资源投入体系?

主要参考文献

[1] 白志刚:《社区文化与教育》,中国劳动社会保障出版社2001年版。
[2] 杨叙:《北欧社区》,中国社会出版社2004年版。
[3] 《习近平在十八届中央政治局第十三次集体学习时的讲话》,人民网,2014年2月24日。
[4] 习近平:《青年要自觉践行社会主义核心价值观》,人民出版社2014年版。

第七章 城市社区人口

人口是生活在特定社会制度、特定地域、具有一定数量和质量的人的总称,它是社会经济、政治和各种文化活动的主体。人口因素包括人口数量、人口质量、人口结构、人口出生率及人口流动状况等。人口是社区最基本的要素,没有一定数量和结构的人口,就无所谓社区的存在和发展。因此,人口是推动社区发展最基本、最活跃的力量。

第一节 人口因素直接影响社区的发展

一、人口数量对社区发展的影响

人口的数量包括人口的多少、人口的增减及人口分布,这些因素是影响我国经济和社会发展的重要条件,对社区的发展有着重要意义。

(一) 关于社区人口数量的标准

1. 社会人口数量的计量标准

社区人口数量的标准与社会不同,社会人口数量的标准要看人口数量与生产资料相结合的程度。这是因为,人在本质上是"社会关系的总和",人通过与生产资料相结合形成现实生产力,结成一定的生产关系进入社会关系中来,以体现自己的本质,维护生存和发展,从而维护社会的稳定和发展。因此,一个国家的人口只有与现实的生产资料相适应,才能更好地实现劳动者与生产资料相结合,否则就会出现许多尖锐的社会矛盾。如果人口多而生产资料少,在二者的结合中就会出现一些剩余人口,即出现失业人员或待业人员的社会现象,成为社会不稳定的潜在因素。如果人口少而生产资料多,在二者的结合中就会出现剩余的生产资料,这些不能与劳动者相结合的生产资料就是一堆废物,不利于生产的发展和社会的进步。因此,人口的多与少不能只看"量",而要看人口与生产资料相结合的程度,这是评价一个国家人口数量与社会发展关系的基本原则。

2. 社区人口数量的计量标准

社区与社会在此问题上的最大区别就在于,社区劳动者与生产资料相结合并不受社区地域的限制,许多人的职业属于社会而不在其居住的社区。在这种情况下,用人口与生产资料相结合的状况来衡量社区人口的数量,既不符合社区的实际,也不准确。因此,社区人口的数量标准应该侧重于社区人口的疏密程度,即单位土地面积上居住的人口数,通常以每平方千米常住人口数来表示。从目前对部分城市社区的考察看,大约每平方千米有常住人口 10 000 人左右比较适宜。这种人口密度可以形成正常的社会关系,形成市场、信息、服务、消费的合理供求关系,从而形成社区正常的生活秩序。相反,人口过于密集或过于稀少,都会对社区发展产生不利影响。

(二) 人口过于密集会引发许多社会问题

社区的地域是有限的,如果人口数量过多,必然会使社区人口密度过大,虽然"人气"较旺,却会引发一些社会问题。

1. 人口过于稠密会影响社区的市政建设

人口密度大,会使城市各类资源供应出现问题,从空气、用水、用电等基本环境要求到住房、公共空间、公共服务都会趋于紧缩。其中,住房问题是民生的核心内容,也是社区建设和管理的重要项目。如果社区人口多、密度大,居民住房必然拥挤,以致危房简屋增多,增加了住房的用量和改造的难度。市政改造资金难以很快到位,动迁批租计划难以施行,这样势必造成社区居民的生活条件差,甚至混乱和无序,居民为争用住房的公用部位及设施而引起邻里关系紧张甚至矛盾冲突也会屡见不鲜。因此,过于稠密的人口既影响市政总体规划的制定,又影响具体计划的实施。

2. 人口密度过大会影响社区的卫生环境管理

从现有城市社区的实际情况看,人口过于密集不仅带来住房拥挤、交通不便等问题,而且会增加社区管理卫生环境的难度。因为人口过于密集,生活垃圾、污水、废弃物也会多。如果不能及时处理,会出现到处乱放乱扔,路旁、住所旁、公共场地等垃圾成堆的现象。特别是由于外来人口的压力,许多城市人口密度在急剧上升。有的地方还形成了以"老乡"为纽带的聚居地,形成了"同乡村"的群体。这些人高度密集地聚居在一起,不仅卫生环境会出现脏、乱、差问题,使生活环境承载力跌破极限,还会出现群众性、突发性、暴力性、集体对抗等不确定的事件,使社区管理面临许多困难。

3. 人口密度过大会影响社区的综合治安

社区人口过密,会使社区公共场地拥挤,例如,车位紧张、违章停车常见,甚至侵占绿化设施、公共设施,特别是侵占消防通道,一旦火灾发生,人命关天,后果严重。因此,人口密度过大,会给社区造成许多安全隐患。不仅容易引发各种矛盾,影响社区的稳定,而且容易给社会上一些不法分子造成可乘之机。他们可能利用人多杂乱的情况待机作案,利用人口密集为管理带来的疏忽而便于躲藏和逃逸。这样会使社区的居民没有安全感,使社区的秩序出现混乱,影响社区的治安管理,也会为社会的稳定留下隐患。

总之,社区人口数量过多所引发的一系列社会问题是必须重视和解决的。否则,不仅会影响社区的管理和建设,也会直接影响社会的文明和发展。

(三) 人口过于稀少是社区发展的不利因素

任何社区乃至整个社会的发展,都必须有一定数量的人口,他们是社区活动的载体,是社区建设的主体力量。人口过于稀少,难以承担社区发展的基本任务,也会影响社区的建设和发展。

1. 人口稀少会影响社区资源的利用和开发

任何社会的发展都必须有人和物的恰当结合,即人用自己的力量去利用和开发各种资源以解决自身的衣、食、住、行问题,从而维护社会的存在和发展。社区的发展也不例外,社区虽然有地域性特点,本身的资源也是有限的,但人们合理、科学地开发和利用社区内外部资源,是社区发展的基础和动力。人本身就是社区发展的主力资源,如果社区的人口密度太小,就会出现劳动力不足、人才短缺的情况,势必影响社区资源的开发和利用,影响生产的发展以及居民生活的改善。

2. 人口密度过小影响社区经济发展的速度

社区经济的发展必须要有人与人之间的密切合作和频繁交往,形成一定强度的社会合力,这就需要一定人口数量的凝聚。社区人口过少,分布稀疏,就会造成力量分散,人与人关系松散,既不利于资源的开发,也形成不了市场,进而造成工业、商业、文化、整体经济落后。目前,有些城市对旧城的改造和对新区的开发进展较快,在城郊开辟了一些新社区,虽然道路宽敞,居民楼林立,却因人口迁移较慢而显得人烟稀少,既没有人们生活必需的商业网点和市场,也没有方便的交通、医疗条件,从而冷清、孤寂、空旷,这种局面不仅影响居民的正常生活,也必然会影响本社区经济的发展速度。

3. 人口稀少影响社会信息传递

随着社会主义市场经济的建立和完善,信息对于社会的发展越来越重要,它是市场竞争的重要手段,是一种用无形的力量,推动着社会进步与发展。信息的传递和选择往往与市场的及时建立和占领密切相关,直接影响着经济的发展。人作为社区建设和管理的主体,是信息的重要汇集者和传播者,同时,开发和利用信息资源,促进信息交流和知识共享、推动社区内部以及与外部的联系,加强合作。如果人口数量过少,信息量必然会少,信息传递速度也会很慢,甚至造成信息"封闭"的状态。这不仅影响市场经济的发展和完善,也会影响社区现代化建设的步伐。

总之,社区是人的聚集地,离开了一定数量的居民,充实的社会关系难以形成,社区的发展就没有活力。在这种情况下,有关部门应制定政策加快人口的迁入并引进人才,创造条件,增加人口数量。

二、人口质量对社区发展的影响

人口质量是人口素质的规定性,主要是指人具有的认识和改造世界的条件和能力,表现在身体条件、心理状况、文化水平、思想道德修养、受教育程度、职业技能等各个方面。

(一)人口的质量是促进社区物质文明的重要条件

人口的素质高,其整体的文化教育水平必然高,现代化意识也必然强,从而会自觉地跟随时代的步伐,了解社会现代化发展的信息及需求,不断充实和提高自己的职业技能,积极参与社区建设,为社区的文明和进步做贡献。

1. 人口质量是影响社区经济发展的关键因素

社区经济是社区各项工作的物质基础,决定社区的发展速度和文明程度。社区经济的活动主体是人,因此,人口的素质与社区经济的发展息息相关。现代经济的发展除了依靠高新科技的使用,更重要的是人才问题,因为高素质的人才会迅速掌握现代科技并应用之,进而创造出巨大的经济效益。

社区中素质较高的人不仅会依靠自己的文化素养和聪明才智加快社区经济发展,而且有强烈的创新意识、竞争意识、现代经营理念以及求实和奉献精神。这些素质较高的居民虽然身在社区,却能面向社会、面向市场,从市场经济的社会大背景来思考社区经济发展问题,以自身的优势跨越社区,走进社会,参与竞争,为社区带回更多的经济利益、经济项目和发展资金。他们会自觉地寻求新信息,学习新技术,研究新产品,开拓新市场,在社区经济发展中始终占主导地位。

2. 人口质量直接影响社区的环境文明

社区环境是社区物质文明的显性表现,直接影响社区居民的生产和生活,制约着社区的全面发展。社区环境的改善和保护与社区人口的素质密切相关。从目前来看,环境出现脏、乱、差问题的社区,相当一部分是由于社区单位和居民只考虑小"集体"和个人的方便,乱倒垃圾、乱搭乱盖、乱摆乱卖、违章占道等行为造成的。这些问题不仅仅反映出他们的环境保护意识淡薄,而且反映了他们的思想道德素质较差,没有集体观念和全局意识,因此,必须对他们进行教育,提高其整体素质。

如果社区主体的素质高,特别是有较高水平的文化素质和思想道德素质,他们就会认识到社区环境与健康、生存和发展的内在联系,不仅不会随意地破坏环境,还会自觉地关心和改善环境,养成为了保护环境而不断调整自身的经济活动和日常生活行为的自觉性,从而教育和带动他人也这样做。此外,他们还会主动地向社区管理部门积极倡议爱护环境、保护环境,为避免社区环境污染,积极参加改善和保护社区环境卫生的活动,如义务植树、养花、种草,自觉地保持和监督居住区或工作区的环境卫生等。总之,居民如果有环境卫生和环境优美的强烈愿望,这种愿望就能促进文明整洁的社区环境的建设和维护。

(二) 人口质量是推进社区精神文明建设的保障

社区的精神文明建设与人口质量密切相关,精神文明建设所提出的培养有理想、有道德、有文化、有纪律的社会主义劳动者,提高全民族的思想道德素质和科学文化素质的目标,与人口素质的提高是统一的。

1. 人口质量影响社区的文化建设

人们在社区中除了日常生活外,还有文化娱乐活动和各种交流等。社区中的文化活动由社区居民来组织、宣传、参与。素质较高的人往往容易接受新事物,其组织的文化活动不仅是多姿多彩的个性、特长的展现,也会使其他居民从中受益,能丰富社区的文化生活,是先进文化的传播者。相反,如果人口素质低,根本不懂什么是"文化",甚至觉得"文化"离他们很遥远,既不参与文化活动,更不关心文化活动,这样不仅会使自己的生活枯燥无趣,而且也不利于社区文化建设。

社区文化是社区建设的重要内容,是社区文明程度的标志,也是社区凝聚力的主要因素,需要有高素质的人才来组织和参与。因此,必须注意引进和培养文化方面的人才,通过他们组织文化活动来带动其他群众,提高全社区群众的文化素质,进而提升社区人口的整体素质,自觉抵制低级的、腐朽的文化,促进社区的精神文明建设。

2. 人口素质影响社区的安全和稳定

社区精神文明的重要标志就是安全和稳定,而社区安全和稳定的决定因素是社区人口的素质,这是显而易见的事实。

社区成员的素质高,其法治观念、道德观念就比较强,他们会自觉遵纪守法,自觉地履行各种道德规范,自觉执行党和国家的方针政策,主动关心社区的安全,积极向有关部门反映安全的隐患问题,并且会认真提出消除隐患、维护安全的合理化建议,对于社区中的不良风气和不法行为也会自觉地抵制和提出批评,向其施加舆论压力。相反,道德素质、法治观念都有缺陷的人,做事有很大的盲目性,处事以个人利益为重,甚至为了个人利益而怨恨他人,报复社会,严重地影响社区的安全和稳定。由此可见,素质高的人是优化社区安全和社区秩序的重要因素,道德素质低的人是破坏和威胁社区安全的隐患。人口的质量直接决定社区的安全和稳定。因此,社区建设必须以人为本,从提高人的整体素质入手,才能维护社区的稳定安全乃至社会的稳定。

3. 人口质量决定社区的道德风貌

人口质量有多种因素,其中思想道德因素是重要因素,因此,许多社区非常重视居民的思想道德建设。如果社区群众有高尚的道德素质,那么他们不仅会有高尚的道德情操,还会有良好的行为规范。这些人在生活中做到男女平等、夫妻和睦、尊老爱幼、勤俭持家、邻里团结;在工作中能够用"爱岗敬业,诚实守信,办事公道,服务群众,奉献社会"的职业道德约束自己;在社区的各项活动中,也会用良好的社会公德来规范自己,自觉地遵守社区的公共秩序,爱护社区的公共设施,保持社区的环境卫生;主动关心集体和他人,积极参加社区组织"送温暖、做好事、献爱心、树新风"等公益性活动,使社区成员之间彼此尊重、平等互助、团结友爱、扶危帮困,把社会主义新型的人际关系落实到社区,形成社区良好的道德风尚。

这些道德高尚的人是社区的宝贵财富,在社区道德建设中具有导向作用,对其他群众最有说服力、感染力和号召力。社区管理部门要关心他们、爱护他们、鼓励他们,及时发现和肯定他们的高尚品质,表彰他们的奉献精神和榜样作用,鼓励他们在各种活动中继续陶冶情操,不断升华道德境界,在社区建设中做群众的榜样。

三、人口结构对社区发展的影响

人口结构是一个国家或地区的总人口中年龄、性别、阶层、婚姻、职业以及教育程度等社会人口特征的分布状况和关系状况。人口的结构对人口变化和社会发展具有全面影响,也是直接影响社区发展的重要因素。

(一)人口的年龄结构对社区发展的影响

人口的年龄结构就是指不同年龄人口的组合情况,社区人口的年龄结构特点直接影响社区的建设和发展。如果一个社区的人口年轻化,中青年人口较多,社区的人力资源旺盛,那么社区建设就会出现朝气蓬勃的趋势。但是,如果人口的年轻化是由于人口的迁移和流动的原因引起的,则会形成人口来源复杂的情况,就会影响社区的凝聚力,甚至影响社区的治安状况。如果一个社区内老年人口比重高,社区居民对社区的认同感和归宿感较强,社区治安情况也好,但是由于受年龄的局限,社区的建设也会出现一些薄弱环节。

总之,每个社区应认真分析本社区人口的年龄结构,注意克服短处,发扬长处。同时,也必须注意到,人口的年龄结构不是固定不变的,应该根据本社区人口结构的具体特点,采取正确的措施和政策,尽量使人口年龄结构合理化。

(二)人口的职业结构对社区发展的影响

人口的职业结构是指社会中人口职业的分布状况。依据不同标准,人口的职业结构可以有不同的分类。以就业状况分类,人口的职业结构可以分为在业人口和不在业人口;以产业部门分类,人口的职业结构可以分为农业、工业及各种服务业结构;以各种产业部门的劳动分工分类,人口的职业结构可以分为更加具体的职业结构等。

社区人口的职业结构比较复杂,许多人居住在社区内,职业却在社区以外。社区管理部门关注的重点应是本社区按就业状况分类的职业结构,根据本社区产业结构特点和经济发展的状况,合理地安置和使用社区内的各类人员,使他们"学有所用,专有所用",各尽其才。同时,还应及时与街道办事处和其他社区沟通,使本社区暂时"闲置"人员和所学非所用、专业不对口的人员参加人才的流动。这样,不仅可以使人才与职业结构科学地统一起来,实现人口职业结构的合理化,而且能为社区的建设和发展带来更大的活力。

(三) 人口的文化教育结构对社区发展的影响

人口的文化教育结构是指人口受教育的程度和科学文化水平,主要指人们掌握和运用的科学文化知识状况,包括人们所具有的自然科学知识、社会科学知识、思维科学知识等各科知识组成的知识结构以及运用各门知识分析和解决问题的能力。

社区人口的文化教育水平直接影响人口的整体素质,如果一个社区多数人都受过良好的文化教育,具有丰富的科学知识,那么他们不仅通达事理、聪慧敏锐、思想深刻,还会宽容大度,有远见卓识。因此,科学文化教育水平是现代人才素质的重要因素,社区人口的文化教育水平越高,社区人的整体素质就越高。社区群众有较高的整体素质,才能理智地约束自己的行为,自觉地崇尚文明,主动地关心他人、关心集体、关心社区,使社区形成良好的人际关系和人文环境,从而形成良好的社会风尚。同时,他们还会以自己的科学知识和聪明才智,积极为社区的建设和管理献计献策,或者直接参与社区的各种活动,推动社区的全面发展。

第二节 城市社区人口的特点

一、城市社区人口的流动性

社区是社会的有机组成部分,社区人口的流动性特点不是孤立的,它与我国社会人口流动的总趋势密切相关。据统计,我国流动人口数量从20世纪80年代以来一直到2014年间持续增长,2014年增长至2.53亿人。2015年流动人口总量开始下降,2015年、2016年两年我国流动人口总量分别为2.47亿人和2.45亿人。[①] 尽管近年来流动人口在总人口中占比有升有降,但仍然保持较大比重。可以预见,在今后较长一段时期,大规模的人口流动迁移仍将是我国人口发展及经济社会发展中的重要现象。

(一) 人口流动产生的社会背景

我国改革开放以来,一系列经济、政治路线方针的确立和执行,为全国性的大规模人口流动的发展趋势创造了有利条件。

1. 农村的巨大变化是农民向非农业领域流动的重要原因

从1978年农村经济体制改革以来,各种形式的责任制很快在全国范围内推广开来。生产效率的提高、粮食产量的增加、农产品流通体制的改革、农村非农业生产经营迅速发展等,都大大激发了农民生产和生活的积极性,促进了农村产业结构的调整和城镇轻工业的快速发展,也使农村劳动力的就业结构、农民收入的主要来源发生了重大变化。外

---

① 国家卫生和计划生育卫员会:《中国流动人口发展报告2017》,2017年11月10日。

出打工已成为农民增加收入的主要来源,中国农村劳动力大规模向城市流动和转移,在加工制造、建筑业、采掘业以及环卫、家政、餐饮等服务业中,已占从业人员的半数以上。据统计,截至2016年年底,全国农民工总量28 652万人,比上年增长1.7%。其中外出农民工17 185万人,比上年增长1.5%,本地农民工11 467万人,比上年增长2.0%。全国农民工人均月收入为3485元,比上年增长6.4%①。以外出务工收入为代表的工资性收入比重稳定上升,成为农民增收的主要来源。据第五次人口普查的数据,从农村流出的人口占全国总流动人口的73%。

2. 城镇的改革和开放吸引了农村的流动人口

计划经济体制下的城乡格局,使广大农民被严格局限在农村的土地上,除了参军、招工、升学等狭窄渠道能使极有限的幸运者成为城里人外,大多数农民只能"望城兴叹"。

20世纪80年代开始的城市全方位的改革,使我国建制城镇数量有了迅速发展,特别是在1983年以后,大量的撤县建市使得我国城市数量迅速增长。根据《中国城市发展报告2010》公布的资料,截至2009年年末,全国城市数量655个,城镇化水平达46.59%。②这种开放式的城镇体系的变化,使得我国城镇分布范围更加广泛,为农村人口向城镇的流动提供了前所未有的机遇和更为广阔的空间。据了解,截至2017年年末,全国城镇常住人口达81 347万人,占总人口比重58.52%,比上一年年末提高1.17个百分点③,比2000年人口普查时的36.09%上升了约21个百分点。与此同时,在城乡经济交流日益频繁,大批农村人口流入城镇务工经商的情形下,政府又适当地调整了人口流动政策。城镇对劳动力的吸纳能力不断上升,使大批农村人口在城镇中寻找到立足之地,从而形成了全国范围内的城镇流动人口队伍。

3. 不同地区经济发展水平的差异加大了人口流动的趋势

改革开放以来,我国各地区经济从总体上都有很大的发展,但是由于各种原因,不同区域之间的发展水平不一致,差距逐渐拉大。这种经济上的差距是激发人口流动的强大动力。沿海地区,尤其是东南地区,利用其独特的地缘优势和政策机遇,在全国的经济发展中迅速崛起和腾飞。在一些经济发达的城市,宽松的政策条件、广泛的人力需求和优厚的经济利益吸引了大规模的流动人口,使这些地区成为全国流动人口最为集中的地区。据了解,截至2012年年底,深圳市流动人口达1532.8万人,为本市户籍人口的5倍。④ 据《北京晨报》报道,截至2013年年底,广州全市流动人口已达837万,这个数字已经超过本市户籍人口832万⑤。同时,从20世纪80年代以来,城镇的经济发展速度明显加快,劳动制度的改革、人才市场的初步形成和发展,都使得人口流动的规模迅速扩大。根据中国人民大学人口与发展研究中心人口迁移问题专家分析,我国的人口流动已经由

---

① 国家统计局:《中华人民共和国2017年国民经济和社会发展统计公报》,2018年2月28日。
② 《中国城市发展报告》编委会:《中国城市发展报告》,中国城市出版社2010年版。
③ 国家统计局:《中华人民共和国2017年国民经济和社会发展统计公报》,2018年2月28日。
④ 深圳商报:《深圳流动人口超1500万,为本市户籍人口的5倍》,2013年10月23日。
⑤ 北京晨报:《广州流动人口首超常住人口》,2014年4月24日。

20世纪80年代中期以后的"单身外出"进入到家庭化外出的发展阶段,即以"举家迁徙"的形式进行流动。2014年10月至2015年2月,原国家卫生和计划生育委员会在全国组织开展了中国家庭发展追踪调查,调查数据显示,在流动家庭中,夫妻携子女一起流动的占84.7%。[①] 可见,流动家庭已成为我国家庭模式的重要形态。

以上是导致人口流动的主要原因,这些流动人口从事不同的职业,具有不同技能,但是他们必须有一定的居住地,都落脚于社区。随着他们的流动,社区的人口也呈现出动态的趋势,呈现出流动性特点。

(二) 流动人口对城市发展的积极影响

社会的改革导致了人口流动,人口流动又给社会带来了活力,推动了城镇经济和文化的发展。

1. 人口流动可以开阔人们的视野

我国地域辽阔,人口众多,各个地区、各个民族都有不同的文化背景和习俗,而且地区的经济发展也不平衡。人口流动可以使不同的文化、信息进行交流,可以开阔人们的眼界,提高人们的文化修养。特别是对于从农村及经济落后地区向城市和经济发达地区流动的人们,这种变化会更加明显。他们从偏僻落后的穷乡僻壤中走出来,投身现代生活的潮流之中,参与现代建设和服务,接受现代文化的陶冶,逐渐提高文化素质,养成文明习惯。同时,他们也可以把自己的所见所闻,把许多新信息带给自己工作和居住的地区,从而起到传播先进文化的作用。

2. 人口流动会促进市场经济的发展和完善

在流动的人口中,许多是具有不同技能的劳动力,他们在流动中寻找与自己技能相适应的工作岗位,甚至在人烟稀少的新建立的城镇及开发区,只要有市场需求,就有自由流动的人口。他们不仅解决了经济发展中市场所需要解决的生产技术问题,也合理地解决了劳动力的配置问题,这正是社会主义市场经济发展和完善所必须解决的问题。流动人口对于起步阶段的社区经济更有益处,因为流动人口为了在某地站稳"脚跟",往往不太计较工作条件的艰苦和经济收入的偏低,从而必然促进崛起中的社区经济。与此同时,流动人口也会产生许多实际的需求,如餐饮、洗浴、劳动技能培训、就业信息咨询、子女教育等。满足他们的各种需求,会为城市或社区提供就业机会,拉动社区经济的发展。

3. 人口流动会改善流动者及其家庭的生活水平

人们走出家庭加入人口流动队伍,主要是为了找到施展个人能力的位置以改善自己及家庭的生活条件和为亲人提供生活和生产支持。一般情况下,流动人口在找到适合自己的工作之后,家庭生活都会比原来有所改善。不仅农村及经济落后地区流入城市及经济发达地区的人口是这种情况,而且城市之间的流动人口也是这种情况。否则,这些人

[①] 国家卫生和计划生育委员会:《中国家庭发展报告》,新华网,2015年5月18日。

还会继续流动,直到比流动前的经济收入有所提高、比较稳定为止。这种情况不仅使流动者改善了自己的经济条件,提高了生活质量,也会增加家庭收入,提高家庭的生活水平,从而必然会推动社区的发展和稳定,促进社区的文明和进步。

(三) 流动人口引发的社会问题

流动人口对社会的发展起到了积极作用,但是也给社会带来一些负面影响,为城市和社区的建设和管理带来一些问题,这是社区工作中必须注意的问题。

1. 流动人口造成劳动力的过度竞争

流动人口中具有劳动能力的年轻人口占绝大多数,他们流动的主要目的是"务工养家"。因此,每当流动到一个地方,就会通过人才市场寻找职业,必然在市场中与其他劳动力竞争,降低了劳动力价格,从而导致一些社会问题。有些雇主会利用这个机会压低雇工的工资,不但提供的工作条件恶劣,生活条件很差,甚至还要克扣雇工的工资,使雇工连低廉的工资都难以保障;而有些流动人员急于找工作,在众多的竞争者面前不得不一再降低被聘用的物质待遇,也顾不得申明自己在工作中的合法权益,更没有签订任何法律合同,出了问题之后自己的合法权益得不到法律的保护以及相应的经济补偿,雇主的违法行为也得不到法律的惩处。这些情况必然引起矛盾和冲突,为他们所在的社区带来不安定因素。

2. 流动人口过多会影响社区治安

由于对流动人口无法用行政力量和常住人口的管理办法进行管理,所以在对其的管理上会出现许多薄弱环节。再加上一些复杂原因,如生活的困境、经济的拮据、环境的恶劣、有些人法治观念淡薄、文化道德素质较低等,容易产生犯罪诱因,形成了流动人口犯罪率较高的情况。深圳公安部门2012年抽样调查全市流动人口1532.8万,其中120万人无稳定收入,超过80万无业人员长期滞留深圳,犯罪嫌疑人93%以上为外来流动人口。① 这说明,城镇社会治安出现的问题与流动人口有一定关系,流动人口数量的增加一定程度上会直接影响到社区的治安和稳定,这是社区管理工作必须关注的重点问题。需要指出的是,不能因为少数流动人口作案的问题,而从整体上对流入城镇的人口进行否定。

3. 流动人口为社区管理增加许多困难

流动人口的职业、住所都有不稳定性,这就为城市管理特别是社区管理带来一些难题。一些素质较低的流动人员利用管理的薄弱环节,违反城市和社区管理的有关规定,滥设摊点,乱搭窝棚,出售伪劣产品,偷税漏税,扰乱、冲击市场管理等。这些问题既涉及对人的管理,也涉及对物的管理和环境的管理,既涉及社区的规章制度,也涉及国家的方针政策。如果处理不当,不仅会扰乱正常的生活秩序,影响社区的文明和稳定,也会影响

---

① 《深圳流动人口超1500万,为本市户籍人口的5倍》,载《深圳商报》,2013年10月23日。

城市及整个社会的发展和稳定。

总之,社区人口流动性的特点与社会的整体背景密切相关,它是社会发展过程中出现的一个新问题。我们必须看到它对社会发展所产生的积极影响及其深远意义,同时也不能忽视它的消极影响,并且应及时采取措施解决这些问题。

二、城市社区人口老龄化的趋势

人口老龄化已经成为全球性趋势,社区作为社会的基层单位,人口问题也必然呈现这一特点。

(一)人口老龄化的原因

人口老龄化是指总人口中老年人口数量的增加导致老年人比例相应增长的动态过程。依据联合国人口基金会的统计标准,若一个国家或地区60岁以上老年人口占总人口比重达到10%,或者65岁以上的老年人占总人口的7%,就意味着这个国家或地区的人口年龄结构进入老年型。① 中国是世界上总人口和老年人口最多的国家,据统计,2015年全国60岁及以上老年人口占总人口的16.15%,65岁及以上老年人口占总人口的10.47%,分别比2010年增加了2.89%和1.60%。② 这表明我国人口老龄化加快,已进入人口老龄化时期。导致人口老龄化的原因主要有以下三点。

1. 人口生育率下降是导致人口老龄化的重要因素

中华人民共和国成立之后,由于社会发展和进步,人民生活水平的改善、文化教育水平的提高以及计划生育政策宣传的日益深入,人们的生育观念从20世纪70年代开始有了明显的改变,生育行为发生了重大变化。我国逐步推行计划生育政策,经过30年的努力,人口过快增长的势头得到有效控制。实现了中国人口低出生、低增长的历史性转变。同时,也引起了中国人口年龄结构的重大变化。据2015年统计,我国0—14岁人口比例从1990年的27.6%下降到16.52%;65岁及以上的老年人口比例为10.47%,比1990年的5.57%上升了4.90个百分点。③ 这表明人口生育率的下降对人口年龄结构的变化产生了直接影响,抑制了年轻人口的增长,导致老年人口比例增加,即人口老龄化加快。

2. 人口死亡率下降也是导致人口老龄化的重要原因

随着我国经济的迅速发展、医疗卫生事业的进步和人民生活水平的提高,我国人口死亡率明显下降。人口死亡率下降对中国人口年龄结构的影响有两个方面,即提高了少儿人口比例,降低了老年人口死亡率,从而相应地提高了少儿人口比重和提高了老年人口的比重。这种情况导致人口年龄结构的两种趋向:一是趋向年轻化,二是趋向老龄化。这两种趋势谁占主导倾向,取决于少儿人口死亡率与老年人口死亡率下降幅度之差。如

---

① 全国老龄工作委员会办公室:《中国人口老龄化发展趋势预测研究报告》,2006年2月24日。
② 国家统计局:《2015年全国1%人口抽样调查主要数据公报》,2016年4月20日。
③ 同上。

果少儿人口死亡率的下降幅度大于老年人口死亡率的下降幅度,则人口年龄结构趋向年轻化;相反,则人口年龄结构趋向老年化。从我国四次人口普查的人口存活率的情况看,少儿人口死亡率在迅速降低,存活率明显上升,而60岁以上的老年人口存活率和死亡率相对于少儿人口的变化较小。这说明,中华人民共和国成立以来至20世纪90年代中国人口死亡率下降主要表现在少儿人口死亡率的下降上,导致了人口年龄结构年轻化。但是必须看到,随着年轻人口年龄的增长,相对增加的年轻人开始步入老年,这间接地增加了老年人口的数量。在生育率持续下降的同时,老年人口绝对数量的增加意味着老年人口比例的上升,人口会出现老龄化。这时死亡率的下降开始影响到老年人口,并进一步加深了人口老龄化程度。由此可见,当今中国人口死亡率下降所产生的人口年轻化会随着时间的推移,对少儿人口比例变动的影响逐渐减弱,对老年人口比例上升的影响逐步加大,从而逐渐加速人口老龄化进程。

3. 生活水平提高,人均寿命延长

改革开放以来,我国经济稳定增长,使居民的生活发生了天翻地覆的变化。人们亲身感受到改革开放以来的利益成果,不仅心中充满了幸福感,而且延年益寿。人们的晚年生活,更是得到了欣喜的保障。党和政府不断加强对老年人的社会服务,不断完善养老保险、医疗保险、老年人福利等社会保障制度,对老年人的健康、老年人的生活、老年人的文化活动、老年人的权益保障等问题,都制定了具体的政策和措施,并且加大了资金投入。从我国目前老年人群体的状况来看,他们普遍关注社会的发展和生活条件的改善,重视生活质量,重视自身的健康,特别是他们认识到心理健康和精神生活的重要性,积极开展和参与丰富多彩的文化活动,向着世界卫生组织提出的"健康老龄化"的目标而努力。总之,社会的进步,党和政府的关怀创造了和谐安定的生活环境,使老年人老有所养、病有所医、住有所居、无忧无虑、安康幸福,必然延长寿命。俗话说"人生七十古来稀",但是根据国家卫生健康委员会2020年6月发布的《2019年我国卫生健康事业发展统计公报》,我国居民人均寿命由2018年的77.0岁提高到2019年的77.3岁。在现实生活中,80岁以上的高龄老人随处可见,这样必然会壮大老年人的队伍。

(二)中国人口老龄化的特点

研究老年人口数量的变化和人口老龄化趋势,是为了分析它对整个社区乃至社会,特别是对老年人社会生活的影响以及引发的社会问题,为社会工作或社区工作者提供老年工作的客观依据。

1. 规模巨大

根据国家统计局发布的信息,2015年年末中国总人口为137 349万人,其中60岁及以上人口为22 182万人,占全国总人口的16.15%,65岁及以上人口为14 374万人,占全国总人口的比重达10.47%,分别比2010年第六次全国人口普查的数据上升2.89%和

1.60%。① 据2016年统计,我国老年人口已超2.2亿,相当于印度尼西亚人口总数,已超过巴西、俄罗斯、日本各自的总人口数。②

2. 速度过快

根据全国老龄工作委员会办公室在《中国人口老龄化发展趋势预测研究报告》中公布的数字,中国是老龄化增长速度最快的国家之一。国际社会大多数国家用65岁以上老年人口比例从7%增长到14%,即翻一番的时间来衡量人口老龄化的速度。许多发达国家65岁以上老年人口占总人口的比例从7%提升到14%,用了45年以上的时间。其中,法国用了130年;瑞典用了85年;澳大利亚和美国用了79年左右;而中国只用了27年③,并且在以后很长时期内都保持很高的递增速度。

3. 未富先老

目前,全世界进入老龄化的国家有70多个,欧美等发达国家是在基本实现现代化的条件下进入老龄社会的,属于先富后老或富老同步。而中国则是在尚未实现现代化,经济尚不发达的情况下,提前进入老龄社会的,属于"未富先老"。发达国家进入老龄社会时人均国内生产总值一般都在5000—10000美元以上④,而中国已于1999年进入老龄社会,2005年人均国内生产总值为1700美元,排在世界100位以后⑤。据统计,2016年我国人均GDP已达到8113美元,世界排名74名⑥,标志着我国经济和人民生活水平迈上一个新台阶。但是,与发达国家相比,仍属于中等偏低收入国家行列,应对人口老龄化的经济实力还比较薄弱,特别是在农村,这个问题更显突出。

4. 差异显著

中国地域辽阔,人口众多,由于历史和现实的原因,各地区以及城乡之间发展很不平衡,人口老龄化的地区间不平衡现象非常明显。东部沿海地区经济比较发达,率先进入了社会高速发展时期,65岁及以上老年人口比例早已超过7%,上海的人口年龄结构早在1979年就进入老年型,而青海、宁夏等西部省、自治区到2010年左右才进入老年型,相差约30年。⑦ 与此同时,各地区老年人口主要分布于经济发展落后的农村,目前农村人口老龄化程度比城市严重。第六次人口普查资料显示,2000—2010年:中国地区(含军人)65岁以上老年人口占总人口比重从6.96%上升至8.87%,其中,城市老年人口比重从6.67%上升至7.68%,乡村则从7.56%升至10.06%。无论是从人口老龄化水平上看,还是从发展速度看,乡村均远高于城市。

---

① 国家统计局:《2015年中国1%人口抽样调查主要数据公报》,2016年4月20日。
② 《2016年中国老年人口统计图》,三思教育网,2017年2月6日。
③ 全国老龄工作委员会办公室:《中国人口老龄化发展趋势预测研究报告》,2006年2月24日。
④ 人民网:《"银色浪潮"扑来,中国如何应对?》,2006年12月14日。
⑤ 国家统计局:《2005年国民经济运行情况》,2006年9月8日公布。
⑥ 李成东:《2016年GDP总量排名》,载《世界经济展望》,2017年4月。
⑦ 李慧杰:《中国人口老龄化问题的几点思考》,载《学习时报》,2007年4月9日。

5. 空巢严重

空巢家庭是指因为子女在外地工作和生活,只剩下老人在家居住的现象,而一旦配偶去世,则家庭生命周期进入鳏寡期。空巢期和鳏寡期对老年人来说是容易发生困难的重要阶段。据2015年统计,我国老年空巢家庭率已达50%,大中城市达70%①,其中独居老人占10%。主要原因是多年实行"一对夫妇生一个孩子"的计划生育政策和家庭生活多元化的影响,导致了家庭人口逐年减少、家庭规模小型化的趋势。同时,由于经济实力和人们生活水平的提高,从主观和客观两方面促成了空巢家庭的快速发展。人们越来越关注生活质量和追求精神生活,老少两代人都要求有独立的活动空间和更多的自由,传统的大家庭居住方式已经不适应人们的需求,小家庭被普遍接受。还有一些家庭由于各种特殊原因,子女不能在父母身边,父母无奈只好独立生活,给老人的日常活动和照护带来巨大压力。

空巢老人作为老年人的特殊群体,问题的实质是老年安全带发生危机,就是他们身边缺少监护人。这是一个亟待解决的社会问题,是需要个人、家庭、社区、社会、政府共同努力才能解决的综合性问题。作为社区管理部门,解决这一问题的重要手段就是进一步落实和完善社区养老服务,从日常生活、医疗保健、精神慰藉等各个方面建设社区服务体系。要建立社区老年人信息库,哪些老人是老两口生活,哪些老人是单独生活,特别对失能老人更要重点关注。要对他们的家庭情况、健康状态、亲朋关系及具体需求,进行细化分析和记录,然后根据不同情况采取相应的应对措施。

6. 逐显高龄

由于生活水平的提高,我国人口预期寿命明显延长。随之而来的是在人口老龄化的进程中出现了高龄化现象,这就是80岁以上的老人数量逐渐增多。据统计,2014年年底,我国80岁以上的高龄老人已达2400万。② 高龄老人的增多,反映了人的寿命不断提高,是人民生活水平不断提高的结果,是社会进步的表现。但是也必须看到,人到老年身体逐渐衰弱,容易患各种老年病,自理能力下降,越是高龄越是明显,从而出现失能、半失能老人增多的情况。这样庞大的高龄老人以及失能、半失能老人群体,将需要更多的日常护理、生活照料和其他服务。从家庭到社会,人们不仅要面对各种压力,还必须采取相应的措施。社区管理部门应该着重加强医疗卫生机构、养老服务机构的建设,特别要加强社区卫生及养老服务中心的建设。

(三)人口老龄化引发的社会问题

随着老年社会的匆匆而来,全社会承受老龄化的能力偏低。中国政府、社会、家庭都面临巨大的压力,引发了一系列新的社会问题。

---

① 全国老龄工作委员会办公室:《大中城市老年空巢家庭率已达70%》,新华网,2015年11月9日。
② 新华社:《我国失能半失能老人数量已接近4000万》,2015年12月7日。

1. 社会养老保障的负担日益加重

老年人口的增长直接影响社会养老保障的发展,按照近年来每年新增老年人口的数量看,参加基本养老保险人数也在迅速增长。根据国家统计局的数据,截至2016年年底,全国参加城镇职工基本养老保险人数为40 199万人,比上年年末增加2269万人;参加城乡居民基本养老保险人数为51 255万人,比上年年末增加408万人。① 据预测,2050年,中国职工抚养比将从现在的3个职工养1个退休人员,变为1.5个职工养1个退休人员,②这种发展趋势必然会增加社会养老资金的负担,增加社会养老保障的压力。同时,人口老龄化也带来了医疗开支的快速增长,这样必然会造成医疗保险资金不堪重负,甚至有些统筹地区会出现收不抵支的情况。可见,社会养老保障制度还必须继续发展和完善。

2. 家庭养老服务相当艰难

老年问题涉及千家万户,直接影响每一个家庭。由于多年计划生育政策的影响和改革开放以来家庭生活的多元化,中国"多子多福"的传统家庭正在被小家庭所取代。据第六次全国人口普查的资料显示,平均每户家庭人口为3.10人,比2000年第五次人口普查时的每户3.44人③减少了0.34人。以独生子女为主组成的"4—2—1"家庭结构已成为一种普遍现象。家庭规模小型化使家庭养老功能必然弱化,子女很难在时间、精力、经济、观念上实现对老年人令人满意的赡养,尤其是为老年人服务的功能遭到削弱。而人口老龄化趋势又使老年人的生活服务需求持续增长,并且多数人都选择传统的家庭养老方式,这就必然使家庭养老负担迅速加重。

3. 社会"为老服务"压力重重

由于社会转型、政府职能转变、家庭养老功能弱化,对老年人而言,仅有经济上的保障依然不能解除后顾之忧,社会养老服务保障将成为老年人安度晚年的必需条件。而我国的养老保障社会化管理服务工作严重滞后,公共老年服务设施亟待解决。社会老年人的"养护"服务非常薄弱,为老年人服务的人员素质和专业水平都较低。有些老年公寓条件还比较差,多数只能为孤寡、高龄、带病老年人提供一般性的服务,而为"低龄"退休人员和健康老人服务的比较高级的公寓还较少。我国政府针对这一问题,逐年加大养老服务设施建设的投资力度,仅"十二五"期间中央预算内投资就达108亿元,各级彩票公益金投入285亿元。

4. 劳动力成本上升

人口老龄化的快速发展意味着全社会养老的负担加重,同时,由于多年来我国人口的低生育率导致劳动人口绝对值下降。这些问题直接反映到经济上就是导致劳动力成

---

① 国家统计局:《中华人民共和国2017年国民经济和社会发展统计公报》,2018年2月28日。
② 《2016年中国老年人口统计图》,三思教育网,2017年2月6日。
③ 国家统计局:《2000年第五次全国人口普查主要数据公报(第一号)》,中新网,2001年3月28日。

本急剧上涨。

充足的劳动力供给曾是中国经济发展的重要依托,如今劳动力不足的问题已经开始显现。面对劳动力人口绝对值下降和人口老龄化带来的社会养老负担加重,劳动力成本也会随之上升。许多外资企业撤离中国转向东南亚,与国内劳动力成本的快速上升有直接关系。这种情况直接影响我国的对外贸易和投资,也必然影响我国的经济发展。

5. 引发其他社会问题

面对人口老龄化的高速发展,社会养老服务相对落后,家庭养老功能又明显弱化,必然引发出一系列其他的社会问题。例如,老人与子女之间的代沟问题,住房问题,财产处理问题,居住地迁移问题,身心卫生与保健问题,丧偶老年人的婚姻问题,临终关怀,异地养老、异地医疗保险等问题。这不仅涉及老人的生活照料、精神慰藉等服务,也涉及伦理道德以及法律问题。这些问题不仅关系到老年人的晚年生活质量,也关系到家庭的幸福和美满,关系到社会的和谐和安宁。因此,必须引起全社会的关注,特别是社区要直接面对并及时帮助解决。

(四)应对人口老龄化的积极措施

人口老龄化是社会发展的一种趋势,必然会引发一些社会问题。因此,面对人口老龄化我们不能"临渴掘井",必须早做预测和准备,采取积极措施。

1. 调整计划生育政策

由于计划生育政策的实施,使我国实现了人口再生产类型由传统型向现代型的历史性转变,由"高出生、高死亡、高增长转向低出生、低死亡、低增长"。这是一项利国利民必须要施行的政策,有效地控制了我国人口数量的高速增长。但是同时,也导致了人口的老龄化和高龄化,出现了规模巨大、发展速度快的老龄人口的发展趋势,并且引发了劳动人口的减少,对国家、社会和家庭构成重大的负担。为了应对这些严峻的社会发展趋势,调整计划生育政策是我国政府采取的一项重要措施,以提高总和生育率,应对日益逼近的人口老龄化危机。

我国政府1980年提倡一对夫妇只生一个孩子,到1984年提出农村适当放宽生育二孩,2013年出台了"单独二孩"政策,从2016年开始全面实施一对夫妇可生育两个孩子。这表明了我国计划生育政策是根据社会发展实际情况处于动态的调整中的,这是适应经济社会发展和人口长期均衡发展的要求,是对人口发展规律的把握。这种调整对国家来说,能有效减缓老龄化进程,使人口结构趋于合理;对家庭来说,能有效分摊养老压力;对社会经济发展和社会稳定也都有重要意义。

2. 加强对老年人的社会服务

对于日益增多的退休老年人,应逐步摆脱以原工作单位对退休人口进行管理的做法,更多地发挥社区和家庭在养老方面的作用。社区服务机构应根据老龄化的趋势和老年人及家庭对养老的要求,不断增加和完善各种服务,采取多种形式提高服务质量。对老年人的健康、老年人的生活、老年人的文化活动、老年人的权益等问题,都要加大服务力度。同时,从经济和社会两个方面考虑,鼓励发挥家庭养老功能仍将是解决老年人口养老问题的主要途径之一。但是,必须加强社会保障和社会服务,解决住房、医疗以及其他方面的问题,减轻家庭养老的实际困难,以保证老年人有一个舒适安定的晚年生活。

3. 加强养老保险业务的管理

为年老退出劳动岗位的劳动者提供生活保障而建立的社会养老保险制度,是解决人口老龄化引发的各种问题和稳定社会的重要举措。目前我国养老保障制度的改革还处于起步阶段,在养老保险日益社会化的情况下,应该有相对独立、权威的机构进行统一管理和协调。由于各个地区人口老龄化的速度、经济发展水平和养老社会保障的覆盖面有很大差异,各地区的养老保险制度和措施也应有自己的特殊措施和特点,以便在社区养老保险管理中能更好地具体落实和完善养老保险业务的管理,使广大老年人能"老有所养、老有所依"。这不仅是每一位老年人的客观需要,也是每个家庭的养老需要,更是社会良性发展的需要。

4. 促进健康老龄化

为了让老年人不仅预期寿命延长,还要活得有质量、更有幸福感,必须提倡和促进健康老龄化。"健康老龄化"是世界卫生组织(WHO)于1990年提出的目标,"健康是身体、心理和社会功能的完美状态"。因此,"健康老龄化"应该是老年人群的健康长寿,群体达到身体、心理和社会功能的完美状态。2016年我国公布了《"健康中国2030"规划纲要》,其中提出促进健康老龄化是加强重点人群健康服务的重要内容。要完成这一目标必须推进老年医疗卫生服务体系建设,推动医疗卫生服务延伸至社区、家庭。健全医疗卫生机构与养老机构合作机制,支持养老机构开展医疗服务。推进中医药与养老融合发展,推动医养结合,为老年人提供治疗期住院、康复期护理、稳定期生活照料、安宁疗护一体化的健康和养老服务,促进慢性病全程防治管理服务同居家、社区、机构养老紧密结合。鼓励社会力量兴办医养结合机构。加强老年常见病、慢性病的健康指导和综合干预,强化老年人健康管理。推动开展老年心理健康与关怀服务,加强老年痴呆症等的有效干预。推动居家老人长期照护服务发展,全面建立经济困难的高龄、失能老人补贴制度,建立多层次长期护理保障制度。进一步完善政策,使老年人可以更便捷地获得基本药物。

从目前老年人的状态看,他们普遍重视自身的身体健康状况,逐渐认识心理健康和参与社会的重要,开展丰富多彩的健身和娱乐活动,关心国家和社会发展,为实现健康老龄化而努力。但是,"健康老龄化"规划的实现,还必须发挥各级政府的主导作用,各地区各部门必须结合实际认真贯彻落实,社区管理机构当然重任在肩。

5. 把人口老龄化纳入政府工作职能

人口老龄化所引发的社会问题涉及国家的工资政策、老龄政策、就业政策、医疗政策等。这就要求把老龄工作纳入政府的职能,只有政府才能有这种权威力量来协调有关部门加以解决。同时,对人口老龄化的各种准备工作,包括立法和政策的准备、物质准备、人才准备、组织准备、思想准备和理论准备等，只能由政府领导和组织，这些都是政府老龄工作职能的具体化。

把老龄工作纳入政府职能并不意味着由国家把老年人"包下来"、吃"大锅饭"。老龄工作作为政府的职能，符合当前政府转变职能的要求，是由政府机构把全社会的、各级政府承担的老龄事业掌管和协调起来，并不是要回复到计划经济时代的"一包到底"。

三、由"单位人"向"社区人"的转化

随着社会改革的不断深化和市场经济对社会生活各个领域的深入影响及渗透，社区正在成为每一位市民的重要生活空间。人们由原来对单位的依赖逐渐转为对社区的依赖，由"单位人"向"社区人"的转化成为社区人口的显著特点。

在计划经济体制下，人们对所属单位形成了强烈的依赖感；在社会转型时期，人们从对单位的认同和归属向社区转化，无论在思想观念上，还是在行为上都有一个适应过程。为了适应社区人口的这种变化，社区工作者必须克服一些心理误区，做好社区人口的管理工作。

（一）强化"社区人"意识

长期的单位管理体制使人们形成了根深蒂固的"单位意识"，即使在市场经济的完善中，许多单位已经把业务职能之外的"社会包袱"归还社会和社区，但人们还是习惯于有问题找单位，很少想到向社区求助。例如，有些下岗职工在寻找就业机会时，总是想到依靠单位提供人才信息和就业信息，没有想到通过社区组织来解决就业的困难，总是舍近求远；有些社区的居民想要参加文体活动或其他活动，也往往想到自己单位或其他已习惯的场所，而忽略了自己居住的社区；一些社区居民对社区居民委员会工作不关心，似乎社区和居民委员会的工作与自己无关等。上述情况都是"单位人"在向"社区人"转化的过程中出现的普遍现象，这说明"单位人"真正成为"社区人"要有一个过程。

社区管理部门一定要关注这一转化过程，通过各种服务和文化活动让人们在转化中感到社区的凝聚力和吸引力，增强人们对社区的信任感和依赖感，逐渐强化人们的社区意识，使他们形成"身在社区，心系社区"的情感，主动关心社区和建设社区，成为名副其实的"社区人"。

（二）重视"社区人"的工作

在传统观念中，人们不重视社区工作，觉得社区工作都是"婆婆妈妈"的事，管理对象也都是家庭妇女和社会闲散人员，既无社会地位，也无社会影响。这种认识偏见影响了一些社区居民对社区的认同感，他们不情愿从"单位人"转化为"社区人"，心里对社区有一种排斥情绪。这种偏见还直接影响着街道、社区工作者的职业意识和工作热情，使他们对本职工作感到自卑和无奈。最近几年，由于党和政府对社区工作的重视，一些高校毕业生甚至研究生进入街道社区工作，这不仅优化了社区工作者队伍，而且在一定程度

上挑战了传统。但是,必须看到,其中的一部分人并不了解社区工作的性质和意义,没有确立长期献身社区工作以及艰苦创业的思想准备。就是说,管理者本身还没有真正成为"社区人",很难做好"社区人"的工作。

社区管理部门应该看到上述问题的严重性,对一些思想偏见要积极疏导,及时教育和调适。从社区管理人员到一般社区群众,都要适应向"社区人"的转化,对社区要有归属感,真正做到"社区是我家,建设靠大家",从上到下都要重视"社区人"的工作,都要为"社区人"而工作。

(三) 激发"社区人"的兴趣

有些人认为社区是离退休老年人和无职业游民的天地,与在职人员和年轻人关系不大,只把社区看作"生活区域",只是收缴水电燃气费、卫生管理费、有线电视费、征订报纸、发放牛奶等,都是些芝麻大的琐碎小事,激发不起对社区工作的兴趣,觉得"社区"还离自己十分遥远。因此,有些街道和社区参加活动的主体除了中老年人就是少年儿童,很少见到年轻人和在职人员。社区管理部门必须认识到"单位人"向"社区人"的转化,不是组织管理形式的变化,而是要依靠社区服务组织满足自己职业之外的多种需求,如托幼、家政服务、各种生活需求和业余文化活动等,这些服务职能都由单位转移到社区。社区服务管理部门要通过良好的社区服务和丰富多彩的社区活动满足他们的需求,激发他们的兴趣,使他们认同自己是"社区人",真正地把社区看作是自己的家园。

(四) 凝聚"社区人"的情感

由于人口流动的原因,许多外地人员与本地居民共处一个生活区已经成为相当普遍的现象。但是,由于人们总是用传统的"户籍"观念来看是否"本地人",尽管许多外来人员客观上已经有了"社区人"的身份,但在当地人的眼中还是"异邦人"。有些社区工作者,将这些外来人员当临时过客而不肯接纳,甚至认为他们背景复杂,故意避而远之。这些外来人很难融入社区建设与管理的体系当中,这不利于调动他们参与社区建设的积极性,也不利于社区的科学管理,难以及时发现和处理有关问题。

针对上述情况,社区管理部门一定要教育人们不要排斥外来人员,只要他们在本社区工作和生活,就是"社区人"。要开展各种活动,让本地人与外地人联络感情,加深了解,增进友谊,凝聚全体社区人的情感,使流动人口、外来人员都能融进社区,积极参与社区的发展和管理工作,增强"社区人"意识,推动"单位人"向"社区人"的转变。

第三节 城市社区人口管理

一、全面提高社区人的素质

中共中央、国务院在全国人才工作会议上曾强调指出,人才问题是关系党和国家事业发展的关键问题。必须从全局和战略的高度,以高度的政治责任感和历史使命感,把实施人才强国战略作为党和国家的一项重大而紧迫的任务抓好,努力造就数以亿计的高素质劳动者、数以千万计的专门人才和一大批拔尖创新人才,建设规模宏大、结构合理、素质较高的人才队伍,充分发挥各类人才的积极性、主动性和创造性,使我国由人口大国转化为人才资源强国,为全面建成小康社会提供坚强的人才保证和智力支持。这一精神为全党全国的人口管理和人才培养指明了方向,也是社区人口管理必须遵循的基本原则。人的素质是综合性的,主要包括身体素质、心理素质、科学文化素质、思想道德素质、审美素质等方面。因此,社区的人口管理应该以人的全面发展为目的,落实到提高人的整体素质上来。

(一)提高"社区人"的身体素质

身体素质是在先天遗传性和后天获得性的基础上表现出来的人的形态结构和生理技能相对稳定的综合状况和特征。身体素质受种族、遗传、气候以及生活环境、营养状况、体育锻炼等多方面因素的影响,其中体育锻炼是重要的因素。

社区人口管理应首先关注人的身体素质的提高,开展各种文体活动,引导社区居民加强身体锻炼,掌握科学的锻炼方法。同时,还要教育人们讲究营养,科学饮食,养成良好的生活习惯和卫生习惯,注意劳逸结合,掌握一定的病理和药物知识,杜绝不良的生活习惯,不断提高社区人口的身体素质。

(二)提高"社区人"的心理素质

人的心理素质包括正常的智力、乐观的情绪、广泛的兴趣、积极的进取心、健康的个性、坚强的意志等。人的心理素质是个体遗传、社会环境影响、教育作用在人的自身内部的沉积,是能动地发展主体自身的内部动力,具体体现为智力因素、非智力因素、基本的心理知识和主体对自身心理问题的认知等。

社区管理人员应特别关注本社区人口的心理健康教育,把心理卫生工作纳入社区教育的重要日程,加大全社区居民心理健康科普宣传力度。教育人们客观评价、正确对待自身的心理状况,保持乐观情绪,正确对待成功和失败,学会抵御挫折,塑造健全人格,增强自我调适能力等。加强对抑郁症、焦虑症等常见精神障碍和心理行为问题的干预,加大对重点人群心理问题早期发现和及时干预力度。加强严重精神障碍患者报告登记和救治救助管理。全面推进精神障碍社区康复服务。提高突发事件心理危机的干预能力和水平。还应该开展各种活动,强调多方协作、人人参与,重视社区集体心理环境的建设。开展各种心理咨询,循循善诱,适时指导,开辟对个体进行心理素质教育的重要途径,使人们心理素质不断提高,从而以健康的心态面对工作和生活,面对社会、面对现实。

(三)提高"社区人"的科学文化素质

科学文化素质是人的素质结构的重要组成部分,具体表现在三个方面:一是科学文化知识,反映居民在知识积累方面所具有的素质水平,包括对科学知识体系的认识、科学文化历史成果的了解、外语知识的掌握等;二是科学文化能力,反映人们在知识运用方面的素质水平,主要指人们的读、写、算能力和实践动手能力等;三是科学文化态度,反映人们对科学文化的历史地位、社会作用、科学成果的兴趣以及各种文化行为的评价和认识等。

社区人口的科学文化素质越高,人们的整体素质越高,也越便于社区的人口管理。因此,社区有关部门要创造条件,提高人们的科学文化素质,教育人们热爱科学,相信科学,尊重科学,追求科学,掌握科学。当然,要根据人们的科学文化的基础水平采取多种形式,消除"科学神秘,科学高不可攀"的心理。

（四）提高"社区人"的思想道德素质

思想道德素质是人的整体素质的灵魂,在人的素质结构中居主导地位。它包括思想素质和道德素质两个方面:思想素质主要解决思想认识和思想方法问题,包括人们的理想、立场、观点、信念、态度等,对人生发展有定向指导和动力作用;道德素质是经过道德教育而升华的科学的道德认识、深厚的道德情感、坚强的道德意志和稳定的道德、行为、习惯的统一,是做人的根本、做事的基础。

社区人口的思想道德素质既体现人们的人格魅力又体现社区的风貌,直接决定人口管理的质量,因此必须加强思想道德素质的培养。教育人们掌握辩证唯物主义的观点和方法,认真学习社会主义的基本理论和坚持社会主义信念和理想,培养热爱社会主义祖国的情感,积极为社会主义现代化建设贡献力量;教育人们按照公民道德纲要要求自己,培养人们高尚的道德品质和理想人格。人们的思想道德素质的提高,不仅会使人口管理有序和规范,而且对建设文明社区有重要作用。

（五）提高"社区人"的审美素质

审美是一种情感,提高人的审美素质就是引导和提高人们对自然美、社会美、艺术美的兴趣和爱好,培养人们辨别美丑的能力和创造美的能力,主要体现正确的审美观、审美意识、审美情感、审美理想等方面。

审美是人们的高层次的情感,对于社区精神文明建设具有重要作用。社区管理部门要遵循一定的审美教育原则,把思想性和科学性、审美理论和审美实践紧密结合,把提高人们的审美素质作为一项重要工作切实抓好。让人们有正确的审美标准、健康的审美情趣、高雅的审美情感、较强的审美能力,以较高的审美素质参与社区建设,从而提高社区人口的管理质量,推进社区的文明发展。

二、坚持计划生育和优生优育政策

20世纪70年代以来的"计划生育"是我国的一项基本国策,它体现了中国政府控制人口数量、提高人口质量的决心和实际行动。同时,根据经济社会发展和人口长期均衡发展的需求,我国计划生育政策也处于动态的调整之中。这种调整,有利于我国的稳定发展和长远利益。我国人口发展的历史证明，搞好计划生育和优生优育必须有相应的管理措施。社区是人口栖息的地方，最有方便条件管理计划生育，应该采取各种措施积极贯彻执行计划生育和优生优育的政策。

(一) 加强社区居民的人口国情教育

1. 认真执行现行的计划生育计策

我国计划生育从 20 世纪 70 年代实施以来，一直根据社会经济发展需要不断进行调整和完善。特别是进入 21 世纪以来，我国人口形势发生了转折性的变化，人口总量增长势头减弱，人口结构性问题突出，劳动年龄人口开始减少，老龄化速度加快，出生人口性别比居高难下，人口均衡发展的压力增大。根据我国人口与经济社会发展的新形势、新变化，党的十八届三中全会（2013 年 11 月）做出了启动实施"单独二孩"政策，以促进人口长期均衡发展。在此基础上党的十八届五中全会（2015 年 10 月）审时度势，在新的人口发展形势下，从国家经济社会长期持续稳定发展的战略制度做出了"全面二孩"的战略决策。"全面二孩"政策是现阶段符合我国国情的计划生育政策，是对我国计划生育政策的发展和完善，符合我国长远利益。"全面二孩"政策规定每个家庭只能生两个孩子，如果第一胎是双胞胎或多胞胎，就不能再生第二胎了，超生是违反国家计划生育政策的行为，计划生育仍然是我国的一项基本国策。这是因为，我国人口基数规模仍然非常庞大，并且城乡之间、地区之间差别很大，人口与资源、环境与社会经济发展之间的矛盾仍然非常严峻。我国社会发展中的许多问题和矛盾都与人口问题分不开。因此，我国人口发展要按照政策和法律要求有序进行，社区乃至全国都要积极宣传、严格执行现行的计划生育政策。

2. 明确社会的发展目标以人均为基础

党的十九大报告明确提出，到建党一百年时建成经济更加发展、民主更加健全、科教更加进步、文化更加繁荣、社会更加和谐、人民生活更加殷实的小康社会。然后再奋斗三十年，到中华人民共和国成立一百年时，基本实现现代化，把我国建成社会主义现代化国家。要实现新时代中国特色社会主义发展的宏伟战略目标，必须在贯彻新发展理念、推动经济持续健康发展的同时，正确认识我国人口与社会发展的关系。能否解决好人口问题，直接关系到资源和生态平衡、经济发展和人民生活水平，以及社会安定和民族复兴等重大问题。因此，社区相关部门必须响应国家号召，认真理解和执行现行的计划生育计策。同时要教育社区群众，明确社会的任何一项发展目标都是以人均为基础的。有资料表明，我国的许多项目，如粮食、煤，以及钢的生产指标都在世界领先，但是，按人口平均计算就落在了后面，例如，2016 年我国 GDP 总值为 112 182.81 亿美元，世界排名第二，按人均计算为 8113 美元，世界排名 74 位。[①] 因此，我们要实现现代化建设的宏伟目标，必须增强"人均"发展观念，科学地控制人口的增长率，使人们认识到人口问题与国家发展

---

① 《2016 年世界各国 GDP 和人均 GDP 排行榜》，搜狐财经，2017 年 4 月 26 日。

和自身利益的关系,更加自觉地树立新的生育观念,同时明确有计划地控制人口的增长仍然是我国的基本国策。

(二) 搞好计划生育和优生优育服务

我国计划生育工作的开展,使优生优育受到重视。为了更好地贯彻计划生育政策,必须抓好计划生育服务和优生优育服务。这是社区人口管理的一项重要任务。

1. 开展生殖健康服务

计划生育服务的重要内容是开展生殖健康服务。生殖健康的概念是1988年由世界卫生组织提出的,具体工作包括以下四个方面:首先是生育调节,如避孕、节育、人工流产和防治不孕症等计划生育信息服务;其次是孕产妇保健,包括产前、分娩和产后保健,产科并发症的治疗,流产的预防和后遗症的治疗,以及流产后的咨询与计划生育服务等;再次是预防生殖系统传染病,如性传播疾病的预防以及其他影响妇女健康状况疾病的常规性检查等;最后是婴幼儿保健,排除所有使婴幼儿发病和死亡的风险,使他们健康成长。社区有关部门要尽快提高本社区卫生管理和服务水平,以便落实生殖健康服务。

2. 做好优生优育服务工作

做好优生优育服务是落实计划生育工作的重要保障,优生优育工作有了明显成效,人们才能主动自觉地宣传和执行计划生育的政策。

优生措施一般运用于婴儿出生前,这是提高人口质量的关键。首先,进行婚前体检。我国自从2003年10月1日施行的《婚姻登记条例》取消了强制性婚检后,婚检人数明显减少。北京市婚检率在2003年之前是100%,2014年仅为6.76%,参加婚检人群的疾病检出率由1996年的5%上升到2014年的13%左右。我国是出生缺陷高发国家,每年新增出生缺陷约90万例。婚检率下降是重要原因。[①] 这样的结果,会给有缺陷的新生儿带来巨大的人生痛苦,给其家庭和社会带来沉重的负担。首先,社区的计划生育管理人员要动员即将结婚的新人选择婚前体检。通过婚检,可以及时发现病情,采取治疗等许多补救措施,避免许多隐患。其次,禁止近亲结婚,开展遗传咨询。随着社会的发展和进步,近亲结婚的现象逐年减少。但是,还要加大宣传力度,为了子孙后代的健康,为了家庭的幸福,必须禁止有共同祖先的直系血亲和三代以内的旁系血亲之间的婚配。凡有家庭遗传病史,生过畸形儿,高龄孕妇,近亲婚配,怀孕早期接触过物理、化学辐射物质者,都应当进行遗传咨询与检查。再次,提倡"适龄生育"。法定婚龄是最低婚龄,不是最佳婚龄,更不是最佳育龄。从妇产科和遗传学角度看,最佳育龄是25—30岁,这一年龄段获得较大的优生效果。最后,加强孕期保健和产前诊断。根据胚胎学的基本理论,在怀孕阶段,如果孕妇受到某些致畸胎因素的影响,就会使胎儿出现种种畸形和功能障碍,如孕妇受到风疹、流感、肝炎、流行性腮腺炎等病毒性感染,就容易使胎儿出现白内障、先天性心脏病、脑积水、先天愚型等畸形。通过此项服务,能预防先天性疾病,使母子平安,特

---

① 肖思思、吕诺:《婚检率跌到"地板",出生缺陷率升高》,新华社,2016年4月29日。

别是保证婴儿的健康。

优育是指对出生后至 3 岁的婴幼儿进行科学的养育,从亲情的养育到客观环境、从营养知识到智力开发等都要重视,使婴幼儿的身心得到良好的发育,茁壮健康成长。对 3 岁以上的幼儿和青少年,要进行有利于其成长的有关知识、技能、资历、经验和熟练程度等优质教育,利用先进的教育设备,创造优良的教育环境,使其德、智、体、美得到全面发展。

3. 抓好社区计划生育管理人员的培训

社区的计划生育管理人员是贯彻执行国家计划生育一系列方针、政策的直接实施者,加强社区计划生育管理人员的培训,提高计划生育管理人员队伍的素质,是搞好计划生育工作的重要条件。

(1) 加强计划生育管理人员的思想政治教育。

社区计划生育工作直接面向基层每一个家庭,既有实际性又有特殊性,而且会遇到许多想象不到的困难。因此,必须首先加强对计划生育管理人员的思想政治教育,让他们充分认识到这项工作不单单是一个社区的工作,而是涉及国家和民族兴衰的大事,充分认识到这项工作的重要性。教育他们要有执行国家政策的自觉性,爱岗敬业,要有认真负责的工作态度,有不怕困难的坚强意志,有热情为人民服务的工作作风和对工作的奉献精神。

(2) 加强计划生育管理人员的科学知识培训。

社区计划生育管理人员与卫生医疗系统的专业人员不同,他们对计划生育进行管理而不是具体操作。因此,对于他们的培训不是要求其掌握具体业务技能,而是要侧重于有关的文化知识,加强科学知识素质的培训。例如,社会学知识、人口学知识、医学知识、统计学知识、社区社会工作知识、生理卫生知识、身心保健知识、法律知识等。这些文化知识和理论对于提高他们的综合素质和工作效益具有重要意义。

(3) 加强计划生育管理人员工作能力的培训。

社区计划生育工作是一项政策性很强的工作,因此要求管理人员不仅要爱岗敬业,有一定的知识水平,而且要有较强的政策水平和实际工作能力。例如,筹划策划能力、调查研究能力、组织协调能力、群众工作能力和对各项政策的理解和落实能力等。这一综合性能力的形成不是自发的,而是需要通过不断学习和锻炼才能形成的。为此,有关部门必须加强对计划生育管理人员工作能力的培训,让他们在实践中锻炼成长。

三、加强对社区流动人口的管理

所谓流动人口,是指跨越一定地界范围而不改变常住户口的各类移动人员。必须承认,城市流动人口对城市的经济发展、市政建设、市容环境等各个方面都有积极促进作用。然而,我们也应看到,城市流动人口也带来了一些消极影响,引发了一些有碍于城市管理的社会问题。因此,社区管理部门必须认真研究对策,加强管理,发挥流动人口的积极作用,尽量减少其消极的影响。

1. 把流动人口管理列入社区工作议事日程

街道和社区有关部门要把流动人口管理作为社区管理的重要内容纳入议事日程,要有专门机构和人员负责此项工作,经常对流动人口的流量、流向、职业特点等基本情况进行调查,通过科学预测和动态分析,切实掌握街道社区流动人口的生活规律,协同公安、工商、劳动、税务、计划生育部门等对流动人口进行综合分析,采取有效措施,对社区的流动人口进行科学管理。

2. 经常开展流动人口的清理检查工作

由于流动人员的职业和居住地都具有不稳定性,要掌握其真实情况就必须对他们进行经常性的调查了解,认真检查他们的身份证、健康证、计划生育证明等。这种对流动人口进行清查的办法,对他们有很强的约束力,可以了解他们的流出地和有关情况,有利于了解其后来的流向。通过摸底清查,获得流动人口的真实材料,采取兴利抑弊、积极引导、有控有管的方法,运用经济、行政、法律、宣传教育等各种手段,对流动人口进行综合性治理。

3. 完善流动人口的"暂住证"管理制度

建立流动人口的"暂住证"制度是有效管好外来人口的重要措施,社区管理部门要强化"申报暂住"制度。严格要求外来人口在一定期限内,持本人身份证或其他有效证件到暂住地公安派出所或指定的申报站进行申报暂住登记;按有关规定发给"暂住证",并请相关部门配合。例如,用人单位在招工时,对流动人口不仅看身份证,而且要看暂住证。相关单位的这种配合,不仅会强化流动人口"暂住证"的作用,而且也有利于对流动人口的规范化管理。

对于不按规定申报暂住登记,申领"暂住证",以及转让、伪造、涂改"暂住证"的,也要按相关政策规定给予一定的惩罚。

4. 规范出租屋管理

出租屋是外来人口的落脚点,对此必须加强管理。向外来人口出租房屋的房主要按有关规定办理出租登记,还应该与属地公安派出所、街道或社区有关部门签订《治安责任书》和《计划生育责任书》,并建立一定的奖惩制度来增加房主对流动人口管理的社会责任感。同时,还要对房屋出租人进行培训和管理,要求他们不得将房屋租给没有合法身份证件的外来人口,发现承租人有可疑情况或者违法行为的,要及时向有关部门反映和举报等。外来人口经常是短期租房,目前在房屋租赁领域,大部分地区尚未构建完善的信息登记系统,导致"短租房"成为从事卖淫嫖娼、吸毒贩毒违法犯罪行为和暴恐分子藏身的关键隐匿区域,给社区安全带来严重威胁。

总之,人口是社会存在和发展的主体,人口的发展和管理要与经济、社会发展相适应,与资源利用和环境保护相协调。我国政府高度重视人口与发展问题,并将此问题作为国民经济和社会发展总体规划的重要组成部分。社区是社会的基层组织,对于人口的发展与管理必须依据国家的有关政策。这不仅关系到社区的发展和稳定,而且直接关系到城市的发展与稳定,关系到国家的发展和稳定,是一个不容忽视的重大社会问题。

名词与术语

人口　　　　　　人口因素　　　　　　人口数量
人口质量　　　　人口结构　　　　　　流动人口
人口老龄化　　　生殖健康服务　　　　优生优育服务
计划生育服务

复习与思考

1. 如何理解计量社区人口数量的标准?
2. 人口数量对社区发展有什么影响?
3. 人口质量对社区发展有什么影响?
4. 人口结构对社区发展有什么影响?
5. 简述人口流动的社会背景。
6. 流动人口对社区发展有哪些影响?
7. 我国人口老龄化的原因是什么?
8. 如何理解我国人口老龄化的特点?
9. 人口老龄化对社会生活有哪些影响?
10. 如何理解应对人口老龄化的积极措施?
11. 如何做好由"单位人"向"社区人"的转化工作?
12. 如何做到以人为本提高社区人的素质?
13. 社区工作如何坚持计划生育和优生优育政策?
14. 如何加强对社区流动人口的管理?

主要参考文献

[1] 佟新:《人口社会学》(第四版),北京大学出版社2010年版。
[2] 国务院新闻办公室:《中国21世纪人口与发展》,2000年12月9日。
[3] 张维庆:《改革开放与中国人口发展》,社会科学文献出版社2009年版。
[4] 中共中央、国务院:《"健康中国2030"规划纲要》,2016年10月25日。
[5] 国务院办公厅:《社会养老服务体系建设规划(2011—2015年)》,2011年12月16日。

第八章　城市社区社会保障

社会保障作为一项公益性事业,既是保持社会稳定和促进经济发展的必要手段,也是政府发挥其维护社会公平职能的基本方法,还是关系到全体社会公民安居乐业的政策工具。城市社区社会保障,简称为社区保障,是社会保障体系的组成部分,也是社会保障在社区的具体体现。因此,建立和完善社区的社会保障制度,既是社会发展进步的必然趋势,也是文明社区的重要标志。

第一节　城市社区社会保障概述

一、社会保障的含义和特点

(一) 社会保障的含义

社会保障是政府或社会根据一定的法律和法规,对社会成员因年老、失业、伤残、疾病、死亡等原因或其他意外事故和自然灾害造成的丧失劳动能力或丧失就业机会,而使生活面临困难和障碍时,通过国民收入分配和再分配,提供物质帮助和社会服务,保障社会成员的基本生活需要,以维护社会稳定的一种社会安全制度。可见,社会保障是随着社会经济的不断发展、生产社会化程度不断扩大而产生的,是社会工业化、现代化的产物,是社会文明的重要标志。对此,可以从以下几个方面来理解。

1. **社会保障需要通过国家立法实施**

社会保障是由国家建立与组织的一种社会制度,它之所以需要国家通过立法来实施,是因为任何社会总有一部分人由于先天或后天的身心缺陷、天灾人祸而暂时或永久丧失劳动能力,总有一部分人由于老、弱、病、残、伤而陷入孤独贫困。对于这些人的抚养救助,在农业社会主要靠家庭、亲朋、邻里的互助互济。进入工业化社会以后,人与社会、人与人之间的关系比较复杂,人们的生老病死、伤残及生活的困境越来越受到社会的影响和制约。社会保障所要解决的都是社会问题,为了社会的稳定和发展,需要国家通过法律和法规明文规定,使各项社会保障措施法律化和制度化,以便顺利实施社会保障制度,保障社会公民的基本生活权利。

2. 国家是社会保障的主体

社会保障是国家的职能和行为,是任何一个国家都具有的一项福利性政策。对社会实行生活安全保障,必须借助于社会的力量,但这项基金是通过国民收入的分配和再分配形式得以兑现的,因为只有国家能担任国民收入分配和再分配的责任主体。各国的经验证明,社会保障制度作为生产社会化的产物,从它的建立、发展和不断完善,都是由政府直接参与,建立必要的管理机构,制定方针政策,通过国家立法加以保护,使其成为国家和社会的一种责任和制度。因此,社会保障是一种在国家制定或政府介入的前提下,对于一定社会关系进行调节的制度。

3. 社会保障的对象是全体社会成员

社会保障的基本目标是保障每一位社会成员的生活安全,每一位公民都有可能因为社会风险而成为受益人。有人认为社会保障的对象仅仅局限于聋哑伤残,这是片面的。聋哑伤残是不幸者,应该得到社会的爱护和帮助,这是理所当然的。但是,这些人只是社会中的少数人,只有保障全体社会成员的基本生活权利和需要,为全体社会成员提供安全保障,这才能充分体现社会保障的价值。因此,社会保障制度保证了当某一位社会成员由于各种原因而陷入生活困境时,有享受政府和社会的关怀、帮助及平等生存的权利,体现了社会的公平性。在社会保障方面,我国社会保障体系基本建立,制度体系不断完善,覆盖人群迅速扩大,已经建立起世界上最大的社会安全网。扣除学龄前儿童和在校学生,应该覆盖约 10 亿人,截至 2017 年 10 月已经覆盖超过了 9 亿人、覆盖率超过 90%。[1]

4. 社会保障的物质基础来自一定时期的国民收入

社会保障以国家财政为基本的经济后盾,其资金来源既有政府财政的部分,也有企业或个人缴纳的部分。其中包括社会成员具有劳动能力时,为国家和社会创造财富的同时也为自己和他人提留了各项福利准备基金,这项基金通过国民收入的初次分配和再分配形式得以兑现。国民收入经过初次分配,形成国家、企业或集体和个人的原始收入;在此基础上,再进行国民收入的再分配,通过国家财政预算,把集中起来的货币基金,再分配到生产部门和非生产部门中去。其中,包括积累和消费基金两大部分,而社会保障基金属于社会消费基金的一部分。对受保障者而言,社会保障是对劳动者劳动力价值的再补偿;对因为各种原因而未从事过劳动的社会成员(如残疾人)来说,则是社会互助互济行为的体现。

5. 社会保障的根本目的是稳定社会关系

从表面上看,社会保障是政府对个人的一种金钱或物资的发放或施舍,是国家履行

---

[1] 尹蔚民:《建立起世界上最大的社会保障安全网》,载《光明日报》,2017 年 10 月 23 日。

确保社会成员生活权利的一种责任。这仅仅是一个方面,更重要的是,通过社会保障这种制度,使人们在由于各种原因身处逆境时能免去后顾之忧,保证其基本生活条件,使其能正常地生活,进而达到有效地调节人们的社会关系,使全体社会成员都享有生活安全保障,使人与人之间、人与社会之间处于协调发展状态,使整个社会和谐稳定,以保证社会的有序运行和经济的稳步发展。

总之,社会保障是国家或社会依法而立的,通过社会的共同努力对陷入生活困境的社会成员给予一定的物质利益,保证全体公民的基本生活权利,是具有福利性的国民生活保障和社会稳定系统。

(二) 社会保障的特点

社会保障作为一项社会安全机制,是从早期工业化国家的济贫法开始的,经过几百年的发展,现在已经形成了比较完整的体系,成为一个国家社会经济制度的重要组成部分。尽管各个国家的经济、政治、文化背景不同,对社会保障理解的角度和操作方式都有区别,但社会保障作为一项制度的建立和完善是人类社会进步的表现,是人类文明的重大发现。社会保障具有普遍公认的如下特点。

1. 全民性

所谓全民性,是指任何一个社会都有社会保障问题。社会保障是为全体公民的基本生活权利提供安全保障,是全体社会成员都可以享用的权利。不分贵贱贫富、男女老幼、职业及社会地位,所有成员在一定条件下都是社会保障的受益者,都能得到不因特殊事件的发生而陷入生存困境的保证。社会保障涉及每一位社会成员的切身利益,具有全民性群众基础,是全体民众普遍关注的社会问题。民众往往把社会保障制度是否完善和实施的好坏作为评价一个社会文明程度和人民生活水平高低的标志,把它作为评价一届政府业绩的标准,这一点是全体社会成员公认的。

2. 强制性

社会保障是政府的职能和行为,需要通过立法加以保护,依法实施,或者通过有关政策保证,体现出其强制性。许多国家的法律都规定了国家公民的经济权利或者公民获得物质帮助的权利,这标志着法律意义上的社会保障制度已经形成。可以说,社会保障既是一种社会经济制度,也是一种法律制度,是一种法权体系。社会保障实质上是国家与公民、社会与其成员之间的一种合理关系,这种关系表现出的是一种权利和义务,即法权关系的现实形态。在经济领域,国家作为权力主体有为公民个人提供经济帮助的义务,而公民个人,特别是那些基本生活需求得不到满足的公民,享有获取国家提供物质帮助的权利。但是必须看到,国家作为社会保障实施的主要义务承担者并不是唯一的义务角色,社会及其成员也负有使每一个社会成员"继续生存下去"的责任和义务。与此相对应,公民个人在实现自己的经济权利的同时,也必须顾及国家的利益,即在自己能劳动时为国家和社会创造物质财富,为自己和他人提留一定的各项福利准备基金。因此,只有通过立法规定有关部门和个人的权利和义务,社会保障才更有可行性。

3. 福利性

社区保障的福利性表现为各个环节都不以营利为目的,无偿地给予被保障对象一定的生活补贴、物质文化待遇或生活照顾。例如,发放一定数额现金作为基本生活费用,或者无偿提供医疗护理、伤残康复、职业培训、职业介绍以及其他生活照顾等方面的福利性服务。这些社会保障经费并不由被保障者个人直接支付,主要来自政府财政、企业和个人缴纳三部分。社会保障的福利性特征,充分体现了国家或社会的综合实力,也充分体现了个人、家庭、国家、社会在物质和道义上承担的责任以及责任层次和责任分工,具有明显而直接的社会经济意义和社会道德价值,最能突出地显现社会的人道主义精神和文明程度。

4. 互济性

所谓互济性,是指人们在社会生活中互相帮助、互相接济,包括自发的互助行为和直接为参与者的利益合作。它表现为,当社会成员具有劳动能力并为社会创造财富时,在自己所获得的经济报酬中,每月或每年都向社会缴纳一部分定额的保险金,这些保险金既为本人以后遇到意外事件积蓄保障基金,也为其他社会成员解决临时困难或保证最低生活水平提供储备资金。全社会的成员都以同样方式为社会积蓄保险基金,每一位社会成员的一生都处于为社会、为他人提供物质帮助或创造条件;同时,又享受他人为自己提供的物质帮助的互助互济过程中。有了这些基金的积累,政府或社会就可以实现对少数遭遇困境的居民及其家庭给予帮助和补偿。同时,利用各种形式,挖掘民间资源,为社会弱势群体和有关成员提供援助,表现出"有钱出钱、有力出力"的同舟共济的特点。

二、社区保障与社会保障的区别

社区保障是社会保障体系的重要组成部分,它以国家的社会保障制度为基础,以社区作为社会保障制度的基本落脚点。也就是说,社区保障是指社区所承担和实施的社会保障工作,因此,社区保障与社会保障是不可分割的。但在进行社区建设时又必须考虑社区保障的具体特点,看到社区保障与社会保障之间的区别,认识社区保障的特殊性,以便有的放矢地开展具体工作。

(一) 社区保障与社会保障的对象不同

国家的社会保障应该包括全体社会成员,是全体社会公民都可以享有的权利。而社区保障的对象是居住在该社区范围内的全体居民,包括优抚对象和弱势群体。由于国家的社会保障是针对全体公民的,其制定的社会保障法规及有关政策是统一的,从宏观上覆盖了社会全部保障对象,是从全体社会成员的共同利益出发,具有普遍性、共同性的特点。而社区保障是把国家的社会保障具体化,落实到社区各种保障对象,呈现出特殊性和多样化,甚至带有个性的特点。因此,社区保障工作在执行落实国家统一制定的社会保障法规和政策的基础上,还要针对社区保障对象的特点,特别是一些有特殊情况的保障对象,认真分析具体情况,采取灵活多样的工作方法,以取得更好的效果。

(二) 社区保障与社会保障的资金来源不同

国家社会保障的资金来自企业及个人所缴纳的各种社会保障税费,通过财政支出发送。某些企业或单位的保障资金来源于企业或单位的自我积累,即自有资金。个人保障依赖于个人储蓄和保险资金。而社区保障的资金除了政府财政拨款和街道经济退税之外,还可以利用和挖掘自己独特的社区资源,如独特的自然资源或者商业、文化特色资源等,通过扩大社区服务、发展社区经济、增加公共资金积累,来满足多样化的社区保障需求,甚至可以形成区域性特色的社区福利以及社区保障优势。

(三) 社区保障与社会保障的目的不同

社会保障是为了保障全体社会成员的基本生活权利和需求,从宏观上降低和消除各种社会风险和不稳定因素,维护社会的正常秩序,促进社会经济的稳步发展和全面进步,是现代国家的一种安全制度。社区是社会的基层单位,社区保障是社会保障的组成部分。从总体上看,社区保障的目的也是为了全社会的稳定和发展,但从社区保障的直接目的看,它具有微观性特色,主要是为本社区居民的基本生活权利提供安全保护,以确保本社区的居民不至于因为暂时的困难而陷入孤立无援的境地,也不至于因为永久性困难而无法生活下去。

(四) 社区保障与社会保障的实际效果不同

通常,社会保障在执行之后取得的效果,具有普遍性的特点,惠及全社会的公民,是从全社会的概况和反响来分析的。而社区保障组织面对有限的社区居民,可以通过各个居民委员会对被保障对象的情况准确地了解,及时无误地做好社会保障、社会救济、社会优抚等具体的保障工作。同时,社区保障还可以根据本社区的具体情况,有针对性地挖掘和调动本社区的民间资源,用于社会保障的事务之中。这就使社区保障工作的效果不仅准确真实,具有高效率,而且更具社区特色。

三、社区保障的作用

社区保障作为社会保障的重要组成部分,是社区承担或实施的社会保障工作。它以国家的社会保障制度为基础,以社区居民作为社会保障对象,以保障居民的基本生活权利和需求为根本任务,对人们的安居乐业,对经济的发展,对社会的稳定和进步有重要作用。

(一) 社区保障是落实国家社会保障任务的基础

随着我国社会保障制度的改革以及社区建设实践的不断深入,社会保障的社会化趋势日益突出。社区作为基层社会的组成部分,不仅成为国家社会保障任务的落实者,而且成为社会保障运作的主体。特别是最近几年,社会保障事业在社区迅速发展起来,社区作为我国社会保障制度的基本落脚点,已经开始承接并操作越来越多的社会保障具体事务。例如,社会救助的实物帮困,最低生活保障的申请、审查和发放,优抚对象的定期抚恤,医疗保险和职业介绍,为老年人服务的福利措施的落实,以及开办安置残疾人就业的福利工厂等,几乎全部落实到社区完成。社会保障工作的内容在社区工作中占有重要地位,社区已经成为落实国家社会保障任务的运作主体和基础。

(二)社区保障能弥补各种非政府组织保障职能的薄弱环节

我国的情况与发达国家不同,还不能把国家所掌握的财力主要投向教育、科学、文化以及社会福利和保障部门,所以用于社会福利、社会保障方面的投入相当有限。而且,在深化改革的过程中,非政府的社会组织和中介机构至今在数量和质量上均不能适应社会职能的分化,也无法全部承接从政府和企事业单位剥离出来的那部分社会职能,包括落实社会保障的职能。在这种情况下,社区在社会保障体系中的地位和作用就凸显出来。社区不仅要承担政府和企事业单位剥离、分化出来的那部分社会管理、社区服务的职能,而且要暂时弥补各种非政府组织和中介机构发展不完善的缺陷,从而代替这些社会组织和中介机构承接一部分社会保障的职能,如提供医疗护理、伤残康复、职业介绍、技能培训、养老金管理以及生活照顾方面的福利性社区服务等。

(三)社区保障能调节人们的关系,缓和社会矛盾

任何一个社会都存在老弱病残者和失业者等弱势群体,对这些弱势群体的关照和救助,既是保证他们生存的基本需要,也是社会进步和文明的标志。在我国经济体制改革的过程中,这些弱势群体从原来依附于固定的单位保障,逐渐向社区集中。这就要求社区工作者根据社会保障政策和法规,积极稳妥地解决这些问题,通过各类保险业务、福利事业、医疗服务、养老金、伤残抚恤金、社会救济、职业培训等,使社区居民不因为衰老而无所依靠,不因为失业而无法生活,不因为贫困而威胁生存,不因为残疾而失去自信和自尊等。这样,社区保障工作不仅应保证他们有一定的经济来源,维持其一定的生活水平,而且使他们有安全感,感到国家和社会对他们的关爱和帮助,体验到社会的公平和正义。它产生的社会影响是巨大的,减少了社会的纠纷和冲突,还会使全社会的人解除后顾之忧,积极投身于社会主义现代化建设中,显示出社会主义制度的巨大优越性。

(四)社区保障能发挥稳定机制的作用,促进经济繁荣

经济是社会存在和发展的基础,经济建设是国家一切工作的中心。但是,经济正常、高速的发展,必须有相应的社会发展,有适当的社会保障作为必要条件。否则,经济的发展就会出现畸形,甚至出现社会失调和社会失控。因此,要保证经济的稳步发展,以促进社会的进步,必须建立和完善与本国实际相适应的社会保障制度。社区保障作为基层社会自我调节的手段,通过国家政策,保障社区居民的基本生活权利,在一定限度内减弱了社会产品分配不均等现象,达到调适社区社会关系中各种矛盾的作用。同时,与经济发

展这一动力机制相配合,营造良好基层社会的经济环境,减少和消除阻碍或破坏经济发展的各种因素,保证经济的正常发展和繁荣,以共同促进整个社会的全面发展。

第二节 社会保障体系的构成

一、社会救助

社会救助是指国家和社会向由于各种原因而陷入生存危机,无力维持基本生活的社会成员所提供的援助。通常是以国家为主,向无收入或人均收入低于法定最低生活水平的家庭,以及由于突发的灾害而陷入生活贫困、生存危机的人们提供最低生活保障补助。这种补助大多数采用现金形式,也可以采用实物或票证的形式。例如,国家提供的失业救济金,最低生活保障费,抗击自然灾害的现金、衣物、粮食等救助。这是社会保障的基础和安全底线,以维持被救助成员最基本的生活水平。

(一) 社会救助的对象

社会救助的对象是社会的弱势群体,主要包括三种人:一是因为意外的原因,如天灾人祸等因素而导致不接受紧急救助就无法维持生活者,他们属于灾害救助范围;二是失去劳动能力,无经济来源,无法保障正常生活的人,如无法定赡养人的老人、残疾人和未成年孤儿等,他们属于孤寡病残救助范围;三是由于客观原因导致失业、下岗、经济收入减少或中断而陷入生活困境的人,他们属于贫困救助范围。城市社区有关部门社会救助工作的具体对象,主要指生活在本社区的民政部门规定的特定人员的救助、下岗职工的救助、社区贫民的救助以及盲目流动人员的收遣和安置等。

对于上述社会救助对象,社区工作者的责任不仅仅是发放现金及物品,帮助他们解决困难,维持生存,更重要的是帮助他们分析贫困的根源,查找具体原因,以便根据不同对象采取不同的救助方式。例如,对于长期不愈病人、残疾人、老年人的救助,要按照国家制定的法定程序和标准给予救助。除定期按规定发放补助金之外,还应动员他们的亲朋、邻里以及社会力量给他们以关心和爱护,使他们不仅有经济上的最低生活保障,还会得到精神的慰藉,感到社会主义大家庭的温暖。对于有能力自救的人,如下岗职工、遭灾的居民、残疾人以及低收入者,应该采取以社会救济为辅、以生产自救为主的方针,引导他们通过自力更生摆脱贫困。当然,这里所说的自力更生并不是让他们孤立地靠自己解困,而是由社区有关组织帮助他们自救。如可以组织下岗职工学习新技能,培训他们掌握再就业的本领;帮助低收入的家庭寻找就业的机会,增加经济收入;建立接纳残疾人的工厂,让他们依靠自己的力量提高生活水平等。总之,通过多层次、多渠道、多形式的自救,会取得明显的效果,既可以减轻社区保障部门的负担,又可以使他们增强自信、自强、自立、自尊的信心和勇气,正常地投入社会生活。

我国社会救济的历史经验表明,依靠群众、动员群众、发挥广大人民群众的积极性和创造性,是顺利实施社会救助的好办法。对社会弱势群体的救助,特别是由于暂时的灾害而陷入困境的人们,号召群众组织起来,有钱出钱,有物献物,有力出力。"众人拾柴火焰高",群众被动员起来之后,会形成强大的社会力量,会帮助弱者、贫者克服困难,走出困境。因此,社区工作者在按照国家的政策、法规实施社会救助时,要特别注意发动群众,走群众路线的光荣传统,让广大群众都来参与此项工作。这样,不仅会增强人们之间的亲近感,拉近人与人之间的感情距离,形成互相关心、互相帮助的良好风气,还会使人们在救助中受到教育,提高居民关心他人、关心集体的道德素质,增强社区在居民中的凝聚力。

(二) 社会救助的特点

社会救助作为国家和社会依法对不能维持最低限度生活水平的公民提供满足其最低生活需求的社会保障制度,具有自身的特定救助范围和对象;同时,也具有其自身的特点。

1. 国家和社会的主导性

任何一个国家对弱势群体的救助都必须以国家为实施主体,其他任何社会力量都难以胜任和完成此项巨大的工程。社会救助是国家发挥其社会公平职能的基本措施,因此,国家必须在社会救助中发挥主导作用。在一般情况下,社会救助最主要的资金来源是政府的财政拨款,由政府组织各种社会力量,有计划、有组织地实施社会救助,并给予财政支持。社会最主要的功能之一是整合功能,即能把无数个人组织起来而形成一种合力,用以调节种种矛盾,解决各种问题。因此,社会也应当在社会救助方面发挥积极作用,主要是通过由地域、职业和血缘等关系形成的各种正式和非正式的组织,如社区、工会、慈善组织、亲朋等来进行社会救助。由此可见,社区作为社会的基层组织,在实施政府的社会救助的计划时,必须明确自己在服务中的地位和责任。

2. 建立在一定法规基础上的强制性

作为一种社会制度,现代社会救助以国家立法保证实施,以政府和社会为实施主体,以保障全体社会成员的最低生活水平线为己任,已经成为各国政府的一项法定责任。从救助的对象到救助的范围以及救助的资金标准,都是通过国家以法规的形式确定的,任何组织或个人不能凭主观意志随意改变,因此具有强制性特点。而享受社会救助也成为符合法定资格者的一项法定权益,也就是说,凡是符合政府有关法规的受助者,都有权利向政府申请救助,获得最低的生活保障。但是,必须看到,由于我国的经济发展还不平衡,就实际操作而言,制定一个全国统一的社会救助标准意义不大。因此,一般情况下救助的标准由地方政府根据本省、本地区的经济水平自行确定,从而出现了各城市之间的差异。例如,2016年上海市居民最低生活保障的标准是每人每月880元,苏州为每人每月810元,北京名列第三,为每人每月800元,哈尔滨为每人每月510元,重庆为每人每月420元,乌鲁木齐为每人每月395元。[①] 这是社区工作者在实施救助中必须注意的问题。

---

① 秦雷:《2016年各地城乡居民最低生活保障标准一览表》,三思教育网,2016年6月30日。

不能以某个"最高标准"或"最低标准"去强行落实,而要根据本省、本地区的救助政策,在本社区内完成调查、审核和批准的工作。

3. 救助实施范围的全民性

国家制定的社会救助的法规和政策,是以全体社会成员的生活状况和经济条件为出发点的,是面向全民的。社会成员只要符合社会救助条件,不管他们从事哪种职业,属于哪个阶层,都有权利享受社会救助的待遇。在现实生活中,社会中的大多数成员都能维持正常生活而不需要社会救助,还有一部分人,如下岗和失业人员,虽然生活困难,却没有向政府求助,因而在实际中并不是所有公民都享受社会救助。但从社会救助的内在要求而言,它是社会保障体系中唯一面向全体公民的。据2017年统计,近五年我国城市低保标准和农村低保标准分别增长了59%和97%,累计支出7317亿元,近6000万低保人员和特困群众的基本生活得到了有效保障。① 不管是城市还是农村,只要符合最低生活保障的标准,都可以享受此政策。

4. 对救助对象实施救助的义务性

所谓义务,是一种应尽的责任。在现代社会中,当社会成员因为某种原因而陷入生活的困境时,国家和社会有责任、有义务为他们提供各种援助。这种援助具有政治义务、法律义务及道德义务的综合性特点,不是可以履行也可以不履行的,而是必须履行的,具有强制性特点。因为社会救助作为社会保障制度的重要内容,是由国家立法保证实施的,通过对被援助者的援助,表现国家和社会的公正和温暖,从而起到稳定社会的作用。它并不强调被援助者的权利与义务的统一,也就是说,被援助者享受社会救助的权利,并不以先尽义务为前提,而是注重国家和社会对救助对象的责任和义务。但是必须指出,社会救助的责任仅仅是使受助者的生活相当于或略高于最低生活需求,以避免产生依赖心理乃至不劳而获的思想。因此,建立城市居民最低生活保障制度非常重要,但也要把握适度原则。

二、社会保险

社会保险是社会保障的重要组成部分,是国家主办的政策性强制保险。社会保险制度的产生,标志着现代社会保障制度的真正形成,它是社会化大生产的产物,是社会经济发展的必然结果。

(一) 社会保险的含义

社会保险是国家以立法形式对丧失或暂时丧失劳动能力以及失去工作机会的劳动者,按照权利与义务在劳动中的对等原则,实行确保其基本生活需要的一种社会保障制度。它主要包括劳动保险、失业待业保险、医疗保险以及养老保险等。

每一个劳动者在其生活和社会实践中,都会遇到各种困难甚至危险,其中与劳动者

---

① 黄树贤:《近6000万低保人员和特困群众的基本生活得到有效保障》,载《光明日报》,2017年10月23日。

自身利益最为密切的是由于丧失劳动能力或失业造成的经济收入的损失。在社会转型时期以及市场经济建立和完善的过程中，这种经济收入的不稳定性和损失是常见的，它不但会直接影响劳动者基本生活的安定，而且也会对社会的生产和稳定造成重大影响。因此，从社会整体来说，为了社会的发展和进步，必须对客观存在的风险通过一定的方式进行必要的预防。从这个意义上讲，社会保险就是借助社会的力量，对人类社会共同面临的风险可能造成的损失实施预防的一种手段。我们可以从以下几个方面来理解社会保险。

1. 社会保险是以立法形式强制执行的社会政策

社会保险是以国家为实施主体的政策性强制保险。政府为实施这一政策，必须通过国家立法的形式，以强制性手段集中资金：凡是符合条件的法定范围内的劳动者，都必须参加保险，明确规定劳动者依法定期缴纳保险费或保险税。同时，法律也明确规定凡是在立法范围内足额交纳保险费（税）者，都可以依照有关法律规定，从中获得社会风险所带来的损失补偿。

2. 社会保险的原则是"先尽义务，后享受权利"

社会保险的一个重要特点是，社会成员在其具有劳动能力时，依法定期拿出一部分钱储存起来，等到没有劳动能力或失去工作机会而无经济收入保障时再享用。也就是说，社会保险是一种自助性的保障政策，自己在有条件时先缴纳保险费用来保障日后的生活，是在能劳动时储存，不能劳动时享用，"取之于己，用之于己"，体现了"先尽义务，后享用权利"的原则。当然，这种先储存后享用，不是完全等量的，这是因为每个人的生命特征和生命历程不同，必然会存在储存与享用的不等量性。

3. 社会保险是与劳动者收入直接关联的保险制度

社会保险以保险受益者的基本生活水平为目标，其待遇水平的确定通常与受保险者的生活消费无关，而是与其经济收入水平直接相关，是一种收入关联保险制度。它要求符合条件的劳动者必须参与并承担相应的缴费义务，缴费的数量是根据每位劳动者的经济收入按照一定比例依法缴纳，与本人的薪资水平直接关联。这是国家根据法定范围内劳动者的共同需要，采取保险的形式，对个人收入实行的一种调节，是一种特殊性质的个人收入分配手段。

4. 社会保险是由多个项目组成的体系

社会保险主要以劳动者为保障对象，对失去劳动能力和失去劳动机会的劳动者的基本生活需求予以保障。由于劳动者失去劳动能力和失去劳动机会的原因多种多样，如年老、疾病、生育、受伤、残疾、失业、下岗、死亡等，不同的原因使劳动者有不同的境遇。国家针对人们不同的境况制定不同的具体保障制度，如劳动保险、养老保险、医疗保险、失业保险等。这已经成为世界上多数国家或地区建立的制度。一些国家或地区还建立了单独的生育保险、遗嘱保险、护理保险乃至灾害社会保险等多种形式的制度。

(二) 社会保险的具体内容

社会保险制度是由多个项目组成的体系，每个项目的实施对象、实施范围和实施数量等均由国家的相关法律制度以及政策具体规范。所有实施社会保障项目的工作者（包括社区工作者），都必须依法办事，按政策办事，协助政府和有关部门做好具体的社会保险工作。

1. 养老保险

养老保险是指国家通过立法规定，对于社会劳动者在年老丧失劳动能力或退出劳动岗位时提供一定数额的生活费用，以维持其基本生活水平的一项社会保险制度。

劳动者作为经济活动的主体，在其生命周期中经历成长期、劳动期和养老期等阶段，年老退休或失去劳动能力时需要他人帮助度过晚年，这是每一位劳动者都必然经历的人生过程。在社会保障事业落后的年代里，子女为父母晚年生活提供保障。"养儿防老"是我国自古以来的传统养老模式，老年人主要依靠家庭、子女养老。随着社会的发展，特别是经济的发展和经济结构的转化，人们的观念及生活方式都发生了巨大变化，社会养老与养老保险必然产生并逐渐发挥其社会作用。

养老保险是社会保险制度中被保险人身份最稳定、享受时间最长、费用开支最大的项目，国际上常以此作为衡量一个国家的社会保障制度的广度和深度的标准。养老保险范围广，受益人众多，几乎影响到整个社会和绝大多数家庭。因此，这项庞大的费用支出和复杂的运作过程，必须由国家立法实施，政府出面筹划，指定社会保险机构专门经营。任何企业和个人都必须参加养老保险。各企业有为在职人员缴纳保险费的义务，在职人员也有为自身缴纳养老保险费的义务，即养老保险费由单位和在职人员每月按规定比例在规定期限内缴纳。1997年7月，国务院颁布了《关于建立统一的企业职工基本养老保险制度的决定》，对城镇各类企业职工和个体劳动者实行社会统筹和个人账户相结合、权利和义务相对应、管理服务社会化的统一养老保险制度。其中规定，由职工和企业共同缴费筹集保险基金。企业缴费一般不超过企业工资总额的20%；个人缴费比例是个人工资的8%。① 这就使养老保险资金的来源相对固定，具有稳定性。

党的十五届四中全会通过的《中共中央关于国有企业改革和发展若干重大问题的决定》强调，应该"逐步推进社会保障的社会化管理，实行退休人员与原企业分离，养老金由社会服务机构发放，人员由社区管理"。这一规定明确指出，国有企业必须改变以往既管生产经营，又管退休职工生老病死的"办社会"的状况，实现社会管理职能与经济管理职能的分离。据了解，截至2017年年末，全国参加城镇职工基本养老保险的人数为40 199万人，比2016年年末增加2269万人②，绝大部分退休人员纳入社区管理。据悉，2014年纳入社区管理的企业退休人员共6038万人，占企业退休人员总数的80.2%，比上年提高

---

① 张钟汝、范明林：《城市社会保障》，上海大学出版社2002年版。
② 国家统计局：《中华人民共和国2017年国民经济和社会发展统计公报》，2018年2月28日。

1.1个百分点。① 这说明,养老保险已经成为社区管理工作的重要内容。因此,社区工作者必须明确养老保险工作的性质、内容以及自己的工作职责,承担起应负的责任。

2. 医疗保险

医疗保险是指社会劳动者在因为疾病、受伤、年老、生育等原因需要诊断、检查和治疗时,由国家和社会为其提供部分或全部医疗费用和医疗服务的一种社会保险制度。也可以讲,医疗保险是由国家和社会这一主体来为法定范围内的劳动者提供部分或全部医疗费用和医疗服务。医疗保险的对象是国家法定范围内参加保险的劳动者,目的是通过社会保险的手段使其得到健康保障。

医疗保险制度具有多个行为主体,既涉及企事业单位或患者本人等投保人和受保人,又涉及医院、疗养院等医疗主体。因此,它是构成社会保险制度的重要内容,也是社会保险制度中较难运作和管理的制度。医疗保险覆盖面广,发生率高,医疗保险的范围是国家法定范围内的所有劳动者,包括不同地区、不同职业、不同经济形式中的所有成员。只要他们因为疾病、负伤等原因使身体由健康转为不健康时需要治疗,都有权利享受医疗保险的待遇。据了解,截至2017年年末,全国参加基本医疗保险的人数为117 664万人,比2016年年末增长了43 272万人。② 从全国范围看,医疗保险覆盖超过13亿人③,已经实现了全民医保。

随着人们生活水平的提高和健康意识的改变,人们的医疗需求也不断提高,这就决定了医疗费用也会不断提高。所以必须建立医疗保险基金,集中社会力量,由社会保险机构统筹并运用互济手段向病患者提供医疗服务。这笔庞大的资金费用必须由政府、企业、职工共同负担,这是世界上大多数国家所采取的社会筹资途径。我国也打破了"单位制"医疗保险模式,每位劳动者个人都必须承担一部分医疗保险费。当劳动者处于为社会创造财富时期,每月或每年要为社会缴纳一定数额的医疗保险金,这些保险基金既为本人今后遇到医疗需求时提供保险,也为其他成员在出现医疗费用困难时提供帮助。这充分体现了社会成员互助互济的原则,增强了其承担社会风险的能力。

由于医疗保险基金是社会统筹的基金,因而这些资金的筹集和支出都需要由一种社会化程度很高的社会保险机构来承担。据人力资源和社会保障部公布的资料,2015年年底,全国城镇基本医疗保险基金总收入为11 193亿元,支出为9312亿元,分别比2014年增长了15.5%和14.5%。④ 为了保证医疗保险基金得到安全、合理、有效的使用,必须建立一个统一的社会保险机构对资金进行统一管理并加以监督,由社会组织机构统一向社会成员提供必要的医疗服务和帮助,以改变过去体制不顺、效率低下、管理不力、漏洞百出的局面。这可以防止有些部门挤占、挪用医疗保险基金,也有利于加强成本管理和核算,减少浪费,确保基金的保值、增值;还可以使企业和机关从繁重的医疗管理中解放出

---

① 中国新闻网:《2014年全国参加基本养老保险人数》,2015年5月28日。
② 国家统计局:《中华人民共和国2017年国民经济和社会发展统计公报》,2018年2月28日。
③ 尹蔚民:《建立起世界上最大的社会保障安全网》,载《光明日报》,2017年10月23日。
④ 人力资源和社会保障部:《2015年度人力资源和社会保障事业发展统计公报》,2016年5月30日。

来,安心搞好生产和工作;同时,也使每位劳动者放心,免去对"救命钱"的安全的担忧,从而提高其生产积极性,促进社会的发展和稳定。

3. 失业保险

在市场经济体制下,就业和劳动用工制度随着经济增长的周期性和经济结构的变动而不断变化,社会难以实现对劳动力的均衡配置,因此,失业成为一种正常和经常出现的社会现象。据统计,2015年城镇新增就业人员1312万人,城镇失业人员再就业567万人,就业困难人员就业173万人,2015年年末城镇登记失业率为4.05%,[①]与往年基本持平。我国政府将继续采取各种措施尽量减少失业现象。因此,减少失业带来的社会问题,帮助失业者再就业以保持社会稳定,是社会保障制度研究中的重要理论和实践问题。

失业是指具有劳动能力又有就业要求的人员在劳动年龄内不能就业的状况。通常界定是否失业有四个条件:首先,失业人员是在劳动年龄内的劳动者;其次,必须以具有劳动能力为前提;再次,要以有劳动就业愿望为基础;最后,在一定期限内劳动者得不到就业机会,找不到职业岗位。由此可见,那些由于残疾而失去劳动能力的人,未到或超过劳动年龄而没有就业者,为成就学业而暂时没有就业或自愿从事家务劳动者,都不能列入失业范围。对失业的含义界定是制定失业保险制度的前提和基础。

失业保险是指国家通过立法实行的,通过国家、企事业单位和劳动者个人等渠道筹资,集中建立保险基金,对因失业而暂时中断生活来源的劳动者提供失业救济,以保障其最基本生活需要的社会保障制度。失业保险具有强制性、互济性、社会性和福利性等特点。所有企业职工都属于失业保险的对象,都要按规定缴纳失业保险费;失业保险的收入和支出要在失业率高低不同的企业之间和不同时期实行统筹,互助互济;失业保险以货币形式为失业者提供物质帮助,以保障劳动者的基本生活为目的。

失业保险针对的劳动风险是劳动者因各种客观原因暂时失去工作而失业,劳动者的劳动能力并没有消失,他们一旦有了工作,失业状态消失,就不能再领取失业救济金。自愿失业者也不能领取失业救济金。设立失业保险制度的目的是不仅要保障失业人口的基本生活,而且还要使劳动者在失业期间受到各种培训,促进他们重新就业。同时,失业保险属于短期保险项目,领受时间有法定限制。超过一定期限,如果还没能找到新的工作,就不再属于享受失业保险的范围,而是纳入社会救助体系,按社会救助制度给予生活补助。失业保险能保障失业人口的基本生活条件,对暂时失去工作的劳动者进行救济,保障失业者在一定时期内获得一定的物质帮助,以调节失业人口与社会的关系,维护社会的稳定,体现社会的公平和进步。这是失业保险与其他社会保险共有的社会作用。同时,失业保险还有它自身的作用:建立失业保险制度,政府可以大胆推进劳动人事制度改革,为我国产业结构的调整创造有利条件;有了失业保险制度,企业可以积极地释放多余劳动力,消除隐性失业,有利于劳动力的流动,为企业发展带来活力;失业保险还有促进就业的作用,失业保险待遇的有关规定,会使劳动者积极寻找工作,重新走向就业。

---

① 人力资源和社会保障部:《2015年度人力资源和社会保障事业发展统计公报》,2016年5月30日。

总之,在市场经济体制下,失业是任何一个国家的居民都难以避免的现象。长期以来,世界各国采取各种措施增加就业机会,降低失业率。许多国家已实施了多种失业保险制度,并取得很大成效。我国自改革开放以来,也开始逐步建立失业保险制度,并且发展很快。据有关部门调查,2017年年底我国参加失业保险的人数达18 784万人,比2016年年末增加了695万人,年末全国领取失业保险金的人数达220万人。[①] 失业保险已经成为下岗失业人员基本生活保障的主要形式。

4. 工伤保险

工伤保险,也称职业伤害保险,指劳动者在职业劳动中或者在规定的特殊情形下,因遭受意外伤害或患职业病,暂时或者永久丧失劳动能力以及死亡时,劳动者本人或其遗属能够依法从国家或社会获得一定物质补偿,以保证其基本生活所需的社会保险制度。工伤保险作为一种经济补偿,必须向劳动者提供两个方面的补偿:一是提供预防、治疗、护理、康复和疗养的全部费用;二是保证劳动者的基本经济来源,保证个人及其家庭在意外伤害之后的基本生活条件。

工伤保险不仅是世界上产生最早的社会保险项目,而且在世界各国立法也比较普遍,发展也比较完善。从1884年德国制定了《劳工伤害保险法》以来,包括我国在内已有100多个国家或地区建立了工伤保险制度,以法律的形式规定工伤保险费由企业(或雇主)缴纳,其待遇的给付不受企业(或雇主)破产和停业的影响。据了解,2017年年末,我国参加工伤保险人数为22 726万人,比2016年年末增加了836万人;其中参加工伤保险的农民工7807万人,比上年增加了297万人。[②] 由于工伤是对劳动者劳动力的伤害,使劳动者在创造财富过程中付出了鲜血和生命的代价,因此,劳动者个人不承担工伤保险费用是各国的共识,并以法律的形式要求用人单位(或雇主)给劳动者购买工伤保险并缴纳全部保险费,以这种方式承担对工伤劳动者的全部赔偿责任。

工伤保险实行"无过失赔偿"原则。"无过失赔偿"也叫"无责任赔偿",是指无论职业伤害的责任属于雇主还是属于其他人或者受伤者本人,受伤者本人都应该得到必要的补偿。在劳动关系双方当事人中,作为劳动力使用者的用人单位(或雇主),对劳动者在劳动过程中的安全和健康负有保护义务和责任。劳动者遭受职业伤害,意味着用人单位违反了劳动保护义务,理所当然对受职业劳动伤害的劳动者负赔偿责任,这是一种基于法律规定而非合同约定所产生的赔偿责任。受伤者的经济损失应由用人单位(或雇主)全部负责,既不能通过合同约定减免这种责任,也不能以受害者有过失为由推卸这种责任,这也是用人单位(或雇主)对国家所负的责任。

以上就是社会保险的主要内容,社区有关部门和工作人员必须认真学习和掌握有关的政策和法律法规,以便在社区工作中具体落实,把社会保障工作落到实处。

---

① 国家统计局:《中华人民共和国2017年国民经济和社会发展统计公报》,2018年2月28日。
② 同上。

三、社会福利

随着经济的发展和社会的进步,各国政府除了实行保障居民社会安全和基本生活的一般社会保障项目外,越来越重视和推进以改善民众生活质量为宗旨的社会福利事业。社会福利事业作为一种制度,是社会保障研究的一项重要内容。

(一) 社会福利的含义

社会福利有广义和狭义之分。从广义上讲,社会福利是指为了改善和提高全体成员的物质生活和精神生活质量而提供的各种服务和措施。从狭义上理解,社会福利是指在社会成员因年老、疾病、生理或心理缺陷丧失劳动能力而出现生活困难时,为其提供的服务及措施。

根据我国政府部门和理论界的共同认识,把社会保障制度的内容确定为社会救助、社会保险、社会福利、社会优抚与社会安置等方面,社会福利属于社会保障的内容,因此它的含义应属于狭义的范畴。但是,必须明确民政部门已经把社会福利是"专为弱者提供服务"扩大到"为全民服务"的社区服务这一层次上,可见,社会福利是社区服务的重要内容。同时,劳动部门也把职工在工资、奖金等个人直接劳动所得之外,通过社会扣除渠道得到的各种补贴和服务也包括在社会福利范围内。此外,政府向在立法或政策范围内的全体公民普遍提供的社会津贴,也被列入社会福利范围。因此,我国的社会福利范围既包括民政部门的"为弱者提供服务",也包括劳动部门为职工提供的福利待遇,以及政府为全体公民普遍提供的社会津贴。在实际工作中,"社会福利"通常被理解为是国家和社区组织为满足各类社会的弱者和遇有一定困难的社会成员,以及有关部门和企事业职工的基本物质文化需求,而向他们提供和组织实施的带有福利性的服务保障和收入保障。

(二) 社会福利的特点

社会福利作为社会保障的组成因素,既不同于社会救助,也不同社会保险,具有自己独特的特点。

1. 社会福利内容的广泛性

社会福利的内容非常宽泛,既有社会化的老年人福利、儿童福利、妇女福利、残疾人福利,也有为全体社会成员提供的公共福利、国民教育福利、公民住宅福利、企事业在岗劳动者的职业福利、集体福利以及为军人及其家属提供的福利等。因此,社会福利是社会保障体系中内容最广泛、项目最多的部分。

2. 社会福利待遇标准的一致性

国家和社会向全体成员单向提供社会福利待遇,强调人人有份,没有年龄、性别、职务的差别性。社会福利追求社会公平,对所有同类对象给予同等标准的待遇。它既不像社会保险那样,事先要交纳一定数量的保险金,也不像社会救助那样对享受者的家庭生活状况及个人经济情况进行调查,越困难的得到的帮助越多。只要是法定范围内的,或者是政策规定范围内的社会成员,都可以平等地享受到相应的福利待遇,这表现了社会福利待遇标准的一致性。

3. 社会福利保障方式的服务性

社会福利的主要目的是保障和改善社会成员的生活,提高他们的生活质量,为人们的全面发展提供和创造条件。要达到这一目的,不能仅仅使其得到一定的现金支援或一定的物质待遇,而必须为他们提供相关的服务和措施。例如,开办学校、医院、福利工厂、疗养院、康复中心等,通过这些福利服务来实现对社会成员的特定社会保障。

4. 社会福利资金筹集渠道的多样性

社会福利事业的经费由社会各方共同投入,体现了国家和社会对全体成员的责任。社会福利事业的资金来自政府依据相关政策的财政预算拨款或者企事业单位的提留,还有民间捐助和发放各种募捐奖券来筹集等多种渠道,以保障有足够的社会福利资金投到各种各样的福利补贴、福利设施和福利服务之中。

(三) 社会福利的内容

根据社会福利项目举办主体的性质、享受对象的资格条件以及采取手段上的区别,我国目前把社会福利划分为财政福利、职业福利和特殊福利。

1. 财政福利

以财政手段发展社会福利是当今世界上许多国家和政府用于调整社会政策的重要手段。但是,由于各个国家的基本经济制度不同,其社会财政福利的性质也有所不同。西方发达国家的财政福利一般是通过国家对税制的改革,采取收入累进税制和税收减免,把富有者的一部分收入转移到贫困者手中,从而缩小贫富差别,实现收入的均等化。我国的基本经济制度是以公有制为主体,多种所有制经济共同发展,这就决定了国家实施财政福利的出发点是增进全体社会成员的共同福利,有效地调节国民收入的分配和再分配,走共同富裕之路。

财政福利属于国家福利,它是由国家通过税收减免、临时性专项财政补贴等财政手段,对社区或政策范围内的社会成员实施的一种社会福利项目。财政福利由国家通过减免税收和财政补贴来实现各类项目,带有明显的政策调节的特征,其中,税收是调节社会成员收入的重要手段。财政福利在实施过程中,凡是政策范围内的社会成员都有享受的权利,既不要求享受者履行义务,也不需要经过申请、审批及家庭和个人经济状况调查等环节。

财政福利的主要形式有税收减免和财政补贴两种。

(1) 税收减免。

税收减免是指国家对某些纳税人或征税对象给予扶植和照顾的一种政策性规定。主要内容包括起征点、免征税和减免税规定三项。起征点是指纳税对象达到规定征税数额的范围界限,凡达到起征点界限的全部数额,都在征税范围之内。免征税是指纳税对象免于征税的数额,它是按照税法规定的标准,从全部征税对象中预先减免的部分,在减免额内的部分不征税,超过部分计算征税。减免税规定,是按照税法对应纳税额少征税款或免征税款的规定,例如,对于职工的退休费、退职费、军队转业费、国家发给科教文等方面的有特殊贡献的奖金给予免征个人所得税;对民政部和街道办事处、社区举办的社会福利性生产企业,根据安排残疾人占生产人员的比例,给予免征或减半征收集体所得税照顾等。

(2) 财政补贴。

财政补贴是指国家在预算分配或正常预算收支之外,对企事业单位和社会成员所采取的一种特殊补助性支出,包括社会成员生活补贴、价格补贴等形式。社会成员生活补贴也叫社会津贴,它是为了配合国家社会政策出台而特设的对法定或政策范围内的全体公民,普遍提供保证其一定生活水平的社会福利项目。目前,我国在完善社会保障体系过程中建立的国有企业下岗职工基本生活保障制度和城市居民最低生活保障制度等,就属于社会津贴的社会福利项目。价格补贴是国家有意识地运用价格和价值的背离,实施的稳定经济、发展生产、平抑物价、指导消费、调整分配的一种财政调节手段。它的具体做法是,在生产成本上升的情况下,保持商品的零售价格不变或少量变动,其中价差部分由国家财政负担。我国在比较长的时间内,对农产品的收购实行的就是价差补贴。

2. 职业福利

职业福利又称职工福利,是国家机关、企事业单位为满足职工物质文化生活需要,保证职工一定生活质量而提供的工资收入以外的津贴、设施和福利性服务项目。职业福利与其他社会福利项目相比较具有明显特征,职业福利以就业关系为标志,凡本行业、本单位就业职工均能享受,某些内容甚至连职工家属也可享受,有些项目允许按服务的性质和贡献大小享受差别待遇。职业福利的直接目的在于保证职工的一定生活水平和提高其生活质量,增强行业和单位对职工的向心力、凝聚力,吸引高质量的人才资源为本行业、本企业服务,具有明显的功利性质。职业福利的水平取决于企业或单位的经济效益,也取决于企业或单位的经营者、领导者的观念状况。

职业福利主要有职工集体福利和职工个人福利两项内容。

(1) 职工集体福利。

职工集体福利是向全体职工提供必要的集体消费和共同消费而设置的福利项目和设施,主要包括职工食堂、托幼事业、医疗补助、交通补贴、住房补贴、其他生活福利设施,以及各种层次和类型的文化培训、各类文化娱乐设施和各种文体活动等。

(2) 职工个人福利。

职工个人福利是为了解决职工不同需要,减轻职工生活费用开支而建立的各种经济性福利项目。这类福利通常是以货币或实物的形式发放给职工个人,主要包括职工生活困难补助津贴、职工上下班交通费补贴、冬季取暖补贴、夏天防暑降温补贴、工作餐补贴,此外还有年休假照发工资的制度,以及探视休假制度的工资补贴和旅费补贴等内容。

职业福利资金的来源主要依靠国家的基建投入、福利专项费、职工福利资金、事业费和管理费提取、各企事业单位的福利设施所收取的服务费用以及部分工会福利经费等。职业福利基金是职工共同拥有的财富,用好这笔资金,不仅关系到能否发挥职工福利保障职工生活的作用,影响企事业单位的凝聚力,增强职工的群体意识,培养职工对单位的认同感,而且可以培养职工的集体主义精神和爱国主义精神,提高职工的思想文化素质。

3. 特殊福利

特殊福利主要是以无经济收入和生活无人照顾的特殊社会群体为对象,为他们提供生活供养、疾病康复和文化教育等福利,主要包括老年人福利、残疾人福利、未成年人福利和妇女福利等内容。这是社区社会保障工作的重点内容。

(1) 老年人福利。

这是国家或社会为了安定老年人生活、维护老年人健康、充实老年人的精神生活而制定的社会公益服务。主要内容包括以下四项。

① 老年人的日常生活福利。由国家设计养老保险制度,保障老年人的基本生活,保证老年人的养老金和其他待遇;对无依靠的老年人,政府或社会集体组织应给予养老救济。

② 老年人的医疗保障福利。国家要建立多种形式的医疗保险制度,保障老年人的基本医疗需要,特别是社区的医疗机构要为老年人提供方便;对经济困难的老年人的医疗,要实行社会救助;要重视老年人的疾病预防和保健等工作。

③ 老年人的娱乐性福利。这主要是指为老年人提供各种文化娱乐服务,包括老年人活动中心、老年人大学等,面向所有的老年人开放。

④ 老年人的服务性福利。这主要是指为老年人提供一些生活和健康方面的服务,包括老年人咨询中心、交友中心、老年公寓、养老院等服务机构和设施。

(2) 残疾人福利。

残疾人福利是国家和社会对残疾人所采取的扶助、救济和其他福利政策。《中华人民共和国残疾人保障法》对残疾人福利有具体的规定:国家和社会对生活确有困难的残疾人,通过多渠道给予救济、补助;国家和社会对无劳动能力、无法定抚养人、无生活来源的残疾人,按照规定予以供养、救济。

做好残疾人福利工作,主要应从以下四方面着手。

① 做好残疾人生活救助工作,要保证符合条件的残疾人能够享受居民最低生活保障和有关生活救助待遇。

② 发展残疾人社会福利和慈善事业,要逐步扩大残疾人社会福利范围,适当提高残疾人社会福利水平,逐步加大彩票公益金支持残疾人事业的力度。

③ 发展残疾人教育,要完善残疾学生的助学政策,保障残疾学生和残疾人家庭子女免费接受义务教育;免费开展残疾人职业教育培训。

④ 健全残疾人服务体系。针对残疾人特殊性、多样性、类别化的服务需求,要建立健全以专业机构为骨干、社区为基础、家庭邻里为依托,以生活照料、医疗卫生、康复、社会

保障、教育、就业、文化体育、维权为主要内容的残疾服务体系。由于残疾人不方便去更集中的场所,所以社区的照顾活动对他们是最好的帮助,残疾人福利的实施和实现,都依赖于社区,他们由此对社区有更大的依赖性和认同感。

(3) 未成年人福利。

未成年人是指不满18岁的公民。未成年人的福利是指为了保护未成年人的身心健康,保障未成年人的合法权益,促进未成年人在品德、智力、体质等方面的全面发展,对他们进行的社会照顾和帮助。未成年人福利的内容主要包括以下四个方面。

① 日常生活保障。其内容主要包括保护未成年人的生命健康权,父母或其他监护人应当依法履行对未成年人的监护职责和抚养义务,孤儿、弃儿和伤残儿童由国家和社会养育,可以通过家庭领养或社会兴办儿童福利机构集中养育。

② 医疗卫生与保健福利。这主要是指由卫生部门对儿童实行预防接种制度,积极防治儿童常见病、多发病,加强对传染病防治工作的监督管理和对托儿所、幼儿园卫生保健的业务指导。

③ 教育和文化福利。这主要包括幼托事业、九年制义务教育;各级政府应创造条件,建立和完善适合未成年人文化生活需要的场所和设施等。

④ 社会保护。要保护未成年人的个人隐私;任何组织和个人不得招用未满16周岁的未成年人做工;国家依法保护未成年人的智力成果和荣誉权;对违法犯罪的未成年人,实行教育、感化、挽救的方式,坚持教育为主、惩罚为辅的原则等。

(4) 妇女福利。

妇女福利是指国家和社会为保障妇女的特殊需要和特殊利益而提供的照顾和服务。其内容主要包括以下三方面。

① 生育福利。这主要包括采取有效措施,普及科学的生育知识;建立妇幼保健站、妇产医院,为妇女提供妊娠期间、分娩及分娩后的卫生服务;尊重妇女的生育权等。

② 特殊职业福利。禁止安排女职工从事矿山、井下、国家规定的第四级体力劳动强度和其他禁忌从事的劳动,特别是妇女在孕期、产期和哺乳期都要享受国家规定的福利政策。

③ 妇女福利设施与服务,主要涉及妇女生活方面,如妇女活动中心、女性健美、康复中心、妇女用品专营店等。

从中国的福利制度看,传统的由政府办社会福利的制度已经在改革中萎缩,而社会通过社区服务办福利却正在兴起。根据社区居民的需要,建立社区服务设施,开辟社区服务中心,开设老年日间照料站、居民保健站、居民求助中心等,为居民开展福利服务,显示出了强大的生命力。

四、社会优抚与社会安置

社会优抚与社会安置的对象只是在法定的范围内实施,并不是惠及所有的社会成员。因此,社会优抚与社会安置是社会保障体系中带有褒扬、优待、抚恤、安置性质的特殊制度。

（一）社会优抚

社会优抚是指国家和社会依照法律法规给予优抚对象物质照顾和精神抚慰的一项特殊的社会保障制度。我国的社会优抚主要采取社会救助和社会福利手段，向优抚对象提供资金保障和服务保障；同时，对那些难以维持基本生活的优抚对象提供定期补助或临时补助。社会优抚的具体项目包括以下几个方面。

1. 国家抚恤

国家抚恤是指国家依照法律和政策的有关规定，定期发给烈士家属或病故现役军人家属，以及革命残废军人一定标准的抚恤金，以体现国家对优抚对象的福利政策和人道主义关怀。据统计，2017年我国抚恤、补助各类优抚对象859万人。[①]

2. 国家补助和群众优待

国家补助是指国家为生活困难的优抚对象提供基本生活需求保障，分为定期定量补助和临时补助两种。群众优抚是组织群众依法筹集专项基金，给优抚对象以物质上的帮助和精神上的抚慰。

3. 优抚事业单位

优抚事业单位是国家和社会把优抚对象中的一部分无依无靠、生活困难较大的孤老病残人员集中起来，由国家和社会提供设施和条件，保障他们更好地生活。优抚事业单位是以社会福利手段向优抚对象提供保障。

4. 拥军优属和褒扬革命烈士

拥军优属是指国家或社会通过社会团体、党政机关或群众组织等群众性活动为优抚对象提供服务，既包括在节日期间或特殊时期开展拥军优属活动，又包括平时经常性的工作。褒扬革命烈士是国家和社会采取各种方式，纪念和表彰为祖国和人民利益而壮烈牺牲的革命烈士，弘扬他们的高尚品质，抚慰烈士家属。

从优抚工作具体实施的项目内容可以看出，优抚工作主要有以下特点：一是特殊性。社会优抚不是惠及一切社会成员，而只惠及那些对社会有一定贡献或特殊贡献的成员。它只是在法定的范围内实施，因此是一项特殊的社会保障制度。二是优惠性。优抚对象都是直接或间接为国家革命和建设做出了贡献，甚至付出了巨大代价，国家和社会有责任周到、优惠地安排好他们的生活，让他们享受某些特殊待遇。三是双重性。社会优抚既强调物质优抚，也强调精神优抚。物质优抚主要向优抚对象提供保障其基本生活的资金和服务设施，这是社会优抚的基本内容；精神优抚的作用在于，对优抚对象进行情感的抚慰和沟通，让他们从精神上感受到社会对他们的赞誉，激励人们为社会多做贡献的热情，使他们更加有尊严感和自信心，增强军民之间的鱼水之情。

---

① 国家统计局：《中华人民共和国2017年国民经济和社会发展统计公报》，2018年2月28日。

社会优抚资金是优抚工作的物质基础，主要有预算内资金和预算外资金。预算内资金是指国家和地方财政根据国民经济发展水平和社会优抚工作的实际情况，按照预算原则所拨发的资金。预算外资金是由社会优抚管理机构，根据国家财政制度有关政策，按照国家指定的收支范围，自收自支、单独结算、自行管理的资金。社会优抚资金的管理是一项政策性很强的工作，必须坚持专款专用的原则，挪用专款为他用就会触犯法律。同时，坚持重点使用的原则，除专项定位资金外，其余的各项资金要保证重点用于生活最困难的优抚对象。此外，还要坚持走群众路线的原则，经常向群众宣传，使群众掌握政策，以保证资金的正确使用。

(二) 社会安置

社会安置制度是国家和社会为妥善安排和保障退伍军人的生活和工作，使其在社会上享有一定的社会地位和生活保障而采取的社会制度。以社会安置对象来区分，主要包括复员退伍军人安置、军队离退休人员安置、军队离退休干部安置、军地两用人才培养等内容。不同的安置对象有不同的制度规定，实施这些规定的工作被统称为社会安置工作。

社会安置工作的内容是一个有机的服务体系，主要包括以下几方面。

1. 就业介绍

由政府主管部门、社会协会和工会组织负责退伍军人的就业介绍和具体落实工作。其中，政府主管部门是就业安置工作的主体。

2. 教育和培训

教育和培训主要是向安置对象提供教育优待和技能培训服务，包括退役前培训和退役后培训。既可以让他们参加技术培训班，进行专项实用技术培训；也可以让他们到正规学校学习，取得国家承认的学历；还可以让他们参加有关部门或企业的定向培训。培训的经费主要是由军队或安置部门负责，也可以根据情况个人出资一部分。

3. 福利保障

这项社会安置的内容大致包括政治待遇、退役(休)金、住房补贴、医疗服务和基本生活待遇等，各部门和有关单位按国家的政策规定严格执行。

社会安置是我国社会保障制度的重要组成部分，属于特殊的社会保障。其主要特点包括以下几方面：一是政治性。军人的安置涉及政府、部队、企业和安置对象等各个方面，关系到退伍军人及其家属的基本生活和工作，也影响到现役军人的稳定性，这不仅是维护社会稳定的需要，而且是国家机器正常运转的需要。因此，军人的安置保障既是社会经济发展的需要，又是国家政治行为的组成部分。二是特殊性。社会安置工作对象不像社会保险工作那样面向全体公民，而是局限于社会中的特定群体。这个特定群体是由于各种原因从军队中退出而重返社会，并依法需要安置的人员。三是经济性。社会安置工作包括大量的经济行为，安置保障水平的重要衡量标准是安置对象的实际经济效益。

国家和社会有责任使安置对象在退役之后的基本生活水平适当地高于一般的社会生活水平,使他们有尊严感和社会安全感。四是社会性。社会安置工作是国家、社会和个人都应承担的责任,即全社会都应关注军人的安置保障工作。

社会安置是一项政治性很强的工作,一直受到党和国家的高度重视。近年来,政府有关部门、部队、理论界人士在研讨退役军人的安置保障工作中提出一条重要的措施:要以社区为基础,实现安置工作的社会化。这就为社区建设工作提出了新的内容,也为社区工作者提出了重要的社区社会工作的任务。

第三节 城市社区社会保障的实施和完善

一、以社区为基础推进社会保障服务社会化

我国现行的社会保障制度体系是以社会保障制度为核心,辅之以社区服务为代表的社会福利服务和针对最困难群体的社会救助制度。许多城市在发展中引入市场机制,突出社区的作用,走出一条社区化的社会保障之路。我国正在建设具有中国特色的社会保障体系,这是一项长期而艰巨的工程,其中一项重要内容就是实行社会保障社会化管理。

(一) 社区保障是社会保障社会化的发展方向

我国为了加快社会保障体系建设,制定了一些重要政策和措施,其中一项重要内容就是要实行社会保障社会化管理,这就是社区化的社会保障。要做到这一点,必须逐渐建立真正独立于企事业单位之外的社会保障体系。企事业单位只履行依法缴纳社会保险费的义务,不再承担发放基本社会保险金和管理社会保障对象的工作。要使退休人员、失业人员与企事业单位脱钩,由社区组织统一管理,实行社会保险社会化发放。

社会保障管理和服务的社会化工作,应当以街道办事处、居民委员会和社区组织来做。因此,社会保障管理服务社会化的发展趋势和方向,就是向社区延伸和拓展,逐步改变过去主要以企业和行业为主的管理模式,以社区为基础,承接社会保障领域的许多工作。例如,对退休人员的管理服务问题、下岗和失业人员的管理及再就业问题、劳动力市场信息的传递问题、职业培训等,这些工作都要向社区延伸和转移。

(二) 社区是实施社会保障制度的落脚点

社区作为城市的基层组织,是城市各项工作的基础和起点,必然是社会保障制度的基本落脚点。在实施社会保障工作社会化的过程中,社区要落实社会保险、社会救助等实际工作,要为社区居民提供关于保障、安全、生存和发展方向的福利性服务。需要指出的是,社区化社会保障是国家现行基本社会保障的补充,而不是代替。它的指导思想是,努力把社会保障的基础建立在社区,以关注民生为重心,不断提高社区居民的生活质量和改善居民生活条件为宗旨,以保障社区地位稳定为目的,扩大社会保障范围,实现对社会保障对象的国家、社会、群众三结合的保障管理,从而建立社会保障工作新的组织体

系。它不仅要发展和开拓社区服务项目和工作,而且要把社会保险、社会福利、社会救助等也融进社区,还要发展社区教育、社区文化、社区环境保护、社区卫生、体育等各项事业,进行全方位的社区建设。只有这样,社会保障工作才能在社区扎根和发展,做到工作有目标、管理有机构、行动有队伍、落实有群众,并以此为依托,推进社区化社会保障管理服务的发展进程。

二、明确社区组织职责,落实社区保障工作

社区保障工作是社会保障管理社会化发展在社区的延伸和拓展,它离不开政府和企事业单位的社会背景。因此,社区不能包揽一切,而只能从服务和管理的职能方面完成分内工作。

(一) 建立居民生活最低保障档案

建立城市居民最低生活保障制度是社会保障体系的重要内容,也是目前社区保障的重要工作。据统计,截至2017年年底,全国共有1264万人享受城市居民最低生活保障待遇。[①] 这些人属于弱势群体,对社区的依赖性最强,是社区管理和服务关注的重点人群。

1. 准确建立"低保"居民档案

我国从2004年起就在城市特殊困难群体中推广完善"分类施保"。"分类施保"的对象包括身患大病、重病、严重残疾者及其子女以及单亲家庭等。各地在发放低保金上一般向这些家庭重点照顾对象适当倾斜,以切实保障他们的基本生活。我国将根据实际情况,陆续出台各地"分类施保"的具体办法。把"分类施保"作为健全和完善城市居民最低生活保障制度的重要内容。社区有关部门要在深入调查基础上确立各类低保对象,并做到详细登记,建立档案。在管理中要做到底数清、情况明,符合"低保"条件的居民都要建立保障档案,存入电子档案中,实行科学的动态管理。

2. 将无劳动能力者纳入常年"低保"管理

对无生活来源、无法定赡养人、无法定扶养人等居民,要特别关心和照顾。要经常走访调查,与他们建立密切联系,了解他们的处境和困难,将他们的衣、食、住、行的具体需求纳入社区常年的管理之中。要发动社区内的志愿者服务队伍为他们服务,建立募捐站,把社会捐助的资金和物资全部纳入保障资金之中。

3. 对残疾人要特殊关照

要认真了解他们的身心和生活状况,针对不同情况采取不同的保障政策。在社区内或者与有关单位联合,建立医疗康复站,开设有关的福利服务项目,为有能力工作的残疾人提供就业渠道,尽力为残疾人创造正常的生活条件。

---

① 国家统计局:《中华人民共和国2017年国民经济和社会发展统计公报》,2018年2月28日。

4. 严格按"低保"标准落实社会保障政策

在落实"低保"政策的过程中,对不符合享受"低保"待遇的家庭要做细致的思想工作,动员他们顾全大局,想到和照顾其他更困难的人,自觉地不申请"低保"或者退出"低保"。目前,有些城市明确规定了可以享受"低保"或者不能享受"低保"的条件,这些规定都是针对本地区的具体情况而定的,具有现实根据和实施的可能性,社区保障工作人员在管理中要认真学习,参照执行。

(二) 在社区内建立养老保险保障体系

老年人是对社区依赖性最强的群体,他们的衣、食、住、行、健身、医疗、文化娱乐等活动都基本在社区内进行。因此,老年人是社会保障服务的重要对象。

1. 建立社区老年人档案

社区老年人档案的内容应包括个人自然状况、原工作单位及工资情况、医疗保健状况、养老金发放管理等。此外,还要了解他们的现状和需求,对于需要提供特殊服务的老人,要建立特殊档案,提供特殊服务。要经常走访调查,保障档案的真实性。

2. 工作细致、准确无误

社区相关工作人员要与社会养老保险公司及有关单位密切配合,掌握养老保险基金的具体情况,明确社区组织在这个问题上的职责,把社区所负责的工作做到准确无误,让老年人放心、省心、开心。

3. 积极组织助老、养老服务活动

社区相关工作人员不仅要组织社区各种力量、志愿服务者关心老人,帮助老人。更重要的是,调动老年人自身的积极性,组织各种有利于老年人身心健康的活动,丰富他们的晚年生活,体现他们自我教育、自我管理、自我服务的"自治"精神。

(三) 加强对优抚对象的关照和管理

随着社会改革的深入,民政工作逐渐走向社会化,原来属于民政部门的优抚工作向社区延伸,成为社区保障工作的重要内容。

1. 深入实际了解真情

在工作中要深入社区群众,认真调查研究,掌握优抚对象的真实情况,了解他们过去、现在的生活和工作状况,将第一手资料输入计算机中,建立电子管理档案,进行科学管理。

2. 依法保障优抚对象享受各种待遇

社区相关工作人员要随时向上级部门汇报优抚对象的情况,掌握他们应享受的各种待遇,协助民政部门做好"双拥"工作。为本社区内的优抚对象充分享受国家的保障待遇创造条件,及时准确地为他们发放国家的保障资金。

3. 帮助他们解决实际困难

在了解真实情况的基础上,真诚地帮助他们解决各种困难。对于有特殊困难的优抚对象,特别是由于各种原因陷入生活困境的群众,更要特殊关注和照顾,要为他们重新走上工作岗位、走出困境提供一切方便条件。

(四) 做好下岗职工和失业人员的福利保障工作

下岗职工和失业人员离开工作岗位之后,大都回归到其所生活的社区。他们不仅属于贫困人群,也是城市社会管理工作和社区保障工作的重点。

1. 对下岗职工和失业人员进行登记

对下岗职工和失业人员社区管理人员要及时了解他们原来的就职情况、职业技能、经济收入和生活情况,按国家规定的标准,做到"应保尽保",让他们享受城市居民最低生活保障待遇。特别是对于国有企业下岗职工,要积极帮助他们由基本生活保障向失业保险和最低生活保障并轨。

2. 帮助下岗职工和失业人员转变就业观念

社区管理人员要鼓励下岗职工和失业人员面对社会现实,适应社会发展,转变"等、靠"的旧观念,树立自谋职业的新观念,转变"再就业不如吃低保"的旧观念,主动退保选择再就业。根据他们原来的职业或技能,鼓励他们发挥自身潜能和社会服务意识,通过竞争实现再就业。

3. 为下岗职工和失业人员再就业提供准确的信息

社区管理人员要与其他社区以及社会有关部门联系,为下岗职工和失业人员开拓广阔的就业领域,并根据职业需要为他们创造优惠条件。例如,免费参加职业技能培训,以及享受免税和减税政策等。总之,要结合社会保障管理服务社会化的需要,找准社区就业工作的依托点。

三、以社区服务为龙头,完善社区保障体系

社区保障是依据国家和地区的社会福利政策和居民实际生活标准,通过社区组织和居民共同参与,为满足社区成员的物质文化生活的需要,围绕各项社会福利事业和社区居民开展的社会保障活动。因此,社区保障只有依托社区,以社区服务为龙头,才能不断完善和发展。

(一) 社区服务是维持保障对象基本生活的依托

社区保障既然有福利性的特点,它就必须依托社区服务保障社区成员的基本生活。从社区保障的对象看,无论是老年人、贫困人群,还是优抚对象、下岗职工和失业人员,他们的日常生活都不是孤立的个人行为,涉及家庭、社区、单位、政府等多层次的互为补充和互动的社会保障关系。从社会保障的发展趋势看,政府和单位正在把某些保障工作职

能转移给社区,政府负责宏观指导,给予政策保证,按政策规定给予一定数量的拨款,企事业单位只负责依法缴纳社会保险费用。那么,众多的社会保障对象由谁来管理,基本的社会保险、救助资金如何发放,如何维持保障对象的正常生活等,必然成为社区组织社会保障工作应当关注的问题。

社区组织通过社区服务不仅要向上级有关部门准确地报告保障对象的数量和具体情况,及时把保障基金发放给保障对象,让他们维持基本生活,还要加强对保障对象的管理和教育,帮助他们树立自信、自强观念,通过社区服务的项目落实,使他们发挥自己的技能和潜能。同时,要动员社会力量,兴办社会福利事业,为社区事业创造良好的物质基础。

(二) 社区服务为保障对象创造自立自救的条件

社区保障为社区的发展营造了种类繁多的社区服务项目,不仅提高了社区服务在社会保障中的地位,也为许多受保障的对象提供了就业机会,为他们创造了自立自救的良好条件。

在发展社区服务项目时,一定要把社区就业问题摆在突出的位置,做到以城市社区为依托,以市场需求为导向,充分发挥社区服务领域广、服务项目多、就业门槛低、就业潜力大的优势,大力开发社区就业岗位,引导、帮助更多的下岗职工和失业人员在城市社区服务领域实现就业和再就业。街道办事处、社区群团组织以及社区居民委员会等,要根据社区服务业的发展方向,积极兴办以安置下岗职工和失业人员就业为主的社区就业实体,认真落实国家鼓励社区就业的有关政策,要创造条件,积极鼓励和支持下岗失业人员以及有能力工作的残疾人就业和自谋职业,创办各种便民利民的社区服务企业等社区就业实体。

总之,积极推动社区服务事业的健康发展,开发就业岗位,可以使享受最低生活保障待遇的被救助对象逐渐自食其力,拥有自己的经济收入,从而使他们摆脱贫困。同时,还可以缓解社会就业的压力,调节社会就业的矛盾,维护社会的稳定和推进改革的进一步深入。

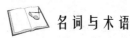

名词与术语

社会保障	社区保障	社会救助
社会保险	养老保险	医疗保险
失业保险	工伤保险	社会福利
社会优抚	社会安置	最低生活保障

复习与思考

1. 如何理解社会保障的含义和特点?

2. 社区保障与社会保障的区别是什么?
3. 社区保障的作用有哪些?
4. 社会救助的对象和特点是什么?
5. 如何理解社会保险的含义?
6. 简述社会保险的内容。
7. 如何理解社会福利的含义和特点?
8. 简述社会福利的内容。
9. 简述社会优抚的内容。
10. 简述社会安置的内容。
11. 实施社区社会保障工作的具体措施有哪些?

主要参考文献

[1] 郑功成:《中国社会保障30年》,人民出版社2009年版。
[2] 钟仁耀:《社会保障概论》,东北财经大学出版社2009年版。
[3] 刘钧:《社会保障理论与实务》,清华大学出版社2012年版。
[4] 朱国云:《社区管理与实务》,天津大学出版社2010年版。
[5] 杨叙:《北欧社区》,中国社会出版社2004年版。
[6] 谢芳:《美国社区》,中国社会出版社2004年版。
[7]《中华人民共和国个人所得税法》。
[8] 习近平:《决胜全面建成小康社会 夺取新时代中国特色社会主义伟大胜利——在中国共产党第十九次全国代表大会上的报告》,2017年10月18日。

第九章　城市社区党的建设

社区是社会的基层组织,社区党组织是党在社会基层组织中的战斗堡垒和全部工作的基础。高度重视社区党的建设,增强政治意识、大局意识、核心意识、看齐意识,严明党的政治纪律和政治规矩,层层落实管党治党政治责任。把关注民生、服务群众、凝聚人心、优化管理、维护稳定贯穿于街道社区党组织活动始终,发挥党组织在建设文明和谐社区中的领导核心作用,构建城市社区党建工作新格局,这是党中央对新世纪城市社区党的建设提出的新要求。我们必须遵照这一要求,不断加强和改进社区党的建设工作。

第一节　社区党建工作是适应新形势的建设性工程

一、社会变革对党的基层群众工作提出了新要求

随着社会变革的不断深入,城市管理重心明显下移,给社会各方面的工作带来新的挑战和机遇。社区党的建设工作已经成为党在中国特色社会主义新时代历史条件下,加强对基层组织的领导,密切联系群众,更鲜明地体现为人民服务的宗旨的重要领域。

(一)群众利益格局的变化需要党组织加强协调

伴随着我国社会经济结构、组织形式、就业方式、分配形式等出现的重大变化,社会利益格局重新调整,计划经济时期人民群众单一的收入来源和带有"铁饭碗、大锅饭"的平均主义特征的低水平生活的格局已被打破,人们的经济收入来源多样化,人们的消费水平、生活方式、利益关系日益多元化。群众思想和行为的独立性、选择性、多变性、差异性明显增强,影响群众思想和行为的因素也越来越复杂。由此引发的积极和消极的社会影响都会明显地反映在人们生活的社会领域——社区,而且会形成一种社会性的舆论倾向,对社区的稳定起着积极或者消极的作用。在这种情况下,社区党组织必须对社会利益关系的变化,以及出现的新情况给予关注,针对社区群众思想上存在的热点、难点问题,及时地疏导情绪,协调关系,化解矛盾。同时,要把解决社区群众的思想问题与解决

群众的实际问题有机地结合起来,深入群众,了解他们的困难,关注他们的生活,理解他们的要求,千方百计为社区群众排忧解难,采取有效措施维护群众的根本利益。用积极向上的正气引导群众、宣传群众,把消极情绪解决在萌芽状态,把影响社会稳定的问题解决在基层。

(二) 社会生活的新变化需要党组织正确地引导

随着国民经济的持续快速发展,居民收入稳定增长,收入形式多样化,人民生活总体上实现了从温饱到小康的历史性跨越。居民的消费水平显著提高,消费结构升级,消费总额不断扩大。据统计,2017年城镇居民人均消费性支出24 445元,比上一年增加了5.9%。① 其中,生存性消费比重下降,享受性和发展性消费比重上升。城镇住房改革取得突破,居民已经成为住房投资和消费的主体,居住面积也不断扩大,2016年,城镇人均住房建筑面积达33平方米以上,农村人均住房建筑面积超过37平方米。② 2017年年末,全国民用汽车保有量21 743万辆,比上一年年末增加了11.8%,私人汽车保有量18 695万辆,比上一年年末增加了12.9%。全国移动电话141 749万户,移动电话普及率由2007年的每百人41.6部提高到2017年的每百人102.5部。互联网上网人数7.72亿人,互联网普及率达55.8%。③ 2017年,全国国内游客50亿人次,比上年增长12.8%,国内旅游收入达45 661亿元,比上年增长了15.9%,国际旅游收入达1234亿美元,比上年增长2.9%。④ 人民生活水平的显著提高,生活方式的巨大变化,对于提升家庭生活质量,促进生活的文明显然奠定了必需的物质基础。那么,如何引导人们在各种生活消费中向健康方向发展,如何在人们改善物质生活条件的同时引导其追求更高尚的精神生活,如何用文明健康的思想观念去引导人们的休闲生活等,这些从表面上看似是人们的生活方式问题,实质上却蕴涵着先进文化、精神文明的深刻内涵,是涉及人民群众生活的根本利益和发展方向的问题。这是党在新的历史时期群众工作的重要内容,是最贴近基层群众、关注民生的实际工作。

二、党员分布情况的变化使党组织面临新的工作任务

随着市场经济的建立和逐渐完善,原来由国有企业和集体企业所掌握的由政府配置的社会资源,已经转化为由市场配置到各类所有制的企事业单位。党员和党的干部作为劳动力和人才资源也进入市场经济的运作过程,必然带来党员的流动性,使传统的单位组织封闭式管理党员的活动形式受到冲击,呈现出一种变动性开放性的趋势。这是新的历史条件下党员管理和教育出现的新问题,也是基层党组织建设的新课题。

---

① 国家统计局:《中华人民共和国2017年国民经济和社会发展统计公报》,2018年2月28日。
② 住房和城乡建设部:《中国城镇人均住房建筑面积已超33平米》,2016年10月19日。
③ 国家统计局:《中华人民共和国2017年国民经济和社会发展统计公报》,2018年2月28日。
④ 同上。

（一）进入社区的离退休党员迫切需要党组织进行管理

在计划经济时期，党员主要依托各个系统和单位的党组织管理。各单位的党组织只有上下级关系，只管理本单位的党员，如果党员终生在一个单位，单位的党组织就要负责管理党员在职时期及退休之后的组织生活。然而，日益深刻的社会变革使计划经济体制下的"单位人"逐步向市场经济体制下的"社会人"转变，这种转变不仅使在职党员在社区的时间不断增多，也使离退休的党员由原来的单位"负责到底"的教育和管理向社会化管理转化，归向街道和社区实行属地管理。据统计，截至 2016 年年底，我国离退休党员已达 1692.7 万名[①]。这些变化使我们党组织对党员管理工作也必须与时俱进，不能再简单地固守"单位"这块阵地，而要向社会基层延伸，向社区延伸。因此，必须加强社区的党建工作，加强对社区离退休党员的管理，避免这些党员在离开单位之后游离于党组织之外，要让他们回归社区之后仍然得到党组织的关怀。不仅让离退休党员幸福地度过晚年生活，还能继续为党的工作发挥余热，为社区建设做出贡献。

（二）党员流动性的增强必须依托社区党组织管理

在市场经济的发展中，劳动力和人才资源主要通过市场进行配置，使原来的"单位管理体制"逐渐松动，出现职业的流动性增大，劳动力流动频繁，自由职业者增多，以及下岗人员和失业人员增加等现象。这些流动人员与原来所属单位逐渐疏离，在这些流动的人群中也包括一些党员，如何对这些流动党员加强管理，成为基层党组织重要的工作任务。

党员的流动性是由于职业选择机会增多引起的。在职业选择的变动中，党员组织关系、人事管理和组织活动与工作单位不能统一，甚至出现疏离和脱节现象，原来所属单位党组织的教育和管理活动无法有效进行，没有固定单位的党员增多。然而，这些党员所居住的社区是相对稳定的，社区管理部门最了解这些党员的具体情况和流动去向。因此，社区党组织必须把接纳和管理分散的、流动的党员作为一项新的工作任务，成为这些党员组织关系的落脚点。同时，也可以根据党员的具体情况，与有关部门联系，帮助他们转换组织关系，使这些党员无论走到哪里，都有党组织的关怀，都能及时得到党组织的教育和帮助。这项工作是市场经济条件下出现的新问题，社区党组织采取何种活动方式和工作方法来教育和管理这些流动中的分散的党员，关系到是削弱还是加强党的战斗力的问题，关系到社区基层党组织建设的成败问题。

（三）充分发挥社区新经济组织党员的作用

新经济组织是指各种新建立的区别于传统的国有企业和集体企业的非公有制经济组织，主要是指私营企业、港澳台和外商投资企业、非国有（集体）控股企业等。20 世纪 90 年代以来，我国的新经济组织得到迅速发展，已经成为我国社会市场经济的重要组成

---

① 中共中央组织部：《2016 年中国共产党党内统计公报》，新华社，2017 年 6 月 30 日。

部分,而社区经济的特征之一就是以非公有制经济为主体。

在计划经济体制下,只有党政机关、学校、全民、集体所有制的企业事业单位等,其他独立的社会组织很少。党员分别属于上述各个单位的党组织,党的领导主要通过从上到下组织严密的部门和单位来实施。目前,出现了新的经济组织和社会活动领域,已经成为各类人才和劳动力汇集的重要领域,在这一领域就业的广大职工群众是党的执政基础的重要组成部分。许多人在非公有制单位就业或自谋职业,使人们在就业和生产经营活动方面的流动性比过去大大增强。在新经济组织中就业的党员,迫切希望能得到党组织的关怀。这就必须加强新经济组织中的党建工作,不断扩大党的工作覆盖面,通过新经济组织中党员的先锋模范作用,把一切可能团结的人都吸引和凝聚在党的周围,把社会上各方面的优秀分子都吸收到党内来,增强党在全社会的影响力和凝聚力。

社区经济的特征之一就是以非公有制经济为主体,社区环境最适合新经济组织特别是私营企业和个体经济的起步和发展。因此,社区党组织必须把社区内各类新经济组织纳入自己的工作范围,调动一切积极因素,宣传、扩大党的影响,巩固党在新经济组织中的群众基础。这不仅是社区党组织的重要任务,也是社会各级党组织工作的重要内容。

三、社区是党组织开展群众工作的重要载体

在社会经济大变革、经济体制转型的过程中,社会矛盾呈现多样化、复杂化、显形化的状态,要解决和缓和社会矛盾,需要政府和社会各方面的共同努力。但是,最重要、最基础、最直接的是以街道党工委和社区党组织为核心,发挥党的优良传统,密切联系社区居民群众,代表群众的根本利益,加强基层社区的民主建设,为基层社会的长期稳定做出贡献。

(一) 社会管理重心下移使社区党组织面临新的重任

计划经济时期,由于生产力落后,我国长期实行单一的公有制,人们享受着端"铁饭碗",吃"大锅饭",政府全包的"终身制"。平均主义使人们的心态比较平和,社会矛盾比较少,也不突出。随着社会主义市场经济体制的逐步建立和完善,生产力迅速发展,经济关系多元化,人们的生活水平得到极大提高,社会呈现全面进步的趋势。与此同时,也带来了一些社会问题,如贫困人群问题,下岗职工和失业人员的管理和再就业问题,大量住所动迁人口的安排和调节问题,人口流动及党员流动的管理问题,社会救济对象的照顾问题,离退休人员的社会化管理问题,最低生活保障费的落实问题,人口老龄化及老年人的社会服务问题等。

在计划经济体制下,上述问题有些是不存在或者不突出的问题,有些是政府或者本人所属单位一包到底的问题。但是,社会改革之后,政府或"单位"的社会管理职能向社会转移,民政工作、福利工作走向社会化。这样,城市结构的基层领域——街道和社区在承接政府下移的社会管理职能时,必然要承担起解决由此引发的各种社会问题的重要任务。社区党组织是基层群众工作的领导核心,面对这些集中于社区的实际的社会问题,

要发挥思想政治工作的优势,把思想政治工作与解决群众的各种实际问题结合起来,把党员和政府对人民的关怀及时带给群众,并且体现在社区党组织的具体工作中。

(二)加强基层民主建设是社区党组织的迫切任务

党的各项方针政策的执行和实施,都要由基层组织贯彻落实,因此加强党的建设,必须从基层组织抓起。在计划经济时代,基层组织以"单位"为主体,党组织体系也以"单位"党组织为核心。随着市场经济的建立和完善,政治与经济的关系、社会结构方式和社会的控制方式都发生了巨大变化,特别是在单位体制逐渐松动之后,"单位"党组织对人们的政治约束和组织控制面临新的挑战。这种挑战为党的建设提出新的课题,即党的组织基础如何从单位制向社区制转化,党的凝聚力和影响力的重心如何从领导组织层面向基层组织转移。这种情况揭示了社区党建工作不是一般意义的基层党建工作,而是面对新的社会关系和社会结构,如何巩固党的基层组织,保持和加强党的领导的核心地位的实践探索和理论研究。

社区党建是党的基层建设从以单位党建为重点向以社区党建为重点的战略性发展,它的重要任务是保持和巩固党在社会基层组织中的领导和战斗力,进一步扩大党在民主集中制原则下的基层民主建设。在新的历史条件下,要加强和巩固党在群众中的号召作用和组织作用,关键在于要有稳固的社会基础,这就必须在组织建设和活动形式方面与时俱进,有所创新。应该以社区为基础,从战略高度全面建设党的社会根基,大力加强基层民主建设,从根本上保证党的执政基础。这是社区党建面临的新的课题和重要任务。

第二节 社区党建工作的重要任务

一、社区党建工作要全面贯彻习近平新时代中国特色社会主义思想

党的十九大报告高度概括和明确提出习近平新时代中国特色社会主义思想,把我们党对共产党执政规律、社会主义建设规律、人类社会发展规律的认识提高到新水平,开辟了当代中国马克思主义发展新境界。对新时代坚持和发展中国特色社会主义的总目标、总任务、总体布局等重大时代课题都做出了明确回答。党的二十大报告又进一步指出,要全面贯彻习近平新时代中国特色社会主义思想,弘扬伟大建党精神,为全面建设社会主义现代化国家、全面推进中华民族伟大复兴而团结奋斗。社区党的建设必须坚决贯彻党的代表大会精神,认真落实习近平新时代中国特色社会主义思想。重点抓以下几个问题。

(一)坚决遵循党的建设总要求,把政治建设摆在首位

党的十九大报告提出了新时代党的建设总要求:坚持和加强党的全面领导,坚持党要管党、全面从严治党,以加强党的长期执政能力建设、先进性和纯洁性建设为主线,以党的政治建设为统领,以坚定理想信念宗旨为根基,以调动全党积极性、主动性、创造性

为着力点,全面推进党的政治建设、思想建设、组织建设、作风建设、纪律建设,把制度建设贯穿其中。党的二十大报告又进一步明确,中国共产党是最高政治领导力量,坚持党中央集中统一领导是最高政治原则,系统完善的领导制度体系,确保党中央权威和集中统一领导,确保党发挥纵览全局、协调各方的领导核心作用。党的十九大、二十大报告为我们深入推进党的新的伟大工程提出了明确的目标和任务。只有坚决贯彻执行才能把党建设成为始终走在时代前列、人民衷心拥护、勇于自我革命、经得起各种风浪考验、朝气蓬勃的马克思主义执政党。

社区党组织必须遵循新时代党的建设总要求,抓好党的建设。要加强自身的党性锻炼,不断提高政治觉悟,坚定不移贯彻党中央的部署,担起管党治党责任、对党忠诚、为党分忧、为党尽职、为民造福。要弘扬忠诚老实、公道正派、实事求是、清正廉洁的价值观,把正确政治导向树起来,在社区营造风清气正的良好政治生态。社区党组织要教育社区党员,坚定理想、信念、宗旨,不断强化政治纪律和政治规矩,增强"四个意识",自觉在思想上政治上行动上同党中央保持高度一致,不断提高政治判断力、政治领悟力、政治执行力。牢固树立政治理想,正确把握政治方向,坚定站稳政治立场,严格遵守政治纪律,永葆共产党员的政治本色。要把社区党组织建设成宣传群众、组织群众、凝聚群众、服务群众的基层社会坚强的战斗堡垒,使每一名党员都成为社区群众衷心拥护的榜样和引领群众前进的旗帜。

(二) 不忘初心,牢记使命

中国共产党人的初心和使命,就是为中国人民谋幸福,为中华民族谋复兴。中国共产党从诞生开始就把改变中国近代社会命运、立党为公、忠诚为民的奉献精神作为自己的社会理想、价值取向和根本宗旨。这种精神感召着一代又一代共产党人为党的事业不怕牺牲、前赴后继、勇往直前。历经近百年的艰苦奋斗,我们党带领人民进入了中国特色社会主义新时代,我们比历史上任何时期都更接近、更有信心和能力实现中华民族伟大复兴的目标。党的二十大报告强调,要坚持以人民为中心的发展思想。维护民生根本利益,增进人民福祉,不断实现发展为了人民、发展依靠人民、发展成果由人民共享,让现代化建设成果更多更公平惠及全体人民。这是要求全党同志永远与人民共呼吸、共命运、心连心,永远把人民对美好生活的向往作为党组织的奋斗目标,向着实现中华民族伟大复兴的宏伟目标奋勇前进。

社区党组织作为社区建设的管理的领导核心,与群众的关系最密切,必须认识到在基层社会落实党的"不忘初心,牢记使命"的重大意义。要带领群众把智慧和力量凝聚到落实党的十九大确定的目标任务上来。要加强社区服务型党组织建设,着力提升服务能力和水平,更好地服务社区改革和发展、服务民生、服务群众、服务党员。要植根于社区群众之中,保持艰苦奋斗、戒骄戒躁的作风,一步一个脚印向着美好未来和最高理想前进。社区党组织还要教育党员牢记入党时宣誓的誓词,牢记共产党员的责任和使命,明确人民的拥护和支持是党执政的重要根基。每一名党员都要以实际行动践行中国共产党章程对党员的规范要求,时刻把社区群众利益放在第一位,关心他们的需要,回应他们的诉求,倾听他们的心声,满足他们的利益。社区党员要和群众想在一起,干在一起,做社区群众的贴心人和带路人。

(三)深刻认识社会主要矛盾的转化

深刻认识和把握我国在不同发展阶段的社会主要矛盾,是科学判明社会发展形势、正确制定大政方针的重要前提,事关党和国家事业发展全局。中国特色社会主义进入新时代,我国社会主要矛盾已经转化为人民日益增长的美好生活需要和不平衡不充分的发展之间的矛盾。党的十九大对我国社会主要矛盾发生历史性变化的科学论断,深刻揭示了我国经济社会发展的阶段性特征,为我们准确把握新时代的发展新要求提供了重要依据,也为新时代党的建设提供了实践遵循。

深刻认识主要矛盾的历史性变化,要牢牢把握我国发展的阶段性特征和人民对美好生活的向往。我国已经实现站起来、富起来的目标,人民在解决温饱问题后,期盼有更好的教育、更稳定的工作、更满意的收入、更可靠的社会保障、更高水平的医疗卫生服务、更舒适的居住条件、更优美的环境、更丰实的精神升华。人民不仅对物质文化生活提出更高要求,在民主、法治、公平、正义、安全、环境等方面的要求也日益增长,这些都是对美好生活的追求。然而,我国的发展还不平衡、不充分,既有经济领域的问题,也有文化、社会、生态领域的问题;既有城乡发展不平衡,也有区域发展不平衡。解决社会主要矛盾,就是要在继续推动发展的基础上,着力解决好发展不平衡不充分问题,推进高质量发展,满足人民在各方面日益增长的需要。

社区党组织在党的建设中要正确判断和处理社会主要矛盾,"纲举目张",主要矛盾就是社区千头万绪的问题的"纲"。毛泽东同志曾指出,任何过程如果有多数矛盾存在的话,其中必定有一种是主要的,起着领导的、决定的作用,其他则处于次要和服从的地位。因此,研究任何过程,如果是存在着两个以上矛盾的复杂过程的话,就要用全力找出它的主要矛盾。捉住了这个主要矛盾,一切问题就迎刃而解了。这是毛泽东对我们党在长期奋斗中形成的实践经验的理论升华。实践证明,只有准确判断社会主要矛盾,才能制定正确政策,推动党的事业沿着正确轨道向前发展。社区党组织要根据社会主要矛盾在本社区的具体表现,根据本社区的发展条件,认真地分析社区居民日益多样化、多层次的需求,立足社区现实,实事求是,制定出符合社区实际的解决方案。让社区群众认识到党组织为他们谋利益的真实性,让他们感到贴心、暖心,并自觉地在党组织的带领下积极地付诸行动。社区党组织要真正做到权为民所用、情为民所系、利为民所谋。只有这样,才能顺应社区居民对美好生活的新期待,不断满足居民各方面日益增长的需要,让居民的生活一年比一年好,社区一年比一年进步。

(四)坚持以人民为中心的价值追求

全心全意为人民服务是中国共产党的宗旨,带领人民创造幸福生活,是我们党始终不渝的奋斗目标。习近平同志在党的十九大报告中明确指出,人民是历史的创造者,是决定党和国家前途命运的根本力量。必须践行全心全意为人民服务的根本宗旨,把党的群众路线贯彻到治国理政全部活动之中,把人民对美好生活的向往作为奋斗目标。党的二十大报告又进一步强调,中国共产党领导人民打江山、守江山,守的是人民的心。治国有常,利民为本。为民造福是立党为公、执政为民的本质要求。必须在发展中保障和改善民生,不断实现人民对美好生活的向往。这些重要论述充分展示了我们党始终以人民为中心的价值追求和执政为民的责任担当,为把习近平新时代中国特色社会主义思想推向前进提供了价值遵循。

社区党组织直接面对基层群众,每天的工作都与群众的生活息息相关、密切联系。在工作中坚持为人民服务,以人民为中心就是把社区居民当亲人一样对待,把他们对美好生活的追求作为党组织工作的落脚点和出发点,把社区居民最关心最直接最现实的利益问题,既尽力而为又量力而行,一件事情接着一件事情办,一年接着一年干。坚持为群众办实事、解难事,当好人民公仆。坚持问政于民、问需于民、问计于民,千方百计为社区群众排忧解难。在幼有所育、学有所教、劳有所得、病有所医、老有所养、住有所居、弱有所扶上不断取得新进展。使社区百姓的获得感、幸福感、安全感更加充实、更有保障、更可持续。社区党组织始终要把关注民生、重视民生、保障民生、改善民生作为自己的神圣职责和工作目标。只有这样,才能多谋民生之利,多解民生之忧,才能不辜负社区群众的重托和期待,确保群众安居乐业。

(五) 全面从严治党永远在路上

"全面从严治党永远在路上",这一重要论断彰显了我们党勇于自我革命、自我净化、从严管党治党的鲜明品格和坚定决心。党的十八大以来,我们党勇于面对各种考验和危险,坚持问题导向,保持战略定力,以坚强的决心、顽强的意志、空前的力度,推进全面从严治党,解决了党内许多突出问题,取得了卓著的成绩。但是我们必须保持解决大党独有难题的清醒和坚定,党的二十大报告明确指出,党面临的执政考验、改革开放考验、市场经济考验、外部环境考验将长期存在,精神懈怠危险、能力不足危险、脱离群众危险、消极腐败危险将长期存在。全党必须牢记,全面从严治党永远在路上,党的自我革命永远在路上。因此,必须全面推进党的自我净化、自我完善、自我革新、自我提高,使我们党坚守初心使命,始终成为中国特色社会主义事业的坚强领导核心。

社区党组织处于群众工作第一线,是确保党的路线、方针、政策和决策部署在基层社会贯彻落实的基础,是带领社区群众践行习近平新时代中国特色社会主义思想的战斗堡垒。因此,在社区推进全面从严治党向纵深发展是社区党组织自身建设和巩固党的执政基础的必然要求。社区党组织要从严抓政治、抓思想、抓纪律、抓作风、抓反腐,要使党的坚持担当、铁腕反腐、正风肃纪常态化,对党内多年来存在的思想之尘、作风之弊、行为之垢,进行大排查、大检修、大扫除。教育社区党员、干部知敬畏、存戒惧、守底线,习惯在监督和约束的环境中工作和生活,逐渐升华为自觉自律的行为。总之,社区党组织要不断适应城市社区发展的新情况、新趋势,创新推进基层党组织的活动,保持基层党组织的创造力、凝聚力、战斗力、领导力、号召力,使社区党组织真正严起来、强起来、干起来,带领社区群众共同建设和谐美好的社区家园。

二、加强社区党员的教育工作

社区党组织的建立是党的工作的组织保障,但要体现党组织的影响力和战斗力,还必须发挥党员的先锋模范作用。因此,加强党员的教育管理,不断提高党员的整体素质是新时期社区党的建设的中心工作。

(一)重视社区党员的学习教育

随着改革开放的不断深入,我国的社会经济成分、组织形式、就业方式、利益关系和分配方式日益多样化,各种媒体特别是信息网络化的迅速发展,影响群众思想和行为的因素和渠道也越来越复杂,使社会各阶层、各个群体的思想观念、价值取向、文化生活呈现多样化趋势。共产党员植根于群众之中,生活在群众之中,必然受社会发展大背景的影响,和广大群众一样,思想和行为的独立性、选择性、多样性、差异性明显增强。因此,重视党员的学习,加强党员教育,强化党员的党性,是社区党建工作的当务之急。

1. 强化思想政治教育

思想政治教育是党组织为实现党的政治目标,有目的、有计划、系统地对党员施加意识形态的影响,是党员学习教育的必修课。特别是离退休的党员,他们从岗位上退下来之后,往往产生"退休养老"、放松政治学习和思想教育的倾向,开展这项学习教育就更有特殊意义。

思想政治教育的内容十分丰富,主要包括以下几个方面。

(1)党的"为人民服务"的宗旨教育。

全心全意为人民服务是中国共产党的宗旨。每名党员都要在自己的言行中体现贯彻这一宗旨。社区党组织要教育党员牢记,我们来自群众、植根群众、服务群众,一旦脱离群众就会失去根基,失去生命力。因此,党员要保持同社区群众的紧密联系,增强群众观念和群众情感,把心思用在全心全意谋社区发展、一心一意为社区群众服务上,不断为党厚植执政的群众基础。

(2)四项基本原则教育。

搞现代化建设,必须坚持社会主义道路,坚持无产阶级专政,坚持共产党的领导,坚持马列主义、毛泽东思想,这是我们的立国之本。四项基本原则反映了全党和全国人民的根本利益,是全党团结和各族人民团结的政治基础,是社会主义现代化建设顺利进行和取得胜利的根本保证。

(3)系统的社会主义和共产主义思想教育。

要坚持对党员进行社会主义和共产主义远大理想和信念教育,特别是在多元文化的发展前景中,在意识形态领域表现为多种思想观念互相碰撞。要引导党员用马列主义、毛泽东思想、邓小平理论武装头脑,保持其在意识形态领域的主导地位;还要进行社会主义的道德教育,强调党员在任何情况下都要坚持全心全意为人民服务的宗旨和集体主义基本原则。通过这些教育,使党员树立社会主义和共产主义的世界观、人生观、价值观。

(4) 党的基本路线、方针和政策教育。

党的基本路线、方针和政策教育主要包括社会主义初级阶段理论的教育,这是制定和判断现行路线、方针、政策的基本依据;党的基本路线教育,即以经济建设为中心,坚持四项基本原则和改革开放,这是基本路线的核心内容,是实现党的奋斗目标的基本途径和根本保证;研究和贯彻"三个代表"重要思想,认真落实以人为本,全面、协调、可持续的科学发展观,长期坚持并不断发展习近平中国特色社会主义新时代思想,要在实践中不断研究新问题,创造性地贯彻党的各项方针政策。

(5) 爱国主义教育。

爱国主义教育包括社会主义现代化建设成就的教育,中华民族悠久历史的教育,中华民族优秀传统文化教育,国情教育,国防和国家安全教育,民族团结教育,"一国两制、和平统一"政策的教育等。爱国主义是一种永久性的教育,它不仅需要理性灌输,而且需要情感培养和心理养成,要通过多种方式、多种途径进行。

(6) 创新意识和心理素质教育。

创新是激发党员的创造力、推动社区发展的重要动力。创新意识教育主要包括培养开拓进取精神,不迷信传统和权威,善于从传统中吸取精华等。健康的心理素质教育包括培养良好的个性气质和性格,健康的情感和坚强的意志,能承受复杂的社会环境的影响和适应现代人际交往,能自觉调节心理平衡,排除心理障碍等。

(7) 时事政治教育。

教育党员关心国内外大事,把握当今时代特征,认清我国和世界发展的总趋势,科学地分析、正确地认识、积极地应对中国和世界不断出现的新形势、新问题、新情况,自觉地和党中央保持一致,始终站在时代潮流的前列,激励和带领群众完成党的各项任务。

总之,对党员进行思想政治教育是保持党的优良传统,强化社会主义、共产主义信念,增强党性,提高思想政治素质的重要条件,是对党员教育的首要内容,更是社区党员教育的主题。特别是在市场经济的建立过程中,人们重视经济,重视经济效益,而忽视政治、忽视道德的情况下,更有其重要价值。

2. 现代文化知识教育

进入21世纪,科技进步日新月异,综合国力竞争日趋激烈。时代和历史赋予我们党新的庄严使命:必须认清形势,明确任务,站在时代潮流的前头,团结和带领全国各族人民,实现祖国的现代化建设,在建设有中国特色社会主义的道路上实现中华民族的伟大复兴。作为一名共产党员,必须看到自己的重任,要完成党的宏伟目标,不仅要有坚定的政治立场和信念,还必须有现代的科学文化知识。因此,掌握现代文化知识是党组织对党员教育和管理的重要内容,特别是社区的党员处于社会基层,许多是岗位上退休的老同志,了解和掌握现代文化信息有一定局限性,社区党组织应该把这项工作列入重点对党员教育与管理的规划之中。

现代文化知识的内容十分丰富,要针对社区党员的实际情况,特别是针对党员的接受能力进行有的放矢的教育和学习。这主要包括以下几方面内容。

(1) 市场经济知识教育。

通过组织专家学者讲座、形势报告会、各种座谈会、参观访问等,让党员了解社会主义市场经济的基本理论和运行规则,从而使其能用市场经济的观点来分析社会及社区的各种事物,树立新的思想观念、生活方式、就业观念、经营理念等,增强效率意识、竞争意识、自主意识,在市场经济条件下与时俱进,把握机遇,带头致富,真正实现党员的人生价值。

(2) 计算机网络的学习和应用。

网络作为高科技的产物已与人类的社会生活融为一体,对人类劳动、生产和生活方式产生了前所未有的影响。目前,网络化、智能化管理已经进入社区服务,随着社会服务网的建立,与居民生活息息相关的家政服务、房屋维护、商场购物、外出旅游、预约出诊、代办业务、幼儿教育等社区服务,都可以通过计算机网络的方式进行。社区居民,特别是党员要带头掌握这门现代科学技术。

(3) 生态平衡和环保知识教育。

生态平衡和环保知识教育主要是指要让党员了解人类与生存环境的密切关系,了解生态系统的内在联系和维护生态平衡的重要性,了解生态系统的稳定是人类生存和发展的前提,自觉地维护与人类生存和发展息息相关的自然环境和社会环境,主动关心社区环境的规划与管理,带动群众积极参与社区环境的建设和保护。

(4) 现代宗教文化教育。

宗教是历史悠久、分布广泛、影响深远的人类文化现象之一。伴随着现代社会政治、经济、文化的发展,宗教领域也出现了新的发展趋势,也在进行自身调整,对自己的教义进行适应社会需要的解释,使之更关心现实的人类事务。共产党员要了解宗教文化的历史和现状,引导群众正确对待宗教。在尊重他人信仰的同时也可以宣传无神论,宣传科学,反对迷信,特别要坚决抵制和反对邪教,旗帜鲜明地反对歪理邪说。由于社区的党员最了解基层群众的宗教信仰,可以有的放矢地做群众工作。

(5) 现代身心保健知识。

随着社会的进步和人民生活水平的提高,人们越来越重视心理和身体的健康。社区的党员掌握了这门现代文化知识,不仅可以维护自己的身心健康,还可以带动群众抵制封建迷信,提倡科学健身,以科学的态度和方式维护身心健康,带头倡导文明的生活方式和科学的消费观念。这对于提高社区群众的身心健康素质和维护社区的良好风气有重要价值。

总之,现代文化知识教育的内容很多,社区党组织可以根据党员和群众的实际情况和需求,机动灵活地采取多种形式,适时地进行有关文化知识的教育,使广大党员能与时俱进,以现代的文化武装头脑,增强党员对周围群众的感染力、号召力,带领群众跟上时代的发展潮流,搞好社区建设。

(二) 开展灵活多样的党员组织活动

经常组织社区党员开展活动,是社区党组织生命力和凝聚力的体现。但是,如何开展党的组织活动,采取何种活动方式和工作方法,关系到党建工作的成效问题,这是社区党建工作必须探索和研究的重要课题。

1. 搞好社区党员的组织生活

传统的党员组织生活是定期的、频繁的,内容上主要是进行党员之间的批评和自我批评。但目前又出现另一种倾向,许多党组织削弱甚至取消了党员组织生活,造成组织涣散、党员松散的现象。这两种倾向都是党员管理中必须注意克服的。社区党组织开展组织活动应采取务实的原则,注重实效,增强吸引力。在时间安排上,要根据需要不定期进行,灵活掌握,可长可短;在内容上,要丰富多彩,可以研究党组织的工作安排,总结党组织的工作效果,集中讨论、理解党的有关文件、会议精神,学习讨论国内外发生的重大事件,关心国家大事;还可以组织党员到其他社区参观学习,了解社区建设的大好形势,开阔眼界,鼓舞士气等。总之,通过不定期的组织生活,可以增强党员的组织观念,强化其党性,使其可以集思广益,深入准确地掌握党的方针政策,总结工作经验和教训,统一思想,更好地发挥党员的先锋模范作用和党组织的战斗堡垒作用。

在抓好党员组织生活的同时,还要重视对要求入党的积极分子的管理,把他们的培养教育列入党建工作的重要内容。要组织他们经常参加社区的各种活动,定期讲党课,确定相对稳定的培养人,定期召开各种讨论会或汇报会,倾听他们的意见,了解他们的思想,关心他们的进步,发展他们入党,为党组织增添更多的新生力量。

2. 组织党员积极参加社区的活动

社区是每个党员的家园,社区建设是党巩固城市基层政权的社会基础。因此,每个共产党员都要关心社区建设,积极参加社区的各项活动,尽自己应尽的责任和义务。

共产党员要走在社区各项活动的前面,起带领群众和凝聚群众的作用。党员都有一定的文化基础,讲政治、懂政策,特别是离退休的老同志党性强、讲原则。党组织要因势利导,教育党员要牢记"心系社区,不忘群众",鼓励他们把长期在党内形成的政治素质和优势转化为带动群众建设社区的动力。在活动中尤其要重视有特殊条件和特长的党员的模范作用。例如,有的党员有创业的经验或经商的经验,有的党员有文艺特长或很强的社会影响。这些党员在群众中最有影响力和说服力,社区党组织可以组织他们带头宣传党的方针政策,带头参与社区服务,带头帮扶困难家庭,带头协调邻里关系,带头维护社会治安,带头创建文明楼栋等。在各项活动中起示范作用,把为人民服务的宗旨落实在具体行动中,把党的温暖带给群众。

3. 组织党员参加社区志愿者队伍

社区志愿者也称义务工作者,他们是社区建设的生力军和宝贵财富。他们活动的基本特征是公益性、非营利性、自觉性、服务性,体现了"无私奉献,服务社会,利于他人"的高尚情操。目前,许多城市社区非常重视并且正在培育这支队伍。共产党的宗旨是全心全意为人民服务,党员无论在什么情况都应牢记和执行党的宗旨。在社区的建设中,志愿者的活动超越了功利的界限,最能体现为人民服务的精神和集体主义的道德原则。因此,共产党员要关注和参加志愿者队伍,在各项活动中都走在前面,成为这支队伍的主力军。社区党组织要把本社区的志愿者队伍建设成为以党员为核心力量的社会群体,结合党员的职业特点和个人专长,建立以党员为骨干的社区宣传教育、安全保卫、民事调解、扶弱助残、环境保护等志愿者队伍,鼓励他们讲服务、做奉献、担责任、尽义务。同时,党组织还要真诚地关心党员和所有志愿者的生活,支持他们的活动,爱护他们的热情,做他们的坚强后盾,使他们更积极地投入到社区服务事业之中。

(三)建章立制,加强社区党员管理

加强社区党员管理是发挥党组织战斗堡垒作用和党员先锋模范作用的重要环节。因此,这也是社区党建工作的重要任务,其中关键是建立规章制度,规范管理措施。

1. 社区党员登记制度

建立党员登记制度是社区党建的一个新任务,这是因为社区党员队伍的组成比较复杂,有在职党员,离退休的党员,失业、下岗的党员,流动党员,以及民营企业的党员等。要对这些党员进行科学管理,首先应做到情况分明,底数清晰,心中有数。社区党组织要有专人负责此项工作,深入群众对全社区所有党员进行摸底调查,了解他们原来的工作单位、职务、技术专长、文化程度、年龄、兴趣爱好、家庭情况,以及本人对社区活动的意向等,进行详细的调查登记。帮助他们接转组织关系,联系参加组织活动的具体党组织,以便其及时参加组织生活和交纳党费。通过党员的登记活动,不仅可以使社区党组织了解党员的实际情况,进行科学管理,而且可以使党员进到社区就有"家"的亲切感觉,深刻体会到党组织的关怀和温暖。内蒙古赤峰市松山区赤勘社区把社区居民的居住楼栋和房号用平面图标示出来,有党员的住户画上一个党徽,有两名以上的党员就在党徽旁边标明具体数字。这样,可以一目了然地了解党员的住处及数量,非常方便与党员的沟通和联系。

对申请入党的积极分子也要做好登记管理,制订计划,认真培养。对于"流入"或"流出"社区的党的积极分子,应建立衔接制度,以便于党组织连续培养。

2. 社区党员目标管理制度

要把党员的责任和义务通过制定工作目标的形式,尽量做到细化和量化,以便定期进行考核。对不同职位的党员,制定不同的管理目标:对在职党员实行"党员服务岗""服务公仆""争先创优"等活动;对离退休党员,实行党员责任区和联系户的形式,开展"一帮一""结对子"等扶贫帮困活动;对从事个体经营的党员,实行"挂牌服务",开展"文明经商、守法经营"活动等。制定管理目标之后,要认真执行,采取定期检查,年终考核的办法,对"达标"的党员给予奖励,可以授予"好公仆""优秀党员"等荣誉称号。

3. 社区党员民主评议制度

对党员的民主评议,是对党员的党性和作用的监督和考评。这项工作一般在年终进行,一年一考评,检查党员一年来的工作目标完成情况,如理想和信念是否坚定,是否牢记党的宗旨,是否有较强的组织纪律观念,党员的责任和义务履行情况,以及发挥党员先锋模范作用的情况等,进行个人讲评和公众讲评。民主评议分别在党内、党外进行,可以组织党外群众采取问卷和开座谈会的形式对党员逐个进行民主测评,然后在党内再进行党员互评和自评。认真总结经验,找出差距,评出风格,评出干劲,并根据实际情况制定整改措施。

4. 社区党员激励制度

在党员的管理过程中,建立一系列的约束制度是非常必要的,同时还应该建立一定的激励制度,充分调动广大党员参与社区建设的积极性和主动性。可以根据社区各方面的条件制定对党员的奖励标准,对党员做到工作有记录,成绩有评价,表彰有依据,奉献有回报,采取多种形式对发挥作用突出的党员给予表彰。可以树立一定数额的"社区优秀公仆标兵",利用各种媒体宣传他们的先进事迹,送他们到其他社区学习经验或者到有关学校深造,创造进一步发展的条件,甚至可以到有关城市参观学习等。让党员充分体验到"做奉献、获荣誉"的尊严感,进一步激发党员参与社区建设的光荣感和责任感,使党员在为群众的服务中树立起光辉形象,起到号召群众、组织群众的旗帜作用,从而密切党与群众的血肉联系,增强党组织在社区群众中的凝聚力。

三、社区党建要为建设和谐社区服务

社区党建不仅要抓组织建设,抓党员管理,还要指导社区建设为广大社区居民服务,这是社区党建的要务,是检验社区党的工作的重要标准,也是建设和谐社区的关键。

(一)加强社区精神文明建设

建设和谐社区,把社会主义精神文明建设的任务落实到基层,是社区党建的重要任务。社区党组织要认真履行领导社区精神文明建设的职责,要动员和组织社区的所有基层单位以及居民,深入开展思想道德建设和科学文化知识教育,坚持用科学的理论武装人,用高尚的精神塑造人。开展以爱国主义、集体主义、社会主义为主要内容的思想道德教育,把文明健康的教育融入通俗易懂、群众喜闻乐见的活动之中,帮助和引导群众树立正确的世界观、人生观和价值观。

社区党组织要充分挖掘和利用社区各种资源,会同有关单位、有关部门共同兴办社区文化事业,倡导科学健康的生活方式,开展各种进步有益、积极向上的文化、体育、卫生、科技活动,振奋群众精神,提高文明素质,巩固党的群众思想文化阵地。

社区党组织要联合社区内的各单位,走共建精神文明之路,并注意把精神文明建设活动同解决社区内各单位和居民群众普遍关心的实际问题结合起来,同促进经济发展和社会进步结合起来,深入持久地开展群众性精神文明创建活动,务求实效、持之以恒,使

群众的思想在参与中受到教育和升华,扩大创建和谐社区的成果,提高精神文明建设的整体水平。

(二)指导社区管理和社区服务

社区党组织的工作必须体现为人民服务的宗旨,社区管理和社区服务是满足群众利益需求,为群众服务的主要途径,社区党组织应该从政治领导核心的角度去指导此项工作。

社区管理和社区服务随着社区建设的兴起不断发展,但是并不完善,还远远不能满足社区群众的各种需求。社区党组织要协同有关部门,研究制定管理规划,加强各单位之间的联系和协调,采取健全服务体系、改善服务设施、进行规范管理等措施,大力推进社区管理和社区服务。教育和引导社区管理和服务人员改变工作作风,积极探索适应社会主义市场经济体制的科学管理方向和实现社区服务社会化、产业化、规范化的有效途径,建立多种所有制形式。尤其是民营的社区服务组织,指导其依法经营管理,逐渐完善和发展壮大。

社区管理和服务工作应以社区群众满意不满意、高兴不高兴为标准,这也是衡量社区党组织工作成效的标准。要把社区党建与社区管理、社区服务结合起来,与为社区群众办实事、办好事结合起来,重点发展那些"政府不管、企业不干、社会短缺、群众急需"的服务项目。只有这样,党的工作才有现实价值,党组织才有生命力,才会得到群众的拥护和赞誉,从而也更能体现党组织的领导核心作用和政治导向作用,提高党组织服务社区群众的工作水平。

(三)关注民生,使群众安居乐业

随着改革的深入和社会的进步,人民群众的主体意识得到了明显增强,他们想问题、办事情更加务实,要求全面改善物质、政治和文化生活的需要变得更为迫切,这就对党群关系的建设提出了更高的要求。社区党组织必须关注民生,深入了解民情,充分反映民意,广泛集中民智,切实珍惜民力,不断实现民治。始终把实现好、维护好、发展好居民群众的根本利益作为社区党组织工作的出发点和落脚点,为群众排忧解难,让群众民有所生、住有所居、贫有所助、病有所医、老有所养,使他们生活得更幸福、更有尊严。充分体现新的历史条件下为人民服务的具体内容,巩固党和人民群众的血肉联系,扩大基层党组织的影响力。重点围绕"关注民生、服务群众、凝聚人心、优化管理、维护稳定"开展党的活动。

社区党组织处于社会的基层,最贴近群众,也最了解群众。党组织和党员要以群众的情绪和利益为"第一信号",想群众所想,急群众所急,办群众所需,把为群众办实事,满足群众的需求作为党的工作的实际要求。许多社区的党组织在实践中大胆探索,已经总结出一些宝贵的经验。例如,北京市石景山区委注重培育社区理念,努力提高社区党组织的工作水平,以人民为中心,实施了"六民"工程:以"为民"为宗旨,全心全意为人民服务;以"富民"为中心,大力发展区域经济;以"安民"为保障,确保社区平安;以"乐民"为动力,倡导健康向上的生活方式;以"便民"为重点,千方百计为居民排忧解难;以"育民"为根本,提高居民的文明素质。此外,沈阳市沈河区委以"五民工程"活动为载体,努力实践社区党组织为人民服务的宗旨:"知民",要求社区党员与居民群众要相识、相知、相帮;"帮民",开展扶贫解困助弱工程,让群众感受到党的温暖;"为民",切实为群众办实事办好事;"安民",为群众创造祥和稳定的生活环境;"乐民",丰富群众的文化生活等。这些宝贵的经验充分体现了社区党组织努力实践"民思我想、民困我帮、民求我应、民需我做"的全心全意为人民服务的精神。

总之,社区党组织要围绕满足广大居民群众日益增长的美好生活需要,努力做到只要群众需要,就有党组织和党员提供服务,干群众急需的事,做群众的贴心人,为群众排忧解难,使群众安居乐业。

四、加强社区共青团组织的建设

中国共产主义青年团是中国共产党领导的先进青年的群团组织,是广大青年在实践中学习中国特色社会主义和共产主义的学校,是党的助手和后备军。据了解,截至2015年年底,全国有共青团员近8800万名,基层共青团组织近390万个。[①] 面对这么庞大的青年主力军团体,切实加强城市社区共青团工作,不断巩固党的青年群众基础,充分发挥青少年在社区两个文明建设中的生力军的作用,是社区党建工作的重要内容。

(一) 充分认识社区共青团组织建设的重要性

青年兴则国家兴,青年强则国家强。青年一代有理想、有本领、有担当,国家就有前途,民族就有希望。社区党组织要关心和爱护青年,为他们的人生出彩搭建舞台。近年来,各地共青团组织根据社区发展的需要,适应青年的新变化、新特点,以"青年文明社区"创建活动为载体,以街道团工委建设为重点,对新时期共青团组织的建设进行了积极的探索,取得了可喜的成果。但是,由于各种原因,还有相当一部分社区的共青团组织建设滞后,缺乏应有的活力,有部分团员青年游离于共青团组织之外。这样,不仅削弱了共青团组织的战斗力,也会直接影响社区的建设。因此,各地社区党组织必须提高认识,切实加强共青团组织的建设。

1. 加强共青团组织建设,是服务改革和稳定大局的需要

社区是基本的社会单元,承担着从政府和企事业单位分离出来的大量社会职能,社区的建设和发展直接关系到改革、发展、稳定的全局,关系到人民群众生产生活的基本需求,关系到青少年的成长和成才。共青团作为党的助手和后备军,在配合党和政府做好社区青年工作,推进社区建设方面负有义不容辞的责任。只有切实加强社区共青团组织建设,用习近平新时代中国特色社会主义思想指导共青团工作实践,不断增强共青团组

[①] 靳昊:《截至2015年底全国共有共青团员近8800万名》,载《光明日报》,2016年5月4日。

织的凝聚力和战斗力,才能更好地团结、教育和带领青年关心社区、服务社区,为推动社区两个文明建设,推动经济和社会协调发展做出积极贡献。

2. 加强共青团组织建设,是新形势下青年思想政治工作的需要

社会主义市场经济条件下,经济成分和经济利益多样化,社会生活方式多样化,社区组织形式多样化,就业岗位和就业方式多样化,使青年思想政治工作面临大量的新情况、新问题。青年正处于人生观和世界观的形成过程中,他们思想活跃,但阅历较浅,面对现实中的复杂关系,往往会出现摇摆和困惑,特别需要科学的教育和疏导,社区党组织应该义不容辞地担起这一重任。所以,要做好新时期的青年思想政治工作,就必须占领社区这块重要阵地,组织和统率好这支青年队伍,从而必须认识到社区共青团组织建设的重要性。社区党组织要坚定不移地深化共青团改革攻坚、聚焦重点问题,切实增强政治性、先进性、群众性,使广大团员青年始终坚持跟党走的初心。

3. 加强共青团组织建设,是共青团自身发展的需要

随着改革的不断深化,社会的经济结构发生了重大变化,这些变化对共青团组织特别是城市基层共青团组织提出了新的课题和挑战。非公有制经济组织迅速发展,大量进城务工青年、待业青年、下岗青年聚集在社区内,现有团组织的网络难以覆盖这些青年,一些地方的基层共青团组织缺乏应有的活力,有的甚至处于瘫痪、半瘫痪状态。这种状况若不加以改变,将影响共青团自身的发展。加强社区共青团组织建设,保持共青团组织朝气蓬勃的战斗力,把不同领域、不同层面的青年凝聚起来,已经成为共青团在新形势下实现自身发展的战略选择。因此,各级共青团组织必须充分认识到加强社区共青团组织建设的重要性和紧迫性,教育广大青年要坚定理想信念,志存高远,脚踏实地,勇做时代的弄潮儿,在实现中国梦的伟大实践中贡献青春力量,在为人民利益的不懈奋斗中实现人生价值。

(二) 社区共青团组织建设的基本原则

社区共青团组织建设应该紧密结合社区党的建设,以街道团工委为核心,建立健全社区团组织网络,探索和创新社区共青团组织的工作方式,不断增强社区共青团组织内在活力,为青年服务,为社区建设服务,为社会的发展服务。社区共青团组织建设应遵循以下原则。

1. 以党建带团建

在社区建设的实践中,以社区党建带动社区团建,充分发挥党组织的政治优势,扩大党的工作覆盖面和增强党组织的凝聚力,是当前社区党建工作中需要认真研究并切实加以解决的重要课题。共青团是党的助手和后备军,更离不开党的领导。因此,必须在社区党组织的领导下,自觉地以党的基本理论、基本路线和习近平新时代中国特色社会主义思想指导社区团组织的建设,要把坚定理想信念作为共青团的思想建设的主要任务,教育和引导共青团员树立正确的世界观、人生观、价值观,自觉做共产主义远大理想和中

国特色社会主义共同理想的坚定信仰者和忠实实践者。把基层共青团建设作为党的建设的有机组成部分,使社区团组织的建设纳入社区党建的整体格局,从政治上、组织上、思想上、作风上带动指导,在党建的带动下推进社区共青团组织的建设。

2. 以服务促团建

社区共青团组织建设必须服务于党的中心工作,服务于社区的建设和发展,服务于青少年的成长成才,针对青少年成长和发展的需求,开展切实有效的社会服务,这是社区团组织建设能否成功的关键。要紧密围绕经济建设这个中心,集全体团员之力,在精神文明建设、民主法制建设、维护社区和谐稳定等任务中发挥团员的骨干作用。只有在服务社区的实践中,才能锻炼团员的能力和魄力,才能发展、壮大社区共青团组织,使共青团联系青年的纽带作用得以充分发挥。

3. 以创新精神推动团建

时代在前进,社会在发展,几乎每天都有新事物出现。共青团是青年人的组织,青年人充满着活力和朝气,对新事物最敏感、也最容易接受。因此,党对共青团组织的领导必须与时俱进,应该紧密结合青年人的特点,密切联系社会发展的实际,解放思想、实事求是、研究新情况、解决新问题、探索新方法,在实践中不断发展和完善社区团建理论。坚持继承与创新的统一,充分发挥基层共青团组织的主观能动性,尊重和鼓励基层共青团组织的首创精神,用党的创新理论武装引导共青团组织,推动全体共青团员更加自觉地为实现新时代党的历史使命不懈奋斗。

(三) 加强社区共青团组织建设的任务

加强社区共青团组织建设,要适应中国特色社会主义新时代的新形势,要适应城市管理体制改革,要适应青年群众结构和分布的新变化;强化街道团工委的主体作用;建立健全社区共青团组织网络;大力加强社区团干部和团员队伍建设,使社区共青团组织在服务大局和服务青年的有机结合中不断增强内在活力,为进一步开创社区青少年工作新局面提供坚实的组织基础。

1. 建立健全社区共青团组织工作网络

社区共青团组织的建立要按照有利于开展团的活动、有利于发展共青团组织作用的原则,从实际出发,因地制宜。在社区建立共青团组织要以社区内有关单位为依托,在居民区、商业街、集贸市场、外来务工青年居住区中建立共青团组织。根据团员人数建立团支部或团总支,建立健全社区共青团组织网络,迅速开展团的工作。社区共青团组织建立后,原则上隶属于街道团工委,要充分发挥街道团工委在社区共青团组织工作中的主体作用。社区党组织要发挥领导核心的作用,不仅要参与共青团组织的建立,还要为社区共青团组织创造良好的工作环境,努力保证社区共青团组织正常开展工作,把社区共青团组织及其工作纳入社区建设的整体规划之中。

2. 切实加强社区团干部队伍建设

社区党组织要积极探索与中国特色社会主义新时代相适应的社区团干部管理制度,

通过组织推荐、民主选举等方式,把思想政治素质好、工作责任心强、善于联系广大团员青年的青年党员和优秀团员选拔到社区共青团组织的领导岗位上来。要高度重视团干部队伍建设,加大对社区共青团干部工作的支持力度。党组织应该把基层共青团组织的工作岗位作为培养锻炼基层党的后备干部的重要阵地,把团干部的教育、培训、转岗、输送工作纳入党的干部管理序列,通过多种方式对团干部进行调整和充实,加大对社区团干部的培养选拔力度。坚持正确选人用人导向,匡正选人用人风气,突出政治标准。使团干部在党组织的关怀下,不断加强自身修养,努力工作,带领广大青年、团员朝气蓬勃地参加社区建设,成为社区发展的生力军。

3. 认真做好社区团员教育和发展工作

要加强对团员的教育管理,认真及时地做好下岗团员、待业团员、学校毕业生团员、复转军人团员、外来务工团员的组织关系转接工作,切实做好在辖区内居住和就业的流动团员的教育管理工作。突破团员只参加所属共青团组织活动的传统模式,允许团员的组织隶属关系与参加团活动的范围适当分离,使团员除参加所在单位、学校的共青团组织活动外,也能参加所居住社区共青团组织的活动。社区共青团组织应通过适当方式将这部分团员的有关情况反馈给所属单位、学校的共青团组织。要加强青年团积极分子的培养,在坚持标准、保证质量的条件下,对提出入团申请的青年,要及时吸收其入团。要积极做好"推优"工作,加强对团员入党积极分子的培养和教育,为党组织源源不断地输送新鲜血液。

第三节 完善社区党建工作的途径

一、提高认识,加强领导

随着我国城市现代化步伐的加快,城市社区建设在迅速发展,社区党建工作的重要意义日益明显。党建工作不仅要向社区延伸,而且还应发展和完善,这就需要各级领导重视和加强对社区党建工作的领导。

(一)认清新形势下基层党建工作的重要性

加强党建工作,一定要从基层组织抓起,因为党的大量日常工作,都要由基层组织来贯彻落实,把每个基层组织建设好了,党的整个组织体系就会巩固和健全起来,党和群众的联系就会更加紧密,党的凝聚力、战斗力和创造力就可以大大提高。这就要求我们在新的历史条件下,认清社会改革的发展形势,提高对基层党建工作的认识。

随着改革开放和现代化建设的发展,特别是在建立社会主义市场经济体制和深化城市改革的过程中,企事业单位纷纷剥离"办社会"的负担,社会管理重心下移,许多社会工作落实到城市社区基层组织。社区建设、社区管理、社区服务的任务日趋繁重,使社区处于维护社会稳定的"第一道防线",所起的社会作用越来越重要。在这种新形势下,要加强党对城市工作的领导,巩固党的基层政权和群众基础,就必须进一步认识和加强社区党建工作的重要性、必要性和紧迫性,充分发挥基层党组织和党员在促进城市文明进步、维护社会稳定方面的作用。

各级地方党委要高度重视社区党建工作,把这项工作纳入党委的重要议事日程,加强调查研究,制订可行的建设计划,并认真督促检查,及时提出加强和改进工作的意见。街道党工委是社区党组织的直接领导,要把街道党建同社区党建结合起来,同其他基层组织建设结合起来,努力实现街道党工委对社区的各种组织和各项工作的领导核心作用和政治导向作用,形成社区工作的凝聚力和战斗力。总之,在新的历史条件下,我们要从坚持和加强党的领导作用,从巩固党的执政地位和城市基层政权的战略高度来认识加强社区党建工作的重要性,增强党建工作的政治责任感和紧迫感。

（二）注重基层党建的实际效果

加强对社区党建的领导,不仅在于制订计划和方案,更重要的是落实行动,而且在于采取行之有效的办法,总结经验,继承党的优良传统,并结合新的社会实践进行革新和创造。

各级党委要成立相应机构,建立社区党建工作责任制,做到分工明确、责任到人,真正做到一级抓一级,层层抓落实。可以建立区级党员领导干部直接联系街道或者联系社区的制度,坚持经常深入街道和社区进行调研、了解情况、指导工作,针对社区党建的状况,帮助基层组织解决实际问题。当前,街道和社区党建工作与形势发展还很不适应,主要是一些领导班子结构不够合理,缺乏熟悉城市管理的干部,班子成员的素质和能力有待进一步提高。因此,基层党建工作的关键是建设领导班子,要敢于把那些政治素质好,熟悉城市管理,善于抓班子、带队伍、做群众工作的优秀年轻干部,充实到街道和社区主要领导岗位上来。对不胜任工作的干部及时予以调整,坚决整治侵害群众利益的不正之风和腐败问题。紧紧看住和管好扶贫、低保、棚改等群众的"生存钱",使惠民资金真正发挥效用。严厉查处基层各种微腐败。把基层党组织建设成团结协作、廉洁务实、认真贯彻党的方针政策、带领群众搞好两个文明建设的坚强领导核心。除上述工作外,还有许多亟待解决的实际问题,例如,社区党组织的办公经费、活动经费、党组织负责人的工作待遇、党员活动地点等问题。这些问题严重地影响和阻碍了社区党建工作的开展,需要上级党组织和有关部门认真对待并积极帮助解决。

总之,社区党建工作的实效取决于具体问题的解决,具体问题的解决来自于领导的决心和实际行动。各级党委必须把社区党建工作列入工作计划并付诸行动,这是加强社区党建工作的基础和前提。

二、拓展新内容,探索新形式

随着实践的发展和社会的进步,党组织的工作内容和工作形式都应不断更新,在改革中加强,在创新中前进。只有这样,才能与时俱进,加强并扩大党的凝聚力和影响力。

(一)拓展党的工作领域

在计划经济时代,社会管理以"单位管理"为基础,党的工作也以单位为依托。随着我国经济体制改革的不断深化和民主政治建设的不断发展,党的工作领域已经延伸到社区。目前,不仅许多新的经济组织发展较快,而且各种社会团体、民办非企业组织也纷纷成立,其中大部分都立足于社区,落户于社区;此外,还有大量的流动人员和离退休人员等入住社区。目前,这些群众的管理工作比较薄弱,党建工作也亟待加强,党建工作面临新的领域和新的任务,任重而道远。

随着党建工作覆盖面的拓展,党建工作要改变传统的"政治领导核心""政治灌输、政治引导"的单一工作内容。应该以搞好社区建设和社区管理为中心,以"地区性、群众性、公益性、社会性"工作为重点,以共同目标、共同利益、共同需求为纽带,以给社区的各单位和居民群众办好事、办实事为出发点,以有利于他们的生存和发展、有利于社区文明进步为落脚点,把党建工作融合、渗透到社区服务和社区文化活动中去,融合、渗透到化解社会各类矛盾、维护社会稳定的工作中去,融合、渗透到居民群众自我管理、自我教育、自我服务的自治管理的实践中去,把党的群众工作深入到社区生活的各个领域。

(二)创新党的活动形式

随着党的工作内容的充实和丰富,党的工作形式也必须随之更新。要转变传统的听报告、学文件、组织生活单调的方式,采取灵活多样的适合社区建设的活动形式。

改革开放之前,城区和街道党组织的工作领导方式以纵向的行政管理为主,条块相对分割,街道党组织的建设工作机关化、行政化,街道党组织很少与社区单位党组织联系,社区各单位党组织之间也几乎没有联系。随着改革的深化,传统的城市管理体制的条块分割的状况逐渐被打破。街道党组织必须看到这种新的变化,以新的方式领导社区党建工作,可以组织社区党建工作联席会议以及党员活动指导、行风廉政监督、精神文明建设等各种协调机构,抓社区党组织之间的结对共建,社区居民委员会党支部与驻区机关、企事业单位党组织结对共建,共同参与社区建设的决策和实施,相对明确责任,互相帮助又互相督促,齐心协力为社区建设做贡献。可以采取多种形式进行党的思想政治工作,组织党员成立宣传小组,定期开展政策宣传,利用社区的墙报、广播、宣传栏、闭路电视、咨询站、文化娱乐活动等方式进行党的路线、方针、政策的宣传活动,以群众喜闻乐见的方式,使思想政治工作起到"润物细无声"的作用。党组织应根据党员的状况和要求,使党员的活动也多姿多彩,例如,学习政策法规、集中讲授党课、介绍社区区情、参与社区公益事业、组织外出参观、开展社区居民联谊活动等。这些活动既可以调动党员和群众的积极性,又可以使党组织充满朝气。

创新党的活动形式,可以吸引和凝聚更多的党员和群众,密切党群关系,不断增强社区党组织的活力、影响力和渗透力。

(三) 强化党的服务功能

社会的发展证明,社区党组织处于社会基层改革和实践的第一线,直接担负着联系群众、宣传群众、组织群众、团结群众的作用,是推动党的执政能力发展的重要动力。这种巩固执政基础的重要职责,要求社区党组织不仅要有传统的管理功能,还应该加强服务功能。

社区党组织要真正展现服务功能,必须强化服务意识,要以优秀的社会服务来凝聚民心和获得威信。首先,应做到为民服务,要时刻关注民生、体谅民情、尊重居民、理解居民,帮助他们解决日常生活中的各种困难和需求,让他们真正地感到身边党组织的温暖。其次,要做好党组织与社会沟通的桥梁。一方面要发挥"上情下达"的作用,把党的方针政策落实到基层,认真向群众宣传、解释其要义,让群众真正理解并积极践行。另一方面要发挥"下情上传"的作用,关注、集中居民的利益诉求和其他意愿,经过整合之后反映给上级党组织。最后,引领基层社区民主政治的改革和发展。要认真地引导、组织和监督社区管理层面的选举、决策和执行情况,吸引和调动社区居民关心社区党的组织,拥护社区党的决议,参与社区党的活动。总之,社区党组织应该重视强化党的服务功能,做到把为民服务寓于社区党组织的管理工作之中,在管理中践行"为人民服务"的宗旨,真正体现"治国安邦,重在基层"。

三、创建新机制,构建新格局

为了适应社区建设和发展的新形势和新任务的要求,党建工作不仅要拓展新内容,采用新的活动形式,而且要积极探索和建立新的工作机制,形成新的工作格局,使社区党建工作向着有序、有效的健康方向发展。

(一) 建立基层党建工作新机制

目前,传统的城市管理体制中以单位为主的条条管理和居民委员会的块块管理相分割的情况逐渐被打破,新的城市管理体制正在形成。为适应城市管理变化的需要,党建工作机制的改革势在必行。建立健全有效的党建工作机制,是推进社区党建工作向制度化、规范化发展,带动社区各项工作健康发展的关键。

1. 建立党建资源共享机制

社区党建资源主要表现为社区的组织资源和人才资源,社区党组织必须把社区内的共青团组织,企事业单位的妇、工、青组织,各种文化团体、各类协会等拥有不同资源的所有社会组织,以及社区内的党员、团员和艺术、文学、科学等领域内的政治型和专业型人才,都团结起来、调动起来、凝聚起来,建立社区党建资源共建共享机制,把物质、人才、信息、文化等优势有机结合起来,形成社区党建的合力和资源共享的优势。

2. 建立社区党组织的联动工作机制

由街道党工委领导,把党的群众工作深入到社区生活的各个领域,社区机关、企事业单位等党组织参加,不定期召开党建联席会议,做好社区党建的组织协调工作。在实际工作中,以共同利益、共同需求、共同目标为纽带,以社区党建联席会为组织载体,街道和社区党组织负责召集,社区内所有党组织负责人参加,共同讨论商议社区建设和党的工作,形成社区党组织的联动工作机制。

3. 建立科学的党建考评监督机制

要建立发扬民主、依靠群众的考评监督机制,把社区党建工作与关注民生、为社区群众服务结合起来,以社区群众的满意程度和拥护程度为社区党建工作的评价标准。明确社区党组织和党员的责任与义务,制定民主监督制度,定期组织社区党员和群众代表对社区党组织履行社区工作职责、参与社区建设的状况进行评议,评议结果要公布于众,接受群众监督和考评。对群众满意和拥护的党组织给予表彰和奖励,对表现不佳的给予批评和帮助,并在群众监督中改正,这是形成党建工作新机制的重要措施。

(二) 构建党建工作新格局

搞好社区党的建设,积极有效地开展工作,关键是要形成以街道党组织为核心、居民区党组织为基础、社区全体党员为主体、社区内各类基层党组织共同参与、团结奋斗的社区党建工作新格局,使社区建设和管理不断迈上新台阶。这种社区党建工作新格局遵循的基本准则是:社区党组织的架构要与社区工作的要求相适应。

1. 明确街道党工委全面负责社区工作

街道党工委作为市、区党委的派出机构,按照党章规定,依据市、区党委的授权领导街道社区的工作,赋予街道党工委在地区性、群众性、社会性、公益性工作中组织、指导和协调的权力,明确规定党工委在街道各项工作中的领导核心地位。街道党工委在社区建设中要认真抓好社区党组织建设,定期讨论研究社区建设和社区党建工作,切实加强对社区党建工作的领导。

为了适应城市经济发展的需要,许多城市积极探索社区党建工作的有效形式,并取得显著成果。例如,中共长春市委在将全市街道党委改建为党工委的基础上,进一步深化改革,积极推进街道"大工委"体制。所谓"大工委",就是在原街道党工委的基础上,扩大党工委委员职数,把党工委委员职数由5—7人扩大到13—17人。把代表性强、影响大的驻街单位和新经济组织、新社会组织中具有党员身份的优秀"一把手"或党组织负责人吸收到街道党工委班子中来,定期召开例会,加强沟通,共同研究街道、社区党建工作重大事项,使街道党组织与驻区单位党组织的关系由"松散型"变为"紧密型",打破街道、社区党建工作自我管理、自我循环的传统格局,使辖区单位党组织由"配角"变为"主角",工作从"无责"变为"有责",并逐渐向"融合、互动"的方式转变,做到"党建工作联促,思想工作联做,公益事业联办,社会治安联防,文体活动联谊",这样做不仅强化了街道党工委指导区域化党建工作的权威性,而且扩大了街道、社区党的工作覆盖面。[①]

---

① 中共长春市委组织部:《实行街道"大工委"体制 充分发挥街道党组织的核心作用》,2009年5月。

2. 解决好"条块结合、以块为主"的管理网络

传统的"单位体制"管理是自上而下的纵向管理,"以条为主,条块分割"。随着"单位管理体制"向"社区管理体制"的转化,必须建立"条块结合、以块为主"的党建管理网络。街道党工委要抓好社区基层党组织建设,进一步开展和运用组织资源、人才资源和物质资源,不断完善社区党建的组织载体、工作载体和物资载体,通过这些载体的协调整合作用,形成社区党建工作的合力。巩固纵横结合、条块联动、多方参与的工作网络,把社区党建工作与社区整体建设有机结合起来,促进社区党建工作不断取得新成效。

3. 实现社区党建工作的全面延伸

要落实社区党建工作的组织基础,扩大党建工作在社区的覆盖面,把党的工作渗透到社区的各个领域。建立纵向以街道党工委为领导核心、以社区党支部为基础,横向以社区党建联席会成员单位的党组织为联结的社区党建工作网络,使社区党建工作向驻区机关、企事业单位延伸,向非公有制经济组织、民间团体、社会中介组织延伸,向政府有关部门的派出机构延伸,向社区在职党员延伸,向社区共青团、少先队延伸,从而消除社区党建工作的空白点,把党建工作渗透到社区生活的各个领域,延伸到社区的各个角落。

总之,社区党的建设是新时期城市党的建设面临的一个新的课题,是加强、巩固城市基层政权和强化城市基层管理的基础性工程。为了城市各项任务在基层落实具备可靠的组织保证,促进城市现代化的发展,必须重视和加强社区党的建设。要坚持围绕中心,服务大局,拓宽领域,强化功能,扩大党的工作的覆盖面,不断提高党的基层组织的凝聚力和战斗力,充分发挥基层党组织和党员在促进城市繁荣、维护社会稳定中的重要作用。

名词与术语

社区党建　　　　　党员的流动性　　　　　思想政治教育
党员组织生活　　　党员登记制度　　　　　目标管理制度
民主评议制度　　　激励制度

复习与思考

1. 社会变革对党的基层工作提出了哪些新要求?
2. 党员分布情况的变化为党组织提出哪些新的工作任务?
3. 如何开创党的基层工作新局面?
4. 简述社区党员思想政治教育的内容。
5. 简述社区党员现代文化知识教育的内容。
6. 如何开展社区党员的组织活动?
7. 简述加强社区党员管理的主要制度。
8. 社区党组织指导社区建设的具体措施有哪些?

9. 简述社区共青团组织建设的重要性。
10. 简述社区共青团组织建设的基本原则。
11. 简述社区共青团组织建设的任务。
12. 如何探索社区党建工作的新形式？
13. 如何建立社区党建工作的新机制？
14. 如何构建社区党建工作的新格局？

主要参考文献

[1] 全国基层组织建设联系会议办公室:《党的基层组织建设探索和创新》,中国社会出版社 2003 年版。

[2] 中共中央组织部:《关于进一步加强和改进街道社区党的建设工作的意见》,2004 年 10 月 4 日。

[3] 中共上海市委组织部:《基层党建讲坛》,上海交通大学出版社 2007 年版。

[4] 朱国云:《社会管理与服务》,天津大学出版社 2010 年版。

[5]《中组部详解〈深化党的建设制度改革实施方案〉》,载《人民日报》,2014 年 9 月 2 日。

[6] 中组部相关负责人:《解读〈关于加强基层服务型党组织建设的意见〉》,载《人民日报》,2014 年 5 月 30 日。

[7] 中共中央组织部:《2016 年中国共产党党内统计公报》,新华社,2017 年 6 月 30 日。

第十章 社区社会工作方法

城市社区建设与管理要达到理想的目的和效果,必须运用科学的工作方法,这就是社区社会工作方法,主要包括个案工作、小组工作、社区工作三大社会工作的基本方法。社区社会工作方法就是社会工作方法在社区管理与服务过程中的具体应用,是社区管理者必须掌握的科学工作方法。

第一节 社区社会工作概述

一、社区社会工作的含义

社区社会工作是社区工作者以具体社区和社区全体居民为案主,进行有关社区的发展、文化、人口、环境、治安、经济、社会保障、党建等各项具体工作,以满足社区居民的多种需求,从而促进社区和谐和社会进步的管理和服务工作。

社区社会工作有广义和狭义之分。广义的社区社会工作是指社区内开展的以提高社区福利、促进社区和社会协调发展的社会管理或社会服务工作。从这个意义上讲,社区管理人员以及任何社会组织或个人在社区内所从事的服务工作都是社区社会工作。

狭义的社区社会工作是指专业社会工作机构及社区工作者,使社会工作的理论和技能在社区运用的过程。社区社会工作以社区和居民为工作对象,通过专业社会工作者或社区管理者的介入,根据社区的问题和居民的需求,动员和组织社区居民实现自助、互助及社区自治,化解矛盾和冲突,预防和解决现实问题,达到提高居民生活质量,促进社区和谐发展的目的。

社区社会工作作为社会建设和管理的必须手段,具有自己的特殊内涵和特点。

(一) 性质的公益性

社区社会工作是以社区及社区所有的居民为案主,帮助他们解决现实问题和困难,特别是对社区依赖性最强的弱势群体,例如,老年人、残疾人、贫困家庭等。对他们的各种困难和需求的解决,主要是政府购买社会服务,由社会组织、专业社会工作人员或社区管理者以及志愿者实施,为他们提供无偿或低偿的帮助,从而提高社区居民的社会福利和生活质量,使社区健康有序地和谐发展。即使是低偿服务,也是为了维持社区工作,运营的成本不是以营利为目的,属于公益性服务。

(二) 对象的直接性

社区社会工作的对象是面向社区的所有居民,无论是个案工作、小组工作,还是社区工作,都直接面对社区的居民个体或小组群体以及社区整体发展。解决的问题无论是个人的生活或家庭问题,还是不同特色的小组问题或是社区的群体问题,都是有准备、有计划的定向工作,既有具体服务的指定内容,又有具体的案主,具有直接性和个性化的特点。

(三) 目标的明确性

社区社会工作的目的是帮助个人和社会解决具体问题,满足其基本需求,预防矛盾的激化和新问题的出现,以促进个人的发展和社会的进步。社区社会工作的目标是社区服务工作的基本方向和追求。主要表现为社区社会工作计划完成的具体标准和总体水平。这些目标不是主观臆想和随机制定的,而是根据案主的需求和希望的客观分析而确定的,是有社会和群众基础的。尽管它具有方向性、理想性的特点,却是现实可行的,是有明确目标的。

(四) 范围的有限性

社区社会工作既然是面对具体社区和社区居民的,那么它的服务范围就是有限的。因为,社区是聚居在一定区域内的人们组成的生活共同体。这个共同体内的人们必然要有一个相对稳定的地域空间,才能生存和发展。因此,社区是一个有界限的地域性的实体。社区社会工作面对社区和社区内的居民,必然是在每个社区有限的空间和范围内进行服务工作的。

二、社区社会工作的价值

社会工作的价值是指社会工作者真诚地为个人、家庭、社区及社会所进行的服务过程中产生的积极效果和作用。这是社会工作存在和发展的重要条件和基础。

(一) 促进居民人格的健全发展

社会工作无论是个案工作、小组工作,还是社区工作,都是为了解决居民、社区或社会存在的问题,最后都落实在满足居民的需求,使每个人都通过接受服务达到解决问题和收获利益的目的。在这个过程中,社区工作者运用专业知识和技巧,对发生问题和遭遇困难的个人提供物质方面或情感方面的支持和服务,帮助他们减轻压力,共同研讨、研究和解决具体问题和困难,使人们能很好地适应生存环境以及社会环境。使他们在享受社会工作的服务中感受到政府的关怀和社会的温暖,特别是对那些处于自卑、孤独甚至自我封闭的人,使他们在摆脱困境中体验到个人的尊严以及生命的价值。使其由此产生对人生的激情,增强自信,端正生活态度,融进集体活动和社会生活。这既帮助居民解决了他们的问题和困难,也促进了居民人格的健全发展,更体现了社会工作的重要价值。

(二) 维持家庭功能正常发挥

家庭作为社会的细胞,不仅是一种具体的社会关系形态,而且是社会(社区)的基本组织形式,同时也是社会工作服务的对象。家庭作为社会的基本组织,有它自身的需求。这种需求一方面构成它的功能体系,另一方面必须符合社会对它的要求。这样,才能使家庭正常发挥它的经济功能、生育功能、教育功能、抚养与赡养功能、感情交流功能等。这既是家庭存在和幸福的必备条件,也是保护家庭成员使其顺利成长的前提。因此,维持家庭功能的正常发挥,就必须满足家庭的多种需求,否则就会出现家庭问题,打破家庭的稳定状态,使家庭生活突发变故,甚至陷于困境而无力应对。面对家庭出现的矛盾,社区工作者要运用社会工作的原则与方法,进行介入服务。帮助家庭挖掘自身资源以及社会资源,解决家庭困境,改善家庭关系,使家庭功能充分发挥,恢复家庭的稳定和睦。这不仅对于家庭成员的生活、工作、学习、心理等各方面的健康发展具有重要意义,而且对于社区的安定团结也具有重要价值。

(三) 促进社区文明和谐

随着政府或"单位"的社会管理职能向社会转移,民政工作、社会福利走向社会化,下移到城市基层领域社区。社区已经成为社情民意的集中地,各种社会问题在社区都有不同的显现。在解决社会问题、促进社会发展的过程中,社区已经成为社会工作的重要领域。社区工作者的职能就是以社会工作的专业理论知识和方法技能,以社会主义人道主义的情怀,深入了解社区居民的困难与疾苦,认真分析社区面临的工作责任和任务,提倡社区居民的互助与自助,调节社区的矛盾,解决实际问题,改善居民人际关系以及居民与社区之间的关系。从而使人们的心里得到平衡,精神得到安慰;使社区成为居民的归宿和希望的寄托,把个人利益与社区的整体利益和长远利益统一起来。同时,由于社区工作者的积极工作使社区的工作任务能顺利完成,社区的工作目标得以实现,有力地促进了社区的和谐稳定,促进了社区的文明发展。

(四) 促使社会良性运行

社会工作的价值不仅体现在个人的健康成长、家庭的功能发挥、社区的文明和谐之中,而且还体现社会良性运行之中。社会良性运行是指社会的基本矛盾处于互相适应的状况,表现为经济发展、政治稳定、文化繁荣、社会和谐、生态文明、居民安居乐业等。如果社会某一方面出现问题或者矛盾冲突,就会影响上述各个领域的平衡状态,就会冲击人们的正常生活,甚至阻碍社会的发展。社会工作的任务就是要及时发现和解决社会问题,维护社会的正常秩序。例如,地震、山洪等自然灾害出现后,各级政府肯定会及时进行抢救、安抚等工作。但是,社会工作者的工作也是不可缺少的,需要马上组织志愿者队伍进入灾区,帮助政府进行发放物资、精神慰藉、心理疏导等工作。使灾民在接受社会工作者提供的服务中感受到党和政府的关怀,人们之间的关爱,从而正确地面对现实,树立战胜灾害的信心和生活的勇气,以积极的心态投入抗灾工作。这样,才能稳定人们的情绪,减少矛盾冲突,减轻政府的负担,维护正常的社会秩序。因此,维护社会的良性运行也是社会工作的突出价值。

三、社区社会工作的功能

社区社会工作以社区和谐和社会进步为总的目标,是为了解决社区成员所面临的实际困难及社会福利等问题。特别是随着社会的发展,社区已经成为城市现代化不可缺少的社会基层组织,人们的衣、食、住、行及许多问题的解决都必须依赖社区。因此,社会工作在社区层面有着不可替代的社会功能。

(一)助弱解困功能

社区社会工作主要以在社区生活的老年人、残疾人,贫困家庭,待业下岗人员等弱势群体为案主。其中许多服务内容是国家无力满足或者暂时无法提供的,而有关部门又不能以非营利性的途径去直接满足这些人们的各种需求,使得他们的问题和困难无法解决,甚至长期困扰他们的生活以及家庭。社区工作者就是要把社区中个人以及群体所遇到的问题纳入社区的工作加以考察,为他们提供服务性工作。积极主动地解决他们面临的实际问题,使他们感受到政府的关怀和社会的温暖。这种情感使他们理解目前的困难暂时还不能解决的原因,在困难面前产生自信,对问题的解决充满希望。这样既可以帮助处于弱势状态的人们解决急需,又可以减轻他们的心理压力和埋怨情绪,有助于缓解社会不公现象引起社会问题与矛盾。

(二)预防社会新问题发生的功能

社区社会工作不仅需要帮助居民解决现实问题,还要采取措施防止新问题的发生。社区工作者要根据案主的具体情况进行具体分析,对已经存在的问题认真了解,积极帮助解决。有些问题在解决过程中可能由于各种原因,没有达到预期效果,不能及时满足案主的需求,也可能还会引起其他新问题的出现。针对这种情况,社区工作应及时关注问题的发展状况,对可能出现的新问题进行预先分析,包括问题可能出现的各种趋势。然后对问题的主要对象进行安抚,积极进行疏导教育,把潜在的和现实的非稳定因素控制在萌芽状态。

同时,社区工作对有些虽然经过努力预防却还是发生的问题,要有应变能力。这种应变能力不仅包括社区工作者本身要做到"心中有数,处事不惊",积极处理,同时还要事先向有关人员发出"预警",让大家都有思想准备,以应对和解决新的问题。

(三) 社会资源配置链接功能

社区资源是为居民服务的必需条件,包括人力资源、物力资源、财力资源等。在社区社会工作中,必然要涉及社区资源的合理利用问题。社区工作者通过认真细致的专业分析,把发掘社区资源作为发现和动员各种可利用的社会条件和社会力量,以援助处于困境中的社区成员,尽可能使社区资源合理配置和利用,以达到社区资源的最大福利效果和社会效益。

由于每个社区和社区工作者的资源都是有限的,为了达到更好的社会工作效果,社区工作者不仅要合理利用现有的社区资源,还要去寻求、发展和开发社区以外的企事业单位等社会资源,使其与社区资源链接起来,运用于受助者的需求和发展,达到资源共享共建的最佳效果。

(四) 社会稳定功能

社区和谐及社会稳定是社区工作的主要目标。社区社会工作就是社区工作者运用科学的工作方法,满足社区成员的正当需求,为他们提供正常稳定的生活条件。在一般情况下,社会稳定的隐患常常是因为某些社会成员的正当需求得不到满足,许多弱势群体的正当需求的权利被漠视。当这些需求长期得不到满足,这些人必然产生忧虑、急躁,甚至怨恨情绪,这种情绪在逐渐积累的情况下,就有可能发生社区矛盾,进而影响社会安定。

社区社会工作通过科学的方法,进行社区爱老助残、扶助贫困、义务医疗等活动,采取多种形式的社会援助,解决社区居民特别是弱势群体的实际生活问题。为他们营造一个安定、正常的生活环境并改善其生活质量。这种服务工作的性质是公益性、非营利性的,是对社会弱势群体的关怀和对人权的尊重,是社会主义人道主义精神的体现,也是社会进步和文明的标志,必然会促进社会的和谐和社会稳定。

四、社区社会工作的原则

社会工作的原则是在实施社会工作的具体任务的过程中必须遵循的基本准则。社会工作是有目的、有计划的活动过程,为了使这个过程顺利进行并达到预期或更好的效果,社区工作者应遵守以下原则。

(一) 尊重原则

社会工作的对象一般都是存在这样或那样的困难或问题,有些困难或问题很难马上解决,甚至由于复杂原因很难解决。每位案主都带着不同的问题,加上每个人都有不同的经历、文化程度、家庭情况等,表现出不同的差别性。面对这些案主,无论他们的社会地位和经济状况及问题的难易程度如何,社区工作者应该一视同仁,尊重他们的提出需求的权利,尊重他们的人格和价值,这是进行具体工作和服务的基本条件。社会工作的目的是为了关怀他人,帮助他人,因此不能以救世主的身份使对方产生自卑感,不能以教训的口气使对方感到难堪,应该在互相平等的基础上,体谅对方的处境,维护对方的尊严。

(二) 倾听疏导原则

社会工作要取得良好的效果,必须客观地、真实地去了解工作对象,有的放矢地帮助他们解决实际困难。因此,社区工作者必须了解案主,了解他们的问题产生的背景和这些问题在现实中对他们的影响,以及他们的具体要求。同时要认真调研,通过与社区有关人员及周围居民的访谈进行信息收集和整理,更重要的是与案主本人或群体接触,与他们交谈。在交谈中,无论案主的问题多么复杂,处境多么困难,心情多么焦虑,社区工作者都要认真倾听他们的讲述,让他们详细地把困难和要求讲完,因为倾诉也是一种"解脱"。倾听之后,要根据具体情况给予案主精神慰藉,启发引导,以情感人。对于问题的难点,社区工作者要向案主耐心解释,要以理服人,使案主能正确对待自己的问题和处境,有利于矛盾的缓和或解决。

(三) 伦理关怀原则

社区工作者对案主的伦理关怀是社区社会工作中的又一重要原则。关怀就是关心、重视、爱护之意,意味着社区工作者要对案主承担起关注、爱心、义务援助等责任。伦理关怀是一种普遍的道德情怀,这种情怀不是一时一事的偶然的自然情绪的反应,而是通过对某个人或某些人的关心所表现出来的一种普遍的、稳定的道德情感和人格。因此,伦理关怀是超越自然情感和功利权衡的道德情感的升华。同时,伦理关怀不仅仅是一种道德情感的反应,还需要表现为一种实际的道德行为,体现于作为行为主体的社区工作者的超越自身利益而关注他人利益的道德行为选择。社区工作者应把对案主的关心、爱护、照顾、牵挂的情感转化为为之服务的一种社会责任和实际行动。

(四) 案主自决原则

案主就是社会工作的对象,既可以是个人,也可以是群体。无论是个人,还是群体,案主都有自己的人格尊严和自由,都有不屈从他人的意愿的权利。因此,在社会工作中,社区工作者应该尊重案主的意愿,尊重案主在选择价值目标和生活方式等方面的自由,给案主的自由选择留有充足的空间。这种自主的选择会给人们带来尊严感,同时也带来责任感。有时案主不愿意自己做出选择。遇到这种情况,要具体问题具体分析,根据问题的具体情况灵活做出决定。但是,一般情况下还是不应代替案主做出选择。因为出现这种情况,说明案主的思想意识还不成熟,或者人格还不健全,这恰恰是社区工作者应该关注和解决的问题。社区工作者应该给予案主以真诚的关怀,要动之以情、晓之以理地进行服务和疏导,提出建议让案主自己做出选择,避免产生对他人的依赖感。因此,社区工作者即使是出于真正的仁爱之心,也不能以自己的判断结论去代替案主的判断结论,不能把自己的意愿强加于案主,一定要让案主自己做主,尊重他们自己的决定。

第二节 个案工作方法

一、个案工作方法的含义

社区个案工作方法是社会工作者运用社会工作的专业知识、科学的工作方法和技巧,通过专业的工作程序,帮助社区有困难的个人或家庭,解决或预防现实的问题和矛盾,使其摆脱或减轻困境,改善个人或家庭的生活条件,调适个人及家庭与社会环境的适应状况,使个人或家庭更好地融进社会。

(一)个案工作以个人和家庭为工作对象

个案工作以个人作为社会工作帮助的对象或干预的目标,与需要帮助的个人建立一对一或多对一的工作关系。通过建立工作关系及运用专业知识和技巧,促使案主接受社会服务,帮助其解决个人的问题,以及处理其与环境之间的矛盾,从而改善其生活条件,增进其社会福利。

个人与家庭的关系最为密切,每个人都生活在一定的家庭环境中,其生活观念和行为习惯都留有家庭影响的印记。因此,个案工作也把家庭作为自己的工作对象。家庭关系往往表现为亲子关系、夫妻关系、公婆与儿媳关系以及其他家庭成员之间的关系等,并由此产生家庭及成员与亲戚、朋友、同事、邻居等之间的关系。这些关系出现不睦、纠纷和冲突时,就需要社会工作者通过家庭关系的调适,帮助家庭成员解决相互之间的矛盾,为解决家庭成员的问题及发展和谐家庭营造一个良好的环境。

(二)个案工作可以约束或改变人的心理观念和行为

个案工作的对象主要是社区中有问题和有困难的个人及家庭,往往表现在经济拮据,难以自给自足,需要各种形式的经济扶助;或者日常生活难以自理,需要社区或志愿者扶助服务;或者健康维护和疾病治疗方面出现困难以及精神心理层面存在问题,需要社区医护服务或心理辅导等。这些问题不仅给案主带来生活的困难,还会使其产生心理的焦虑,甚至会产生偏执的心理动机或行为。社区工作者应通过与案主沟通,认真听他们的倾诉,了解他们的处境,分析他们的困难,商讨解决办法。这一个过程会释放案主的精神压力,促使其反思问题产生的原因,分析哪些是合理的,哪些是不合理的,引导其正确认识和修正原来的偏执情绪,使其摆脱心理负担,约束或纠正自己的行为,从而改变原有的行为目标,重新确立自己的行为目标。

(三)个案工作可以加强个人对社会的适应能力并使其融进社会生活

个人或家庭所遇到的问题,虽然有多种原因,表现形式也不一样,但是都和个人与社会生活的适应能力强弱密切相关。社会是复杂的,在其发展过程中会出现许多的新问题,所以,人们的生活就是不断发现问题、解决问题的过程。每个人在日常生活中都需要不断地面对问题,反复地应用各种解决问题的方法,以获得平衡、稳定、满意或快乐,这就是对社会生活的适应问题。在解决问题的过程中,个人要运用自我所具有的选择、判断、调适等能力进行控制和平衡。如果个人不能用常见的方式解决问题,就会出现矛盾和冲突,出现个人与社会环境的不适应,表现为个体的孤独焦虑甚至与社会格格不入。在这种情况下,社区工作者通过交流、疏通、引导,可以减轻案主因缺乏适应能力而产生的焦躁和忧虑,为其提供温暖、支持与安全感,使案主冷静地思考自己的问题,全面理解问题产生的原因和解决的途径的复杂性,从而更多地反思个人与社会环境的关系,更好地适应社会和融进社会。

二、个案工作的主要服务模式

个案工作的服务模式是社会工作人员对案主进行专业服务、决定工作程序和服务方法的重要依据。为了保证个案工作的有效性、科学性,个案工作必须运用相关的服务模式。

(一)心理调适治疗模式

心理调适治疗模式通过认识和理解人们极其心理的变化过程,来认识案主问题的根本理由,从而对症下药,帮助案主调整心理状态,解决问题,使其摆脱困境。因此,心理调适治疗模式是将案主的心理状态,心理过程同其生活的社会环境结合起来考虑,从而有的放矢地进行工作的方法。

人的本质是社会关系的总和,人总是生活在一定的社会关系之中。要全面认识一个人,既要了解其心理世界,又要了解其生活的社会环境及其人际关系状况,从而为案主制订个别化的"调适与治疗"计划。

个案心理调适治疗的技巧有直接调适治疗和间接调适治疗两种。

1. 直接调适治疗

直接调适治疗主要是指社会工作者与案主沟通、交流情况,认识和理解案主的具体问题、其心理的发展过程,以及影响事件发生的社会环境,通过真诚的接纳和倾听,使案主感到支持和鼓励,从而无拘无束地倾诉其情境。社区工作者根据具体情况,可以直接对案主进行正面疏导,提出建议,积极说服,给予忠告等。特别是针对案主生活环境所实施的具体改善方法和途径要因人而异。例如,为心理失调者安排心理咨询师,义务进行心理疏导和治疗等。这些直接的调适治疗使案主直接感受到关爱和信任,从而得到调适和治疗。

2. 间接调适治疗

间接调适治疗是通过与案主关系密切的人或者改善其生活环境和人际关系等中间环节间接影响案主,以帮助其解决实际问题。例如,可以通过案主的父母、其他亲属、朋友、同事、同学、邻里等,把个案服务的切入点从其本人扩展到案主周围的其他成员,采用多层面的服务介入方式间接影响案主,使其在亲情与友情的关系中感到关怀、温暖和支持,得到心理的疏解和调适。

(二) 危机介入模式

危机是指由于突发的危险事件的出现,破坏了人的正常生活而产生的身心混乱、焦虑的状态。危机介入模式就是对处于生活危机和焦虑状态中的人施以及时、短期的治疗方法。目的是减缓突发的危险事件对案主的影响,协助案主减轻压力,改善所处的困境,帮助案主恢复遭遇危机之前的适应环境的状况。

危机介入模式的特点主要表现为其具有迅速性。

1. 社区工作者要迅速了解案主的危机状态及主要问题

由于危机境况的出现一般都有意外性,有时让人感到突然和措手不及,心理防线变得极其脆弱,产生的压力甚至会让人难以承受。因此,社区工作者必须及时地了解事情的状态和案主的处境,以便迅速做出准确性判断,把社会工作关注的焦点集中于案主所面临的真正的主要的问题,也就是集中于使案主感觉最不安的问题。同时,社区工作者对自身的可能受到的伤害要有一定的警惕和预防,避免不必要的损失。

2. 社区工作者要及时有效地稳定案主的情绪

由于危机的发生通常会导致案主思想的混乱,心身的疲惫不堪,甚至对生活失去信心。社区工作者应该用真诚的爱心、简洁亲切的语言、专心聆听的态度、乐观的情绪等工作技巧,稳定案主的焦虑情况,减轻其无助感,与其建立互相信任的合作关系,恢复案主的自信和自尊。

3. 社区工作者要积极制订方案,帮助案主解决实际问题

社区工作者了解了案主的问题缘由和稳定其情绪之后,就要积极地为案主输入新的希望,与有关人员或案主本人研究具体方法,认真分析案主的目前处境与过去的生活经历,把两者联合起来分析,以帮助案主正确认识前因后果。使案主积极面对现实,尽量研究出正确方案来应对问题,以危机的调适和治疗为中心,帮案主重新树立行动的自尊和动力。

总之,危机介入过程就是社会工作者帮助案主增强自信、积极面对和克服危机能力的过程。

(三) 行为修正模式

行为修正模式是关注外部环境对个人行为的制约效果,通过学习理论,运用各种行为修正技巧,消除不想持续的行为,强化希望继续的行为,逐步引导目标行为的出现,达到改变原有行为的目的。

行为修正模式作为个案中领悟的主要模式之一,以心理学的学习理论为基础,强调

通过反应、操作、观察、认知等学习形态改变人的行为。工作的主要技巧主要包含三个方面。

1. 正强化

正强化是指经过观察和分析，确定希望案主出现的行为。这种行为反应一旦出现，立即给予肯定和奖赏，让案主受到鼓励，感到自尊和自信，以增加此行为出现的频率，强化正常和良好的行为。

2. 负强化

负强化是指相对于希望案主出现的行为，必然有不希望出现的行为。当这种这种问题行为出现时，要立即给予否定的反应或给予惩罚，迫使案主体会到自己此行为引起他人的不愉快或厌恶的情绪，从而放弃不适应环境的不良行为。

3. 榜样模仿

榜样模仿是指在案主面前应树立其学习和模仿的正确行为。这个榜样如果是社区工作者本人会更好，更有现实说服力。榜样要给案主示范需要学习的行为，引导其认真观察，然后指导案主，反复进行模仿。在这一过程中，每当完成一个步骤，都要给予鼓励和赞赏，以助长和巩固个案工作希望出现的行为。

三、个案工作的技巧

在社区运用个案工作方法开展工作时，涉及许多复杂的问题和关系，需要采取灵活机动的策略。这就是个案工作的技巧。

(一) 约谈过程的技巧

社区工作者与案主相约交谈贯穿个案工作的全过程，每一次交谈都会对问题的解决有重要作用。因此，约谈过程的技巧是社区工作者必须掌握的重要环节。

1. 要营造良好的开端

社区工作者刚开始与案主接触时，由于对工作者缺乏了解，案主的态度往往比较拘谨和犹豫，不太愿意真实地表达自己的意愿，谈话内容必然有所选择和保留。这时社区工作者应表现出热情、接纳、坦诚交谈和真诚服务的态度，启发、鼓励案主敢讲话，讲真话，与其建立良好的互动关系，消除案主的顾虑并使其产生对社区工作者的信任感。这时，社区工作者应讲明所能提供的服务范围，并提示案主在解决自身问题中的责任。

2. 要促进谈话顺利进行

社区工作者与案主建立互信关系之后，就应运用各种技巧把案主的谈话内容引向所要解决问题的目标，在关键问题上，一定要引导案主做详细的讲述。当案主的讲述比较分散或离题太远时，要运用委婉曲折的技巧使之回到谈论的主题内容，集中精神谈关键问题。同时，还要注意稳定案主的情绪，使其从激动或沉默逐渐趋向平稳缓和。

3. 要和缓结束交谈

当交流的主要目的基本达到后,社区工作者要对本次交谈做简要综述,讲明本次交谈的价值并且肯定达到的效果,这对案主不仅是一种积极的鼓励,也会使其对下次的约谈有所期待。同时,还可以了解案主对本次交谈的感受和满意度。掌握以上情况,社区工作者就可以有根据、有信心地设计下次的约谈。

(二) 沟通技巧

在个案工作的整个过程中,社区工作者始终都要与案主进行交流和沟通,以便增进了解,建立互相信任的关系。谈话、交流信息、讨论问题、交换看法都是比较好的沟通,要达到沟通的理想效果,必须掌握其中的技巧。

1. 要寻找对方感兴趣的话题

社区工作者与案主谈话,要围绕对方需要解决的主要问题展开,引起对方的关注。在谈话之前要做好调查研究,做好充分准备。谈话内容一定要贴近案主希望解决的问题,而且要以积极热情的态度,实事求是、有的放矢地进行沟通。针对不同年龄、不同心理、不同要求的人的特点,因人而异,要有耐心并设身处地为其着想。要使案主感到工作者对其问题非常重视,并且了解得全面,分析得深刻。这种情况下,马上就会拉近彼此的情感距离,使沟通有一个良好的开端。

2. 语言表达要流畅、有感染力

社区工作者要加强语言方面的修养,掌握语言表达的技巧,要善于比喻,说话幽默,灵活运用语言艺术。要做到表达流畅,必须对案主的问题掌握准确、细致、清晰地阐述问题的中心内容,用丰实的信息量使对方感到真诚。同时,还要做到发音准确、音量适中、和蔼清楚地表达自己的观点,使对方感到亲切。

3. 交谈中要文明礼貌

文明礼貌是个案工作沟通成功的重要技巧,也是衡量社区工作者文化修养的标准。在与案主的沟通中,社区工作者要面带微笑,精力集中,要关注对方的言行。在交谈中要多用敬语,例如,"您""请""您好""请进""您请坐""请喝茶"等。交谈中的文明礼貌会使对方感到自尊、自信,从而增进情感交流,使沟通顺利进行。

(三) 疏导技巧

疏导实质上是一种耐心引导的转化教育。当案主在讲述需要解决的问题时,可能会出现认识的偏颇或冲动。而这种情况下,社区工作者不能"强压硬顶",不能用命令和强制手段,要掌握疏导的技巧。

1. 要同情、关心、体贴对方

社区工作者在接触案主时,要用真挚的情感,同情案主的处境,理解他们的需要、愿望和要求。关心案主的困难的现状和解决的希望,体谅他们提出的要求,表现出对案主的真心实意以及与他们的情感和立场的一致性,这样才能取得他们的信任和配合。

2. 情感感化

情感的一个重要特点是感染性,人们之间的情感可以互相感染。社区工作者为案主解决问题的过程,就是情感交流的过程。社区工作者要以深厚的、真诚的情感对待案主,用情感去影响人、感化人,就会使案主受到感染,引起双方感情上的共鸣,案主就会心悦诚服地接受服务。

3. 情理合一

社区工作者在以情动人、以情感人的同时,还要晓之以理,以理服人。要用讲理的方式,用真理的力量去引导、说服案主。做到有情有理、情理交融,才能使案主心服口服。如果只有情感,没有正能量的道理,不仅这种情感是软弱无力的,也不能感染和教育案主,甚至还会出现新的问题。如果只是讲道理,没有真实情感的付出,那么这种道理就会显得空洞。案主就会认为是"说教",从而产生疑虑或厌恶情绪,不会起到疏导教育作用。

(四) 人脉关系技巧

社区工作者对人的帮助有两种途径:一是直接帮助有需要的个人;二是通过案主的社会关系即个人的人脉网络来帮助解决其问题。任何个人都有自己的人脉网络,体现人的人缘和社会关系,包括其父母、子女、兄弟姐妹、同事、亲戚、邻里和朋友等。工作者经常运用这种人脉关系网来帮助受助者。

1. 通过沟通和访谈全面了解案主的人脉关系

每个人的成长和活动都与周围的社会环境(主要是社会人际关系)有密切联系。一般情况下,一个人的人脉关系可以分为三种:第一种是亲情关系,包括其与父母、祖父母、外祖父母、兄弟姐妹及子女及其他亲属之间的关系等,这是与案主最亲密的、最直接的人脉,是本人无法选择的,往往也是最可靠的关系。第二种是案主日常生活和工作经常接触的邻居、同学、同事、朋友等,这种人脉关系相对稳定,因为熟悉和了解,也比较可靠。第三种是广泛的社会交际关系,这是一个动态的人脉关系,关系范围的大小与远近都与每个人具体情况而定。在工作中掌握了案主的这三种人脉关系,会有利于工作者对问题的分析和解决以及摆脱"孤军奋战"的苦恼。

2. 从人脉关系网中找出对问题的解决有重要作用的关系

在人的三种人脉关系中,亲情关系应是最亲密可靠的关系,所以在解决案主的问题时,应该首选亲情关系,但是由于社会及社会关系的复杂性或者案主所需要解决问题的复杂性和私密性,往往还需要回避亲情关系。这就需要社区工作者认真分析问题的来龙去脉以及与案主其他人脉关系的联系,找出与案主比较亲密,比较信任或直接与需要解决的问题有重要作用的人脉情况,包括这些人的职业、年龄、文化水平、性格、人品等。这个过程是排除与要解决的问题无关紧要以及不良的人际关系。

3. 运用筛选后的人脉关系为案主解决具体问题

社区工作者经过认真分析和选择后的人脉关系，与案主和所解决的问题有直接关系，一般情况下，也是优质的人脉关系。社区工作者要把案主的情况与问题，客观地与所确定的人沟通，希望和邀请他们参加此事的解决并且要把具体解决方案，甚至他们的具体工作和责任都要研究清楚。这样，社区工作者和案主优质的人脉相结合，形成社会工作的合力，会更有利于事情的解决。这就是人脉关系技巧的作用。

第三节　小组工作方法

一、小组工作的类型和特点

小组工作方法是社区工作者与群体中的人一道工作，是由各种志愿结合的人员，在社区工作者的协调下，以小组为单位帮助他人的工作方法，是社会工作方法在群体情境中的应用。

(一) 小组的类型

1. 学习小组

当代社会是信息化社会，人类社会或个体的生存和发展对信息依赖程度空前加剧。同时，当代社会也是学习型社会。学习不是人生某一阶段的任务，也不是一劳永逸的事情，要想了解现代社会，跟得上时代的发展，就要实现终身学习。社区工作者应为社区居民提供学习的平台和条件，使那些有学习兴趣或者喜欢探讨新问题的人自愿结合在一起，共同学习新知识、新的技能或者补充有关知识的不足。例如，集中学习操作电脑、手机，保健知识和法律知识等。

2. 兴趣小组

"物以类聚，人以群分"，社区中许多居民由于有不同的爱好和才艺，产生相同的兴趣。例如，舞蹈、唱歌、乐器、球类、棋类、书法、画画等。社区工作者应该把有共同兴趣的人组织起来，形成各种欣赏和展示才艺的小组。大家在一起切磋技艺，互相学习，培养和发展社会生活中的特别兴趣和激情，使小组成员在大家的共同兴趣和目标中实现自我发现。这不仅可以提高个人的才艺追求和综合素质，还会加强社区的文化建设，促进社区的精神文化水平。

3. 互动小组

社区工作者可以根据居民的要求和具体情况，组成互助型小组。通过小组活动，人们在沟通和互助中互相影响、优势互补、利息互惠。例如，有的居民擅长剪纸，有的居民擅长刺绣，社区工作者就可以把这两种技能的人志愿组织起来，让他们互相学习，互相切磋技艺，增强彼此的技能。在互相帮助和交流中，这些人还会加深互相之间情感交流，学习关心他人,感谢他人,学会互相尊重,依赖和赞赏,互相体会到自身存在的价值和意义,从而更加热爱集体,热爱生活,热爱社区。

4. 主题服务小组

在社区服务活动中,经常有些集中的为居民进行的主题服务。例如,为残疾人服务的"手指操",为老年人服务的"长寿操",为居民服务的"健康自查"等主题服务。这些服务往往都有针对性的案主。社区工作者要把对这些主题活动有需求的人分别组织成不同的小组,让他们在各自的小组中充分享受主题服务,使他们在生活观念和行为方式等方面发生转变和改善,促进他们形成积极的生活态度以及社会责任感。

(二) 小组工作的特点

1. 展示团队力量

社区工作者利用小组开展多种活动,利用团体力量提供满足个人需求的方法和机会,吸引小组成员的关注,增强小组的凝聚力,使成员对小组活动充满兴趣,大家聚在一起互相帮助,关系密切,产生收获感和满足感,进而上升为安全感和尊严感。当每位小组成员都对小组产生上述情感时,小组活动就会形成合力,充分展示团队集体的力量对个人的影响和需求的促进。当然,小组成员对小组的团队意识不是"自发"的,需要社区工作者努力去组织满足人们需要的各项活动,使小组成员在团队的活动中形成互相信任、互相依赖的和谐气氛,培养成员对小组的责任感和荣誉感。

2. 促进人际交流

小组活动必然要求人们互相参与,互相配合,在群体聚会、群体讨论的过程中,互相沟通和交流,以表达自己的观点和意向,锻炼自己的表达能力以及说服和赞同别人的能力。同时也会对他人正确的观点和行为表示欣赏和赞扬,学习别人的长处。小组成员在讨论中达成共识,形成决策,不仅能够使双方关系融洽亲近,而且会增强交往双方的自信心和自尊心,使交往双方保持积极健康的心态,从而形成一种自我主动的行为去推动小组的工作,这对于完成小组的工作目标具有决定意义。即使小组活动结束之后,对于增强人们之间的往来,扩大人与人之间的交流都有重要作用。

3. 工作成效持久

小组的工作是以群体的计划、群体的行为,达到群体的目标。在这个过程中,由于社区工作者的精心组织训练以及为满足小组成员共同需求所产生的互动,主要体现在小组成员的行为方式上,这种效果要通过小组成员的行为方式表现出来,通过不断控制和改变行为实现预期目标。而人们的行为方式,是在新的思想观念指导下进行的。当人们的行为成为一种习惯性时,表明人们的新的思想观念不仅形成,而且比较稳定。由于每个人都不是孤立的,都有自己的社会关系网络,当他适应社会环境的新思想观念和行为形成之后,不仅会与小组成员一起维持和延续下去,也一定会受到亲朋等关系网络的赞誉和支持。这些因素对本人的影响和因此带来的转变,会比其他工作方法的效果更为持久。

二、小组工作的主要阶段

小组工作是由不同阶段组成一个周期,每个阶段都有不同的工作内容和目标,都有相应工作的重点。

(一)小组工作筹备期

社区工作者选择小组工作方法时,必须进行充分的准备、合理的组织,以便有计划地开展工作,实现预期的目标。

1. 前期准备工作

在小组形成之前,社区工作者必须了解小组成员的问题和要求,要对小组成员共性的需求和个性的差别进行详细分析,认真了解社区的各方面条件,掌握社区背景与小组成员所产生的问题的关系,以及上述条件对解决成员需要的满足程度与差距。从而使小组工作有计划、有准备地利用社区所能提供的各项机会和条件,切实帮助小组成员解决实际问题。

2. 确定工作目标

小组工作的目标对各项具体工作起指导作用,是小组工作的基本方向,主要体现在小组工作的整个工作周期内应该达到的总体目的。这个目标的确定不是盲目的,而是要经过认真调研考察的,要根据小组成员的具体情况和实际需求,同时还要根据社区的条件及社会的大背景来制定。社区工作者应对小组成员的个人环境、社区的实际状况等现实资源都要有全面的把握,为小组工作的目标制定奠定客观的基础,使工作目标有科学性和可行性。

3. 制订工作计划

根据小组工作的目标,社区工作者应制订小组工作的开展计划和实施计划,形成一个完整的工作方案。制订工作应该越详细越好,包括活动内容、活动的组织、活动的场地设施、活动的资金,链接的社会资源。各个阶段性目标等都要精心设计,甚至要进行量化。因为计划越精细,越有可操作性,做到量化才有进展的检测标准和评估根据。

4. 制定意外应急预案

在小组活动过程中,有可能会出现意外的特殊情况,例如,小组成员对活动产生不满,甚至埋怨情绪,活动的设施出现意外,活动的资金没有到位,原来链接的资源出现缺失等,社区工作者要对小组工作的可能意外情况进行认真的估计和分析,并且要做出解决意外情况的应急措施。

5. 选择小组成员

小组必须由一定数量的人员组成,成员的选择与小组工作目标的实现有密切关系。在选择成员时首要条件应该是相同或相似的问题,并且有共同的需要或希望达到的目标。然后,还要对他们的年龄、性别、职业、民族、家庭背景、受教育程度、经济条件、社会地位等进行考察。尽量把各方面条件相近的人组合在一起,以便有共同语言,容易沟通,便于交流,这样有利于小组工作顺利进行。

(二) 小组工作初期

经过认真的前期筹备,小组工作开始进入初期阶段,组织小组成员第一次聚会是工作开始的标志。由于小组成员刚刚汇聚在一起,彼此之间还很陌生,即使有认识的人,也可能不十分了解,大家彼此之间不可避免地会有一定的情感距离,产生回避问题、互相戒备的情况。社区工作者应该对这种情况有一定的心理准备,积极开展具体工作。

1. 要按计划积极引导小组活动

面对小组工作初期的实际情况,社区工作者要对所有工作程序及活动细节做出具体安排,充分展示社区工作者的领导能力和组织能力。让小组成员感到活动计划细致完整,感到自己处于计划程序之中,必须进入角色,不能后退和停滞。如果能让初次会面的成员对活动重视起来并开始思考如何进行,小组初期工作就达到了预期效果。

2. 鼓励小组成员尽快适应环境

社区工作者要充分理解刚进入小组时每个成员犹豫的心理状态,应把工作重点放在如何促进小组成员的互相沟通与交流方面,让他们尽快了解小组的具体情况,主动地向他人介绍自己,热情地了解其他成员的状况,坦诚地互相交谈,并表达自己对小组和其他成员的期望,尽快互相熟悉和适应小组环境。

3. 有目的地引导小组成员按照预定的目标发展

社区工作者不仅要创造条件让小组成员尽快适应小组环境,而且还要创造条件帮助小组成员尽快建立互相信任的情感,尽快同心合力地使小组工作向目标发展。社会工作者可以组织一些有助于使组员之间互相了解和信任的活动,还可以创造成员之间互相信任的环境和氛围。例如,公布解决小组成员共性问题的目标,为了达到此目标,小组具备的相应的组织结构以及小组工作的规范和对成员的具体要求。这样,小组成员必然对小组以及工作目标产生信心,自然就希望所有小组成员互相信任、互相配合,努力完成大家期盼的小组工作的总体目标。

(三) 小组工作活动期

小组成员经过初期的互相磨合之后,小组工作进入活动期。这是小组工作进展的关键时期。这个时期组员之间已经从互相了解到熟悉,甚至关系亲密。社区工作者要把工作重点放在关注解决实际问题的进展情况以及在工作进行中出现的新问题、新矛盾上。

1. 关注小组成员活动的方向

小组成员从初期到中期,在社区工作者的督导下,互相之间从逐渐熟悉到比较了解,情感距离越来越近,互相之间关系也越来越开放,不仅没有了互相提防戒备的想法,还会愿意在小组中表达自己的看法,有分歧时甚至还会说服和引导其他成员同意自己的观点。这时,小组成员中可能会出现争执不休、各抒己见的情形,都希望其他成员与自己持同一观点,站同一立场。在这种情况下,社区工作者就要进行梳理,找出与小组目标一致又有利小组活动进行的观点。引导小组成员向有利小组完成目标的观点集中,以便大家统一意见、统一行动,把握小组活动的大方向。

2. 协调控制小组活动的进程

小组工作进入活动期后,社区工作者既要把握住活动的方向一定趋向活动目标,又要把握小组活动的进程,以保证在预期内实现目标。由于这个时期大家比较熟悉,思想放开后,说话就比较坦诚,容易出现观点分歧从而引起竞争,各方都想使自己的想法占上风,确立自己在小组的重要角色或地位。有些小组成员可能会说些带有强硬或刺激他人的话,这就容易引起矛盾,甚至冲突,必然影响小组的工作,冲击原来的工作计划,影响工作进程。社区工作者要关注小组成员的活动情绪和互相之间的协调,要让大家明白活动的具体内容和做法可以有分歧,但是不能用过激的语言和行为解决,应该用调控的办法,而且紧紧围绕小组工作内容疏导大家在活动中体验,用事实来引导小组成员达到行为协调,用积极的心态解决分歧,稳定情绪,用正能量推进小组活动的进展,从而保证小组工作的进程。

(四) 小组工作成效期

小组工作的成效期是工作顺利进行并取得明显成果的时期。在这个时期,社区工作者应注意以下两点。

1. 关注小组的良好状态

社区工作者必须关注小组的工作状态。这个时期每个成员对小组都有较高的认同,不仅把自己定位为小组的一员,而且还会接纳他人,宽容地对待他们的个性。小组成员能自由地互相沟通、互相理解、互相支持,表现出更了解、更合作、更协调的状态,形成小组工作良好状态。小组活动可以依靠各成员的合力来发展和运作,使建议更现实、内容更充实、方案更完整、计划更客观、进展更顺利。

2. 关注小组工作的成果

社区工作者要把工作重点用于目标的实现程度方面,关注小组成员在活动中对原来的计划和目标可能提出的新的要求和调整意见,社区工作者要认真分析其合理性,根据工作的成效,尊重或采纳组员的建议,既可以鼓励组员的积极性、创造性,稳定他们的自信和自尊情绪,又可以取得锦上添花的成效,使小组更有凝聚力。

(五) 小组工作总结期

小组工作总结阶段也是小组工作的结束阶段,这个时期小组工作的目标已经实现,社区工作者要与小组成员进行认真的总结工作。

1. 关注小组成员以离别情绪为主的心理状态

通过小组活动的几个阶段,小组成员之间不仅互相熟悉、互相理解,而且有些组员还成为非常要好的朋友;同时,对小组这个"集体"也产生了一定的感情。大家愿意在一起开展活动,互相帮助、互相依赖。这种情感越临近小组活动结束时越明显,这就是小组成员在结束期的离别情绪。有的组员可能表现为正面的情绪,在离别前更热情、更积极地工作,更关心他人、理解他人,为小组留下良好的影响。有的组员可能表现为负面情绪,表现为对工作没有原来的热情,不愿意参加活动,对小组其他成员也表现为不太关注。还有的组员可能出情绪转移的状态,开始在小组之外寻找新的资源以满足自己的需要,从而对小组结束期活动不关心或者逃避。社区工作者一定要有准备地应对小组成员的这些离别情绪,恰当地进行关注和帮助解决。

2. 引导小组成员正确处理好离别的情绪

社区工作者要引导小组成员做好情绪表达,可以举行一些活动,例如,座谈会、茶话会、联欢会等,让大家讲述在小组活动期的收获,倾诉在活动中建立的友谊,表达对小组的留恋,并引导成员明白小组活动应该有始有终,大家要齐心协力把最后阶段的工作做好。经过几次小型的聚会、座谈,小组成员的离别情绪会抒发出来,正面的离别情绪就会疏导负面的离别情绪,成为小组工作结束期的主流。从而使小组全体成员以良好的工作状态和积极的心态渡过小组工作的结束期。

3. 做好小组结束期的评估工作

社区工作者在每个阶段都要对小组工作进行总结,但是在小组结束期的总结评估尤为重要。应当用科学的指标体系来衡量小组动行的整个过程,这是小组工作目标的进展程度和实现程度的检验标准。例如,"养生康复小组",举行了哪些活动,专家讲座几次,学习了几种康复技能,小组成员学会了几种,熟练掌握了几种,有什么明显效果等。这些具体的量化指标,最有利于操作和检验,是评估小组工作成效的客观、公平的标准。有了这些标准,就可以评估小组工作的成绩和不足,要对在小组活动中表现出色的成员给予表扬,特别要对小组的团队意识要给予充分肯定,使评估能全面地、成功的总结经验,促进小组的团结和谐,让大家感到小组活动不仅成功,而且每个成员都有收获,感到自己参加小组活动是有价值的,感到小组这个团体的温暖和凝聚力。小组活动结束后,小组成员可以用所学的知识和技能提高自己的生活质量。从而产生小组活动虽然结束了,但是成员之间的友谊是长存的,小组的工作成效也会在成员之间长存。

三、小组工作的常用技巧

社区工作者作为小组的组织者和领导者,要通过适当的途径对小组活动的运作过程加以引导和控制,以便顺利实现小组工作的目标。

(一) 建立关系的技巧

小组成员必须认识到小组的工作不是孤立的,要达到理想的工作目标,必须促进内部成员的联系以及小组与外部资源的联系,建立良好的内外关系。

1. 关注小组成员之间的内部互动

小组活动目标的实现必须依靠内部成员互相影响和互相协作,这就要求小组成员不仅要互相了解,而且还要在行动上互相协调。社区工作者要以恰当的方法和技巧促进成员之间的沟通和互动。要用通俗的简要语言表达小组活动目标,使成员认识到这一目标不仅与自己的利益紧密相关,而且十分明确。小组成员心目中对项目活动必然产生关切和兴趣,并且主动与组织者和其他成员之间进行联系沟通,自然而然地会形成一种积极的、团结和谐的倾向。社区工作者这时再恰当地引导大家进一步理解小组活动目标的内涵,对一些不清楚的内容及时地讨论。使小组成员在简短的讨论中产生利益一致的亲切感和信任感,建立起齐心协力完成小组目标的合力关系。

2. 重视小组活动的外部因素

外部因素是小组活动的外部条件,包括小组活动位置的外部空间环境。例如,小组所在的位置是否有利于小组活动,即是否安静、清洁,是否使活动不会受到外界干扰,空间的大小是否合适等。同时,外部条件还包括与小组活动密切相关的社区、家庭、学校、社会组织、人脉关系等,这些外部因素对小组活动目标的实现有重要作用。何时介入小组活动,如何介入,以何种形式介入等,这些问题社区工作者都需要考虑周全,都要列入小组活动的计划内。因为这些外部条件作为外因,不仅对小组的活动产生重要影响,而且是小组活动目标实现的必要条件。所以,社区工作者必须重视这些外在因素,努力使小组活动建立良好的外部关系。

(二) 组织小组会议的技巧

在小组活动开展过程中,组织小组成员参加聚会和讨论问题,是组织者经常使用的形式和方法。社区工作者应该具备和使用各种必要的技巧,使每次会议都能达到预期目的,推动小组目标的实现。

1. 设定会议基调

社区工作者在每次开会前都应做好充分准备,选择好会议主题。会议主题一定要根据成员的需求、小组活动发展的进程、小组活动的目标、小组成员的现状和能力等因素来选定,也就是要为会议的内容和流程及预期结束定基调。然后通过适合的形式通知小组成员,清楚地向小组成员阐明会议的目标和步骤,使每个人都明白会议期间要讨论什么内容,解决什么问题,让大家心里有底,胸中有数。如果有人对会议的安排提出不同意见,社区工作者要认真倾听,分析其合理性。必要时还要修订历来的会议的议程,以表示对提建议者的尊重和对小组会议的重视。

2. 把握会议主题

在会议进行中,社区工作者要调动小组成员的积极性,让他们充分发表意见。对于积极发表意见的成员,社区工作者要给予充分的时间,使其尽情地表达想法,同时也要注意引导不能转移和偏离会议主题,不能总是重复地谈论同一题目或内容,要给他人以表达的机会。对于总是沉默或回避谈论会议问题的成员,社区工作者要积极支持他们发表意见,提示他们发言,给他们以鼓励和信心。总之,社区工作者要把握好讨论的主题和进程,帮助小组成员遵照会议的议程和讨论的中心议题进行讨论,引导他们更好地投入讨论,保证会议顺利进行。

3. 引导讨论的进程

社区工作者为使讨论取得预期效果,除了及时把握会议主题,防止偏离主题之外,还要有引导和推动讨论进程的技巧。社区工作者要努力营造一种轻松和谐的小组氛围,使每个成员都充分发表看法,即便有的意见很零散、不成熟,也要认真倾听或记录。如果出现对问题的争论和分歧时,社区工作者要学会"中立"的技巧,不要轻易表态,避免陷入与成员的争论。此外,还要帮助争论双方澄清问题,提供可参考的信息,促进小组成员自己解决问题。对于意见对立、又争论时间过长的问题,社区工作者要用"打岔"的技巧,适时地插入话语,干预争论,暗示双方争论适可而止。如果这样还不能解决问题,部分小组成员还要激烈争论,则社区工作者可以用"沉默"的技巧,不插话、不表态,适当地表示沉默不语。这样可以使成员感到某种无形的阻力或压力,启发他们的思考,终止无效的争论,最终回到会议的正题中来。只有这样,才能调控会议的时间和进程,保证会议顺利进行。

4. 做好归纳总结

当会议讨论结束时,社区工作者要对本次讨论做出总结。要把成员在讨论时提出的各种观点,包括各种杂乱、零碎的观点和有争论的意见等,都要进行归纳、总结,阐明取得的成果和达成共识的结论。同时,社区工作者还要指出存在的分歧,说明今后要进一步关注和讨论的问题。总结中既要肯定成绩,给小组成员以鼓励和希望,又要提出不足,给大家指出努力方向。同时,语言要表达流畅,简明扼要,让大家感到兴致未尽,期待下次会议的召开。

(三) 策划活动的技巧

小组活动的内容、形式、计划等直接影响小组目标的实现。因此,用一定的技巧手段策划小组活动,既是小组工作方法的重要内容,也是社区工作者必须掌握的工作技能。

1. 总体活动计划要围绕小组活动的目标

小组是一个有多个互动依赖的成员的团体,是一个处于不断变化的社会环境中的互动系统。当小组作为一个整体进行活动时,必须保持一定的秩序和一种稳定的平衡,才能实现小组活动目标,而这种秩序和平衡的支撑就是小组活动。所以,在制订小组的活动计划时,社区工作者必须从内容、形式以及其他方面都进行认真思考,必须有利于小组活动的顺利开展,围绕小组活动的最终目标进行策划。

2. 各种阶段的活动要有各自特色

小组活动目标的实现是一个动态的过程,这个过程分为不同阶段。例如,活动初期、活动中期、活动后期等。每个阶段小组成员的状态、互相之间的关系,以及活动的具体目标都不相同。社区工作者在策划小组活动时也必须根据不同阶段的特点安排不同的内容和表现形式。初期阶段的活动要促使成员之间互相沟通和了解,以尽快熟悉以进入角色。活动中期应注意把握活动方向,掌握活动进程。活动后期应注意结束前成员的情绪和成果的总结等。

3. 活动形式要丰富多彩

虽然活动的内容决定活动形式,但形式不是消极被动的,如果采取正确的形式,会对小组活动内容起积极作用,推动小组活动目标的顺利实现。因此,社区工作者在策划小组活动时要根据小组活动的目标和内容选择适当的活动形式,要用多种多样的形式引起大家的兴趣和重视。例如,有时可以集中小组成员聚会讨论,有时可以请有关专家讲解,请有经验者现身说法,有时还可以组织小组成员参观学习。这些丰富多彩的形式,可以激发大家的兴趣,使其以最大的热情投入小组活动中,既可以驱逐疲劳感,又可以调动小组成员的积极性,使活动有序地向前推进。

第四节 社区工作方法

社区工作方法是以社区为基础,以社区居民为案主的专业社会工作介入方法。社区工作方法与社会个案工作方法、社会小组工作方法并列,被称为社会工作直接服务的三大基本方法。

一、社区工作方法的内涵

社区工作方法是社区工作者通过组织社区成员参加集体活动,有组织、有计划地解决或预防社会问题,培养社区成员互助和自助以及参与社区建设的能力,改善其生活质量和生活环境,满足居民需要和解决社区问题,加强社区的凝聚力,增强社区居民对社区的认同感和归宿感的方法。

(一) 社区工作的内容有明确指向性

社区工作的内容非常丰富,涉及社区服务、环境、教育、文体、道德、法律、健康、安全等。在实施过程中,一般情况只能针对一项内容,集中解决此项内容存在的问题。而且服务范围只是本社区内,是针对本社区的实际问题或居民需求。但不排除多项社区工作内容同时开展,要看社区工作者的承载力量和社区的实际状况。可以先选择社区或居民急需解决的问题,抓主要问题先解决,再陆续安排其他工作内容。社区工作就是在解决社区整体或普遍性的具体问题中,满足社区居民需求,从而提升社区凝聚力。

(二) 强调社区居民集体参与

社区工作不同于个案工作和小组工作,不是针对个人和某些人的问题,而是针对本社区的共性问题,带有群众普遍需求的特点。因此,社区工作强调居民集体参与,参与的人越多,宣传的范围就越大,解决问题的力度也越强,工作的效果也越明显。这是因为,只有社区居民才最清楚自己社区的问题和需要,对社区的问题和事务以主人翁的态度做出界定和承担,在活动中发扬互助合作的集体主义精神。大家集思广益,共同讨论议题,积极谋求对策,采取一致行动,取得理想效果。同时,社区居民在集体参与中更便于总结经验,成功的经验对大家是一种激励,出现的问题可以引以为戒。因此,社区工作者必须重视社区居民的积极参与。因为他们是社区工作者的工作对象和案主,他们能参与到社区工作的活动中来,是应对和解决实际问题的最佳方法。

(三) 可增强社区居民互相关心和合作的美德

社区工作主要是运用社区的内外资源,集中解决社区面对的部分共同问题。这些"共同"的问题,吸引和推动社区居民的积极参与和互助合作。社区活动的组织者通过一些有目的性的活动,让居民表达对社区问题的诉求和意见,鼓励和协助他们组织起来,互相熟悉和交往,帮助他们建立良好的沟通渠道和人际关系,促进共同目标的产生和实现。在这个过程中,社区工作者的专业助人的态度必会影响和教育参与社区活动的居民,在应对、讨论和解决问题的过程中达成共识,拉近情感距离,建立真诚友谊。这不仅会使大家齐心协力地达到共同的目标,也会形成互相关心爱护、互相融洽合作的美德,也是提高社区居民素质、建设幸福家园的重要条件。

(四) 可增强社区的凝聚力

社区工作的成功与否关键在于居民是否真心地热情参与。社区工作者要通过各种方法和技巧,让居民了解社区工作的目的以及推进社区工作需要大家的合力,特别是让居民知道这项工作对他们有什么好处,他们应该如何参与。在居民参与中,社区工作者必须注意在发挥群体力量的同时发挥个体的潜能,可以让一些有积极性的居民承担部分工作任务。例如,参与活动的策划和管理,增强他们处理事务的能力和责任感。要让他们充分表现出集体的能量和个人发展潜能,为实现集体和个人的价值积极努力。从而体现出社区工作的最大效果,让社区居民感到社区工作为他们提供的活动平台是不可缺少的,从而产生对社区工作的认同感,对所居住社区的归宿感,增强社区的凝聚力。

(五) 增强社区居民的社会意识

社区居民在日常生活中,有些人很少甚至不参加社会活动,见识少、眼界窄,没有什么社会意识。例如,不关心他人或集体,没有大局观念,没有责任感,甚至连自己拥有什么社会权利和义务也不清楚。社区工作者就是要通过社区工作把大家凝聚起来,在活动中体会集体的力量以及每个人对集体的作用,逐渐使每个居民认识到个人离不开集体和社会。因此,每个人都应该履行公民的义务,关心社区工作和发展,只有社区建设得好,社会才能平安和谐,每个居民才能安居幸福。同时,要让大家明白反映和表达个人意见是自己拥有的权利,只有运用好自己的权利,尽好自己的义务,才能体现个人的社会价值,生活才有意义。当居民产生这种自尊、自信的意识之后,会更加以主人翁的态度积极地参与社区工作,重视社会问题,关心国家大事。这是社区工作达到的最佳效果和目标。

二、社区工作各阶段的特点

社区工作的开展是一个解决社区问题、满足社区居民需求的过程。这个过程分不同的阶段性程序,每个阶段的社区工作都有相应的内容和特点。

(一) 工作准备阶段

任何工作任务的完成都必须有充分的准备,这就是"不打无准备之仗"。社区工作是为基层居民服务的,既具体,又繁杂,更须进行细致、周到的准备工作。

1. 收集社区资料,了解社区现状

收集社区资料就是要求社区工作者深入社区,通过文献查询、入户、家访、个别拜访、问卷调查、组织居民座谈等多种渠道,收集有关社区的基本资料,包括社区的地域要素、人口状况、文化特色、人文环境、经济情况、社区服务、价值观念、内在资源等。在这些基本资料的收集过程中,针对社区的某些问题,社区工作者还要收集更详细具体的资料。例如,对社区的人口状况,不仅要调查数量,还要调查年龄结构、性别结构、职业结构等,特别是对社区内人口的学历、技术、专业、健康等方面的情况都要做详细的调查。同时,要广泛地接触社区群众,耐心地听取各种意见,以收集到全面系统的资料。资料越详细、越充实,社区工作者才能做到越心中有数,下一步工作的开展才会更方便、更顺利。

2. 分析社区问题,确认工作要点

社区资料收集上来以后,社区工作者要按照"去粗取精,去伪存真"的科学分析方法,把精准的、真实的材料集中起来进行整理分类,例如,可以分为社区的养老服务,家庭问题、文化活动、人口管理、环境保护、治安管理、党的建设、健康养生、社区教育、物业管理、贫困救助等。经过全面、理性、客观的分析,权衡利弊和轻重缓急,找出群众反映比较集中,又迫切需要解决的问题,即找出主要问题。然后,根据问题的性质和具体情况,确定社区工作的主要任务,制定行动方案,确定介入政策以及相应的工作方法。

(二) 制订行动计划阶段

要解决社区存在的主要问题,必须在分析社区资料的基础上,制订切实可行的社区工作的行动计划。计划是在实际行动之前,根据社区目前的情况,筹划、设计相关行动,以达到将来的理想目标。

1. 行动计划要有客观根据

社区工作的行动计划是社区工作者将一些不同的目标步骤以适当的次序排列出来,使大家心中有数,行动有序。因此,这一行动计划必须根据解决的实际问题而定,不能脱离社区工作的实际情况。在明确社区工作的主要问题的基础上,社区工作者要分析解决

问题的各种有利和不利因素,分析各种可借鉴的资源,包括人力、物力、财力等。从而判断社区工作的基本方向及各种可能性,使行动计划的实施有一定的准确预见性。

行动计划的制订还要有利于今后社区工作发展的连续性,要充分考虑社区工作目前的状况与未来工作发展的承接。这就要求社区工作者必须认真分析社区现有的条件,立足于现实;同时,要充分认识各种因素的变化和新的需求的产生,并且要思考一些解决问题的应急措施,为社区工作的未来发展留有充分的空间。

2. 整体计划与具体计划

在制订社区工作行动计划过程中,为了实际工作操作方便,要将其分为整体计划和具体计划。

整体计划是针对社区工作的全面规划,涉及社区建设与管理的全局性工作。根据要解决的问题的性质,整体计划还可分为近期计划和长远规划,这些都是整体计划的阶段性工作。社区工作的具体计划是针对某个重要或亟待解决的问题制定的工作方案,其目标是解决一个个的具体问题,有明确的指向性,包括工作目标、对象、形式、日期、时间、场地、程序表、人力分配、资源要求和可能遇到的困难及解决的预案等。

社区工作的具体计划是整体计划的组成部分,社区整体的发展就是通过解决具体问题来实现的。而整体计划的实施是为实现社区工作协调的发展,也将从根本上解决各类具体问题,即落实具体计划。社区工作者关注的往往是具体计划的落实、具体问题的解决,因为具体计划的完成就是阶段性目标的实现。

(三) 启动社区工作阶段

社区工作的完成是社区工作者调动社区居民积极地行动起来,将制订的行动计划付诸实践的过程。但是"万事开头难",社区工作的过程能否顺利进行,整体计划能否满意地完成,工作的启动阶段起关键作用。

1. 宣传教育

社区工作涉及社区的多个层面和领域,需要社区内的全体居民、社会组织及各种机构的通力合作。因此,就必须对其进行广泛、直接的宣传和教育,要通过各种形式(例如,宣传专栏,板报揭示,展览示范以及召开不同对象、不同层次、不同场所的会议)进行多次的讨论、交流、沟通和协商,使要解决的问题及行动计划为大家所熟知、认识和理解,从而使全体居民积极关注和参加社区工作。

2. 培训工作骨干力量

通过广泛的宣传教育活动,社区工作者会发现居民中有一些积极分子对社区工作热情支持,特别是在群众中有影响力、号召力的人。这时,要及时发现和选拔他们作为居民的带头人,对他们进行适当的培养和训练。让这些居民积极分子充分理解社区工作的价值,提高对参与社区工作意义的认识。可以通过训练、实习、示范、观看典型视频、阅读经验文章、讨论体会心得、角色扮演等方式,加强对他们的技巧训练,使他们掌握人际关系、开会、演讲、组织、谈判、表达、沟通、资源链接、传媒接触等知识和技能。特别还要重视对严于律己、乐于助人、勤奋工作、关心集体等带头人的品质的培养，使他们能成为真正带动和组织居民积极完成社区工作的骨干。

3. 创造居民互动机会

居民是社区生活的主体，也是社区工作的主体，要完成社区工作的整体计划，必须有居民的积极参与。因此，社区工作者在进行宣传教育、培训居民带头人的同时，还必须通过社区服务的某些形式和活力，创造居民互动的机会和平台，让他们互相沟通，增进了解，为了社区工作目标凝聚在一起。同时，还要努力让居民接纳社区工作者，彼此之间建立起互相信任、互相支持的合作关系，在互动中了解社区工作计划，并能主动地献计献策。接着，社区工作者要进一步组织居民小组，根据居民的兴趣、爱好等组成自主性小组，让各个小组承担社区工作的具体任务，让经过培训的居民带头人做组长，承担组织居民、凝聚居民的责任。通过各个小组的活动，开展评比竞赛，让居民积极地协助社区解决一些问题。

（四）推进社区工作阶段

经过启动阶段的工作，社区工作的内容及目标在群众中都有了广泛的影响，有了一定的社会舆论氛围。社区工作者应借此机会"趁热打铁"，推进社区工作的正常深入进行。

1. 做好两个阶段的连接工作

社区工作的启动阶段的成功就是阶段性目标的实现，为了开启下一阶段工作的实施，必须认真总结此阶段的工作经验，为下一阶段工作做好铺垫。特别要分析工作中存在的问题：哪些是预见中的问题？哪些是没有估计到的新问题？这些问题的成因是什么？是否是因为工作中被忽略的某些因素造成的？这些问题对下一阶段的工作有什么影响？哪些是亟待解决的？哪些是工作进程中逐渐可以克服的？在工作推进过程中可能还会遇到哪些困难以及还会出现哪些问题？应对这些问题的可行办法以及预案是什么？上述都要认真地分析和总结，这样才能把工作启动阶段和推进阶段更好地连接起来。

2. 关注具体计划和整体目标的实现

社区工作整体计划要在工作推进阶段完成，而整体计划是由多项具体计划组成的。因此，在向整体计划推进的同时，必须重视每一项具体计划推进的完成，即阶段性目标的实现。这时社区工作者要有清晰的思路和明确的目标，牢牢把握住工作的大方向；关注社区工作的进展，了解社区居民和带头人以及各个小组的工作情况；掌握带头人现实状况、工作责任、组织能力、协调效果以及居民参与活动的热情或思想波动等，这些因素对社区工作的任务的完成都有直接影响。如果社区工作得到居民的大力支持，居民带头人能积极地、系统地组织工作，社区工作者能利用、整合社区内外的资源，顺利完成一个个具体计划,那么,通过阶段性目标的实现,就可以逐步实现社区工作的总体目标。只有这样,社区工作的进展才会顺利,整体计划才会完成。

随着工作的推进,社区居民的参与意识和观念得到提高,其与社区工作者或机构的关系越来越密切,社区的需要和问题得到解决或明显缓和,这时社区工作就将进入评估阶段。

(五) 社区工作评估阶段

当社区工作经过了正常的推进阶段之后,社区工作者就要通过科学方法和程序,对工作计划的执行情况进行评估。这既可以检查项目计划落实的客观效果,也可以改进社区工作方法,提高服务质量。

1. 充分认识评估的价值

评估工作是社区工作方法的最后一个阶段,无论工作开展得顺利还是不顺利,都要进行认真的分析总结,用科学方法进行评估。这不仅有助于及时发现社区工作方案存在的缺陷或在执行过程中出现的原来未曾料到的新情况、新问题,从而及时进行修正,使其更加符合社区的实际情况。而且还可以根据评估测定社区的发展变化情况,特别是在正确分析社区的发展趋势时,根据评估的结论,可以更加合理地制订社区工作的未来方案。同时,在评估中必然要分析和巩固工作中取得的积极成果,这些成果是社区工作者和社区居民共同努力取得的。这既会使社区工作者有成就感,也会使群众更加信任和支持社区工作,从而形成完成社区各项工作的巨大合力。

2. 评估工作要有广泛的群众基础

评估的主体不仅有社区工作者,还要有参加此项目的社区居民,以及其他社区群众。因为参加社区工作项目的人最有发言权,无论是项目的组织者,还是参与者,都有自己的感受和收获,他们会从不同角度分析总结。例如,从项目的内容、计划、实施过程、出现的问题以及成效,甚至今后的工作设计等,使项目评估更全面、更充实。同时,社区工作者也要动员社区没有参加具体项目工作的群众一起来评估,他们从"旁观者清"的角度,对项目的实际成效和问题,观察得更清楚,分析得更客观。因此,社区工作者必须组织和动员社区最广泛的群众来关注和参加评估工作,可以采用座谈、问卷调查、入户访谈、个人面谈等方法,认真分析具体过程和问题,进行全面的、真实的评估。

3. 以综合的角度评估工作成效

社区工作目标设计的展开和实施,需要利用多方面的资源,不仅有社区工作者和社区居民的参加,还要涉及其他有关的管理者、群众以及社区内外的有关机构的人力、物力、财力等资源。社区工作涉及的内容也是多方面的,尽管有的工作项目所解决的问题比较集中,例如,社区的环境保护、安全治理、居民健康管理等。但是在执行过程中,不可能单一地解决这些问题,而是要涉及组织、服务、管理、文化、心理、人口等多层面的问题。所采用的方法,既要评估具体计划,又要考虑整体规划;既要有定量的分析,又要有定性的分析;既要立足现实,又要考虑长远;既要民主,又要有集中;既要有静态的,又要有动态的;既要有个人利益,又要考虑社会效益等。总之,要从综合的视角来分析评估社区工作的成效。

三、社区工作的介入手段

社区工作是一种以社区为基础的社会工作方法,是针对社区中的普遍性、共性的某些问题展开工作,以解决社区存在的问题和满足社区居民的需求。社区类似的问题很多,从哪些问题介入能引起群众的共鸣和关注,是社区工作能否成功的关键。

(一)从社区主要的现实问题介入

社区是社会的基层组织,各种社会问题在社区都会有不同程度的反映。其中,有些问题非常复杂,社区工作面对多种多样的问题,要以解决现存的主要社会问题为其工作重任。这些问题既可以是社会的热点问题,也是社区工作的重点问题,还可以是社区居民最关注和急切需要解决的现实问题。例如,社区的环境设计与保护问题,这一问题直接关系到社区居民的生活质量、身体健康和社区的未来发展,是社区建设和管理的重要内容。那么,如何搞好本社区的环境设计、监测、治理和保护,为社区单位和居民提供良好的工作、生活环境和休闲场所,提高群众自觉保护社区环境的意识,这就是社区工作的重点内容,也是社区工作的介入点。还有社区文化活动、养老服务、医疗保健、党员管理、流动人口、就业等问题都可能成为社区工作的介入点。

(二)从社区居民对服务的需求介入

社区居民对服务的需求是他们生活的常态需要,涉及居民的现实切身利益,也是社区日常管理的重要内容。居民最关心各种需求的满足和解决,同时也希望引起有关部门和人员的关注。社区工作从这些问题介入,会受到居民的真诚欢迎,也会得到社区居民委员会的积极支持。社区居民对服务的需求是多方面的,既有物质方面的,也有精神方面的;既有日常需求,也有特殊需求;既有家庭需求,也有个人需求等。社区工作不能一次满足多项服务需求,因此社区工作者应该分析居民对需求解决的迫切程度;同时,也要考虑社区工作者所具备的条件能否介入此项需求。例如,居民对医疗保健方面的需求可能比对社区文化活动场所的需求更迫切,但是医疗保健条件的改善需要医护人员和设备的支持,如果社区工作者还没有掌握医疗保健方面的资源,就应该向居民解释,把解决文化活动场所作为社区工作的介入点。待时机成熟时,再把居民的医疗保健需求作为工作介入点。这样既符合社区的实际情况,又能得到居民的理解,更有利于社区工作的正常开展。

(三)从社区的突发事件介入

突发事件是指突然发生,造成或可能造成社会危害,需要采取应急处置措施予以应对的事件。由于突发事件往往因为人们缺乏相应的准备而被置于严重的不安全之中,因此,常常给人们带来重大的影响,使人们产生心理压力和心态变化,造成思想混乱和恐慌,使社区出现动荡不安,例如,突发火灾、煤气爆炸、病毒流行、房屋塌陷、聚众斗殴、行为冲突等。由于突发事件所处的具体环境和条件不同,每一事件的矛盾、规模、性质和后果不同,卷入事件的群众情况不同,因而处置的办法和程序也不同,这就要求社区工作者因事因人而异地妥当处理。但是,一般情况下,突发事件发生后,要求工作人员快速出动,快速到位,快速介入,以便抓住先机,争取主动,把突发事件造成的损失控制在最小范围内。同时要组织力量开展调查,制定相应的对策,果断贯彻实施,动员社会力量有序参与。这样可以缓解突发事件在社区中产生的负面作用,增加社区居民对社区工作者的信任感,起到稳定群众情绪、恢复秩序的作用。而后社区工作者可以借此事件的介入,建立更加系统、更加规范的各项工作计划,使社区工作顺利地继续进行。

(四)从社区的发展计划介入

社区的发展计划是社区建设和现代管理的基本方向,主要体现在一定时间内社区工作所要完成的目标和任务以及应达到的要求;同时,还要明确完成这些目标和任务的措施和方法。因此,能否完成社区发展计划是社区建设和管理水平和效果的评估依据。社区发展计划是依靠社区工作者和群众同心协力,通过一个个具体工作来完成的。每一项具体工作计划在完成过程中都有阶段性,每一个阶段又有许多具体环节,它们之间常常互相交错,形成社区工作的复杂状况。因此,社区工作者需要进行详细的、周到的策划,从现实的具体计划做起,一步一步地向着总体规划迈进。这就要求社区工作者必须向群众进行宣传,把社区发展计划的全部内容公布于众,把社区居民须知、想知、应知的信息准确、完整地告知他们;尊重居民的知情权,让他们胸中有数,心中有底。只有这样,居民才会更加明确社区发展计划与社区建设与自己的利益息息相关,从而更积极地投入社区工作中,为完成社区发展计划献计献策献力。

四、社区工作的技巧

社区工作是一种实务操作,可以帮助社区及个人解决实际问题或预防问题,需要经过周密策划,认真实施践行,是有计划、有步骤地达到预期的目标的过程。这个过程需要许多灵活多变的思考,需要许多工作的技巧。

(一)与社区居民接触的技巧

社区工作主要是通过居民的参与,运用社区的各种资源解决社区问题,以改善社区管理和服务,满足社区发展和居民的需求。因此,居民是社区工作最主要的资源,社区工作者必须动员和组织他们积极参加社区工作。

1. 提前做好"功课"

首先,社区工作者要根据社区工作的具体任务、计划、目标,有意识地选择合适的工作接触对象,要对他们的家庭、职业、性格、爱好、政治面貌、受教育程度等进行详细了解;其次,对他们的需求及其对社区工作的态度也要认真分析;最后,确定从哪个问题入手接触对方,并要事先估计刚接触他们时对方的反应,要有一定的应对具体情景的办法。总之,社区工作者要充分做好心理准备,以真诚、善意、冷静的态度去接触居民。

2. 把握好与居民接触的全过程

在充分做好与居民接触准备的基础上,社区工作者要认真做好和把握与居民接触的全过程。要学会热情地、谦虚地介绍自己及其他工作人员,让居民感觉社区工作者真是来为大家解决问题的,真是来为大家服务的;要从居民最关注的热点问题入手展开活动,并说明社区工作要解决的问题与居民的自身利益、与社区未来发展的密切关系,激起居民的兴趣和积极参加的热情;然后以互助的形式与居民展开对话,让他们充分发表意见,把心里话全讲出来;要在适当的时候进行归纳总结,注意多肯定和表扬居民的意见,即使有些偏激甚至不正确的意见,也不要轻易否定和批评,而应回去后认真研究,下次再议。这样,可以激励和保护居民的积极性,吸引他们继续参与以后的社区工作。

(二)组织引领居民的技巧

社区工作者吸引居民是为了组织居民和引领居民实施具体工作计划,向总的工作目标迈进,圆满完成社区工作计划。

1. 通过会议组织群众

召开居民会议是社区工作常用的工作形式,也是组织居民积极参加社区工作的重要方法。召开会议之前,社区工作者要做充分准备,其中,明确本次会议的目的是会前的主要工作;要准备会议议程和所需要的文件资料;要进行会场的布置,包括基本设备的准备及座位安排;此外,还要邀请并确保重要参会者出席会议。

会议进行中的主要工作是按计划一项一项地讨论会议议程,社区工作者应协助与会者多沟通、多交流。会议主持者要善于做归纳和总结工作,要仔细聆听参会群众的讨论和意见,自己不要急于回应,而应学会把问题抛给大家,请大家进行讨论和回应,使会议形成良好的民主氛围。只有使群众体验到社区工作者的客观和公正,他们才会更主动地参与会议,更积极地参加实际行动。

2. 通过行动引领群众

社区工作者通过工作会议,使居民对社会工作的目的、计划以及会议的重要决定有了一定了解,通过与会者的宣传,又使没有参加会议的居民对会议的重要内容和决定有了一定了解。这时社区工作者就要引领群众开展具体工作,落实会议的各项决定。如果遇到意外或突发情况,社区工作者要保持冷静,认真分析原因及态势,及时征求当事人的意见或者召开紧急会议,协助大家搞好"群言堂",集思广益,使事态"转危为安",继续向工作的目标发展。

(三) 培养居民骨干的技巧

社区工作者在开展社区工作的过程中,非常重要的一项责任就是推动居民积极参与,挖掘社区人力资源和培养社区居民的骨干队伍。

1. 培养主人翁意识

社区是居民的家园,居民是社区的主人。作为社区的主人,居民不仅有权利享受服务、接受尊重,而且还要以主人翁的姿态参与社区管理,积极支持社区组织的工作,自觉地参加社区的建设,为社区的发展做出自己的贡献。而作为开展社区工作需要培养的居民骨干是居民中的积极分子,社区工作者更要教育和引导他们有主人翁意识,要带领大家关心社区的工作,做好社区的事情,真正地做到"社区是我家,建设靠大家"。

2. 增强责任意识

责任就是做好应该承担的任务。人在社会中生存,作为社会的成员,都要承担一定的责任,例如,家庭责任、职业责任、社会责任、领导责任等。责任无处不在,只有轻重和强弱之分。社区工作者对于社区工作的居民骨干或带头人,必须进行正面教育,让他们树立强烈的责任意识。从大的方面来讲,要树立正确的价值观,着眼于服务和贡献,引导居民服务社区工作、奉献社会,自觉地把责任意识转化到"为人民服务"的行动中。从小的方面来讲,是做好自己的本职工作,在当前是做好骨干或带头人的工作,要有强烈的工作责任感。这种责任感既是一种工作态度,也是一种自觉奉献的品质,更是一种职业道德境界的追求。

3. 重视团队精神

团队是为了实现一个共同的目标而集合起来的团体。团队精神是一种大局意识,是协作精神和协作服务的集中体现。它的核心是协同合作,体现了个人利益和集体利益的统一,进而保证组织的高效运作。社区工作者要培养居民组织的带头人,必须让他们明确任何个人的力量都是有限的,只有融入团队、借助集体的力量,大家心往一处想、劲往一处使,团结协作,优势互补,才能培养尊重别人、帮助别人、学习别人、感恩别人、协调合作的团队精神,才能实现团队所追求的总体目标,从而也能实现个人的最大价值和利益。

4. 培训管理能力

管理能力是指系统组织管理技能和领导能力的总称,从本质上讲就是提高组织效率能力。社区居民团队的带头人,虽然不是大企业或大单位的领导,但是他们必定要带领自己的团队完成社区工作任务,因此必须具备一定的管理能力。社区工作者在培训他们时,一定要鼓励他们站得更高些,要立足社区,放眼社会。要培养他们的独立思考能力、决断能力、应变能力、激励能力、总结能力,还要培养他们逐渐形成承受压力和忍受委屈的品质。通过培训,使他们学会管理、学会指导团队的技能,提高服务、贡献意识,以便带领居民团队在完成社会工作的过程中提高综合素质和领导能力,为社区社会工作培养一支高素质的骨干队伍。

(四)链接社会资源的技巧

社区社会工作任务的完成不是仅仅依靠社区工作者和某些居民就能完成的,需要许多资源的合力。然而,社区居民和社区工作者的资源都是有限的,所以社区工作必须链接某些社会资源。社会资源包括人力、物力、财力、场地空间等有形资源,也包括知识、技术、组织、社会关系等无形资源。社区工作要通过以下方式实现社会资源链接。

1. 资源整合

资源整合是通过工作人员的组织和协调,把社区内外彼此相对独立或分离的资源变为合作伙伴关系,形成统一的为社区居民服务的有效资源。例如,为了解决社区居民休闲活动的场地,社区工作者可以联系社区内或附近的学校,把操场在早晨和晚上定时向居民开放;为了完善社区文化活动服务及管理,可以联系驻区单位,帮助社区解决文化活动的艺术指导、场地以及部分资金等问题。资源整合实际就是优化资源配置,根据社区工作发展计划和居民的需求,对有关的资源以最佳的结合点进行重新配置,形成社区资源有统一布局和最佳服务的状态的过程。

2. 资源共享

资源共享就是通过组织沟通和管理运作达到社会资源协调、融合的整体优势,实现社会资源利用效率最大化。例如,为了解决社区居民的健康管理问题,社区工作者可以联系有关医院,组织"义务进社区""名医进社区"等活动,定期为社区居民体检和医疗;为了帮助"弱势群体",可以联系社会志愿者或某些公益组织,有计划地对残疾人、老年人、贫困户等进行相对稳定的、有效的帮扶;还可以把为社区居民服务的幼儿园、小学生课后服务班、老人日间照料站等场所向社会开放,帮助社区附近的单位、居民解决后顾之忧等。这样做,可以有效地提高资源的利用率,减少资源闲置和浪费,增强人们对社会资源的珍惜和保护意识;同时,还可以促进社区与社会、单位与居民的沟通和交流,实现资源共享共建,和谐发展。

总之,社区工作方法是专业社会工作的基本方法之一,它以独特的内涵、特点、介入手段等实现社会工作的效果和价值。社区工作者只有真正地掌握了这种科学的工作方法,才能以崇高的事业情感、务实的工作态度、熟练的专业技巧,去更好地满足工作对象的需求,自觉地服务社区,真诚地奉献社会。

 名词与术语

社区社会工作	社区社会工作原则	个案工作方法
社区社会工作功能	个案工作服务模式	个案工作的技巧
小组工作方法	小组工作类型	小组工作阶段
小组工作的技巧	社区工作方法	社区工作阶段
社区工作介入手段	社区工作的技巧	

复习与思考

1. 如何理解社区社会工作的含义?
2. 社区社会工作有什么重要价值?
3. 社区社会工作有哪些功能?
4. 如何理解社区社会工作的原则?
5. 如何理解个案工作方法的含义?
6. 个案工作的主要服务模式有哪些?
7. 个案工作有哪些技巧?
8. 如何理解小组社会工作的含义和特点?
9. 小组社会工作有哪些主要阶段?
10. 小组社会工作有哪些技巧?
11. 如何理解社区工作方法的内涵?
12. 社区工作各阶段的特点是什么?
13. 社区工作的介入手段有哪些?
14. 社区工作有哪些技巧?

主要参考文献

[1] 王思斌:《社会工作概论》,高等教育出版社2014年版。
[2] 隋玉杰:《个案工作》,中国人民大学出版社2007年版。
[3] 吕新萍:《小组工作》,中国人民大学出版社2013年版。
[4] 夏建中:《社区工作》(第三版),中国人民大学出版社2015年版。
[5] 朱眉华、文军:《社会工作实务手册》,社会科学文献出版社2015年版。

后　记

2004年《城市社区建设与管理》一书由东北师大出版社第一次出版时,人们对社区还不十分了解。2010年转到北京大学出版社出版时,"社区"已经家喻户晓了。现在再次修订出版,人们的生活已经深深植根于社区,社区已真正地成为人们的"家园"。这个认识过程的飞跃,证明了城市现代化的进程为基层社会——社区的建设带来了机遇。也正是社区管理和服务的快速发展,才使《城市社区建设与管理》一书在十多年的时间里不断修改和充实。

与第二次出版时隔八年多,城市管理专业作为国家第一类特色专业建设点和吉林省省级特色专业,一直在努力"不负盛名",默默地抓内涵建设。以本书为教材开设的课程,成功地被评为省级精品课程。主要特点是把社会调查纳入教学计划,融入教学过程,让学生带着问题走进社区,在访谈中了解社区现状,在调查中理解社区理论,在实践中认识基层社会,然后把收获写成调查报告,进行总结交流后记入学习成绩。目前,我系已经有十门以上的专业课程在践行这项教学改革,有效地提高了学生的沟通、交流、组织、表达、分析、总结等能力。所以,"城市社区建设与管理"这门课程带动了全系的教学改革和整个专业的发展,形成了本专业鲜明的教学特色。

在"城市社区建设与管理"课程教学的启示下,我们发现学生参加社会实践机会越多,成长越快,综合能力越强。于是我们组织了"社区志愿服务团",到社区进行义务支教、扶助贫困、慰问老人等多项服务活动,让学生在服务中增长专业技能,在奉献中升华道德境界,至今已支持了十五年。"社区志愿服务团"多次被评为吉林省优秀志愿服务组织和标兵以及"2015年中央财政支持吉林省爱老助残国家项目"优秀团队、"中国百强优秀社工团队"提名、吉林省大学生"三下乡"社会实践先进团队等。同时,我们还组织学生假期到有关部门进行社会实践,把所见所闻、收获体会写成调研报告,开学后举行"走近社会了解社会——假期社会实践报告会",截至2017年已经成功地举办了十四届。上述两项活动已经成为城市管理系培养应用型人才的重要途径,有多名学生获吉林省优秀志愿者、"吉林好人"、"吉林好青年"等光荣称号。

本书这次再版增加了"社区社会工作方法"一章。这是因为,我带领部分教师和学生参加了民政部"2015中央财政支持吉林省爱老助残国家项目"的调研工作,在公主岭市的三个街道五个社区进行了近半年的入驻调研。在此过程中,我体会到社会工作的三大基本方法,即个案工作方法、小组工作方法和社区工作方法,对城市社区建设和管理有重要作用,是社区工作者必须掌握的科学工作方法。使我倍感幸运的是,在此书即将定稿之时,时逢中国共产党第十九次全国代表大会胜利召开。习近平同志所做的报告高屋建瓴、博大精深,是一篇闪耀着马克思主义真理光芒的纲领性文献。我作为一名老党员和研究基层社会建设的学者,深切地感受到了新时代丰硕的发展成果,找到了属于自己的获得感。我把对习主席报告中提出的新论述、新思想、新成果的学习心得体会写进了书中。除此之外,根据城市和社区的发展,这次再版对书中有些内容进行了修改和补充,使本书更有时代感、现实感。

我在东北师范大学人文学院的工作一直以来都得到了老校长穆树源教授的关注和支持。他在创办和建设人文学院的过程中所经历的艰辛和磨难是一般人未曾体验过的。他以"忠诚,奉献,清正,无暇"的工作准则,以创新、坚韧的毅力创造了辉煌的业绩,以榜样的力量引领我们阔步前行,使人文学院成为全国独立学院的一面旗帜。正是在他的高尚人格的鼓舞下,我总是用"老牛明知夕阳晚,不用扬鞭自奋蹄"来鞭策自己,经常加班加点工作,有时甚至在应该休假和病休时还在坚持工作。同时,这也使我真正体验到了工作是愉快的,奋斗是幸福的。

我很感谢吉林大学常务副校长邴正教授、吉林大学哲学社会学院院长田毅鹏教授、东北师范大学社会学研究所所长赵继伦教授,他们在百忙之中分别为我的著作撰写序言。他们在序言中有关社区发展的阐述,使我会继续加强对社区建设相关理论与实践问题的探讨。我还要感谢我的同事郑沪生教授对新增内容"社区社会工作方法"提出了宝贵的意见。长春市同光路西社区原党委书记王蕾和科技花园社区的社会工作师刘慧洋等同志,为我提供和整理了大量社区现代管理和服务的真实资料。东北师范大学社会工作专业研究生温忠斌同学(他连续四年被评为吉林省优秀志愿者)以其专业的视角和社区志愿服务丰富的实践经验,为我提供了典型案例,并做了许多具体的工作。

我还要感谢北京大学出版社的编辑,他们的敬业精神、专业水平和服务态度令我十分敬佩,是本书得以再版的直接动力。同时也让我体验到一流出版社、一流服务的内涵。

我还要感谢我的学生们,他们热爱城市管理专业,坚持城市基层社会服务的方向,前后相继坚持十五年到社区志愿服务,进行社会调查等,为本专业争得了多项国家和省级的奖励和荣誉。已经毕业到社区工作的学生都充分展示了他们的专业技能,尹美、王晶晶、刘丽娜、王芳芳等都已担任社区党委书记、副书记,受到有关部门和社区居民的赞扬,为城市管理专业注入了活力,为本书提供了许多珍贵的第一手资料。

前两版的后记都提到了我的老父亲郭毓相。由于母亲去世早,父亲独立生活近二十年,不仅不给儿女添麻烦,还尽力帮助我们。但是,当我的精力正集中在社区的调研中准备写作时,老父亲已年迈体衰需要儿女照顾了。老人家非常重视儿女的事业,为了支持和鼓励我写这本书,他不仅阻止亲朋打扰我,自己也总是向我是报喜不报忧。结果当他离世时,我却没有在他身边,他老人家也没有看到女儿的写作成果,这在我心中埋下了深深的痛。这种痛没有随着时间的流逝而消失,反而常常使我触景生情。所以,本书这次再版我还是怀有深深的"父亲情结"。我想,如果父母在世,他们会是所有亲朋中对此书最感兴趣的人,特别是老父亲,他不仅时时关心着书的进展,还会戴着老花镜一页一页地阅读,读给母亲听……我也会向他老人家倾诉写作的收获和艰辛……现在这一切都已经成为我想象中的画面。他老人家奋斗了一生,把忠诚献给了党,把勤奋献给了事业,把心血献给了儿女,把善良献给了亲朋。他用自己的言行教育并激励着儿女做人、做事都要发挥正能量。现在他老人家已经和母亲任素云永远生活在天堂,但是却给我们留下了"千车载不尽,万船装不完"的宝贵精神财富,使我和弟弟妹妹们受用终生。借此书再版之际,我再次双手擎书,默默地向父母长眠的方向,深深地鞠躬,鞠躬,再鞠躬。

此书在编写过程中,参阅了中外社区建设的大量资料,在此向所有资料的相关作者表示感谢!

郭学贤

2018年5月5日